우크라이나
사태 이후
유라시아

HK 러시아·유라시아 연구시리즈 16/26
우크라이나 사태 이후 유라시아
대외정책, 경제통합 그리고 극동개발

초판1쇄 발행 | 2016년 6월 25일

지은이 변현섭 외 기획 한양대학교 아태지역연구센터 러시아·유라시아연구사업단 엮음
펴낸이 홍기원

총괄 홍종화
편집주간 박호원
편집·디자인 오경희·조정화·오성현·신나래
　　　　　이정희·이상재·손경아
관리 박정대·최기엽

펴낸곳 민속원
출판등록 제18-1호.
주소 서울 마포구 토정로25길 41(대흥동 337-25)
전화 02) 804-3320, 805-3320, 806-3320(代)
팩스 02) 802-3346
이메일 minsok1@chollian.net, minsokwon@naver.com
홈페이지 www.minsokwon.com

ISBN 978-89-285-0924-9 94910
SET 978-89-5638-985-1

ⓒ 변현섭 외, 2016
ⓒ 민속원, 2016, Printed in Seoul, Korea

저작권법에 의해 한국 내에서 보호를 받는 저작물이므로 무단전재와 복제를 금합니다.
이 책 내용의 전부 또는 일부를 이용하려면 반드시 저작권자와 민속원의 서면동의를 받아야 합니다.

※ 책 값은 뒤표지에 있습니다.
※ 잘못된 책은 바꾸어 드립니다.

HK러시아·
유라시아
연구시리즈
16/26

The Eurasia After the Ukrainian Crisis:
Foreign Policy, Economic Integration and Far East Development

우크라이나 사태 이후 유라시아
: 대외정책, 경제통합 그리고 극동개발

한양대학교 아태지역연구센터
러시아·유라시아 연구사업단 엮음

민속원

머리말

　본 저서는 한양대 아태지역연구센터의 러시아·유라시아연구사업단의 연구 성과물이다. 본 사업단은 한국연구재단의 인문한국지원사업의 일환으로 '유라시아 정체성과 문명공존'이라는 주제로 2007년부터 연구를 진행해 오고 있다. 본 사업단은 현재 3단계 '국가와 민족의 경계를 넘어서'라는 대주제 아래 정치·경제적 측면에서 소연방의 해체와 세계화를 계기로 역동적 재편이 이루어지고 있는 유라시아 공간에서 국가와 민족의 경계를 초월하는 새로운 미래 질서, 특히 다양한 지역통합의 방향과 성격을 탐구한다. 이를테면 세계화와 지역화의 동시적 진행 상황 속에서 유라시아 지역에서 펼쳐지고 있는 재편과 통합의 움직임에 대한 성찰을 통해 해당 지역은 물론이고 유럽과 아시아, 나아가 세계 전체의 향후 질서에 대한 전망을 제시한다.

　본 저서는 3단계 2년차 연구로서 유라시아 지역 국가들의 대외정책을 글로벌화 및 지역주의가 초래하고 있는 거대 지역통합 흐름과의 관련 속에서 고찰하는 것이다. 2008년 세계금융위기와 연이은 유럽 국가들의 재정위기에 대한 대처 과정에서 중국의 존재감 증대로 G2체제가 운위되는 등, 글로벌 세력 구성과 배치에서 커다란 변화가 감지되고 있다. 특히 EU의 동방으로의 확산 그리고 이에 대응하여 러시아가 탈소공간에서 야심차게 주도하고 있는 EEU(유라시아경제연합: Eurasian Economic Union)와의 관계에 초점이 맞추어져 있다.

　탈소공간의 서와 동으로부터의 거대한 통합 흐름은 소련 붕괴 후 약 20년이 지속된 포스트소비에트 시기가 종언을 고하고 새로운 지역통합의 시대가 전개되고 있음을 의미하는 것이다. 러시아의 크림병합을 포함한 우크라이나 사태의 발발과 전개는 이 과정에서 개별 탈소 국가들이 처음으로 자신의 대외정치적 정체성을 실행에 옮기는 과정에서 발생한 사건이었다. 우크라이나의 유로마이단 시위 사태가 2013년 11월 당시 야누코비치 대통령이 EU 정상회담에서 '제휴협정(Association Agreement)' 가서명을 하지 않을 것이라고 선언하면서 시작되었다는 것이 바로 그것을 상징하는 것이다.

물론 포스트소비에트 시대의 종결에 대한 압박은 먼저 서방으로부터 증가되고 있었다. 가장 대표적인 것이 EU의 '동방파트너십(Eastern Partnership)' 프로그램의 가동이다. 탈소공간으로 협력과 제휴의 범위를 확대하려는 EU의 시도는 모스크바의 유라시아연합 기획에 대한 가장 직접적인 도전이며 경쟁요인으로 등장하였다. EU와의 제휴협정 서명과 러시아 주도의 관세동맹 가입이 현실적 선택지로 GUAM 4개국(조지아, 우크라이나, 아제르바이잔, 몰도바)과 아르메니아에 주어지는 이 시기로부터 탈소공간의 발전 모델과 대외정치적 정체성의 선택, 가장 심원하게는 가치의 선택에 대한 압력이 급증하기 시작하였던 것이다. 결과적으로 EU는 2014년 6월 27일 EU 브뤼셀 정상회의에서 우크라이나, 조지아, 몰도바와 FTA를 포함한 포괄적 제휴협정을 체결하였다.

이러한 상황에 적극 대응하여 탈소 국가들의 상생과 공동번영을 이루어보자는 목적으로 크렘린이 2012년경부터 구상하고 제안한 이니셔티브가 '유라시아연합(EAU)' 구상이다. EEU는 EAU의 전단계이다. 이 구상은 경제적 호혜성과 가치 공유의 토대 위에서, 지난 20년과는 다른 새로운 방식으로, 러시아의 주도로 경제협력을 강화하여 포스트소비에트 공간의 지역통합을 달성하고자 한다. 푸틴 대통령은 러시아, 벨라루스, 카자흐스탄이 회원국으로 있는 관세동맹(관세법 발효, 2010.07.01)과 회원국간 상품, 자본, 서비스, 노동력의 자유로운 이동을 보장하는 단일경제공간(2012.01.01 출범)의 토대 위에서 2014년 5월 '유라시아경제연합(EEU)' 창설조약을 체결하였으며, 가입국 의회 비준을 거쳐 2015년 1월부터 EEU를 출범시켰다.

이처럼 EU와 EEU간 탈소공간의 둘러싼 통합 경쟁 등 국외적 핵심 영향 변수들이 변화되고 있는 환경에서 새로운 발전모델을 선택하고 있는 유라시아 국가들의 기존 대외정책노선의 성격과 핵심 내용들을 재검토하고, 영향 변수들의 변화 내용을 바탕으로 향후 대외정책의 전개 방향을 검토하고 전망하는 것이 본 저서의 연구 목표이다.

본 저서에 이루어진 연구의 차별성과 독창성은 다음과 같다. 첫째, 본 연구는 탈소 공간 국가들의 대외정책에 대한 연구에서 처음으로 현재 우크라이나 사태에서 보듯이 탈소국가의 대외정치적 정체성과 동서 방향에서 작용하고 있는 통합 견인력의 관계를 분석의 단위로 도입하였다는 데 그 차별성이 있다. 둘째, 이러한 EU와 러시아 사이의 지역통합 경쟁을 단순히 지정학적, 지경학적 대립의 틀로서 분석하는 것이 아니라, 탈소국가들이 각자도생의 길을 걸었던 포스트소비에트 시기가 끝나고 서방과 러시아 간에 장기적 가치투쟁이 시작되었다는 '문명적 문화적 맥락'을 가미하여 분석하는 데 그 독창성이 있다. 셋째, 유라시아 지역 국가들의 대외정책적 지향성을 규정하는 요인으로 외부적인 요인, 즉 러시아의 근외정책과 중국의 대유라시아 정책 그리고 미국이나 유럽 등 서방의 유라시아 정책 그리고 이 주요 세력의 상호작용에 주목하는 동시에, 이들 국가의 내부적 동학에도 착목하여 다층적 복합적 유기적 분석, 그리고 대내외 정치 사이의 연계분석을 수행한다는 데 차별성이 있다. 넷째, 유라시아경제연합의 출범 이후 발생하고 있는 중요한 경제이슈들인 지역통합, 인프라 개발, 화폐통합, 에너지 문제 등도 함께 다룸으로써 EEU의 발전방향과 성공 가능성을 조명하였다. 다섯째, 최근 러시아는 서방제재의 돌파구로서 '동방으로의 회귀'라는 신동방정책을 추진하고 있는 가운데 극동지역 개발을 최우선 정책과제로 내세웠다. 극동개발정책의 일환인 선도개발구역과 블라디보스토크 자유항에 대한 분석을 통해 한국과 러시아의 협력 방향성을 제시하였다.

끝으로 유라시아 지역의 각 분야에서 선도적 연구를 수행하고 계시는 러시아·유라시아사업단의 공동연구진과 동료 학자들의 노력과 옥고에 감사드린다. 또한 쉽지 않은 주제와 늦어진 탈고로 인한 시간적 제약에도 불구하고 가독성이 높은 책으로 발간될 수 있도록 도움을 주신 민속원 편집부에도 감사함을 표한다.

한양대학교 아태지역연구센터
러시아·유라시아사업단

차례

머리말 4
찾아보기 305
지은이 소개 310

제1부 유라시아 국가의 대외정책

제1장 우크라이나 위기와 미국-러시아 관계_ 강봉구
−대외정체성 대립의 장기화−
1. 서론 ··· 13
2. 주권민주주의와 러시아의 비서방적 대외정체성 ······················ 16
3. 우크라이나 위기에 대한 미러간 인식 차이 ······························ 21
4. 대외정체성 대립 전선의 장기화 요인 ·· 36
5. 요약적 결론 ··· 45

제2장 우크라이나 사태 전개와 러시아-유럽 관계_ 우평균
1. 서론 ··· 53
2. 우크라이나 사태 현황 ··· 54
3. 푸틴의 의도와 서구의 대응 문제 ·· 66
4. 우크라이나-EU 및 러시아-EU 관계 ·· 74
5. 전망 ··· 80

제3장 카자흐스탄 대외정책_ 이지은
−유라시아주의(Eurasianism)적 지향성−
1. 들어가며 ··· 89
2. 카자흐스탄 대외정책의 지향성: 유라시아주의 ························· 91
3. "카자흐스탄 2014~2020 대외정책전략"에 나타난 유라시아주의 ········· 96
4. 유라시아주의에 입각한 양자, 다자관계 ···································· 98
5. 우크라이나 사태와 카자흐스탄 대외정책 ································ 109
6. 나가며 ··· 111

제2부 유라시아경제연합의 출범과 경제 이슈

제4장 지역주의와 지역화의 맥락에서 본 유라시아경제연합(EAEU) 결성의 의미_ 김영진
1. 서론 ·· 121
2. 신지역주의와 포스트소비에트 공간의 지역주의 ················ 125
3. 유라시아주의와 유라시아의 지역화 ··································· 131
4. 유라시아 통합 과정에서의 유라시아경제연합(EAEU) ········ 139
5. 결론 ·· 144

제5장 유라시아경제연합의 화폐통합 가능성 평가와 과제_ 변현섭
―유럽 화폐통합 사례의 함의―
1. 서론 ·· 151
2. 화폐통합의 이론적 기초 및 선행연구 ································ 153
3. 유럽 화폐통합의 추진과정과 시사점 ································· 158
4. 유라시아경제연합 화폐통합의 제약요인 ···························· 163
5. 결론: 유라시아경제연합 화폐통합의 과제 ························· 172

제6장 유라시아경제연합 구축과 러시아 에너지전략_ 김상원
1. 서론 ·· 181
2. 유라시아 통합 추진 ··· 184
3. 러시아 에너지 전략 ··· 191
4. 러시아의 유라시아 전략과 중국 ·· 198
5. 결론 ·· 206

제3부 우크라이나 사태 이후 러시아의 신동방 정책과 극동개발

제7장 러시아-중국 간 에너지 협력의 정치·경제적 의미_ 윤익중·이성규
―우크라이나 사태 전후를 중심으로―
1. 서론 ·· 215
2. 러시아-중국 간 에너지 협력의 대·내외 요인 ······················ 219
3. 러시아-중국 간 가스 협력 추진과정과 내용 ······················· 229
4. 푸틴-시진핑 체제에서 양국 간 가스 협력의 의미와 한계 ········ 236
5. 결론 ·· 243

제8장 러시아 극동지역개발 전략으로서 선도개발구역 설립의 의미와 전망_ 변현섭
1. 서론 ·· 251
2. 선도개발구역의 논의 경과 ··· 253
3. 선도개발구역 설립 법안의 주요 내용 ·································· 255
4. 선도개발구역의 평가 및 전망 ·· 260
5. 결론: 정책적 시사점 ·· 265

제9장 러시아 블라디보스토크 자유항 제도 도입의 전략적 의미와 협력 방안_ 변현섭
1. 서론 ·· 273
2. 자유항 제도의 이론적 고찰
   : 자유항의 개념과 기능, 경제적 효과 및 설립 요건 ············ 276
3. 블라디보스토크 자유항 설립의 배경과 의미 ······················· 281
4. 블라디보스토크 자유항 법의 주요 내용 ······························· 289
5. 결론: 평가와 정책적 시사점 ·· 296

제1부

유라시아 국가의 대외정책

제1장 우크라이나 위기와 미국-러시아 관계_ 강봉구
제2장 우크라이나 사태 전개와 러시아-유럽 관계_ 우평균
제3장 카자흐스탄 대외정책_ 이지은

제1장 우크라이나 위기와 미국-러시아 관계*
-대외정체성 대립의 장기화-

강봉구

1. 서론

　우크라이나 사태의 발발 이후 서방과 러시아 관계, 특히 미러 관계가 탈냉전 이후 가장 냉각된 모습을 보이고 있다. 서방은 러시아의 크림병합과 돈바스 내전 지원은 우크라이나의 영토 완전성과 주권에 대한 침해이며, 전후 국제질서에 대한 심각한 도전이라고 비난해 왔다. 많은 연구들은 우크라이나의 진로를 둘러싼 서방과 러시아의 갈등과 대립을 신현실주의적 혹은 (신)지정학적 관점에서 설명하고 있다. 그런데 현재 수준의 미러관계 악화 원인을 양자의 권력추구 혹은 지정학적 팽창과 충돌만으로 설명한다면, 미흡한 부분이 적지 않다. 2008년에 조지아 정부군의 남오세티아 장악 군사작전 시도에 대해 러시아군이 개입한 바 있는데, 이것 역시 주권국가에 대한 명백한 간섭 행위이며 영토 침범 행위였다. 조지아의 '8월 전쟁'은 러시아와 탈소국가간 첫 전쟁으로서 조지아의 나토 가입에 따를 부작용을 강하게 경고한 의미를 갖고 있

---

* "이 글은 2007년 정부(교육과학기술부)의 재원으로 한국연구재단의 지원을 받아 수행된 연구임" (KRF-2007-362-B00013). 『슬라브학보』 제30권 3호(2015년 9월)에 게재된 글임을 밝힙니다.

었지만, 미러관계는 지금처럼 악화되지 않았다.

우크라이나 위기를 둘러싼 미러 대립 상황과의 차이점은 어디에 있는가. 먼저, 모스크바가 일관되게 반대해 온 나토 확장과 관련해서 보자면, 당시 부카레스트 나토 정상회담(2008년 4월)에서 미국이 조지아와 우크라이나의 나토 가입을 집요하게 주장하였지만, 독일의 적극적인 반대로 인해 미래 가입의 가능성만 열어 두었다. 이번에는 프라하 정상회담에서(2009년 5월) 시작된 EU의 '동방동반자관계프로그램(EPP)'에 따라 조지아, 몰도바, 우크라이나 등의 '제휴협정(Association Agreement)' 서명을 둘러싸고 서방과 러시아간에 갈등과 대립이 벌어졌다(2013년 11월). 그런데 EU와의 제휴협정은 리스본조약 발효(2009년 12월) 이후 나토와의 관계 긴밀화를 포함하고 있다. 즉, EU의 영향력 확장이 단순히 경제 정치 영역만이 아니라 군사안보 부문을 포함하게 되었다는 점이 이전과 다르다. 그러므로 EU 제휴협정 서명국은 나토 가입에 한 걸음 더 가까이 다가선 것으로 볼 수 있다. 서방은 2008년에 좌절된, 러시아 접경국으로의 나토확장 카드 대신에 이번에는 EU 영향권역 확대로 카드를 바꾸어 재공세를 취한 셈이었다. 미국이나 러시아 모두 2008년 경우보다 더 민감해질 수밖에 없는 정황이 조성되었다.

다음으로, 푸틴 집권3기(2012년)의 시작과 함께 2000년 대 중반의 주권민주주의 형성 시기부터 시작된 러시아의 비서방적 대외정체성이 더욱 강화되었으며 유럽모델이 아닌 자신의 발전모델을 적극 추구하게 되었다. 즉, 자유자본주의적 시장경제와 자유민주주의의 결합이라는 서방 모델에 대한 대안적 모델의 실천이 본격화되었던 것이다. 물론, 야누코비치 대통령 축출 이후, 과도정부의 급진 서방통합 정책에 대한 모스크바의 지정학적 반격이 미러 대립의 직접적인 이유지만 그것만으로 관계악화의 근본 원인을 충분히 설명하지 못한다. 그 밑바탕에는 한 국가와 국민이 국제사회에서 자신을 타자와 구분하거나 동일시하는 기준으로서 대외적 지향성(orientation) 혹은 정체성(identity)의 대립과 갈등이 존재한다. 국제관계에 대한 구성주의적 시각(constructivist view)

에서 단위 수준 혹은 집단 행위자의 정체성은 이해관계(interest)와 함께 국가간 제휴, 동맹, 적대 등의 관계 설정에 영향을 미침으로써 세계정치의 세력관계 향배에 주요 변수로 작용한다. 크림병합과 돈바스 내전 격화 이후의 우크라이나 사태를 다수 연구 문헌들은 EU와 나토를 앞세운 서방이 동으로의 경제적 정치적 영향권역 확대 및 더 충분하고 확실한 안보를 추구하는 과정에서 러시아와 충돌한 지정학적 지전략적 경합의 사례로 설명하고 있다.[1] 이것이 현상의 상당 부분을 이해하는 데 도움을 주지만, 서방, 특히 미-러간 대립의 전체적 그림을 설명하는 데 제한성이 있다.

이 글은 우크라이나 사태를 둘러싼 미러간 갈등과 대립을 양자가 서로를 이질적 혹은 적대적 대외정체성을 추구하는 '타자'로 인식하는 정체성 대립의 관점에서 접근함으로써 신현실주의적(neorealist) 또는 지정학적 접근법에 배태된 설명력의 제한점을 보완하고, 서방과 러시아간 정체성 대립 전선이 장기화될 것임을 보여주는 데 목적이 있다. 양자간 갈등의 근저에는 서방이 러시아를 특히, 푸틴 이후 푸틴주의하의 러시아를 '타자'로 간주하는 정체성의 이질성과 대립이 자리하고 있으며, 그리고 모스크바는, 미국이 범대서양 세계와 다른 길을 추구하는 유럽의 변방에 위치한 '타자' 러시아를 혹은 적어도 푸틴주의를 약화시키려는 의도가 있다고 판단하고 이에 대항하는 과정에서 양자간의 불신과 갈등이 더욱 증폭되어 나갔음을 보여주고자 한다. 이 글은 2장에서 주권민주주의가 러시아의 비서방적 대외정체성의 이념적 기둥으로서 의미하는 바를 설명하고, 3장에서 우크라이나 사태를 전후하여 냉전 이후 세계질서에 대한 미러 양국의 인식 차이 그리고 러시아의 탈소지역에 대한 '고유 영향

---

[1] Walter Russell Mead, "The Return of Geopolitics : The Revenge of the Revisionist Powers", *Foreign Affairs* May/June, 2014; John J. Mearsheimer, "Why the Ukraine Crisis Is the West's Fault", *Foreign Affairs* September/October, 2014; John Biersack and Shannon O'Lear, "The Geopolitics of Russia's Crimea Annexation, Silences, and Energy", *Eurasian Geography and Economics* Vol.55, No.3, 2015; R. Pradhan, "Russo-American Engagement in Ukraine : Geopolitics at Work", *The IUP Journal of International Relations* Vol. 9, No.1, 2015.

권역' 주장 및 국제규범에 대한 해석권 요구 등이 결합되어 적대적 상호인식이 더욱 뚜렷이 노출되고 대립적 대외정체성이 고착화됨을 보여준다. 4장에서 미러 정체성 대립의 고착화와 장기화를 초래하는 원인을 세 가지로 대별하여 제시하고, 결론에서는 논의된 내용을 종합 재정리하여 요약하는 것으로 마무리할 것이다.

2. 주권민주주의와 러시아의 비서방적 대외정체성

이 글에서 사용한 대외정체성의 의미를 언급하는 것으로 시작하고자 한다. 대외정체성은 복합적, 다층적, 다면적 특성을 갖는 정체성의 한 하위 범주이다. 한 국민(국가)이 국제사회의 어떤 그룹, 블록을 자신과 문명적, 역사적, 사회적으로 더 동일시하는지, (개도국의 경우) 자신의 미래상으로 간주하는지, 그리하여 결과적으로 어떤 가치와 거버넌스 모델(혹은 발전 모델)을 추구하는지 등에서 한 국가의 대외정체성이 표현된다. 국민(국가) 정체성이 대외정체성과 비교하여 장기적이며 지속적인 성격을 가진데 비해, 대외정체성은 국내외 환경의 변화에 따라 더 가변적인 속성을 갖고 있다. 일례로 일본의 국민 정체성은 유럽적 정체성도 아니며 미국적 정체성도 아니다. 즉, 어느 모로 보아도 범대서양 문명과 구분되는 국민 정체성을 갖고 있으나, 2차 대전 종전 이후 일본은 일관되게 친서방적 대외정체성을 추구해 왔으며 지금도 서방 진영의 견고한 일원으로 남아 있다. 러시아는 문명적, 역사적, 인종적으로 유럽 국가이지만, 그 국민정체성은 많은 부분에서 서유럽과 구분되는 속성을 보인다. 그러나 1980년대 말부터 1990년대 초까지 잠시 동안 자유, 기본권, 복지 등 '인류 공통의 가치'와 '유럽 공동의 집'을 강조하면서[2] 친서방 대외정체성을 추구하기

---

2   Andrei P. Tsygankov, *Russia's Foreign Policy : Change and Continuity in National Identity* (Second

도 하였다. 1990년대에 걸쳐 시간이 갈수록 러시아 대외정책의 친서방적 정향은 유라시아 담론 그리고 푸틴의 등장과 함께 '유로-이스트Euro-East' 담론에 밀려 점점 변두리로 밀려났으며,[3] 2000년 대 중반 이후 비서방적 혹은 반서방적 대외정체성이 완전히 자리를 잡게 되었다. 이처럼 일국의 대외정체성은 국내 여론, 정치역학 및 핵심 정치세력의 이해관계 그리고 주요 국제행위자들(러시아의 경우, EU, 미국, 중국, 탈소국가)과의 상호작용 과정을 반영하면서 가변적인 속성을 보여준다. 일부 연구자는 '국제적 정체성(international identity)'[4]을, 다른 연구자는 '대외정책 정체성(foreign policy identity)',[5] 또 다른 연구자는 '대외적 정체성(external identity)'[6]을 사용한다. 이들은 모두 의미상 큰 차이가 없어 이 글에서는 '대외정체성'으로 통일하여 사용한다.

우크라이나 사태를 둘러싼 미국과 러시아간 대립의 근저에는 세계관적 문명적 이념적 가치관적 경쟁과 대립이 존재하며 그것은 국제 세력관계에서 대외정체성의 대립으로 표현된다. 크렘린은 비서방적인 대외정체성 담론을 통해 서방 정치경제 질서를 지탱하는 가치와 거버넌스 모델에 대한 대안을 모색하고 있다. 러시아의 대외정체성은 2003년 가을에 시작된 유코스 사건과 국유화 과정, 조지아와 우크라이나의 색깔혁명 이후 동일한 위협에 적극 대응하기 위한 '예방적 반혁명(preventive counter-revolution)'[7]으로서 2000년대 중반에 형성

ed.), Lanham : Rowman & Littlefield Publishers, 2010, pp.33~38.
[3] Andrei P. Tsygankov, "Finding a Civilisational Idea : 'West,' 'Eurasia,' and 'Euro-East' in Russia's Foreign Policy", *Geopolitics* Vol.12, No.3, 2007, pp.388~92.
[4] Justyna Zajac, "The EU in the Mediterranean : Between Its International Identity and Member States' Interests", *European Foreign Affairs Review* Vol.20, No.1, 2015; K. Mcdonagh, "Talking the Talk or Walking the Walk : Understanding the EU's Security Identity", *JCMS* Vol.53, No.3, 2015, p.628; David Shambaugh, *China Goes Global - The Partial Power*, Oxford : Oxford University Press, 2013, p.316.
[5] Elsa Tulmets, *East Central European Foreign Policy Identity in Perspective*, London : Palgrave, 2014; Elsa Tulmets, "Introduction : Identity and Solidarity in the Foreign Policy of East Central European EU Members : Renewing the Research Agenda", *Perspectives* Vol.19, No.2, 2011.
[6] Oliver Schmidtke and Serhy Yekelchyk (eds.), *Europe's Last Frontier?*, London : Palgrave, 2008, p.3.

된 '주권민주주의(sovereign democracy)' 담론과 푸틴 집권3기에 언급되기 시작한 '국제보수주의(conservative international)'에 기반하고 있다. 국제보수주의는 가족, 종교와 신앙생활, 애국심 등 전통적 가치에 대한 강조와 다문화주의와 동성애 반대 등 시민사회적 측면뿐 아니라 주권 불가침과 내정 불간섭 등 현대 핵심 국제규범의 예외적 침해 사례 거부 즉, 민주주의 증진을 내세운 색깔혁명 반대 등 국제적 측면을 포괄한다. 크렘린은 국제보수주의가 러시아를 대표하는 글로벌 소프트파워의 기치가 되어 주기를 기대하는 듯하지만, 주권민주주의와 비교하여 아직 개념과 주요 내용이 명료하게 체계화되지 못한 상태이기에 주권민주주의 개념에서 대외정체성과 관련된 부분을 중심으로 논의를 진행하고자 한다.

주권민주주의 입안자들에게 '주권'은 국제사회에서 일국의 위상을 지칭하며, '민주주의'는 사회와 국가를 조직하는 방법을 말한다. 주권민주주의의 기본 담론 구조는 이것이 '주권적+민주주의'처럼 민주주의의 한 종류를 의미하는 것이 아니라, '주권+민주주의'로서 상이한 두 개념의 조합을 의미한다는 데 있다.[8] '주권'과 '민주주의'에 대한 강조점은 정황에 따라 이동 가능하지만, 현 단계에서 초점은 주권에 있다.[9] 주권민주주의 모색은 색깔혁명에 대한 크렘린의 예방적 대응, 반혁명 조치로부터 시작되었다는 점은 잘 알려져 있지만, 주권민주주의의 대외정체성으로서의 핵심이 어디에 있는가는 그만큼 명백히 인식되고 있지 않은 것 같다. 그것은 그 이전까지 러시아의 통치형태를 지칭했던 '관리민주주의(managed democracy)'와 어떤 면에서 근본적인 차이점이 있는가를 보면 잘 드러난다. 관리민주주의는 '민주주의를 위장하는 기획(the project

---

[7] Robert Horvath, "Putin's 'Preventive Counter-Revolution' : Post-Soviet Authoritarianism and the Spectre of Velvet Revolution", *Europe-Asia Studies* Vol.63, No.1, 2011.
[8] Andrey Okara, "Sovereign Democracy : A New Russian Idea or a PR Project?" *Russia in Global Affairs* No.2, July-September 2007, p.4.
[9] V. Iu. Surkov, "Nationalization of the Future : Paragraph pro Sovereign Democracy", *Russian Studies in Philosophy* Vol.47, No.4, Spring 2009, p.12.

of faking democracy)'이기에, 이것은 위장자가 자신이 겉으로만 본받아 위장하는 모델의 우월성을 수용한다는 것을 전제하고 있다. 그러므로 관리민주주의의 핵심적 취약점은 정권 정통성의 원천이 서방에 놓여 있다는 것이다. 더 정확히 말해 러시아 정권의 정통성이 '위장된 민주주의'에 대한 서방의 평가에 달려 있다는 뜻이다.[10]

그러나 주권민주주의론에서 러시아는 유럽 규범에 의문을 제기하는 소극적 접근 대신에 대안적 버전을 제시하고 있다. 민주주의, 개인적 자유, 인권 등에 대해 반대하는 것이 아니라 다른 해석을 제시하고자 한다. 말하자면, '해석투쟁(battle for interpretation)'이 벌어지고 있는 셈이다.[11] 이제 더 이상 러시아의 통치형태 정당화를 위해 서방의 기준과 가치가 필요 없다. 러시아식 정치와 삶을 규정하는 가치와 기준이 외부가 아니라 러시아 내부에 있음을 천명한 것이다. 이것이 대외정체성과 관련된 주권민주주의론의 핵심 메시지이다. 크렘린은 주권민주주의 담론을 내세워 러시아의 비서방적 독자적 대외정체성을 추구해 온 것이다.

러시아식 주권민주주의를 기준으로 본 대외정체성 범주는 세 가지로 대별된다: 첫째, 주권적이지만 비민주적 범주에 속하는 국가들(중국, 이란, 사우디 등); 둘째, 비주권적이지만, 민주적인 범주에 속하는 국가들(EU와 나토에 가입하기 위해 자신의 독립성을 재빨리 포기해 버린 신유럽 국가들); 셋째, 비주권적이며 비민주적인 범주. 크렘린은 이 세 범주 가운데, 자기와 동일한 범주에 속하는 '주권적이지만 비민주적' 범주에 포함되는 국가들을 가장 편한 동반자로 받아들이는 것으로 보인다.[12] 서방의 가치와 대비되는 정치적 시민적 권리 제약, 권력의 개인화와 집중화 등 '비민주적 가치 투사(non-democratic value projection)'를 핵심으로 한 러

---

[10] Ivan Krastev, "'Sovereign Democracy', Russian Style", *openDemocracy*, November 16, 2006, p.1.
[11] Andrey S. Makarychev, "Russia's Search for International Identity Through the Sovereign Democracy Concept", *The International Spectator* Vol.43, No.2, June 2008, p.61.
[12] *Ibid.*, p.51.

시아의 대외정체성이 비서방 정체성의 나라들과 여론에 어느 정도 공감대를 형성하고 있다. 미국이 주도하는 서방의 대외정책 정통성이 의문에 처하는 경우 그리고 국제법의 적용에서 서방의 이중기준이 두드러지는 경우, 이 지점의 균열을 파고들어 비판하는 푸틴의 접근법이 BRICS로 대변되는 비서방 세계에 어느 정도 설득력을 발휘하는 셈이다.[13]

쉡쪼바Shevtsova는 주권민주주의 담론을 통한 러시아의 비서방적 대외정체성 형성에 대해, 푸틴이 러시아를 낡은 구시대의 문명 모델을 따르도록 이끌어감으로써 자신의 나라에 심각한 전략적 패배를 초래하고 있으며, 러시아를 '포위된 성채' 모델로 되돌리려는 노력은 러시아가 현대사회가 될 수 있는 기회를 박탈하게 될 뿐이라고 비판한다. 그녀는 러시아는 이제 쇠퇴 단계에 진입하여 더 이상 지구적 이데올로기를 가질 수도 없으며, 서방에 대항하는 역할을 수행할 능력이 없음에도 불구하고 크렘린이 시작한 새로운 대서방 대립 전선을 우려하고 있다. 동서 양측이 게임의 규칙을 따르려고 노력했던 냉전기와 달리, 현재는 러시아와 서방이 경제적으로 상호결합된 가운데, 크렘린은 국제적인 게임의 규칙을 위반할 준비가 되어 있을 뿐만 아니라 게임의 규칙을 해석할 수 있는 모스크바의 권리를 세계가 인정해 줄 것을 요구하고 있다는 점에서 그 위험성이 크다고 지적한다.[14]

그러나 서방이 국제규범 해석권에 대한 모스크바의 항의와 문제제기를 게임 규칙 위반, 더 나아가, 기존 국제질서에 대한 전면적 수정주의 혹은 도전으로 해석하는 것은 지나친 것이다. 러시아는 코소보 독립에 대한 서방의 정당화와 크림병합에 대한 응징이라는 이중 잣대에 대해 비판하고 자신의 행위를 정당화하려고 노력하였다. 러시아의 '자결' 규범 해석에 대한 도전은 크림과

---

[13] Tomila Lankina and Kinga Niemczyk, "What Putin Gets About Soft Power", *Washington Post*, April 15, 2014.
[14] Liliya Shevtsova, "Putin Ends the Interregnum", *The American Interest*, August 28, 2014, pp.1~2.

조지아에 속한 아브하지아와 남오세티아에 한정된 것이다. 몰도바의 분리주의 지역인 트란스니스트리아는 1990년에 독립을 선언한 바 있으며, 크림병합 후 돈바스 내전이 격화하는 가운데 러시아정부는 일부 러시아계 주민들로부터 독립청원서를 전달받았다고 하였지만, 이에 대한 공식 논평은 자제하였다. 야글란드T. Jagland 유럽평의회(the Council of Europe) 사무총장을 비롯한 일부 평자들은 트란스니스트리아에서 제2의 크림사태를 우려하지만,[15] 그 가능성은 낮다. 모스크바는 접경한 조지아로부터 이탈한 두 분리주의 지역에 대해서만 독립을 인정하였다. 러시아의 '자결' 규범에 대한 도전은, 설혹 수정주의라 하더라도, '부분적 수정주의'에 불과하다. 워싱턴은 러시아의 접경 지역에 국한된 이러한 부분적 수정주의조차 허용할 의사가 없기에 대외정체성 갈등과 대립이 더욱 격화된 것이다.

3. 우크라이나 위기에 대한 미러간 인식 차이

서방이 러시아에 대해 경제제재를 시행하고 이를 지속하고 있는 명분은 러시아의 크림병합과 돈바스 분리주의자들에 대한 지원이 국제법을 위반하고 우크라이나의 영토완전성과 주권을 침해하였다는 데 있다.[16] 러시아의 행위는 유엔헌장, 1974년의 헬싱키최종협약, 부다페스트 메모렌덤Budapest memorandum,[17] '바딘터원칙(Badinter principle)' 등 현대 국제체제와 냉전 이후 유럽의 국제질서를 밑받침하는 주요 국제규범을 위반하였다는 것이다.

---

[15] Thorbjorn Jagland, "Bring Moldova Back From the Brink", *The New York Times*, August 10, 2015.
[16] Barack Obama, "The Ultimate Test of Ukraine", Delivered at the Palais des Beaux-Arts, Brussels, Belgium, March 26, 2014, *Vital Speeches of the day*, May 2014, p.144.
[17] 1994년의 '부다페스트' 메모렌덤은 우크라이나가 소련 해체 시 자동으로 보유하게 되었던 핵무기 포기 및 NPT 가입에 대한 보상으로 경제지원, 영토통합성 유지, 안전보장 등을 명시한 미국, 영국, 러시아, 우크라이나 간에 서명된 외교각서이다.

모스크바는, 처음에는, 이에 대해 크림병합은 우크라이나의 영토완전성과 주권에 대한 침해가 아니라 크림주민들의 '자결(self-determination)' 문제를 해소한 것이라고 주장하였다. 모스크바는, 외부세력의 강압에 의해서가 아니라 크림 주민들이 스스로 자신의 미래에 대해 투표를 통하여 우크라이나로부터의 독립과 러시아로의 병합을 선택하였다고 정당화하였다.[18] 모스크바가 크림의 독립선언과 병합을 크림주민들의 자결권 문제 해결의 결과라고 주장한 것은, 물론 무력을 동원한 영토 문제 해결 시도의 불법성을 희석하기 위한 의도였다 (나중에는 분단되었던 동포의 통일임을 강조하는 쪽으로 다소 초점이 이동한다). 그러나 서방의 시각에서 크림주민들의 민족자결 권리를 내세운 모스크바의 자기 정당화 논리는 수용될 수 없었다. 여러 원인들 가운데 냉전후 국제규범과 관련된 핵심 이유는 그것이 '바딘터원칙'을 위반하였기 때문이다. 1991년 말~1992년 초 사이에 공포되었던 '바딘터위원회(the Badinter Commission)'[19]의 중재 의견들을 집약한 바딘터원칙은 당시 EC가 탈소 독립국가들과 구유고연방 이탈 공화국들에 대한 독립 인정의 조건을 설정(1991년 12월 16일)하는 가이드라인이 되었다. 이 원칙은 냉전 해체기에 유럽의 구질서가 흔들릴 때, 많은 소수민족들의 탈연방 분리독립 요구와 영토 문제에 대응하고 이를 규율했던 기준이 되었으며 냉전 종결 과정에서 일종의 평화조약의 역할을 하였다.[20]

바딘터원칙의 핵심은 '영토성과 민족자결(territoriality and self-determination)'을 민족적 원칙으로부터 분리하고 기존 연방국가내의 공화국간 내부 경계를 신

---

[18] Vladimir Putin, "Address by President of Russian Federation", March 18, 2014, http://en.kremlin.ru/events/president/news/20603 (검색일: 2015.8.5); "Vladimir Putin's interview with Radio Europe 1 and TF1 TV channel", June 4, 2014. http://en.kremlin.ru/events/president/news/45832 (검색일: 2015.8.5).

[19] 이 위원회의 정식 명칭은 "the Arbitration Commission of the Conference on Yugoslavia"인데 당시 이 중재위원회의 의장을 맡았던 프랑스 법률가 로버트 바딘터(R. Badinter)의 이름을 따 '바딘터위원회'로 약칭되었다. C. Navari, 'Territoriality, Self-determination and Crimea after Badinter', *International affairs* Vol.90, no.6, 2014, p.1299.

[20] *Ibid.*

생 독립국가간 영토 구획의 기준으로 삼는다는 데 있다. 바딘터원칙은 구유고 연방의 해체 시, 거주하고 있는 민족에 따라서가 아니라 기존 연방구성 공화국간 경계를 독립 공화국의 경계로 인정하고, 연방구성공화국 단위만을 독립국가로서 주권을 인정한다는 유럽 국제사회의 합의를 통해 규범화되었다.[21]

크림병합이 민족자결권의 구현이라는 모스크바의 주장에 맞서 서방은 크림의회의 독립선언과 이후의 주민투표 과정이 모두 국제규범의 위반이며 우크라이나의 헌법과 법률에 위배되는 불법 행위라고 규정하였다. 더구나 그 어떤 경우에도 크림은, 폭넓은 자치권을 누리기는 했지만, 연방을 구성하는 공화국 단위가 아니었기 때문에 완전한 독립은 허용될 수 없는 것이었다.

바딘터원칙의 준수라는 서방의 논리에 대해 모스크바는 코소보의 경우도 구유고연방을 이루었던 구성공화국 단위가 아니었는데, 주민투표를 통해 독립을 선언한(2008년 2월) 후, 서방이 독립을 인정해 준 것이 아니냐고 반론하였다. 코소보는 되는데, 크림은 왜 안되느냐는 항변이었다. 그런데 코소보의 독립과정은 서방, 특히 유럽 국가들 내에서 치열한 논쟁을 거쳐 이루어진 것이었다. 바딘터원칙에 대한 코소보의 예외성을 인정하는 핵심 논리는 코소보의 경우, 국제사회의 '인도주의적 개입(humanitarian intervention)' 필요성과 '보호의 책임(responsibility to protect)'을 정당화하는[22] 장기적, 조직적, 대규모 인권침해 사례, 소수민족 차별 및 박해 행위가 존재하였으며, 박해 받은 소수민족의 자결의 한 방편으로 코소보가 신유고연방으로부터 완전히 독립하는 것 외에 절대다수를 차지하는 알바니아계 코소보인들의 기본권을 보장할 방도가 없다는 데 있었다. 여기에 더하여 유고연방 내에서 코소보의 준 공화국적 지위, 유엔 행정관할 하의 국제적 보호 경험 등 여섯 가지 요소가 그 예외성의 논거로서

---

21 *Ibid.*, pp.1301~08.
22 Spyros Economides, "Kosovo, Self-Determination and the International Order", *Europe-Asia Studies*, Vol.65, No.5, 2013, pp.834~35.

동원된다.²³ 이러한 폭넓은 동의 위에서 유럽사회는 바딘터원칙에 대한 '예외로서(sui generis)' 코소보의 독립에 대한 주민투표와 그 결과에 따른 독립을, 참으로 어렵게, 인정하였다. 코소보에 대한 독립 인정은 장기간 세르비아인들로부터 억압과 박해를 받아 왔으며 '인종청소의 희생양으로서 집단적 지위(collective status as victims of ethnic cleansing)'를²⁴ 국제사회로부터 인정받은 코소보 거주 알바니아계 코소보인들에 대한 보상과 치유 차원에서 이루어진 것이라는 의미로, '치유적 분리독립 사례(a case of remedial secession)'²⁵라는 표현에 코소보 독립에 대한 유럽인들의 고뇌가 잘 나타나 있다.

서방의 입장에서 볼 때, 크림병합과 독립 선언은 주권국가의 영토완전성 보장을 규정한 헬싱키최종협약과 바딘터원칙을 어긴 불법행위라는 점에서는 코소보와 마찬가지이지만, 크림의 경우에는 우크라이나인들의 러시아계(그리고 러시아어 사용) 주민들에 대한 장기간에 걸친 대규모 인권침해 사례가 부재하기에,²⁶ 그리고 특히, 크림사례에 '치유적 분리독립론'이 적용되기 위해서는 종족 차이에 근거한 '대규모 폭력(mass violence)'이 전제되어야 하기에,²⁷ 크림은 어떤 경우에도, 국제사회의 인도주의적 개입 필요성과 소수민족 자결의 한 선택지로서 독립을 인정받는 예외적 사례가 될 수 없는 것이었다. 이에 대해 모스크바는 야누코비치 축출 후에 들어선 과도 정부가 러시아어 공용어 지위 폐기 법안을 상정하려 했던 시도에서 드러나듯이, 크림의 러시아계 주민들에 대한 차별과 박해가 예상되던 상황에서 하나의 '선제적 예방조치'로서 분리독립

---

23 J. Ker-Lindsay, "Preventing the Emergence of Self-Determination as a Norm of Secession : An Assessment of the Kosovo 'Unique Case' Argument", *Europe-Asia Studies* Vol.65, No.5, 2013, pp.845~52.
24 Stefan Wolff & A. P. Rodt, "Self-Determination After Kosovo", *Europe-Asia Studies* Vol.65, No.5, 2013, p.806.
25 J. Ker-Lindsay, "Preventing the Emergence of Self-Determination as a Norm of Secession : An Assessment of the Kosovo 'Unique Case' Argument", p.848.
26 Barack Obama, "The Ultimate Test of Ukraine", p.145.
27 Stefan Wolff & A. P. Rodt, "Self-Determination After Kosovo", p.807.

과 병합을 추진하였다는 논리로 반박하였지만, 소련 해체 시기부터 약 25년 동안 크림의 러시아계 주민들에 대한 우크라이나 중앙정부의 어떤 조직적 차별과 박해도 없었으며,[28] 크림은 상당기간 동안 자치공화국의 지위를 누리면서 폭넓은 자치뿐만 아니라 중앙정부로부터 여타지방과 비교하여 상대적으로 더 많은 보조금을 받아왔다는 점에서 '선제적 예방조치'론은 서방사회에서 설득력을 가질 수 없었다.

유럽은 1989년 이후 유럽에서 자결권과 관련된 국가형성 질서의 유지를 위해 최대한 바딘터원칙을 준수하려는 입장을 견지하다 보니, 코소보 독립은 전례가 될 수 없으며 '일련의 독특한 조건들로부터 파생된 독특한 사례'임을 강조하면서[29] 코소보 이후에 자결 문제에 대한 현실적인 대응은 '내재적 자결(the internal self-determination)'과 '외재적 자결(the external self-determination)'로 구분하여, 공화국 단위가 아닌 소수 민족의 자결에 대한 요구는 기존 주권국가의 영토 내에서 자치권을 강화하는 '내재적 자결'의 형태로 해소되는 것이 바람직하다고 권고되고 있다. 코소보 사례를 '예외'로 규정하는 판단자가 누구냐라는 모스크바의 반박에 대해 답변이 썩 신통치 못한 서방으로서는 하나라도 더 예외를 추가하지 않고 자결의 문제를 해결하자는 입장을 견지하고 있다. 예외가 더 늘어날 경우, 스스로 독립을 선포하였지만 국제사회의 인정을 받지 못한 채, 소위 '동결된 분쟁(the frozen conflicts)'으로[30] 일컬어지는 조지아의 아브하지야와 남오세티아, 몰도바의 트란스니스트리아, 아제르바이잔의 나고르노-카라바흐의 독립 인정 문제에 바로 직면하게 되기 때문이다.

다른 한편, 서방과 러시아 간의 이러한 인식의 차이는 독립 이후 현재까지

---

[28] Tetyana Malyarenko & David Galbreath, "Crimea : Competing Self-Determination Movements and the Politics at the Centre", *Europe-Asia Studies* Vol.65, No.5, 2013, p.915.

[29] J. Ker-Lindsay, "Preventing the Emergence of Self-Determination as a Norm of Secession : An Assessment of the Kosovo 'Unique Case' Argument", p.854.

[30] N. Silaev, W. H. Hill, and I. Khintba, "Frozen Conflict in the Post-Sviet Space", *Russia Direct* No. 23, August 2014.

탈소 국가들간 국제관계를 어떻게 보는가와 관련되어 있다. 서방이 크림병합을 근대국제체제의 핵심 규범 즉, 영토 완전성과 주권 보장 원칙의 위반이라고 규정하는 것은 탈소 국가들의 독립 이후 이미 그 자체로서 근대적 국제관계가 성립하였다는 전제 하고 있다. 이와는 달리 모스크바는 러시아와 우크라이나와의 관계를 근대 국제체제의 관점에서 보지 않는다. 독립적이고 독자적인 주권 국가들간의 표준적 정상적인 국제관계에 미치지 못하는 것으로 인식해 왔다. 이것은 유럽 국가들과 탈소국가들이 위치한 국가성의 상이한 발전단계에서 유래하는 근본적 문제이다. 전근대, 근대 및 탈근대 사이에 존재하는 간극으로부터 비롯되는 것이다.[31]

유럽은 근대과제를 완료하였지만, 탈소지역은 독립 국가간 근대적 국제관계가 아직 완결되지 않았다. 동유럽, 캅카스, 중앙아시아 등 한 곳도 예외 없이 영토와 국경, 주민, 주권 관할의 문제가 산재하고 있다. 소련 해체 후, 서방은 탈소 국가들을 신생독립 국가 혹은 신민주주의 국가들로 지칭하며, 이들의 근대 국가성을 인정하였지만, 신생 국가들에서 주민, 영토, 주권이라는 근대 국가성의 기본 과제가 아직도 완전히 해결되지 않은 채 남아 있다. 러시아의 크림병합 직후, 긴장된 국제적 정황에도 불구하고, 누르술탄 나자르바예프 대통령이 러시아와 우크라이나 사이에는 해결되지 않은 영토 문제가 있다고 발언한 것은 단순히 러시아를 편들기 위한 말이 아니다.[32] 제국의 해체로 주어진 독립이 개별 주권국가들의 근대 국가성 획득과 등가물은 아니었다. 여기에 탈소지역의 분리주의와 민족간 분쟁을 야기해 온 근본적 갈등의 씨앗이 내재한다.

러시아는 발트3국을 제외한 구소련 국가들의 영토완전성과 주권에 대한 보

---

[31] Alexander Iskandaryan, "Why Are We Drifting Apart?", *Russia in Global Affairs* October 27, 2013.
[32] "Ukrainian Foreign Ministry Delivers a Note to Kazakh Ambassador over Nazarbayev's Statements", March 28, 2014, *interfax-Kazakhstan* Web. 30 Марта 2014. http://www.interfax.kz/?lang=eng&int_id=10&news_id=6845 (검색일 : 20157.20).

장은, CIS 창립 문건들에서 잘 드러나듯이,[33] 그들이 러시아의 핵심적 국익과 입장을 존중하고 러시아와 함께 한다는 전제 위에서만 가능하다고 생각해 왔다. 이러한 모스크바의 생각은 서방에 대해 발트3국을 제외한 탈소지역을 자신의 고유한 영향권역으로 인정해 달라는 일관된 요구에서 잘 나타나고 있다. 만약, 탈소 국가들이 나토 확장 반대와 같은 러시아의 사활적 국익을 존중해 주지 않을 경우, 모스크바는 공통의 목적과 이익의 존중을 위해 결속된 연합체, 즉 CIS의 틀이 아니라 표준 국제관계의 논리를 러시아와 탈소 국가들 간의 관계에 적용한다는 입장이다. 특정 탈소국가가 (CIS 회원국이든 아니든 상관없이) 러시아가 주도하는 탈소 연합체 즉, CIS의 정신을 무시하고 러시아에 적대적인 블록에 합세할 경우, 모스크바는 이들의 영토적 완전성과 주권의 전일성을 인정할 수 없으며, 이들과 정리하고 해소해야할 계산(제국의 부정적 유산으로부터 유래된 분쟁 거리)이 있다는 이야기이다.

CIS라는 느슨한 국가연합의 틀이 지속되고 상대국의 핵심적 국익을 고려하고 존중하는 선린정신이 유지되는 한에서, 크림의 영토권 문제는 미봉되고 잠복되어 있었다고 보아야 할 것이다. 양자관계의 기본 정신은 독립 후 우크라이나와 러시아 양자관계를 종합적 최종적으로 규정한 1997년의 '우호, 협력 및 동반자관계 조약'(1997.05.31)에 잘 나타나 있다. 여기서는 러시아가 크림반도를 포함하여 현 국경 내의 우크라이나의 영토완전성을 보장하는 대신에 우크라이나는 비동맹 지위를 유지하는 데 동의하였다.[34] 그러므로 어떤 경우라도, 이 전제가 무너진다면, 양국간 영토권 문제는 불가피하게 초미의 문제로

---

[33] 전체적으로 보아 'CIS 형성 협정(Agreement Establishing the Commonwealth of Independent Nations, 1991.12.8)', '알마-아타 프로토콜(the Alma-Ata Protocol, 1991.12.21)', 'CIS 헌장(the CIS Charter, 1993.01.22)' 등 CIS 창설 관련 문서들은 모두 CIS가 느슨한 국가연합체의 형태로 상대국의 국익 존중, 우호적 협력과 상호의존의 선린관계를 유지한다는 전제 위에서 작성되었으며 그러한 정신을 포함하고 있다.

[34] Tetyana Malyarenko & David Galbreath, "Crimea : Competing Self-Determination Movements and the Politics at the Centre", p.919.

부각될 수밖에 없음을 유추할 수 있다. 우크라이나와 러시아 간에 CIS 관련 문서들의 핵심 정신이 전제한 그러한 선린관계가 유지되었더라면 크림사태는 없었을 것이며, EU와 러시아 간에 협력적이기보다는 경쟁적인 지역통합 구도 그리고 더 근본적으로 대외정체성의 대립이 첨예화하지 않았더라면, 역시 크림사태는 없었을 것이다. 입장을 바꾸어 미국이 군사기지가 있는 플로리다반도의 행정 관할권을 조지아주에 양여하였다고 가정해 보자. 그런데 얼마 후 몇 몇 주들이 분리 독립하였는데 그 중 조지아주가 자신의 새로운 대외정체성으로 친러적 행보를 하면서 EEU 가입 및 집단안보조약기구(CSTO)와의 안보협력을 천명한다면, 워싱턴이 이를 허용할 수 있을 것인지, 긍정적 답변은 어려울 것이다.

야누코비치 축출 후 우크라이나 과도정부가 급진적 서방 통합을 추구하고 어떤 면에서는 반러 정책(무산된 언어정책 사례)을 표명하자, 우크라이나의 나토 가입이 멀지 않다고 생각한 크렘린은 최소한의 지전략적 국익을 수호하기 위해 '맞받아 치기(tot-for-tat)'를 결정하고 전격 병합 작전을 수행하였다. 크림병합은 소련제국 해체 시기에 명료하게 정리되지 못한 채 잔존해 왔던 부정적 유산으로부터 기인하였다. 모스크바는 자신의 핵심 전략 자산(크림반도와 흑해함대의 모항 세바스토폴)을 관할 중인 인접국의 적대적 전환이라는 긴급상황에서 무력을 동원하여 해묵은 계산을 정리하였다. 그러므로 크림 문제는 코소보 혹은 몬테네그로와 같은 범주의 민족자결권과 분리 독립에 관련된 범주라기보다는 정리되지 않은 채 계승된 영토권 문제의 범주이며, 러시아는 이를 점령과 독립, 병합이라는 형태로 일방적으로 해소하였다. 키에프가 합법정부의 전복이라는 헌정체제 혼란 상황에서 러시아에 적대적인 대외정체성을 최종적으로 선택하자 모스크바는 동일한 불법적 방식으로 대응한 것이다. 200년 이상 자신의 영토였던 전략적 요충지를 관할하던 이웃 나라가, 자신에게 비우호적인 (때로는 적대적으로 간주되는) 경제적 정치군사적 진영으로 통합하고자 할 때, 그것도 불법으로 합법정부를 전복한 뒤 들어선 과도정부가 그렇게 할 때, 어떤 강대국도 양손을 뒷짐 진 채 방관하기는 어려울 것이다.

크림 문제와 비교하여 돈바스 내전은 완전히 다른 사례이다. 돈바스는 러시아계 혹은 친러적 분리주의자들의 민족자결 요구로부터 비롯된 것이다.[35] 현재 내전의 두 중심 도시인 도네츠크와 루한스크는 '도네츠크인민공화국(DPR)'과 '루한스크인민공화국(LPR)'으로 독립을 선언하였지만 그것은 선언에 불과하다. 이들은 우크라이나 공화국 내에서 자치공화국도 아니었으며 자치주도 아니었다. 한번도 어떤 형태의 자치 행정단위의 지위와 권한을 누렸던 적이 없다. 핵심은 우크라이나 현존 국가 내에서 내부적 자결을 어떤 방식으로 보장하느냐의 문제이며, 이는 우크라이나의 국가체제(연방국가 혹은 단일국가)를 어떻게 규정할 것인가의 문제로 집약된다. 돈바스 내전에서 모스크바의 친러 분리주의 세력 지원은 우크라이나의 국가체제 결정 과정 그리고 유럽통합 과정에 영향력의 지렛대를 유지하려는 크렘린의 의도와 야심을 나타낸다.

러시아가 민족자결을 요구하는 분리주의 내전인 돈바스 사태에 직접 군사적으로 개입한다면, 이것은 분명히 돈바스 러시아인들의 민족자결과 권리보호를 빙자한 내정 간섭이자 침략 행위이며 주권의 침해이고 국제규범의 위반이다. 국제사회로부터의 심각한 비난과 대응에 직면할 것이다. 미국은 러시아군이 중화기뿐만 아니라 병력을 지원하고 있으며 심지어 1만 명의 러시아군이 전투에 참여하고 있다고 주장하지만, 설득력 있는 확실한 증거는 제시하지 못하고 있는 상황이다. 그러나 많은 관찰자들은 러시아가 무기를 지원하는 형태로 간접 개입하고 있는 것으로 보고 있다.

서방의 적지 않은 관찰자들이 러시아의 크림병합 그리고 더 나아가 돈바스 지방 내전에서 분리주의 반군의 지원을 두고 크렘린이 과거 소련의 영향력을 복원하기 위한 수정주의 혹은 '실지회복失地回復주의(irredentism)' 세력으로서 냉

---

[35] 돈바스 내전의 배경, 진행 과정 및 국내외적 의미에 대해, Richard Sakwa, *Front Line Ukraine : Crisis in the Borderlands*, London : I. B. Tauris, 2015, pp.148~82; Andrew Wilson, *Ukraine Crisis : What It Means for the West*, New Haven : Yale University Press, 2014, pp.118~43.

전 후 유럽 국제질서의 현상타파를 위한 첫 시도 등으로 해석한다. 모스크바의 실제 행보는 이 해석에 부합되지 않는 측면이 더 많다. 우크라이나의 유럽적 대외정체성과 통합 방향 선택을 되돌릴 수 없게 된 상태에서, 서방과 대립하게 된 러시아에게는 향후 사태전개에 영향을 미칠 수 있는 개입의 지렛대 그리고 새로운 전선에서 완충지대가 필요하였다. 이것이 크렘린에게 동부 우크라이나의 의미이다. 무력을 동원한 크림장악은 나토와 EU의 동진으로 수세에 몰린 러시아가 국익수호를 위해 대응한 최소한의 반격이자 방어적 조치로 보는 것이 더 현실에 가까울 것이며, 모스크바의 입장에서는 최소한으로 자제된 공격적 대응이라고도 할 수 있다. 크림병합 이후 오데사(2014.5.2)와 마리우폴(2014.5.9)에서 벌어진 학살 사건에서 보듯이, 돈바스 지방의 주민간 충돌 개연성에 대한 우려 역시 존재하였다는 점에서[36] 러시아계 주민 보호를 위한 사전적인 인도주의적 의도 역시 완전히 부인하기는 어렵다. 또, 모스크바는 아브하지아와 남오세티아의 경우와는 달리 분리주의 반군 세력의 도네츠크와 루한스크 독립 선언을 인정치 않고 있다는 점을 유의해야 할 것이다. 뮌헨안보회의(2015년 2월)에서 군병력을 동원한 러시아군의 서진을 우려하는 연사들에 대해 러시아 국방차관은 "당신들이 제 정신인가?"[37]고 되묻고 있다.

미국과 러시아의 관계 악화는 우크라이나 사태로부터가 아니라 이미 오래 전부터 진행되어 오던 과정이었다.[38] 9/11 테러 이후 푸틴 정부는 극단주의자들의 테러 행위를 21세기 인류가 마주한 공통의 위협 요인으로 인식하고 미국 주도의 글로벌 대테러 전쟁에 적극적으로 협력하였다. 그러나 모스크바는 자신과 중국뿐만 아니라 프랑스, 독일 등 미국의 주요 유럽 동맹국들까지 반대

---

36   Richard Sakwa, *Front Line Ukraine : Crisis in the Borderlands*, p.99.
37   "Russia Holds Big Military Drills in South, Crimea, Abkhazia, South Ossetia", *RFE/RL* March 5, 2015.
38   Hiski Haukkala, "From Cooperative to Contested Europe? The Conflict in Ukraine as a Culmination of a Long-Term Crisis in EU-Russia Relations", *Journal of Contemporary European Studies* Vol.23, No.1, 2015.

한 이라크 침공을 마주하면서 유일 초강대국 미국의 세계질서 보장자, 글로벌 공공재 제공자로서의 역할에 대해 의구심을 갖게 된다. 미국의 이러한 공격성은 9/11 테러 이후 워싱턴이 판단하는 '위협 균형(the balance of threat)'이[39] 변화하자, 1990년대의 '방어적 자유주의(defensive liberalism)' 전략이 '공격적 자유주의(offensive liberalism)' 전략으로 변형된 결과이다.[40] 미국은 자유주의적 세계질서를 신봉하고 주도하는 단순한 '자유주의 국가(liberalist state)'가 아니라 자신의 안보를 증진해 줄 자유주의 가치를 확산하기 위해서는 타국의 입장과 이해관계는 물론 국제규범마저도 무시하고 이를 자의적으로 부과하려는 '공격적 자유주의(offensive liberalist)' 국가로 변해나갔다.

9/11 이후 워싱턴의 공세적 행보는 중동아랍 지역을 넘어 탈소지역으로까지 확대되어 왔다. 모스크바가 볼 때, 조지아의 장미혁명(2003년 말)과 우크라이나의 오렌지혁명(2004년 말)은 '민주주의 증진' 전략의 기치 하에 미국판 공격적 자유주의의 러시아 접경지역 진출을 의미하며 이것은 내정 불간섭과 주권 존중이라는 국제규범 위반인 동시에 점점 더 민주주의로부터 후퇴해 가던 푸틴 정권에 대한 경고와 위협으로 판단되기에 충분하였다. 크렘린으로서는 유사한 위협을 사전 차단하기 위한 적극적인 '예방적 반혁명' 조치의 필요성을 절감하였다.

이처럼 색깔혁명은 미러관계의 냉각이 본격화하는 정치적 시발점이었다. 주지하다시피, 그 경제적 신호탄 역할을 한 것은 2003년 10월에 시작된 러시아 최대 석유생산(2003년 기준 19.2%) 기업 유코스 국유화 사건이다. 서방은, 호도르코프스키 유코스 회장의 구속과 재판 과정은 러시아 올리가르흐의 정치 불개입이라는 크렘린과 경제권력 간 상호합의(2000년 7월)를 위반하고 푸틴정권

---

[39] Stephen Walt, "Alliance Formation and the Balance of World Power", *International Security* Vol. 9, No.4, 1985, pp.8~12.
[40] Benjamin Miller, "Explaining Changes in U.S. Grand Strategy : 9/11, the Rise of Offensive Liberalism, and the War in Iraq", *Security Studies* Vol.19, No.26, 2010, p.34, Figure 2.

에 도전한 호도르코프스키에 대한 정치적 보복이며, 핵심 자회사인 유간스크 네프티의 국유화는 결과적으로 기업인의 사유재산권에 대한 전면적 불인정과 침해로서 자유자본주의적 시장경제 원칙에 대한 심각한 위반 행위라고 보았다. 더구나, 당시 호도르코프스키가 합병이 논의되던 (결국 무산되었기에, 가칭) 유코스-시브네프트Yukos-Sibneft 주식 지분(약 25%, 최대 40% 추정)을 미국계 석유기업 엑손모빌에 매각하는 계약을 추진하고 있었다는 점을 고려할 때,[41] 워싱턴은 푸틴 정권하의 러시아를 더 이상 정상적 시장경제 국가로 인정하기 어렵게 된 것이다.

점점 냉각되어 가던 미러 관계의 심각성은 2007년 2월의 뮌헨안보회의에서 푸틴 대통령이 워싱턴 대외정책의 일방주의적 경향과 기존 국제규범에 대한 이중적 기준 적용에 대해 강하게 비난한 데서 공개적으로 표면화되었다. 물론 미러관계 적대성의 깊은 뿌리는 미국이 냉전의 승자라는 워싱턴의 우월적 입장과 태도, 그리고 이와는 반대로, 러시아는 냉전의 패배자가 아니라는 모스크바의 입장 사이의 근본적 대립에 닿아 있다. 사콰는 바르샤바조약기구는 해체된 데 반해 이의 냉전기 대립항인 나토는 해체가 아니라 동방으로 더 확장되어 나간 것을 냉전의 '비대칭적 종결(asymmetrical end)'로 표현하고 서방의 '승자의식'이 이 과정에 큰 영향을 미쳤다고 분석하고 있다.[42]

동서독 통일에 관련한 부시와 고르바쵸프의 회담, 그리고 콜 서독 전 총리와 고르바쵸프의 회담 등을 거치면서, 나토의 미래 계획이나 구 사회주의권으로 나토의 동진을 하지 않겠다는 약속을 문서상으로 한 적도 없고 그 문제를 두고 공식적인 거래를 한 적도 없다고 한다.[43] 그러나 당시 고르바쵸프와 콜

---

[41] Richard Sakwa, *Putin and the Oligarch : The Khodorkovsky - Yukos Affair*, London : I. B. Tauris, 2014, pp.57~63.

[42] R. Sakwa, *Front Line Ukraine : Crisis in the Borderlands*, pp.2~3.

[43] M. E. Sarotte, "A Broken Promise? : What the West Really Told Moscow About NATO Expansion", *Foreign Affairs* September/October 2014, p.91.

전 총리, 셰바르드나제 소련 전 외교장관과 겐셔 서독 전 외교장관의 회담에서 독일 측은 구두로 나토는 동독 영토로 확대하지 않을 것이라는 언명을 하고 있다.[44] 다만, 약 40년에 걸친 대결의 장막을 걷어 내는 동서 화해의 분위기 속에서, 그리고 '유럽 공동의 집' 속에서 유럽 대통합을 꿈꾸던 고르바쵸프를 비롯한 소련 지도부는 그러한 언질을 외교문서로 확약해 두어야 할 필요성을 느끼지 못했던 것이다. 당시 소련 지도부가 소련의 국가적 운명마저 예측하지 못하고 있었던 상황에서 미래 미러관계의 악화를 전망하고 이에 대비한 외교적 준비를 한다는 것은 기대하기 어려운 일이었다.

러시아와 서방의 미디어 보도에 따르면, 푸틴 대통령은 부카레스트 나토-러시아 정상회담(2008년 4월)에서, 조지아와 우크라이나를 나토에 가입시키려는 워싱턴의 집요한 노력을 비난하면서, 만약 나토가 더 확장한다면 러시아는 크림을 병합할 것이고 우크라이나는 더 이상 단일 국가로 존재하지 못할 것이며, 러시아는 아브하지아와 남오세티아에 완충지대를 형성할 것이라고 말했다고 한다.[45] 이때는 조지아 전쟁이 일어나기 직전이었다. 워싱턴은 이 경고에 귀를 기울이지 않았으며, 자국의 나토 가입 전망에 고무된 사아카슈빌리 대통령의 공세적 조치로 인해 조지아 전쟁이 발발(2008년 8월)하였고, 모스크바는 경고대로 전쟁 후 아브하지아와 남오세티아의 독립을 인정하였다. 2014년의 나토 정상회담에서도 동맹국들은 유럽에서 자신의 영향권역을 확장하겠다는 의사를 공개적으로 표명하였다.

워싱턴은 '프리마코프 독트린' 이후 현재까지 일관되게 지속되고 있는 러시아의 전략적 독자성 추구, 국익 존중을 요구하며 자기주장을 내세우는 대외정책, 강대국으로서의 전통적 영향권역 요구 등을 냉전에 패배하고 약화된 국가

---

[44] Ibid., p.93.
[45] Pavel Koshkin & Dmitri Trenin, "Russia-West Rivalry Over Ukraine Is Higher Priority Than Security", *Russia Direct* September 15, 2014.

의 비현실적인 요구라고 보았으며, 구체적 사안에 따라서는 국제질서의 보장자인 미국에 대한 수용하기 어려운 도전으로 인지하였다. 일례를 들면, 우크라이나 위기 한참 이전에, 워싱턴이 보기에, 러시아가 저지른 미국의 국익에 대한 가장 심각한 도전은 2003년 미국이 이라크를 침공하기 직전과 군사작전 동안에 민감한 군사장비와 첩보를 이라크 측에 제공하였다는 것이다. 이라크전의 시작과 함께 미국 장교들은 사담 후세인의 군대가 미군의 미사일 유도시스템을 교란할 수 있는, 러시아가 제공한 교란장비를 사용하고 있다는 것을 알았다. 그리고 2006년 3월 미국방부 연구에 따르면, 이라크전 초기에 러시아 측은 미군 부대의 이동에 관한 첩보를 사담 후세인에게 넘겨주었다고 한다.[46] 물론 이라크전에 대해 당시 푸틴 정부는 일관되게 반대하였지만, 아직 서방과 러시아의 관계가 현저한 악화 기미를 보이지 않던 상황에서 일어난 이 사건이 푸틴 지도부의 대미 관계에 대한 근본적 접근법을 드러낸 것으로 워싱턴은 판단하였던 것이다.

우크라이나 사태 개입에 대한 대가로서 서방의 대러 제재는 러시아 지도부에 대한 징벌, 경제적 압박을 통한 푸틴주의와 푸틴 정권 흔들기 차원이 내포되어 있다. 워싱턴은 러시아의 에너지산업과 금융부문을 대상으로 한 제3차 경제제재(2014년 7월)를[47] 도입하였는데 이것은 중장기적으로 지대추구적 러시아경제에 심각한 타격을 줄 수 있는 예민한 성격의 것이었다. 이러한 서방의 제재는 미러관계가 악화된 2008년에 서방기업들에 대해 푸틴이 시작했던 차별적 조치에 대한 보복적 대응이라는 측면도 있다. 당시 푸틴 대통령은 국제

---

[46] Alexandra Mclees & Matthew Kupfer. "A Proxy War in Ukraine?", *Eurasia Outlook* July 31, 2014. http://carnegie.ru/eurasiaoutlook/ (검색일 : 2015.3.10)

[47] 이 제재는 북극해 대륙붕 등 심해 유전과 가스전의 탐사 및 시추를 위한 첨단기술의 러시아 이전을 금지한 것이다. 러시아 국내기업들은 그러한 첨단기술을 보유하고 있지 못하며 심해 시추 및 채굴 사업 경험이 거의 없는 실정이다. 좋은 조건의 장기 차관 금지 조치 역시 러시아의 대규모 프로젝트 수행에 차질을 빚을 수 있다. Mikhail Krutikhin, "A Mixed Blessing?", *Eurasia Outlook* 31 July, 2014. http://carnegie.ru/eurasiaoutlook/ (검색일 : 2015.310)

적인 기업들의 광물자원 개발허가 및 대규모 프로젝트 등에 대한 접근을 제한하고 국내 기업과의 어떠한 형평성도 허용치 않는 일련의 법안들을 도입하였다. 이런 조치들은 마치 외국자본에 대한 고도의 경계심과 외국인 혐오증에서 비롯된 듯한 인상을 주었던 것이다.[48]

푸틴 대통령을 포함한 러시아의 권력 엘리트 대다수는 우크라이나 사태에서 러시아의 행위와 상관없이 워싱턴이 러시아를 억지하고 봉쇄하고 국내적으로는 정권교체를 의도하였다고 보고 있다.[49] 모스크바는 2011년 가을 푸틴의 대선 출마를 선언한 3선 복귀 시도 시기부터 미국이 NGO를 이용하거나 기타 다양한 방식을 통한 대결 구도 형성을 구체화해 왔다고 의심하고 있다.[50] 이 의심을 피해망상 증세의 발로로만 볼 수 없는 것은, 워싱턴이 다소 자유주의자로 보이는 메드베데프의 집권(2008년 5월)과 함께 대러 관계 재설정(reset) 정책을 시작하였으며, 조지아 '8월 전쟁'에도 불구하고 미러관계는 푸틴 집권3기 이후만큼 악화일로로 치닫지는 않았기 때문이다. 그런데, 러시아의 일부 엘리트는 미국이 이미 냉전기에도 경제적 고사전략을 통해 소련의 정권교체를 적극적으로 추구하였다고 생각한다. 바로 그 생각이 러시아에서 강대국 슬로건의 등장과 푸틴주의의 강화를 자극한 '외부 위협론'의 뿌리였다.[51] 결국, 모스크바가 보기에, 워싱턴이 러시아를 제어하고 관리할 수 있는 현실적인 방법은 조지아, 우크라이나 등의 '색깔혁명'에서 그러하였듯이, 15년 동안 지속되고 있는 푸틴정권에 대한 정권교체 뿐이다.

위협과 무력에 의한 야누코비치 정권 전복은 미국에게는 '제2차 오렌지혁명'으로서 우크라이나의 재민주화와 자신의 영향권역을 확대하는 기회로 보

---

[48] *Ibid.*
[49] Sergey Karaganov, "The Watershed Year : Interim Results", *Russia in Global Affairs* December 18, 2014, p.3.
[50] Dmitry Suslov, "For a Good Long While", *Russia in Global Affairs* December 18, 2014, p.2.
[51] Eugene Rumer, "What's Worse Than Vladimir Putin?", *Politico Magazine* September 11, 2014.

이겠지만, 모스크바에게 그것은 엄연히 쿠데타이며, 푸틴정권에 대한 위협으로 다가온다. 러시아는 접경 국가이며 군사안보 이익이 첨예한 우크라이나에서 서방의 고위 관료들이 민주주의 증진의 이름으로 내정간섭 금지라는 국제규범을 공공연히 위반하고 급진 민족주의세력과 극우세력이 헌정질서를 유린하는 것을 용인할 수는 없었다. 게임의 규칙 위반에 대한 맞대응을 피할 수 없게 된 것이다. 우크라이나 사태를 빌미로 한 경제제재도 푸틴주의와 푸틴정권을 흔들기 위한 수단으로 보는 것이다. 그러므로 각자 자신의 대외정체성에 대한 재성찰과 수정 없이는 '적대적 타자'라는 상호 인식의 전환도 미러관계 개선의 돌파구 마련도 어려워 보인다.

이렇게 하여 미국 주도의 서방과 러시아 간에는 대외정체성의 대립 전선이 형성되었다. 이 현상은 정체성 대립을 초래한 핵심 요인들이 변화되기 어려워, 그 대립의 강도는 정황에 따라 완화되기도 하도 심화되기도 하겠지만, 장기화될 가능성이 높다. 다음 장에서는 대외정체성 대립 전선의 장기화 전망을 세 가지 요인을 근거로 하여 논증하고자 한다.

4. 대외정체성 대립 전선의 장기화 요인

1) 러시아의 비서방적 대외정체성 수정 어려움

러시아의 비서방적 대외정체성의 이념적 정서적 구성 요인은 국익우선의 국가주의, 루스키(종족적 러시아인) 중심의 민족주의, 서방을 경계하고 의심하는 애국주의, '러시안 아이디어Russian idea'[52]로 표현되는 러시아의 문화적 문명적

---

[52] Wendy Helleman, *The Russian Idea : In Search of A New Identity*, Bloomington : Slavica Publishers Indiana University, 2004; Tim McDaniel, *The Agony of the Russian Idea*, Princeton : Princeton University Press, 1996.

고유성에 대한 자부심 등이다. 푸틴 정권은 집권 이후 점점 더 권위주의화되어 왔던 정권에 대한 동의와 지지를, 러시아인이 훌륭한 문화와 문명을 이루고 외침을 극복해 왔다는 역사적 자부심에 바탕한 민족주의 그리고 러시아를 강대국으로 만들어야 하며, 끊임없이 서방에 위협받는 '포위당한 성채', 조국 러시아를 구하고 헌신해야 한다는 애국주의로부터 동원해 왔다.[53] 이러한 이념적 정서적 요인들은 푸틴주의가 자신의 권력을 정당화하는 이성적 심리적 토대 역할을 해왔다. 우크라이나 사태 이후 지속되고 있는 대러 제재가 이러한 논리의 올바름을 증명하는 것처럼 전개되고 있는 상황에서 기존의 통치 정당화 담론을 수정하기는 어렵다.

러시아의 국부의 상당 부분이 에너지자원이나 광물자원의 개발 및 수출 등 지대추구로부터 발생하고 있으며, 이 경제적 가치 창출 방식이 국내 경제 운영 및 통치 메커니즘에 결정적인 구조적 요인으로 작용하고 있다. 크렘린은 국가가 화석에너지와 여타 광물자원 개발 그리고 전기, 방위산업 등 국가전략 산업의 자연독점 기업들을 국가가 경영의 주체로서 직접 장악하고 관할하지 않으면, 적정한 재정확보 및 부의 배분, 주민들에 대한 최소한의 복지 제공이 어렵다고 생각한다. 이것이 2003년 가을의 유코스 사건으로부터 시작된 석유, 천연가스, 비철금속 등 국가 전략 산업의 국유화 동기였다. 국내외 자본간의 경쟁과 이를 통한 경제성장, 증대된 경제활동 수익에 대한 투명한 세금 부과와 징수를 통해서는 기대하는 세입을 가져올 수 없다고 생각했던 것이다. 러시아의 지배 엘리트가 여전히 국가가 지대추구의 당사자로 역할해야 한다고 생각하는 한, 정치 주체와 경제 주체의 엄격한 분리에 기초한 서방식 자유주의적 시장경제 활동은 기대하기 어렵다. 이것이 러시아의 비서방적 독자적 경제 운영 방식이 변화되기 어려운 이유이며, 이러한 경제 운영 방식을 보장하

---

[53] 크렘린은 러시아인들의 애국적 민족주의를 동원하기 위해 서방과 긴장과 갈등을 조성하는 슬로건과 선전을 이용하는 정치공학에 의존하지만, 동시에 급진 민족주의나 과격 반서방주의는 억지하는 제한적 동원 전략을 구사해 왔다.

고 또 그것에 의존하는 푸틴주의 통치 메커니즘의 변화 역시 기대하기 어려운 연유이다. 통상 구성주의 시각은 정체성이 이해관계보다 우세하기가 쉽다고 가정하지만, 그 반대가 되는 경우도 있다.[54] 러시아가 그런 경우인데, 대외정체성 형성과정에서 러시아 권력 엘리트가 생각하는 국익 그리고 자신의 이해관계가 전통적인 유럽적 국민정체성을 압도하였던 것이다.

대외정책의 측면에서 러시아의 비서방적 대외정체성의 핵심은 강대국의 지위 추구와 그 변함없는 토대로서 전략적 독자성을 강조하는 데 있다. 물론 러시아 대외정책노선에서 이러한 요인은 프리마코프 독트린이 안착한 1990년대 후반부터 지속되어 온 바이지만, 특히 발트3국과 구공산권 동유럽 4국이 나토에 가입하고(2004년 3월), 부카레스트 나토정상회담(2008년 4월)에서 러시아와 접경한 탈소 국가들인 조지아와 우크라이나의 가입 가능성마저 열어두게 되자 모스크바의 대외정책에서 국익과 자기주장을 내세우는 태도는 더욱 강화되어 나갔던 것이다. 그러나 실제 행동에서 러시아의 태도는 주도적이기보다는 대응적이며 공세적이기보다는 수세적인 편에 가깝다. 조지아와의 '8월 전쟁'은 물론 그 후 아브하지아와 남오세티아에 대한 독립인정도 나토의 동진 가능성에 대한 대응조치로서 공격현실주의(offensive realism)가 말하는 '상대적 힘(relative power)'을 추구[55]하였다기보다는 방어현실주의(defensive realism)가 말하는 '상대적 안보(relative security)'의 추구[56]에 더 가까운 것으로 보인다.

서방의 대러 제재는 크렘린에 대해 현재의 대외정체성과 대외정책노선을 수정하기를 요구하는 것이거나, 경제적 압박을 통한 정권교체 혹은 러시아의 총체적 국력 약화를 의도하고 있는 것으로 보인다. 어떤 경우이던 간에, 많은

---

[54] Ji Young, Choi, "Rationality, Norms and Identity in International Relations", *International Politics* Vol.52, No.1, 2015.

[55] John J. Mearsheimer, *The Tragedy of Great Power Politics*, New York : W. W. Norton & Company, 2001, p.36.

[56] Jeffrey W. Taliaferro, "Security Seeking under Anarchy : Defensive Realism Revisited", *International Security* Vol.25, No.3, Winter, 2000/01, p.159.

관찰자들이 서방의 제재는 푸틴이 자신의 기존 노선을 고집하도록 만드는 압력을 더할 뿐이며, 대부분의 러시아인들은 대의를 위해 경제적 어려움을 견디고 기꺼이 희생할 준비가 되어 있다고 보기도 한다.[57] 또 다른 논자는 체제 위기에 직면했던 소련 말기의 당-국가 엘리트와 현대 러시아의 권력 엘리트 간의 차이점을 강조한다. 과거 소련의 노년층 중심 고위 엘리트는 생존 투쟁을 집요하게 벌여나갈 능력과 의지가 부족하였으며, 교조적 이념과 사회의 실제 작동 모습 사이의 괴리와 부조리에 지친 소련 주민들은 현실사회주의 통치 체제와 삶의 변화를 원하면서 그 대안으로 서방을 바라보았기에 제국은 예상 외로 평화롭게 붕괴되었지만, 오늘날은 그 때와 상황이 다르다는 것이다. 부와 권력을 향유하는 러시아의 권력엘리트는 자신의 수중에 있는 모든 수단을 총동원하여 끝까지 생존을 위해 싸울 결의와 준비가 되어 있으며, TV의 전쟁 선전과 선동에 좀비화된 러시아 주민들은 변화를 두려워하면서 서방을 의심의 눈으로 보고 있다고 지적하기도 한다.[58] 미국의 대러 경제제재와 여타 압박에 대한 러시아 지배엘리트의 대항의지는 강력하겠지만, 경제적 어려움이 지속될 경우, 러시아 대중들의 태도와 심리가 여전히 굳건할 것이라고 속단하기는 어렵다. 그럼에도 불구하고 혹은 그렇기 때문에 크렘린은 자신의 비서방적 대외정체성을 수정하기 어려우며, 워싱턴의 요구를 수용하거나 유화적 태도를 보일 것으로 기대하기는 어렵다. 푸틴 대통령은 러시아가 미국의 봉신封臣이 되지 않을 것임을[59] 거듭하여 천명하는 이유도 워싱턴의 요구에 대한 굴복은 푸틴주의와 정권의 몰락을 자초하는 선택일 수 있기 때문이다.

---

[57] Balazs Jarabik, "Hot Summer in Ukraine", *Eurasia Outlook* 8 August 2014. http://carnegie.ru/eurasiaoutlook/(검색일 : 2015.3.10).
[58] Liliya Shevtsova, "Putin Ends the Interregnum", *The American Interest* August 28, 2014, p.3.
[59] "In Call-In Show, Putin Says Russia Will Not Be US Vassal", *RFERL* April 16, 2015.

2) 워싱턴의 러시아 예외주의 인정 불가 입장 지속

모스크바는 주권적인 러시아의 예외성과 이에 따른 예외적 대접을 요구하고 있지만, 미국의 대러 시각과 접근법의 변화가능성은 낮다. 모스크바가 러시아에 대한 예외적 대접을 서방에게 요구하는 근저에는 자국을 세계에서 소수에 불과한 진정으로 '주권적'인 나라이며 강대국으로 평가하는 자의식이 자리하고 있다. 바로 이런 점에서 주권민주주의 개념에는 외국의 기준들을 무시해도 되는 '강대국'으로 러시아를 제시하려는 욕구가 내재한다는 진단이 나오는 것이다.[60] 미국으로서는 어떤 경우에도 모스크바의 예외주의는 수용불가이다. 유럽지역에서 러시아의 비서방적 정체성과 그것을 반영한 독자적 발전모델 추구는 특히 허용하기 어렵다. 유라시아 대륙에서 중국의 영향력이 괄목상대하는 가운데, 서방은 러시아를 반드시 서방 제도와 질서의 동의자이자 추종자로서 유지해야 할 필요성이 있다. 21세기 국제세력관계 변화에서 러시아 대외정체성의 진로가, 미국이 중국을 견제하여 서방의 주도성을 유지하는 데 있어서, 가장 큰 힘을 들여 통제해야 할 핵심 변수이기 때문이다.

우크라이나 사태와 관련하여, 코소보의 독립이 인도주의적 개입과 '보호의 책임'에 초점을 맞춘 서방의 해석에 따라 바딘터원칙의 예외 사례로 인정되었듯이, 크림병합도 또 다른 예외로서 수용되어야 한다는 모스크바의 정당화 논리는 냉전 종결 후 국제규범에 대한 서방의 독점적 해석권에 최초로 정면 도전한 것이며 자신도 국제 법질서의 한 축임을 주장한 것과 같다.[61] 일부 연구들이 이미 서방의 독점적 규범 해석권이 균열되면서 단극 법 질서에서 다중심체제로, 결과적으로 해석 주체의 다양화를 이야기하고 있지만,[62] 워싱턴은 아

---

[60] From the Editors, "'Sovereign Democracy' and the End of History", *Ab Imperio* 3/2009, p.363.
[61] William W. Burke-White, "Crimea and the International Legal Order", *Survival* Vol.56, No.4, 2014, p.66.
[62] *Ibid.*, p.73.

직 그 변화를 인정할 준비가 되어 있지 않다.

그런데 워싱턴의 입장에서는 예외를 수용하고 이를 정당화하게 되면 현존하는 규범적 질서를 침해하고 위반하는 결과가 된다. 국제사회의 의제와 규범의 형성 및 관리를 주도하는 미국 자신의 예외성은 전 세계에 공공재를 제공하는 질서 형성 및 유지자라는 측면에서 때로는 허용될 수도 있는 것이지만, 러시아의 예외성 요구는 수용하기 어려운 것이며 국제규범과 질서에 대한 도전을 의미하는 것이기도 하다. 워싱턴은 푸틴주의 하의 러시아와 공동 경제번영과 협력안보를 강화해 나가기 어렵다고 판단한 것으로 보이며, 미국의 대러 강경책에 마냥 동조하기를 꺼려하는 서유럽의 지도국들도 신유럽으로 불리는 폴란드와 발틱 국가들의 대러 경계심과 거리두기를[63] 고려하지 않을 수 없는 입장이다. 특히 서방 발전모델의 우월성에 대한 확신이라는 점에서, 워싱턴은 지리적으로 유럽-대서양 세계에 인접하고 전통적 유럽 국가인 러시아의 비서방적 독자적 발전방식을 인정하기가 불편하고 부담스럽다. 탈소 국가들에 대한 미국의 민주주의 증진 전략은 이미 냉전기부터 시작된 '민주화 파도'의 확산 추세와 정당성에 대한 자기확신에 바탕하고 있기 때문이다.[64]

3) 세계정치의 세력관계 재구성 : G2로 부상한 중국과의 관련

러시아는 그 경제력에서, 정치적 이념적 영향력에서 비서방적 대외정체성의 대표주자 위상과 역할을 떠맡을 힘이 부족하다. 그렇게 된 데에는 몇 가지

---

[63] Kristina Mijulova & Michael Simecka, "Norm Entrepreneurs and Atlanticist Foreign Policy in Central and Eastern Europe : The Missionary Zeal of Recent Converts", *Europe-Asia Studies* Vol.65, No.6, 2013.

[64] 빅토리아 눌란드(Victoria Nuland) 미국무부 유럽-유라시아 담당 차관보가 밝힌 바대로 1991년부터 2013년까지 미국은 우크라이나에 50억 달러를 지원할 정도이다. 미 정부의 재정 지원을 받는 '민주주의진흥재단(NED)' 등의 비영리 단체도 우크라이나 시민사회 강화를 목표로 60개 이상의 프로젝트를 지원하고 있으며 민주적 제도 강화를 위한 지원을 계속하고 있다. John J. Mearsheimer, "Why the Ukraine Crisis Is the West's Fault", p.80.

세계 정치경제적 요인이 작용하였다. 먼저, 2008년 금융위기와 연이은 유럽 재정위기가 기존의 자유자본주의적 시장경제 모델의 한계와 취약성을 극적인 형태로 보여주었다. 이 사태의 전개과정은 서방에는 자신의 발전 모델에 대한 경각심을, 크렘린에게는 서방 모델이 최선이 아니며 비서방 모델의 모색이 필요하다는 확신을 주었다. 특히 금융위기 상황에서도 상대적으로 크게 흔들리지 않은 중국 경제가 비서방 모델의 가능성을 보여주는 징표로 생각되었다. 이것은 경쟁력 있는 비서방적 발전모델, 현대화 모델의 첫 등장을 의미하는바, '지리상의 발견' 시대 이래 세계사와 인류문명을 주도해 온 서유럽과 미국에게는 자신의 발전모델에 대한 회의와 당혹감을 넘어 두려움을 주기에 충분한 사건이다.[65]

세계 금융위기의 와중에서도 견조한 성장을 지속하고 안정성을 보여준 중국 모델의 작동은 기존 자본주의적 시장경제 발전모델의 모범으로 자부하는 서방의 입장에서는 '좋은 선례의 위험성'으로 간주될 수 있다. 냉전의 해체와 함께 서방주도 자유자본주의의 세계적 전일화를 이룬 이후 마주한 최초의 도전 앞에서 미국과 EU는 후퇴가 아니라 역으로 자신의 경제영역 확대라는 공세적 대응으로 맞서고 있다.

2013년 크로아티아의 28번째 EU 회원국 가입, 2014년 6월 조지아, 몰도바, 우크라이나의 정치·경제 제휴협정 서명 등이 그것이다. 러시아에 대해서도 경제제재를 통해 푸틴주의 하 국가자본주의적 경제 거버넌스 모델을 압박하여 변화를 자극할 의도를 갖고 있다. 서방은 러시아 방식을 수용할 수 없다는 것이 핵심 메시지이다. 러시아가 서방이 형성해 나온 자유로운 국제교역 질서와 시장경제 체제에서 수익을 취하면서, 동시에 "자신의 조건에 따라" 자기식으로 그렇게 하겠다는 방식은 수용할 수 없다는 것이다. 중-러간 4000억 달러 규모의 동부노선(연간 380억㎥ 공급, 2014년 5월 서명)과 약 2800억 달러 규모로

---

[65] Dominique Moisi, *Geopolitics of Emotion*, New York : Anchor Books, 2009, pp.90~122.

추산되는 서부노선(연간 300억㎡ 공급, 2015년 5월 서명)을 통한 천연가스 제공 협정, 베이징-모스크바 고속철을 비롯한 인프라 건설 협력 등에서 나타나듯이, 모스크바는 위기 타개의 출구로서 중국을 비롯한 비서방 지역 및 국가들과의 협력을 강화해 나가고 있다.[66] 그러나 첨단기술, 금융기법 등 여러 면에서 중국은 서방의 대안이 되지 못한다는 것이 문제점이다.

다음으로, 러시아의 비서방적 대외정체성을 뒷받침하는 세계정치의 세력관계 요인은 BRICS로 대표되는 비서방세계의 세력 증대와 그 대표주자로서 중국의 역할과 위상 제고이다. 이들은 일극보다는 다극질서, 다중심적 세계체제를 주장한다. 일극의 지배, 하나의 세력 중심만으로는 지구 관리가 어려우며 진정한 위협들에 대응력도 부족하다. 복수 강대국의 존재와 역할을 인정하는 다중심적 세계가 글로벌 질서와 거버넌스의 민주성을 보장하고 일국의 전횡과 독단을 방지하는데 도움이 되며, 궁극적으로 다문명간 공존과 세계경제의 공동 번영에 기여한다는 논리이다.[67]

이런 논리로 무장한 비서방 세계의 세계질서 주도국가 미국에 대한 도전을 우려하는 목소리에 대해 존 아이켄베리는 중국, 러시아, 이란 등은 지금까지 미국이 담당해 왔던 질서와 안보 등 글로벌 공공재 제공 역할을 맡을 역량도 의사도 없다고 평가절하 한다. 중국과 러시아는 자유주의적 세계질서를 대체할 대안적 질서에 대한 거대 비전을 갖고 있지 않으며, 그들에게 국제관계란 주로 교역과 자원의 획득에 관한 문제이며, 자신의 주권 보호 그리고, 가능하다면, 지역에서의 우위를 유지하는 문제이다. 그들은 자신의 질서를 수립하거나 현존하는 질서에 대해 책임을 지는 데 관심이 없다. 글로벌 정치 경제의 진로에 대해서는 어떤 대안적 비전도 제시하지 못해 왔다는 진단이다. 한마디

---

[66] Vassily Kashin, "Russia Reorients to the Orient", *Russia Direct*, Russia Direct Monthly Memo, No.11, June, 2014.

[67] President of Russia, "Meeting of the Valdai International Discussion Club", October 24, 2014, pp. 6~7/46, p.13/46. http://en.kremlin.ru/events/president/news/46860 (검색일 : 2015.8.15)

로, 아이켄베리의 주장은 중국과 러시아는 세계질서를 위한 투쟁에서는 그저 게임에 참여조차 하지 않고 있는 상태라는 것이다.[68]

그러나 현실은 반대로 중국이 이미 산업 경제 인프라와 공공재 제공 역할을 시작하였다. 중국의 '일대일로一帶一路' 프로젝트는 제1차 개혁개방(1978~2013) 35년에 뒤이어 '뉴노멀New Normal(新常態)' 시대의 새로운 조건과 과제 속에서 제2차 신발전전략(2014~2049) 35년을 기획한, 차이나 드림 실현의 거대전략 구상이다.[69] 간략히 말해 일대일로는 '신실크로드 경제벨트'와 '21세기 해상 실크로드'를 통해 유라시아대륙과 아프리카까지 교통, 운송, 시장이 그물망처럼 이어지는 중국 중심의 유라시아 경제, 더 나아가, 세계경제 네트워크 형성·강화 전략을 표현한 것이다. 일대일로一帶一路에는 최대 8조 위안(약 1,400조원)의 예산이 소요될 것으로 추정되는 데, 베이징은 실크로드기금과 '아시아투자인프라은행(AIIB)' 설립을 통해 재원을 마련하고 있다.[70] 여기에는 아시아전역과 유럽 국가들까지 포함한 57개 창립 회원국이 참여하였다. 현 단계에서 베이징은 중국을 유럽으로 연결하는 통로지대인 중앙아시아와 서남아시아 지역의 인프라 투자에 집중하고 있다.

베이징이 국제규범과 질서 형성 및 유지를 보장하는 지도국 혹은 '책임있는 강대국(responsible major power)' 담론을 억제하는 것은 자신의 권익을 우선적으로 보호하고 인접지역으로의 영향력 확대에 치중한다는 의미이다. 현 상태에서 베이징은 자신이 기존 국제규범과 제도를 변경할 구체적 비전과 대안이 없으며, 자신이 글로벌 지도국으로서의 역할을 담당할 국가적 역량이 경성·연

---

[68] G. J. Ikenberry, "The Illusion of Geopolitics : The Enduring Power of Liberal Order", *Foreign Affairs* May/June 2014, p.90.
[69] 이 구상에는 26개국이 포함되는데, 인구 44억명(63%), 경제규모 21조 달러(약 30%), 재화와 용역 수출액이 세계 전체의 24%를 차지한다.
[70] 베이징 APEC 정상회의(2014년 11월)에서 중국 측은 실크로드기금 설립을 선포하고 4백억 달러를 출자하기로 하였다. 시진핑 주석은 2014년 4월 '아시아교류신뢰구축회의(CICA)'에서 '아시아투자인프라은행(AIIB)' 설립 구상을 밝혔다. 중국 주도의 AIIB에는 중국이 5백억 달러를 출자하고 나머지 참여국가들이 5백억 달러를 출자하여 총 1천억 달러(약 110조원)의 기금을 적립하기로 하였다.

성 자산 모두에서 부족하다고 생각하고 아직은 국내문제에 더 전념해야할 때라고 생각한다.[71] 그렇지만 지리적으로 제한된 범위 내에서 중국의 국제 공공재 제공자로서의 역할과 위상은 추세적으로 증대될 것이다. 베이징은, SCO 사례에서 잘 나타나듯이, 대미 견제 전략의 일환으로 대러 협력을 유지하고 고무할 것이기 때문에 향후 상당기간 동안 크렘린의 비서방 대외정체성의 지속을 보장하는 한 요인이 될 것으로 보인다.

5. 요약적 결론

21세기의 미러관계는, 큰 흐름으로 보자면, 푸틴 집권1기를 경과하면서 점점 더 냉각 추세를 보여 왔다. 특히 근년에 우크라이나의 EU와 EEU 사이 지역통합 방향 선택 문제를 둘러싸고 촉발된 우크라이나 사태가 서방과 러시아, 특히 미러간의 대외정체성 대립 전선을 더욱 고착화시키는 결과를 초래하고 있다. 그 동안 미러 관계의 냉각 추세에 대해 서방과 러시아간 지정학적 지전략적 영향력 팽창의도로 인한 충돌에 초점을 맞춘 신현실주의적, 지정학적 접근은 현상 이해에 도움을 주지만 그 설명력은 제한적이며 특히 근본적인 동인을 간과할 위험이 있고 미러관계의 전망을 위한 인과적 논리가 취약한 편이다. 대외정체성 관점의 분석을 통해, 나토와 EU의 동진이 상대적 힘을 추구하는 것이던 혹은 (러시아를 중동 유럽에 대한 실질적인 위협으로 인식하여) 상대적 안보의 증대를 추구하는 것이던 간에, 양자를 갈등과 대립으로 몰아간 것은 국제체제에서 상대를 위협적 혹은 적대적 타자로 인식하게 만드는 대외정체성의 이질성이 근저에 작용하고 있음을 확인하였다.

---

[71] David Shambaugh, *China Goes Global - The Partial Power*, Oxford : Oxford University Press, 2013, pp.128~132.

이 글에서는 미러간에 상대방을 비우호적 혹은 적대적 타자로 규정하는 대외정체성의 형성과 대립 과정을 주로 세 가지 요인을 중심으로 논의하였다. 그것은 냉전 종결에 대한 근본적인 인식 차이, 주권민주주의 담론 형성 이후 즉, 푸틴주의가 공고화된 러시아의 비서방적 독자적 가치와 발전 모델 추구, 크림병합 과정과 관련된 국제규범(특히, 바단터원칙)의 해석권에 대한 모스크바의 도전 등이다.

먼저, 우크라이나 사태에 대한 양자간의 현저한 시각 차이와 논쟁에서 드러나듯이, 미러간 갈등과 대립은 냉전 해체 시기부터 배태된 것이며, 서방의 승자 의식과 자신은 패배자가 아니라는 러시아의 자존감 사이에서 뿌리를 깊이 내려왔다고 하겠다. 미러관계의 이러한 분열과 괴리감은 나토와 EU의 동진 정책처럼 비대칭적 냉전 종결이 낳은 부수효과를 통해 더욱 증폭되어 왔다. 다음으로, 푸틴주의가 공고화하였다는 것의 의미는 러시아가 (더 구체적으로, 권력 엘리트가 판단하기에) 자신의 역사적 사회경제적 발전 단계에 부합하는 정치경제체제와 국가-사회 거버넌스 모델을 찾아내었으며 이 메커니즘은 대중적 동의와 지지의 재생산을 통해 안정적으로 작동한다는 뜻이다. 푸틴주의의 근간은 흔히 '러시안 아이디어Russian idea'로 표현되는 러시아 고유의 독자적 가치 그리고 자신의 정치문화적 경제사회적 조건에 맞는 발전 모델 즉, 이념과 제도 두 가지로 구성된다. 자신의 고유한 가치 위에서 서방 모델과 구분되는 독자적 발전 모델을 추구한다는 것은 이념과 제도에서 서방적 가치 기준과 발전 경로로부터의 이탈을 의미한다. 더 이상 자신의 사회를 판단하는 데 서방의 가치와 제도를 준거 기준으로 삼지 않겠다는 일종의 철학적 독립선언이다. 이것이 대외정체성의 관점에서 본 주권민주주의의 핵심 내용이다. 러시아가 추구하는 가치와 거버넌스 모델은 유코스 사태 이후 천연자원을 포함한 국가 전략 산업의 국유화, 색깔혁명에 대한 '예방적 반혁명'의 이데올로기로서 주권민주주의 담론의 정립으로 확립되어 나갔다. 이 담론에 내포된 국가주의, 보수주의, 국가주도 경제 운용, 세계정치에서의 전략적 독자성 추구 등은 서방이 자신이 추구하는 개인주의, 자유주의 가치와 민주시장경제 거버넌스 모델을 부과하려고 할 경우, 양자가 갈등하고 충돌할 수밖에 없는 것이었다.

마지막으로, 서방의 입장에서 볼 때, 바딘터원칙의 예외 사례로서 코소보 독립에 대한 러시아의 인정 거부 그리고 크림병합을 또 다른 예외로 인정해주지 않는 것은 국제규범에 대한 서방의 이중기준 적용이라는 러시아의 주장은 서방의 규범 해석 독점권에 대한 노골적인 도전이다. 러시아는 크림의 독립과 병합을 정당화하기 위해 코소보 사례를 들지만, 서방은 바딘터원칙에 또 하나 예외를 허용하기 어려운 입장이다. 크렘린은 이것은 이중기준 적용이며 도대체 예외를 규정하는 것은 누구냐고 반문한다. 워싱턴은 탈소 국가들이 주권국가로서 국가 진로와 통합 방향, 국가체제 등에 대해 완전한 선택의 자유와 권리를 가져야 한다고 확신하는데 반해, 크렘린은 탈소 공간 국제관계의 전근대적 특수성과 자신의 고유 영향권역 인정을 요구한다. 워싱턴의 입장에서 볼 때, 러시아는 냉전의 패배를 인정하고 자기성찰과 함께, 서방이 장기간 제도화해 온 규칙과 규범을 따라야 한다. 그런데 패배를 수용하기는커녕 도리어 자신의 고유 영향권역을 일관되게 주장하고 이제는 냉전 이후 유럽 주요 국제규범의 해석권을 요구하는 모스크바를 워싱턴은 수용하기 어렵다.

워싱턴과 모스크바는 러시아군의 돈바스 존재 여부를 두고 설전을 벌이고 있다. 러시아의 돈바스 내전 지원은 '전통적 영향권역'의 핵심국가인 우크라이나의 진로에 대한 개입의 지렛대를 유지하기 위한 것이며, 우크라이나의 나토 접근에 대비한 완충지대 설정 의도를 드러낸 것이지만, 워싱턴의 매파들에게 그것은 냉전 이후 유럽질서의 현상 타파를 위한 크렘린의 수정주의적 모험주의 혹은 제국주의적 야심을 증명하는 것이다. 그러나 이와는 별개로 핵심 전선은 돈바스와 기타 동결된 분리주의 분쟁 지역들이 아니라, 대외정체성의 대립에서 펼쳐지고 있다. 러시아의 비서방적 대외정체성은 푸틴 정권의 정당화를 위한 동력이기에 푸틴주의가 지속되는 한은 변화되기 어렵고, 워싱턴의 입장에서는 냉전 패전국이며 핵무기를 비롯한 군사력 외에는 강대국의 위상에 미치지 못하는 러시아의 예외주의를 인정하지 않을 것이며, 워싱턴이 G2의 일방으로 부상한 중국을 견제하기 위해서도 전략적 독자성에 집착하면서 비서방 대외정체성의 전위 역할을 맡고 있는 푸틴주의에 대한 압박의 끈을 놓지 않을 것이다. 워싱턴의 대러 압박이 역설적으로 의미하는 바는 서방 대 비서방 간 세계적 정체성 대결 전선에서 서방에게 러시아가 차지하는 의미와 중요성이 얼마나 큰 것인가를 반증한다. 서방은 민족적, 문명적, 종교적, 역사적으로 유럽국가인 러시아를 자신의 추종자로, 유럽의 변방에 위치하여 서방문명을 옹호하는 수호자로 되돌리고 싶어 한다. 그래서 자신의 대외정체성을 비서방으로 자리매김한 러시아가 변하지 않는다면, 미러간 대외정체성 대립 전선은 장기화될 가능성이 높다.

■ 참고문헌

"In Call-In Show, Putin Says Russia Will Not Be US Vassal", *RFE/RL* April 16, 2015.
"Sergei Lavrov : we are not interested in alienation or confrontation between Russia, West", *Interfax* 29 December 2014, http://www.interfax.com/ interview.asp?id=563133 (검색일 : 2015.8.5).
"Russia Holds Big Military Drills in South, Crimea, Abkhazia, South Ossetia", *RFE/RL* March 5, 2015.
"Ukrainian Foreign Ministry Delivers a Note to Kazakh Ambassador over Nazarbayev's Statements", March 28, 2014, *interfax-Kazakhstan* Web. 30 Марта 2014. http://www.interfax.kz/?lang=eng&int_id=10&news_id=6845 (검색일 : 2015.8.5).
"Vladimir Putin's interview with Radio Europe 1 and TF1 TV channel", June 4, 2014. http://en.kremlin.ru/events/president/news/45832 (검색일 : 2015.8.5).
Biersack, John and Shannon O'Lear., "The Geopolitics of Russia's Crimea Annexation, Silences, and Energy", *Eurasian Geography and Economics* Vol.55, No.3, 2015.
Burke-White, William W., "Crimea and the International Legal Order", *Survival* Vol.56, No.4,

2014.

Choi, Ji Young, "Rationality, Norms and Identity in International Relations", *International Politics* Vol.52, No.1, 2015.

Economides, Spyros, "Kosovo, Self-Determination and the International Order", *Europe-Asia Studies* Vol.65, No.5, 2013.

From the Editors, "'Sovereign Democracy' and the End of History", *Ab Imperio* 3/2009.

Haukkala, Hiski, "From Cooperative to Contested Europe? The Conflict in Ukraine as a Culmination of a Long-Term Crisis in EU-Russia Relations", *Journal of Contemporary European Studies* Vol.23, No.1, 2015.

Horvath, Robert, "Putin's 'Preventive Counter-Revolution' : Post-Soviet Authoritarianism and the Spectre of Velvet Revolution", *Europe-Asia Studies* Vol.63, No.1, 2011.

Ikenberry, G. J., "The Illusion of Geopolitics : The Enduring Power of Liberal Order", *Foreign Affairs* May/June 2014.

Iskandaryan, Alexander, "Why Are We Drifting Apart?", *Russia in Global Affairs* October 27, 2013.

Jagland, Thorbjorn, "Bring Moldova Back From the Brink", *The New York Times*, August 10, 2015.

Jarabik, Balazs, "Hot Summer in Ukraine", *Eurasia Outlook* August 8, 2014. http://carnegie.ru/eurasiaoutlook/ (검색일 : 2015.3.10)

Karaganov, S., "A New Epoch of Confrontation", *Russia in Global Affairs* No.4, October-December 2007.

Karaganov, Sergey, "The Watershed Year : Interim Results", *Russia in Global Affairs* December 18, 2014.

Karagiannis, E., "The Russian Intervention in South Ossetia and Crimea Compared : Military Performance, Legitimacy and Goals", *Contemporary Security Policy* Vol.35, No.3, 2014.

Kashin, Vassily, "Russia Reorients to the Orient", *Russia Direct*, Russia Direct Monthly Memo No.11. June 2014.

Ker-Lindsay, J., "Preventing the Emergence of Self-Determination as a Norm of Secession : An Assessment of the Kosovo 'Unique Case' Argument", *Europe-Asia Studies* Vol.65, No.5, 2013.

Koshkin, Pavel & Dmitri Trenin, "Russia-West Rivalry Over Ukraine Is Higher Priority Than

Security", *Russia Direct* September 15, 2014.

Krastev, Ivan, "'Sovereign Democracy', Russian Style", *openDemocracy* November 16, 2006.

Krutikhin, Mikhail, "A Mixed Blessing?", *Eurasia Outlook*, 31 July 2014. http://carnegie.ru/eurasiaoutlook/ (검색일: 2015.8.15)

Lankina, Tomila and Kinga Niemczyk, "What Putin Gets About Soft Power", *Washington Post* April 15, 2014.

Makarychev, Andrey S., "Russia's Search for International Identity Through the Sovereign Democracy Concept", *The International Spectator* Vol.43, No.2, June 2008.

Malyarenko, T. & Galbreath, D., "Crimea : Competing Self-Determination Movements and the Politics at the Centre", *Europe-Asia Studies* Vol.65, No.5, 2013.

Mankoff, J., "Russia's Latest Land Grab : How Putin Won Crimea and Lost Ukraine", *Foreign Affairs* May/June 2014.

Mcdonagh, K., "Talking the Talk or Walking the Walk : Understanding the EU's Security Identity", *JCMS* Vol.53, No.3, 2015.

Mclees, Alexandra & Matthew Kupfer, "A Proxy War in Ukraine?", *Eurasia Outlook* July 31, 2014. http://carnegie.ru/eurasiaoutlook/ (검색일: 2015.3.10)

Mead, Walter Russell, "The Return of Geopolitics : The Revenge of the Revisionist Powers", *Foreign Affairs* May/June 2014.

Mearsheimer, John J., "Why the Ukraine Crisis Is the West's Fault", *Foreign Affairs* September/October 2014.

_____, *The Tragedy of Great Power Politics*, New York : W. W. Norton & Company, 2001.

Mijulova, Kristina & Michael Simecka, "Norm Entrepreneurs and Atlanticist Foreign Policy in Central and Eastern Europe : The Missionary Zeal of Recent Converts", *Europe-Asia Studies* Vol.65, No.6, 2013.

Miller, Benjamin, "Explaining Changes in U.S. Grand Strategy : 9/11, the Rise of Offensive Liberalism, and the War in Iraq", *Security Studies* Vol.19, No.26, 2010.

Moisi, Dominique, *Geopolitics of Emotion*, New York : Anchor Books, 2009.

Navari, C., "Territoriality, Self-determination and Crimea after Badinter", *International affairs* Vol.90, No.6, 2014.

Obama, Barack, "The Ultimate Test of Ukraine", Delivered at the Palais des Beaux-Arts, Brussels, Belgium, March 26, 2014. *Vital Speeches of the day*, May 2014.

Okara, Andrey, "Sovereign Democracy : A New Russian Idea or a PR Project?", *Russia in Global Affairs* No.2. July-September 2007.

President of Russia, "Meeting of the Valdai International Discussion Club", October 24, 2014, http://en.kremlin.ru/events/president/news/46860 (검색일 : 2015.8.15)

Rumer, Eugene. "What's Worse Than Vladimir Putin?", *Politico Magazine*, September 11, 2014.

Sakwa, Richard, *Front Line Ukraine : Crisis in the Borderlands*, London : I. B. Tauris, 2015.

_____, *Putin and the Oligarch : The Khodorkovsky – Yukos Affair*, London : I. B. Tauris, 2014.

Sarotte, M. E., "A Broken Promise? : What the West Really Told Moscow About NATO Expansion", *Foreign Affairs* September/October 2014.

Schmidtke, Oliver and Serhy Yekelchyk (eds.), *Europe's Last Frontier?*, London : Palgrave, 2008.

Shambaugh, David, *China Goes Global – The Partial Power*, Oxford : Oxford University Press, 2013.

Shevtsova, Liliya, "Putin Ends the Interregnum", *The American Interest* August 28, 2014.

Silaev, N., W. H. Hill, and I. Khintba, "Frozen Conflict in the Post-Sviet Space", *Russia Direct* No.23, August 2014.

Surkov, V. Iu., "Nationalization of the Future : Paragraph pro Sovereign Democracy", *Russian Studies in Philosophy* Vol.47, No.4, Spring 2009.

Suslov, Dmitry, "For a Good Long While", *Russia in Global Affairs* December 18, 2014.

Taliaferro, Jeffrey W., "Security Seeking under Anarchy : Defensive Realism Revisited", *International Security* Vol.25, No.3, Winter 2000/01.

Tsygankov, Andrei P., "Finding a Civilisational Idea : 'West,' 'Eurasia,' and 'Euro-East' in Russia's Foreign Policy", *Geopolitics* Vol.12, No.3, 2007.

_____, *Russia's Foreign Policy : Change and Continuity in National Identity* (Second ed.), Lanham : Rowman & Littlefield Publishers, 2010.

Tulmets, Elsa, "Introduction : Identity and Solidarity in the Foreign Policy of East Central European EU Members : Renewing the Research Agenda", *Perspectives* Vol.19, No.2, 2011.

_____, *East Central European Foreign Policy Identity in Perspective*, London : Palgrave, 2014.

Vladimir Putin, "Address by President of Russian Federation", March 18, 2014, http://en.

kremlin.ru/events/president/news/20603 (검색일 : 2015.8.5).

Vladimir Putin, "Presidential Address to the Federal Assembly", December 4, 2014, http://en.kremlin.ru/events/president/news/47173 (검색일 : 2015.8.5).

Walt, Stephen. "Alliance Formation and the Balance of World Power", *International Security* Vol. 9, No.4, 1985.

Wilson, Andrew, *Ukraine Crisis : What It Means for the West*, New Haven : Yale University Press, 2014.

Wolff, Stefan. & Rodt, A. P., "Self-Determination After Kosovo", *Europe-Asia Studies* Vol.65, No.5, 2013.

Zajac, J., "The EU in the Mediterranean : Between Its International Identity and Member States' Interests", *European Foreign Affairs Review* Vol.20, No.1, 2015.

제2장 우크라이나 사태 전개와 러시아-유럽 관계*

우평균

1. 서론

   2014년 3월 러시아의 크림반도 합병에 이어 촉발된 우크라이나 동부에서의 내전 상황이 여러 차례 고비를 지나면서 우크라이나 정부군과 반군 사이의 교전이 진정 국면에 접어들고 있다. 그러나 우크라이나 사태의 해결 자체는 아직 불투명한 상태인데, 이는 사태 해결이 단순히 교전 중단에만 그치는 것이 아니라 반군 점령지역의 관할권 등을 둘러싼 이슈 등 복잡한 문제들이 아직 그대로 남아있기 때문이다. 우크라이나 사태는 탈냉전기 유럽에서의 현상변경을 초래할 수 있는 상황이 현실화될 수 있는지에 대한 관심과 더불어, 러시아와 미국 및 서구 국가들 간의 대립이 장기화될 수도 있는 중대 현안으로 진행되어 왔다.

   우크라이나 사태의 발생과 전개는 발생 지역인 유럽에서 뿐만 아니라 동아시아와 중동 등 글로벌 정세에도 영향을 미치고 있다. 이는 주로 러시아가 우크라이나 사태와 불가분하게 관련되면서 나타나는 현상들로써 러시아의 개입

---

* "이 글은 2007년 정부(교육과학기술부)의 재원으로 한국연구재단의 지원을 받아 수행된 연구임"(KRF-2007-362-B00013).

→ 미국과 유럽의 대러 제재 → 러시아 경제 악화 → 러시아의 출구 모색으로 이어지는 연쇄작용을 유발하고 있다. 본 장에서는 이와 같은 전제를 바탕으로 우크라이나 사태를 둘러싼 러시아와 유럽 간의 관계를 파악하고 전망하고자 한다. 이를 위해 우크라이나 사태 현황을 파악하고 푸틴의 우크라이나 사태 개입의도와 서구의 대응 문제를 거론한 연후에 러시아-유럽 관계의 특성에 대해 제시할 것이다.

2. 우크라이나 사태 현황

1) 사태의 원인: 시각

우크라이나 사태는 기본적으로 러시아와 서구 사이의 안보에 관한 관점의 차이에서 비롯된 측면이 있다.[1] 냉전 종식 후 미국과 주요 서구 국가들이 그동안 추진해 온 NATO 확장, 미사일 방어, 구소련 국가들로 EU 멤버쉽 확대 및 우크라이나의 '마이단' 운동지지 같은 정책들은 러시아를 목표로 한 것이 아니지만, 러시아는 이것들이 모두 자신의 핵심적인 안보 이익을 위협하는 것으로 인식해왔다. 이같은 논리의 전개에 있어 서구의 책임론을 주장하는 사람도 있다. 그 근거는 1990년 독일통일 당시 서구가 NATO를 동쪽으로 확장하지 않을 것이라는 약속을 어겼다는 것으로 이를 통해 현실주의 국제정치의 근본 원칙인 세력균형을 무시했기 때문에 러시아가 행동에 나서게 되었다는 논리로써 러시아의 행위를 정당화시켜주고 있다.[2] 푸틴 스스로도 밝히기를 나토가

---

[1] Clifford Gaddy, "One year of western sanctions against Russia : We still live in different worlds", *Order from Chaos, Foreign Policy in a Troubled World*, Brookings, March 9, 2015.
[2] Ivan Sukhov, "After Minsk, Enormous Challenges Lie Ahead", *The Moscow Times*, Feb. 12, 2015.

유럽 대륙에서 주도권을 잡기 이해 동유럽 국가들을 순차적으로 회원국으로 끌어들이는 확장 정책을 편 것이 유럽에서 서방과 러시아가 갈등을 겪게 된 근본원인이라고 지적한 바 있다.[3]

2000년대 이후 나타난 러시아의 국제무대에서의 행위를 이해하기 위해서는 러시아리더쉽의 핵심인 푸틴의 사고를 살펴보지 않으면 안 된다. 한마디로 푸틴의 국제정치관은 '현실주의(realism)'적이라고 할 수 있는데, 그는 특히 지정학적 이익에 집착하면서 세력균형(balance of power)을 중시한다. 이와 같은 관점에서 푸틴은 우크라이나에 대해 개입을 하게 되었고, 이로 인해 국제사회에서 국제법 위반과 관련된 논란을 불러일으켰다.

푸틴은 2014년 3월 크림반도 합병 이후 발표한 연설을 통해 '신 푸틴독트린'이라고 할 수 있을 정도로 분명하게 러시아의 지정학적 이익 고수에 대한 관념을 드러냈다. 그 골자는 러시아에 적대적인 지도자가 있는 인근 국가의 정권 종식을 위해 무력 사용도 불사한다는 것이었다. 이와 같은 강조는 크림사태 직후에 갑자기 생겨난 것이 아니라 푸틴 집권 후 이른바 '제국 이후의 증후군(post imperial syndrome)'으로 간주할 수 있을만한 현상이 러시아 국내에서 꾸준히 증대해왔다는 점에 비추어 새로운 것이라고 하기 어렵다. 그럼에도 불구하고 2014년 3월 이후 우크라이나 사태에 본격적으로 개입하기 시작한 러시아 정부, 구체적으로 지도자 푸틴의 목표가 무엇인지에 대해 파악하는 것은 쉽지 않다. 푸틴의 목표로 제시 가능한 내용은 다음과 같다. 1) '노보러시아 Novorossiya(New Russia)' 건설이 오랜 목표이며 이를 실현하기 위한 발걸음을 내딛었다. 2) 영토적 야심은 크림에 국한되며, 우크라이나 동부에 대해 '하이브리드 전쟁' 수행을 통해 목적을 추구하고 있다. 3) 기존의 조지아 전쟁(2008), 크림 합병(2014)처럼 향후에 발트국가들까지 확대하여 제국 야망을 성취하려 한다.

---

3 Полина Химшиашвили, "Путин понял позицию Сербии по НАТО", http://www.rbc.ru/politics/10/03/2016/56e1899a9a79477df24bb45f(검색일 : 2016.3.28).

〈그림 1〉 노보러시아의 범위
출처 : http://www.edmaps.com/html/novorossiya.html(검색일 : 2015.4.30).

반면에 러시아의 개입을 러시아 국내체제의 문제와 결부시키는 시각도 존재한다. 즉, 이 시각에서는 푸틴체제가 러시아 '현대화'의 기초를 확립하는데 실패했으며, 제도적으로 이를 실현하는 것은 불가능한 상태가 되었다고 판단하고 있다. 이같은 상황에서 러시아의 이익은 국가의 '생존'에 초점이 맞춰지게 된다. 결국 이같은 관점에서 서구를 지향하는 우크라이나는 러시아의 생존에 대한 도전이 되기 때문에 이를 제어해야 한다는 것이다.

러시아의 우크라이나 사태 개입에 관한 상기한 이유들은 나름대로 타당성을 갖고 있지만, 우크라이나 사태 발생 2년이 경과하고 있는 2016년 3월의 시점에서 본다면, 앞서 제시한 내용 중 두 번째 사유인, 영토적 야심은 크림에 국한되며, 우크라이나 동부에 대해 '하이브리드 전쟁' 수행을 통해 목적을 추구하고 있다는 데에 대체로 동의할 수 있다.[4] 우크라이나 사태 해결을 추구하는 과정에서 푸틴이 2015년에 들어와서부터는 분리주의자들이 독립을 원하는 우크라이나 동부 지역이 우크라이나의 영토로 남아야 한다는 발언을 반복해 왔다는 점을 그 근거로 삼을 수 있다.[5]

---

[4] Pyung Kyun Woo, "The Russian Hybrid War in the Ukraine Crisis; Some Characteristics and Implications", *The Korean Journal of Defense Analysis* vol.27, no.3, 2015, pp.383~400.

2) 우크라이나 사태의 현황: 대러 제재 및 민스크 합의를 중심으로

(1) 미국과 유럽의 대러 제재 현황

크림 반도 합병 이후 미국과 유럽 및 일본, 호주 등이 취한 대러 제재는 내용상 자산 동결과 자산 동결 외 제재로 구분할 수 있다. 우선 자산 동결 현황을 살펴보면 다음과 같다.

미국은 2014년에 3월 6일, 16일, 20일과 12월 19일 네 차례 대러 제재 조치를 취했다. 2015년 3월 3일에는 기존 제재를 1년 연장하기로 결정했다. 이 조치에는 상당수의 러시아 공직자 및 야누코비치V. Yanukovych 전 우크라이나 대통령에 대해 미국 내 자산을 동결하고 입국 비자 발급을 금지하는 등의 제한이 포함되어 있다. 또한 상당수 러시아 기업인과 우크라이나 동부 도네츠크Donetsk, 루간스크Luhansk 지도부 인사 및 기업인들도 마찬가지로 포함되었다. 또한 미국 내 금융기관의 제재 대상과의 거래 금지 대상에는 러시아 산업계(금융, 에너지, 방산 등) 관련 개인(단체) 제재가 해당된다. 대러 제재 확대의 이같은 분위기 속에서 미 하원은 2015년 3월 23일 미국이 우크라이나에 살상용 무기를 공급할 수 있도록 오바마 대통령에게 촉구하는 결의안 압도적으로 가결하기도 했다.

유럽연합(EU) 차원에서도 미국과 마찬가지로 2014년 3월 이후 수차례의 제재를 부과했다. 2014년 3월부터 제재를 단행하기 시작하여 4월, 7월(15명, 18개 단체)과 11월에 추가 제재(13명, 5단체 자산동결과 여행 금지)를 실시했다. EU는 여행 금지와 자산동결 대상이 되는 개인 및 기업을 단계적으로 확대해왔으나 미국에 비해 광범위한 것은 아니었다. 그러나 유럽인들이 다수 희생된, 2014년 7월 말레이시아 항공기 격추 사건을 계기로 은행, 군수, 에너지 분야 등 미국과

---

5 "Порошенко поручил Кучме отозвать заявление о продлении Минска в 2016", *Украинская правда*, Sep. 11, 2015.

유사한 수준으로 제재 범위를 확대하였다.

2015년에 들어와서도 제재 흐름이 지속되었는데, 3월 13일 우크라이나의 주권과 영토적 통합성 및 독립을 침해한 러시아 및 우크라이나인 146명과 37개 단체(총 누적)에 대해 자산동결과 여행금지 등의 기존 제재를 9월 15일까지 6개월 연장하는 조치를 취하는 등, 2016년 상반기까지 제재가 수차례 연장되었다. EU의 제재 대상은 러시아 정부 인사, 친러 분리주의자들 대표 및 이들이 만든 회사 및 기관이 해당되는데, 이들을 우크라이나 사태 관련 개인과 단체 및 우크라이나 독립 및 영토보존 위협 세력으로 지목되었다.

EU 회원국들은 제재의 초기 국면에서 유럽이 러시아에게 에너지를 과도하게 의존하는 점을 감안하여 러시아 가스 부문에 제재를 부과하는데 난색을 표명했으나 2014년 8월부터 일부 방산기업과 에너지 기업에 대해 자본조달 재제를 가하기 시작했다. 경제제재는 2015년 7월 말 만료 예정이었지만, 이 역시 두 차례 더 연장되어 2016년 7월 말까지 예정되어 있다.

그 밖에 자산 동결 외 제재 현황은 다음과 같다.

미국과 EU는 각각 '무기·전략물자 수출통제(2014. 4) 및 '에너지 품목 수출통제(2014. 7)'를 시행했다.

미국과 EU는 러시아의 자본조달에도 제재를 가하기 시작하여 러시아 은행과 에너지 및 방산기업의 신규 부채 또는 자본 발행을 금지했다.

이외에도 미국과 EU는 대 크림반도 제재를 강화하여 각각 개인(법인)의 대 크림반도 투자, 관광 서비스, 제공, 재화·서비스·기술의 수출입 거래를 금지(EU, 163개 품목의 수출 금지)시켰다.[6]

---

[6] Consolidated list of Ukraine-related sanctions, U.S. Department of the treasury, https://www.treasury.gov/resource-center/sanctions/Programs/Pages/ukraine.aspx(검색일 : 2015.12.10).

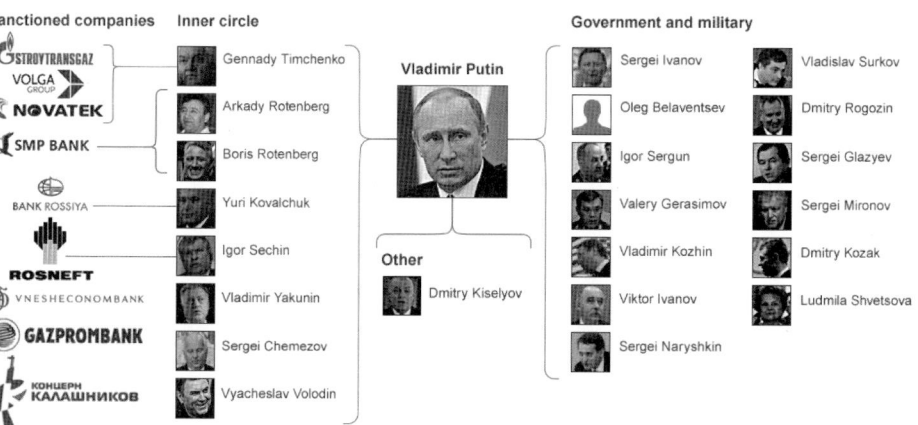

〈그림 2〉 대러 제재 인사 및 기업
출처 : Andrew Korybko, "Political Downgrade of Russia Credit Is the Third Wave of Western Sanctions", Jan. 19, 2015, http://russia-insider.com/ru/2015/01/17/2496(검색일 : 2015.12.10).

(2) 대러 제재의 파급효과

    2014년 초부터 대러 제재가 확대·유지되어왔음에도 불구하고, 전반적으로 푸틴의 행동을 멈추게 할 정도로 강력한 것은 아니었다. 대러 제재는 기존의 협상 내용이 얼마나 잘 지켜지는지 그 정도에 따라 폐기되거나 그렇지 않으면 확대될 수도 있다. 당초에 미국의 오바마 행정부는 이란 핵협상에 비판적인 러시아 정부와 완전한 파국으로 양국 관계가 진행되길 원치 않았다. 그러나 러시아가 유럽의 전후 질서의 원칙을 짓밟은데 대해서 아무것도 안할 수는 없다는 판단에서 대러 제재를 실행한 측면이 존재한다. 다만 2015년 5월 이란 핵협상 타결 과정에서 러시아가 미국에 동조하여 미국안을 받아들임으로써 손쉽게 해결되었음에도 불구하고, 우크라이나 사태는 향후 민스크Minsk 협상 이행의 정도에 따라 해결이 연동되기 때문에 대러 재제가 그대로 유지되고 있다. 또한 미국은 대러 재제를 확대해왔지만, 러시아 최대 국영기업인 가즈프롬Gazpromm은 제재 대상에 미포함시켰으며, 러시아 에너지 기업의 전반적인 거래 금지도 보류해왔다. 이는 러시아 최대 수입원에 대한 경제활동 제약을 가할 경우 미국과 러시아 간의 극단적인 충돌을 야기할 수 있기에 때문에 정책적 고려 대상에서 제외된 것으로 보인다.

유럽에서는 메르켈Merkel 독일 총리가 2015년 3월부터 시작되는 새로운 대러 경제 제재 부과에 대해 결정할 것이라고 언급을 했었고, 이는 현실화되었다. 그럼에도 불구하고, EU와 독일은 제재 문제로 미국과 마찰을 빚게 되는 상황을 대단히 우려해 왔다. 독일 측의 우려는 미국에서 오바마 정부가 우크라이나에 대한 군사적 지원 증대를 요구하는 국내압력이 커지고 있는 상황에서 제재 문제로 미국과 유럽이 의견을 달리한다면, 미국과의 마찰은 우크라이나 군을 무장시키는 방향으로 진행되고, 이는 결국 러시아의 군사적 대응을 격화시킬 것이라고 보고 있다는 데에서 비롯되었다.[7]

독일과 미국의 이같은 시각은 대러 제재 문제에서 유럽과 미국 간의 관계가 대단히 중요하다는 측면을 제기하고 있다. EU 국가들 역시 우크라이나 문제로 내부 균열이 생기는 것 원치 않는 경향이 있다. 반면 유럽과 미국에 동시에 맞서고 있는 러시아는 유럽과 미국 간 분열을 원하고 있다. 이와 같은 러시아와의 입장 차 속에서 유럽은 결국 경제제재 만료 기한인 2015 7월 이전에(6월)에 동 제재안을 2015년 말까지 연장하는 결정을 취한 바 있다. 세계은행은 여기서 한 걸음 더 나아가 2016년까지 대러 제재가 지속될 것으로 전망했는데,[8] 2016년 현재 실제로 제재가 계속되고 있다.

2014년부터 시작된 서방의 대러 제재와 국제 유가 폭락으로 러시아 경제가 큰 타격을 받고 있는 것으로 나타나고 있다. 제재는 직접 투자 감소 등의 국제수지 악화뿐 아니라 고정자본에 대한 감소, 소매 유통 위축, 루블화 약화, 인플레율 증대 등으로 실물 경제에도 큰 타격을 주었다. 그 결과 2014~2017년

---

7   Ashish Kumar Sen, "EU will kick the can down the road on Russian Sanctions", March 18, 2015, http://www.atlanticcouncil.org/blogs/new-atlanticist(검색일 : 2015.12.10).
8   Howard Amos, "World Bank Predicts Sanctions Pain, Poverty Rise for Russia", *The Moscow Times*, Apr. 1, 2015.

기간에 러시아가 입을 경제적 손실이 약 6천억 달러에 달할 것이라는 평가가 제시되기도 했다.[9] 이같은 평가는 제재와 유가하락이 맞물려서 예상보다 러시아 경제에 타격을 가했다는 점을 드러내고 있다. 이를 반영하듯이 러시아 경제개발부도 선진국에 의한 세계 경제 조정이 유지되는 가운데 대러 제재와 맞대응이 2020년대 초까지 지속되는 가정을 전제로 계획을 세우는 등,[10] 제재로 인한 충격이 현실화되고 있다.

(3) 민스크 합의의 내용 및 평가

2015년 2월 12일, 러시아, 우크라이나, 프랑스, 독일 정상이 참석한 가운데 이른바 '민스크 Ⅱ' 협정(이하 '민스크 협정 혹은 합의')이 합의되었으며, 러시아와 우크라이나 정부 및 돈바스 지역(도네츠크주와 루간스크주) 분리주의자 대표 등에 의해 서명되었다. 동 협정은 돈바스 지역에서의 정부군과 분리주의 반군 간의 교전을 중단하고 전투에 투입된 외국 군대(러시아 군대)를 철수시킴과 동시에 이 지역에 광범위한 자치를 허용하기 위한 법적 절차를 추진하는 내용 등을 담고 있다. 협정의 상세한 내용은 다음과 같다.

- 도네츠크와 루간스크주의 특정 구역에서의 즉각적이고 완전한 휴전 및 2월15일 0:00으로 휴전 발효
- 완충지대 형성하여 양측 모두 동일한 거리만큼 중화기 철수: 최소 50km(100mm 캘리버 상응)~140km(Urgan 등 대공 및 전술 미사일 시스템)
- 중화기 철수는 휴전 개시 둘째 날에서 14일 이내 완료
- 철수 과정은 OSCE가 감독하며 독일, 프랑스, 러시아가 지원

---

[9] Ольга Кувшинова, "Экономика России лишилась 8,4% роста", *Ведомости*, Feb. 5, 2016.

[10] Ольга Кувшинова, Александра Прокопенко, Екатерина Мереминская, "России ждет еще три года кризиса", *Ведомости*, March 3, 2013.

□ 휴전 및 중화기 철수에 대한 효과적인 모니터링과 검증을 위해 위성, 드론, 무선 등 모든 가능한 기술적 수단을 동원해 OSCE에 상황이 전달되어야 한다.

□ 중화기 철수 완료 후 첫날에 우크라이나 법률 및 "On temporary order of local self-governance in particular Districts of Donetsk and Luhansk Oblasts"에 입각한 지방 선거 실시

□ 동 합의안 서명 후 지체 없이, 30일 이내에 우크라이나 의회에서 결의안이 승인되어야 함

□ 도네츠크와 루간스크의 특정 지구에서 발생한 사건과 관련하여 처벌받고 있는 사람들에 대한 사면 단행

□ 포로 및 불법 구류된 인사들 석방 및 교환, 중화기 철수 후 5일 후 단행

□ 인도적 지원이 필요한 곳에 안전한 접근과 전달, 비축 보장

□ 연금 등의 지급과 같은 사회경제적 체제(임금, 세제 등) 완전 복원

□ 우크라이나 정부는 분쟁 지역 내 은행 시스템 복원, 국제 업무 정상화해야 함

□ 선거 종료 후 첫날부터 우크라이나 정부가 분쟁 지역의 국경 통제권 회복하고 2015년 말까지 정치적 정비 완료

□ 모든 외국군대, 군사장비 등 우크라이나 영토에서 OSCE 주관 하에 철수. 불법 단체 해산

□ 2015년 말까지 헌법 제정(분쟁지역에 대한 분권화 및 특별지위 부여 규정)을 포함한 우크라이나의 헌정 개혁 단행[11]

민스크 합의는 이미 2014년 9월에 첫 번째 협정을 통해 이행을 약속했었다. 하지만 동 협정이 이행되지 않고 위반 사항이 잇따르는 가운데 재협상에 나서서 제2차 민스크 협정을 체결하기에 이르렀다. 2015년 2월의 두 번째 '민스크

---

[11] "Minsk agreement on Ukraine crisis : text in full", *Telegraph*, Feb. 12, 2015.

협정'에 대해서는 긍정 및 부정적인 견해가 공존한다. 우선 긍정적인 측면은 그간 우크라이나 정부군과 반군이 감수해왔던 피해가 즉각적으로 감소하는 효과가 있다. 또한 동 협정의 합의 사항을 완전히 이행할 때까지 대러 제재 해제가 없다는 점을 명확히 했다.

반면에 부정적인 측면은 다음과 같이 제시되었다.

첫째, 민스크 협정이 내용적으로 독일과 프랑스의 러시아에 대한 대폭 양보로 인식된다. 독일과 프랑스가 양보할 수밖에 없었던 것은 2014년 9월 체결된 '민스크 I'이 실패로 입증되었기 때문에, 2차 협정에서 이를 의식하여 이행실패 가능성을 줄여보려는 의도가 있었다고 본다.

둘째, 2차 민스크 협정의 주요 내용 중 하나인 휴전협정 위반 및 중화기 철수 이행을 100퍼센트 이행했는지 확인하기 어렵다. 주로 유럽안보협력기구(OSCE) 요원들이 중심이 되어 임무를 수행하고 있지만, 넓은 해당 지역을 담당하기에는 인력이 부족하고 역부족인 측면이 크다고 보고 있다.

셋째, 푸틴이 협정을 이행할 것이라는 선의에 기초한 합의는 동부의 대리인들을 통한 푸틴의 우크라이나 국내 문제에 대한 영향력 증대를 가져온다는 비판이 제기되었다.[12]

(4) 민스크 합의 후 상황

두 번째 민스크 합의 이후에도 합의 사항에 대한 이행은 쉽지 않았다. 이행 초기부터 양 측의 중화기 철수 문제가 쟁점이 되었고, 분리주의 세력 점령 지역은 유럽안보협력기구(OSCE)가 검증역할을 맡아야 하는데, 분리주의 세력이 이를 허용하지 않아 난항을 겪었다. 이 과정에서 우크라이나 정부는 반군이 중화기 철수 대신에 병력 재배치와 재편을 하고 있다고 비난했으며, 이에 대해 반군 및 러시아 측은 우크라이나 정부군이 적어도 하루라도 완전한 휴전이

---

[12] Ian Bond, "Minsk Peace Is an Illusion", *The Moscow Times*, Feb 15, 2015.

이루어져야 중화기 철수가 가능하다고 주장한데 대해 반박하면서 우크라이나 정부 측이 합의 사항을 위반하고 있다고 맞섰다. 모니터링 임무를 맡은 OSCE는 임무를 시작한 초기부터 줄곧 분쟁 지역에 접근하는데 어려움을 겪어왔다. OSCE는 우크라이나에서의 모니터링 임무를 2017년 3월 말까지 연기하는 등 힘겨운 감독 역할을 수행하고 있다.[13]

민스크 합의 이후 휴전 중에도 양 측의 전투는 계속 되었다. 초기부터 분리주의자들의 간헐적이지만 강력한 공격과 이에 대한 우크라이나 정부군의 대응이 몇 차례 있었다. 이 과정에서 주요 거점인 데발체베Debaltseve가 완전 파괴되었으며, 2015년 3월 23일에는 돈바스 남부 '쉬로키노' 마을에서 중화기를 동원한 공격이 재개되기도 했다.

이같은 상황에서 우크라이나는 UN 평화유지군 파견을 원하고 있다는 의사를 표명하기 시작했다. 우크라이나 최고의회(라다)는 2015년 3월 17일 동부 지역으로 평화유지군을 파견해줄 것을 UN 안전보장이사회와 EU 각료회의에 요청하는 호소문을 채택했다. 또한 우크라이나가 2016년 1월 1일부터 UN 안전보장이사회 비상임이사국이 됨에 따라 UN 평화유지군 파견에 대해 구체적인 조치를 취할 수 있는 가능성도 커졌다.[14] 하지만 우크라이나 이외에 이 견해에 대해 동조하는 세력이 없는데다가 평화유지군에 대해 검토가 시작되더라도 실행까지는 상당한 시간이 소요된다는 점을 감안할 때, 실현 전망은 불투명하다. 우크라이나는 우크라이나 사태를 러시아가 옹호하듯이 '내전'이라는 관점에서 국제사회가 접근하기 보다는, 러시아의 개입에 의한 지역분쟁으로 각인시켜 유엔에서 직접 해결해야 한다는 입장을 관철시킴으로써 러시아의 개입을 차단하려고 노력해왔다.[15]

---

[13] "OSCE Extends Ukraine Monitoring Mission", Feb. 18, 2016, Radio Free Europe, http://www.rferl.org/content/osce-ukraine-extends-monitoring-mission/27560470.html(검색일 : 2016.3.28).

[14] "Посол Украины при ООН : Будем добиваться введения миротворцев на Донбасс", *Украинская правда*, January 4, 2016.

중화기 철수 외에 중요한 쟁점으로 반군 점령 지역의 지위와 관련된 공방을 들 수 있다. 이 지역에 대해 특별 지위를 부여하는 절차를 놓고 우크라이나 정부와 반군 간에 줄곧 이견이 노출되어 왔는데, 우크라이나는 우크라이나 법률에 따른 자유선거와 우크라이나 주권 회복을 주장한데 반해, 러시아는 러시아 대리인으로서 특별 지위를 갖춘 연방 구조를 선호하는 것이 그 골자이다.

2015년 5월에 들어와서는 포로쉔코 우크라이나 대통령이 민스크 평화협정을 '가짜 평화안'이라고 하면서, 2월 협정 체결 이후 83명의 우크라이나 정부군이 목숨을 잃었다고 주장하면서 러시아의 마리우폴 점령 계획을 밝히기도 했다.[16]

우크라이나 사태는 유라시아 국제관계 뿐 아니라 러시아 국내 정치에서의 갈등을 증폭시키는 역할도 하였다. 러시아의 우크라이나 개입을 비판해온 야당 정치인 넴초프Boris Nemtsov 암살 사건 이후 러시아 국내에서도 푸틴의 개입과 러시아군 전사자 수(220명 이상)를 밝힌 책자가 발간되었다.[17]

결국, 민스크 합의 내용상의 문제가 상기한 것처럼 분명히 있지만, 합의 사항이 제대로 이행된다면 이와 같은 우려는 불식될 수 있다. 2차 민스크 합의 이행은 대단히 완만하게 진행되었지만, 2016년에 들어와서 상황이 진정되고 있다는 점에서 초기 우려가 다소 불식되고 있다.

---

[15] Антон Линник, "Порошенко пугает Россию войной", http://www.gazeta.ru/politics/2016/02/03_a_8055569.shtml(검색일: 2016.3.25).

[16] "На Луганщине военная машина попала на фугас. Погибли 3 волонтера и военный", http://www.pravda.com.ua/rus/news/2015/05/17/7068174/(검색일: 2015.12.12).

[17] Илья Яшин & Ольга Шорина, Ред, *Путин. Война*, Москва: Независимый экспертный доклад, 2015.

3. 푸틴의 의도와 서구의 대응 문제

1) 푸틴의 의도

 러시아의 크림 반도 병합과 우크라이나 사태의 전개과정에서 무엇보다도 주목을 받은 쟁점은 우크라이나 사태에서 푸틴의 목적이 무엇인가와 이에 따른 갈등의 상호 연관된 수준(level)이라고 할 수 있다. 일반적으로 가장 많이 거론되는 푸틴의 목적은 세계화 세력에 맞서서, 서구의 전략적 경쟁자로서 서구에 뒤처지지 않도록 맞서는 것이라는 주장이 제기되었다. 이에 따르면, 이를 위한 접근 방법은 첫째, 반군이 장악한 영토를 확대하여 우크라이나의 정부 구조를 바꾸도록 한다. 둘째, 러시아의 영향권에서 벗어나 서구 모델을 지향하는 우크라이나의 다수 국민의 여망에 맞선다. 셋째, 서구의 가치 및 제도를 약화시키려는 광범위한 노력을 수행한다.[18]

 이같은 목적을 갖고 개입한 푸틴이 우크라이나 사태 이후 주요 국면에서 '비대칭적 보복(대응)(asymmetrical retaliation)'으로 나온다는 분석도 제기되었다. 즉, 푸틴 자신이 국내정치에서 지지율이 하락한다고 느끼면 군대를 전개하고, 반서구 레토릭를 고조시키는 전략을 구사했다. 비대칭 보복의 예로 마리우폴 Mariupol 포격을 들 수 있는데, 이 견해에 따르면 마리우폴 포격은 러시아가 우크라이나의 주권을 침해했다는 메르켈Angela Merkel 총리의 비난에 대한 반응으로 인식한다. 다시 말해, 이 논리에 따르면, 푸틴은 유럽과 미국이 러시아와 대규모 전쟁을 할 가능성에 대해 겁을 먹기를 원했는데, 이 경우 공포로 인해 푸틴과 대화하도록 압박하는 요인이 되기 때문이다. 만일 대화가 실패로 돌아갈 경우 서구는 러시아가 군사력을 확장하는 선택밖에 없음을 믿게끔 하는 효과가 있다.

---

[18] John Lough, "Went Must Stick to Its Guns in Ukraine", *The Moscow Times*, Feb 15, 2015a.

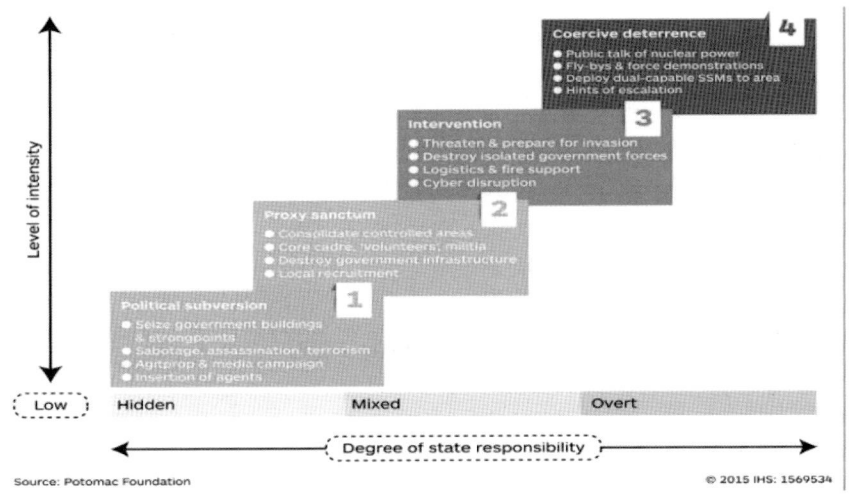

〈그림 3〉 우크라이나에서의 러시안 스타일 하이브리드 전쟁
출처 : http://www.janes.com/article/49469/update-russia-s-hybrid-war-in-ukraine-is-working(검색일 : 2015.5.10).

 이에 반해 푸틴의 의도와 관련하여 푸틴이 진정으로 고려하는 것은 전쟁이 아닌, 협상이라는 주장도 제기되었다. 즉, 우크라이나 동부에서 반군이 더 많은 영토를 점령하도록 유도함으로써 크렘린은 푸틴이 향후의 대화에서 지렛대로써 사용할 수 있는 근거를 만들려고 한다는 것이다. 이 때, 크렘린의 개입 거부 입장과 반군의 공세는 러시아의 외교적 입지를 강화해 줄 것이다. 반군 점령지역의 확산을 막기 위해 우크라이나 정부는 '연방화(federalization)'에 동의할 것으로 전망한다. 이를 통해 노리는 것은 궁극적으로 우크라이나의 NATO 가입도 저지시키는 것이다.[19]

 결국 이상의 논의를 통해 파악할 수 있는 것은 반군에 대한 통제력을 유지한 상태에서 반군 영역을 확대·유지함과 동시에 우크라이나 국내 개혁을 봉쇄하고 부패 구조를 온존하게 하여 대러 종속성을 유지하도록 하는 것이 푸틴

---

[19] Nina Khrushcheva, "What Does Putin Really Want in Ukraine?", *The Moscow Times*, Feb. 04, 2015.

의 의도라고 유추할 수 있다. 또한 러시아가 이를 통해 구소련 지역 내 다른 친 유럽 국가들에게 주는 경고 의미도 담겨 있다.[20]

러시아는 우크라이나 사태 전개 과정에서 혼란 전술을 의도적으로 구사하여 서구 내 분열을 조장하고자 했다. 사태 초기에 러시아는 '미국 대 유럽'으로 분열을 꾀했으나, 유럽이 미국과 공동전선을 형성하면서 분열의 요소를 차단하자 유럽 내에서 '친러' 입장을 확대시켜 유럽 국가들을 이간시키는 전략을 구사했다. 러시아는 헝가리나 불가리아처럼 에너지 공급이 절실하거나 재정지원이 필요한 유럽의 '약한 국가들'을 대상으로 지원의사를 비춤으로써 러시아의 동조세력으로 끌어들이려는 노력을 했다.[21] 이 과정에서 러시아 각료들이 우크라이나 사태에 대해 서로 다른 견해를 표명함으로써 푸틴에 더욱 전적으로 의존하게 되고, 모든 문제를 관장하는 지도자로서의 이미지를 강화하고자 했다. 이처럼 서구연합 내 균열을 조장하는데 목적을 둔 크렘린의 선전전은 막대한 비용 부담을 유발했다. 러시아는 국영TV, RT를 통한 선전을 진행하였고, 유투브YouTube도 선전전에 포함시켰다. 미국, 영국에서는 해당 정부 비판에 중점을 두었고, 프랑스에서는 휴먼스토리에 초점을 맞추기도 했다. 또한 스페인 좌파 정당 지도자 및 그리스 정부를 지지하여 유럽 내 분열을 꾀했다. 해외로 송출되는 러시아 국영 "스푸트닉Sputnik" 방송을 통해 하루에 800시간의 프로그램을 제작하여 30개 언어로 송출(30개 국, 130개 도시 대상)하기도 했다.[22]

전문가들은 이에 대해 러시아의 선전이 효과적인지에 대해서는 대체로 동의하지 않았지만, 러시아의 대 유럽 선전전은 EU 차원에서 이에 대한 대책을

---

[20] "Warning to CIS countries : situation in Ukraine – direct US aggression against Russia", *The Voice of Russia*, May 10, 2014
[21] "Russia's new 'Trojan horse' strategy for breaking European unity", http://www.russia-direct.org/analysis/russias-new-trojan-horse-strategy-breaking-european-unity(검색일 : 2016.3.28).
[22] Ekizabeth Nelson, "Russia's Foreign Propaganda Curbed by Regression", *The Moscow Times*, Feb. 04, 2015.

강구하는 계기를 제공했다. 일반적으로 서구에서 러시아 지도자에 대한 존경심은 낮지만, 특히, 인터넷, 유튜브 등 매체를 통한 러시아의 메시지 유포는 효과적이었던 측면이 존재한다.

러시아는 언론 매체를 통한 선전전과 더불어 유럽 내에 친러시아 동조 세력을 형성하는데 힘을 기울였다. 그 결과, 독일을 비롯한 유럽 각지에 친러시아 동조세력을 구축하여 우크라이나에서의 러시아의 행동에 서구가 어떻게 대응할지에 대해 혼선을 야기하도록 했다. 결과적으로 유럽으로의 러시아발 기사 유입이 양적으로 많아졌고, 서구 언론에서 그만큼 많이 언급되었고, 이로 인해 각국 정부의 관심을 유도한 근거가 있다. 우크라이나 사태 초기에 이같은 러시아의 행동에 대해 공개적으로 우려하는 나라는 발트 국가들과 영국 및 미국 정도에 불과했다. 이들은 러시아가 우크라이나에서의 사태전개의 진상을 왜곡시키고 있다고 우려했는데, 우크라이나 사태가 점차 진행되면서 유럽 차원에서 대항 선전의 중요성을 느끼고 이에 대처 방안을 모색하기에 이르렀다. 그 결과 2015년 말에 유럽 차원의 대항 선전 매체를 창설했다.[23] 러시아는 2015년 말부터 여기서 더 나아가 시리아 사태에 개입하면서 유럽으로 대량 이주한 시리아 난민들을 대상으로 선전전을 확대함으로써 유럽 내부를 분열시키려는 적극적인 행동을 취하기도 했다.[24]

우크라이나 사태를 포함한 국제관계의 전개 속에서 러시아가 원하는 것은 미국 헤게모니에 맞서 싸운다면 어떤 세력이라도 러시아가 지원하겠다는 것이다. 물론 2015년 11월 파리테러 이후 서구국가들과 러시아 간에 공감대가 형성된, '이슬람국가(IS)'에 대한 반테러 전선 결성 등 우크라이나 사태 초기와 달리 국제사회의 분위기가 다소 우호적으로 변모했던 시기가 있었던 적도 있

---

[23] Lucian Kim, "Russia having success in hybrid war against Germany", *Reuters*, Feb. 7, 2016.
[24] "Russian Propaganda in Europe", http://www.lragir.am/index/eng/0/politics/view/35213(검색일: 2016.3.28).

었다. 어쨌든, 푸틴은 국내 주요 언론을 장악하고 있기에 때문에 이와 같은 기본적인 입장을 유지하는데 적어도 국내적으로 문제가 없다는 것은 자명하다. 당초에 푸틴이 크림반도를 비롯하여 우크라이나에 러시아 군을 보낸 것은 이같은 의지의 표현이라고 할 수 있다. 반면에 서구는 우크라이나를 위해 희생할 준비가 되어 있지 않았는데, 향후에도 이같은 입장은 변하지 않을 듯하다. 결국 우크라이나 사태의 전개와 해결 과정에서 외부 세력 중에서 무력을 사용할 준비가 되어 있는 유일한 주체가 러시아이기 때문에 무력행사의 사용 여부는 러시아의 수중에 달려있다고 해도 과언이 아니다.

2) 서구의 대응 문제

2013년 3월 러시아의 크림 합병 시 서구는 푸틴의 행동에 대해 당황해하는 가운데 푸틴이 원하는 바에 대한 숙고가 없었다. 특히 대러 대응에서 전략적 사고를 결여했던 측면이 있다. 우크라이나 사태 발생 이후에는 러시아와 계속 협상을 해야만 하는 상황이 만들어졌고, 이로 인해 결과적으로 푸틴의 행위와 결정이 글로벌 질서에서 긍정적 역할을 한다는 믿음을 줄 수 있게 되었다. 그 결과, 푸틴이 추가 제재를 피할 수 있도록 도와준 측면이 존재한다. 영국 상원 EU위원회가 발간한 '우크라이나 위기분석 보고서'에서도 EU와 영국 모두 우크라이나 사태 초기에 분석능력이 떨어졌고, 총체적으로 오판했다고 지적한 바 있다.[25]

미국의 경우, 오바마 행정부는 우크라이나 사태 초기부터 국내 문제와 중동의 IS 문제에 몰두했기 때문에 독일의 메르켈 총리에게 우크라이나 사태 해결을 전적으로 위임하는 듯한 상황이 되었다. 2014년 당시 EU 지도부는 교체 중이었고, 메르켈 밖에 역할을 할 수 없었다. 사태 해결을 떠맡게 된 메르켈의

---

25 "EU-Russia report into Ukraine crisis published", http://www.parliament.uk/(검색일 : 2015.5.10).

고려 사항은 두 가지였다. 하나는 독일과 러시아 간 관계의 성격을 변화시키려 한다는 것이고, 다른 하나는 EU가 대러 제재 같은 고도의 논쟁적 이슈에 단합된 입장을 유지하게 만드는 것이었다.[26]

이같은 상황에서 말레이시아 항공기 MH17 추락과 우크라이나 반군 측의 마리우폴 포격에 충격을 받은 서구가 제재 강화로 전환하게 되었다. 만일 항공기 격추 사고가 발생하여 EU가 강경 대응을 모색하지 않았더라면, 러시아가 EU와의 무역 및 에너지 협력을 통해 관계를 유지함으로써 유럽을 미국과 분리하려던 전략을 성공적으로 추진할 수도 있었을 것이다.[27] 결국 항공기 사고와 이에 뒤따른 서구의 강경대응은 미국과 유럽을 이간하는 러시아의 능력을 다소 약하게 만들었고, 푸틴은 직접적인 힘의 구사를 보다 적나라하게 하기 시작했다.

러시아에 맞서는 서구는 내부적으로 분열의 요소를 지니고 있었다. 이를 테면, 2015년 들어와 이슈가 된 우크라이나 정부군에 대한 (방어용) 중화기 제공 여부에 대해서 미국과 유럽 주요국가 간의 입장 차가 노정되었던 사례를 들 수 있다. 주로 프랑스, 독일, 영국 등의 유럽 국가들이 이에 반대했다. 반면에 미국 내 주요 기관 합동보고서에서는 "서구는 우크라이나에서 비용과 임무를 증대시켜 억지(deterrence)를 확고히 해야 한다. 여기에는 직접적인 군사적 지원 포함된다"는 주장을 개진한 바 있다.[28]

미국의 중화기 지원은 '안보 딜레마(security dilemma)'를 야기 시켜 우크라이나에서의 세력균형을 파괴할 것이라는 반대 논리가 주로 유럽에서 제기되었

---

[26] Judy Dempsey, "Merkel Is the Unsung Hero of Ukraine Crisis", *The Moscow Times*, Feb 23, 2015.
[27] George Friedman, "Can Putin Survive?", *Geopolitical Weekly*, March 17, 2015, http://www.stratfor.com(검색일 : 2015.6.10).
[28] Ivo Daalder · Nichele Flournoy · John Herbst · Jan Lodal · Steven Pifer · Janes Stavridis · Strobe Talbott and Charles Wald, *Preserving Ukraine's Independence, Resisting Russian Aggression : What the United States and NATO Must Do*, Atlantic Council, Brookings Institute, and The Chicago Council, Feb. 2015.

다. 그 근거로 첨단 무기 지원은 러시아를 압도하기보다 러시아의 군사력 확대를 자극할 것이라거나 러시아의 선전을 강화해주는 수단이 될 뿐 이라는 견해가 대두했다. 유럽 국가들은 민스크 협정 이행에 해가 될 수 있는 무기 이슈를 다루려 하지 않는 경향이 존재한다. 이같은 입장은 휴전이 준수되는 한 유지될 것으로 보인다. 이를 통해 푸틴과 반군이 우크라이나에서 확전을 벌일 명분을 주려 하지 않으려는 것이다.

미국과 유럽 국가들 간에 이처럼 견해차가 존재하는데 더해 유럽 국가들 간에도 입장이 상이하여 대러 제재와 관련하여 어렵고 복잡한 정치적 게임 구조에 놓여있다고 할 수 있다. 대러 제재만 해도 독일, 프랑스 등 유럽의 강대국들은 EU 국가들의 단합을 유지한 상태에서 대러 제재를 추진하고자 노력하고 있다. 반면 폴란드, 발트 국가들 및 영국같은 나라들은 러시아의 우크라이나 사태 개입에 대해 강경한 대응을 주장해왔다. 이에 반해 헝가리, 오스트리아, 그리스, 체코, 불가리아, 사이프러스 등의 국가들은 추가적인 대러 제재 및 러시아 고립화에 반대 입장을 표명해왔다. 또한 대러 재제로 인해 역시 경제에 타격을 받는 이태리 역시 유사한 입장인데, 이태리는 유럽 국가들의 견해차를 조정하는 중재자 역할을 자임해왔다.

이밖에 유럽 내 하나의 변수로 그리스와 관련된 상황을 들 수 있다. 2014년 그리스에서의 신정부 구성 이후 EU의 대러 제재에 대해 비토권을 행사함으로써 그리스는 러시아의 지원세력이 되었다. 이로 인해 대러 제재를 추구하는 서구 연합에 그리스는 불편함을 주는 국가가 되었다.[29] 그리스는 그리스가 안고 있는 부채에 대한 EU차원의 처리 방식에 반대함으로써 EU에 대한 무기로 활용했다. 그리스 국방장관은 비 NATO 국가들과의 관계 강화 및 그리스 외무장관의 러시아 민족주의자와의 연대 강조 발언 등, 러시아와 그리스 간에는

---

[29] Dimitris Sourvanos, "Is Greece Russia's Greatest Ally in Europe?", *The Moscow Times*, Feb. 05, 2015.

이른바 '정교회 동맹(Orthodox Christian Alliance)" 관계가 형성되어있다고 언급했다. 여기에 더해 좌파가 집권하고 있는 현 그리스의 집권 세력들이 과거 경험을 통해 사회주의 소련 및 러시아와 공유하는 측면 역시 존재한다. 이로 미루어 우크라이나 사태 초기 국면에서 EU-러시아 관계의 장래가 그리스와 채권국들 간의 협상에 달려있다고 평가하는 경향이 있었는데, 사태해결을 위해 미국의 독일에 대한 압력을 통한 그리스 문제 개입이 주효할 것이라는 전망도 도출되었다. 이것은 EU 내 일부 회원 국가들이 제재 위주의 EU 대러 정책을 탐탁하게 여기고 있지 않기 때문에 그리스가 시도하는 새로운 접근을 지지한다는 점을 전제로 한 것이다. 그러나 2014년 4월 치프라스 그리스 총리의 방러 및 러시아와의 정상회담 결과, 그리스가 원하는 수준의 결실을 얻지 못함에 따라 유럽 정치에서 '그리스 요인'은 과장된 측면이 있는 것으로 평가되었다.[30]

대러 대응에 있어 유럽이 일치되지 못하고 여러 견해가 존재하는 가운데, 일각에서는 우크라이나 사태의 "휴전"을 갈등의 해결책으로 제시해서는 안 될 것이라는 지적이 제기되기도 했다.[31] 즉, 휴전을 지속하면서, 우크라이나의 개혁 노력을 지원하는 정책을 지향해야 한다는 주장이 그 골자이다. 이는 결국 서구는 러시아의 엘리트들에게 새로운 국제규범을 만들려는 러시아의 시도가 실패할 것이라는 분명한 메시지를 제시함으로써 그들이 재고하도록 만들어야 한다는 논리이기도 하다.

---

[30] Hannah Gais, "Russia Gave Greece Only 'Gas and Sympathy'", *The Moscow Times*, Apr. 15, 2015.
[31] John Lough, "Putin's Mixed Messages Show Loss of Control", *The Moscow Times*, Mar. 25, 2015b.

4. 우크라이나-EU 및 러시아-EU 관계

1) 우크라이나-EU 관계

2009년부터 EU는 우크라이나, 몰도바, 조지아, 벨로루시, 아르메니아, 아제르바이잔 등 구소련 6개국과 협력 강화를 위한 프로젝트, '동방파트너십(Eastern Partnership)'을 추진해 왔다. 우크라이나의 경우, 2013년 11월부터 우크라이나에서 발생한 반정부 시위 결과 야누코비치 대통령이 하야하고 과도정부가 구성되는 등 정국 전환의 계기가 발생했다. 그 결과, 우크라이나의 신정부는 EU와 2014년 3월에 정치부문, 6월에는 경제부문 '제휴협정(the Association Agreement)'을 체결했고, 조지아와 몰도바도 함께 체결했다. 우크라이나 등 3국은 EU와 협력협정 체결이 장기적으로 EU에 가입하는 수순을 밟는 것으로 인식하고 있으나,[32] 아직 그 전망은 확실하지 않다.

EU는 우크라이나가 회원국은 아니지만, 유럽 대륙에 속하는 만큼 우크라이나 사태 발생 초기부터 관심을 갖고 우크라이나에서의 상황 전개에 대처해왔다. 러시아의 압력으로 우크라이나 정부가 2013년 11월 EU와의 협력협정 협상 중단을 선언한 이후 우크라이나의 반정부 시위 사태가 시작된 것은 앞서 밝힌 바와 같다. 우크라이나에서 3개월 이상 이어진 반정부 시위 사태로 2014년 2월 친 러시아 정부가 붕괴하고 친 서방을 표방하는 야권이 권력을 장악하면서 EU는 우크라이나의 민주화와 경제발전을 지원하기 시작했다. 유럽의회는 2015년 3월 25일 우크라이나에 대해 18억 유로의 자금 지원을 승인했다. 또한 추가로 7억 유로 지원 방안을 검토했다. 그 밖에 EU는 우크라이나와 협력협정을 체결하면서 경제위기에 빠진 우크라이나에 차관과 무상 공여 등

---

[32] "Украина подписала соглашение об ассоциации с ЕС", http://www.pravda.com.ua/rus/news/2014/06/27/7030285/(검색일: 2015.5.15).

110억 유로의 유무상 지원을 향후 수년간 제공할 것이라고 발표한 바 있다. 여기에 더해 EU는 우크라이나 산 농산물과 섬유 제품 등에 대한 수입 관세를 철폐하는 등 우크라이나에 연간 5억 유로 상당의 통상 혜택을 제공할 예정이라고 공표했다.

EU와 우크라이나 간의 경제협력은 계속 진전되어 2016년 1월부터는 우크라이나와 EU 간 자유무역협정(FTA) 발효되기에 이르렀다. 협정을 통해 EU는 우크라이나산 수입품 약 97%에 대해 관세를 면제하기로 했다. 이로 인해 우크라이나로 수입되는 유럽 제품의 관세율이 평균 2.6%까지 낮아지고, 2026년까지는 완전히 철폐될 예정이다.[33]

우크라이나와 EU 간의 제휴 및 협력은 정치 및 안보 측면에서도 이어지고 있다. 2015년 4월 27일 제17차 EU-우크라이나 정상회담이 개최되었는데, 이것은 2014년 체결한 EU-우크라이나 제휴협정의 틀 내에서 열린 최초의 회담이기도 하다. 이 회담을 통해 양측은 2014년 3월 이후 지속된 러시아 군대의 침략을 우크라이나의 주권과 영토적 통합성에 대한 침해로 강력하게 비난했다. 유럽과 우크라이나는 나토의 대 우크라이나 지원 확대를 통해 군사안보적으로 결속을 강화하고 있다. 이에 덧붙여, EU는 앞서 언급했듯이, 우크라이나에 총 110억 유로에 달하는 EU의 재정지원 약속했으며, 이와 더불어 민스크 협정의 완전한 이행을 촉구한 바 있다.[34] 또한 EU는 우크라이나와 러시아 간 가스 공급을 둘러싼 분쟁을 중재하는 등 우크라이나의 에너지 자원 확보를 지원하고 있다.

---

[33] "Ukraine, EU launch free trade deal", http://www.business-standard.com/article/news-ians/ukraine-eu-launch-free-trade-deal-116010100661_1.html(검색일 : 2016.3.10).

[34] Council of the European Union, European Council, "17th EU-Ukraine summit, Ukraine, 27/04/2015", http://www.consilium.europa.eu/en/meetings/international-summit/2015/04/27/(검색일 : 2015.6.10).

2) 러시아 - EU 관계 : 러시아 입장

러시아의 대 서구 관계는 2012년 5월 푸틴 재집권 이후 순탄치 못한 관계를 이어오다가 크림 합병과 우크라이나 사태 발생 이후 악화일로를 걸어왔다. 우크라이나 사태의 영향으로 소련 붕괴 이후 사실상 최악의 상태에 이르렀다. 그 결과, 우크라이나 사태로 인한 EU 차원의 대러 제재 외에도 EU 회원국의 대규모 대러 협력 사업에 제동이 걸렸다. 예를 들어 헝가리 원전 사업에 참여하기로 한 러시아를 배제하기로 했고, 프랑스의 미스트랄급 상륙함의 러시아 인도 거래도 백지화되었다. 이런 가운데 발생한 2015년 2월 러시아 야당 정치인 넴초프 피살 사건은 대 EU 관계를 더욱 악화시켰다. 유럽의회는 넴초프 사건을 "러시아 현대사에서 가장 심각한 정치적 살인"으로 규정하고 국제조사를 촉구했다.[35]

러시아의 EU에 대한 대응은 EU의 제재 부과에 대해 대응하는 방식으로 진행되었다. 그 첫 단계는 2014년 3월 미국이 첫 번째 대러 제재를 발동하자 3일 뒤 조 바이든 상원의장, 맥케인 의원, 대통령 참모를 비롯한 10명의 미국인에 대해 보복 조치로 시작되었고, 3월 24일에는 캐나다인 13명에 대해서도 입국금지 조치를 취했다.

2014년 8월 7일 러시아는 대통령령을 발동하여 1년간 농축산물 수입규제 대상 국가 및 품목을 발표했는데, 여기에는 미국, EU 28개 회원국, 캐나다, 호주, 노르웨이 등이 포함되었다. 2015년 3월에는 넴초프 장례식에 참가하려는 EU 인사의 러시아 입국을 거부하기도 했다.

대러 제재는 안보에도 파급효과를 불러일으켰는데, 2015년 3월 11일 러시아는 우크라이나 사태의 와중에서 유럽재래식무기감축조약(Treaty on Conventional

---

[35] "EU lawmakers demand international investigation into Nemtsov's death", https://www.rt.com/news/240121-eu-parliament-nemtsov-resolution/ (검색일 : 2015.5.20).

Armed Forces in Europe, CFE) 탈퇴를 선언하기에 이르렀다. 러시아의 탈퇴 이유로는 "나토가 러시아 인접국들로 군사력을 확장한 데 대한 시위적 제스처", "러시아 국경 부근에서 나토의 군사 활동이 활발해지고 있는데 대한 불만을 서방 국가들에 표시하기 위한 신호" 등이 거론되었다.[36]

우크라이나 사태는 군사적인 대응을 직접적으로 야기했다. 2015년 3월 16~21일에 나토를 대상으로 한 대규모 (불시) 군사훈련이 실시되었다. 나토와의 경계 지역에 핵무기 포함한 전략무기시스템이 배치되었고, 칼리닌그라드와 크림에 이동탄도미사일과 장거리 전략 폭격기가 배치되었다.

이에 맞서 나토는 우크라이나 사태 이후 동쪽 경계 지점(발트 3국, 폴란드, 루마니아, 불가리아)에 6개의 새로운 지휘통제센터를 설립하기로 하고, 최대 3만 병력의 신속 대응군 창설을 목표로 진행되었다. 나토는 여기에 더해 5,000명 규모의 강력한 초신속 합동군 부대를 창설하기로 했다. 그러나 아직 나토 차원의 비상시 공격 계획이 없고, 인력 및 비축 무기가 취약한 실정이다.

우크라이나 사태가 군사 분야에 미친 영향은 러시아와 서구, 양 세력 내부의 합동훈련이 빈번하게 이루어진 데서도 드러난다. 미군과 나토 회원국은 2015년 2월 9일부터 3개월 일정으로 발트 3국에서 '애틀랜틱' 합동군사훈련을 수행했다.

우크라이나에 대한 러시아의 전략에 관해 러시아 내 의견은 두 그룹으로 구분 가능하다. 첫 번째는 우크라이나의 서구와의 통합 노력을 불가능하도록 만들기 위해 모든 가능한 방법들을 동원해야 한다고 생각하는 집단이 강력하게 존재한다. 이들은 이를 위해 발트 국가들에 대한 NATO의 안전 보장을 공개적으로 시험해야 한다고 보고 있다. 두 번째 의견 집단은 돈바스에서 평화적 해결책을 추구하고 우크라이나를 장기적으로 러시아의 영향권을 되돌아오

---

[36] Алексей Арбатов, "Украина может встать на путь создания своего ядерного оружия", http://www.znak.com/moscow/articles/13-03-19-50/102066.html (검색일 : 2015.6.15).

게 하는 장기 게임을 선호하는 집단으로 이들은 수적으로 소수이다. 이들은 서구와 모든 관계를 단절해서는 안 된다고 생각하고 있다.

푸틴은 이 이슈에 대해 침묵하면서 민스크 협정에 기초한 외교적 해결 방식에 의존하는 태도를 형식적으로 보여주고 있다. 그러나 두 번째 의견 집단이 거론한 우크라이나에서의 평화정착을 위한 광범한 해결책에 대해서는 언급하지 않고 있다.[37] 푸틴은 독일이 중심적인 역할을 하더라도, 유럽외교를 강제하지 못한다는 것을 알고 있는 듯하다. 실제로 어떤 유럽 국가도 러시아와 대결하려는 나라는 없다는 것을 보여주고 있다. 이같은 상황에서 제재를 부과하여 러시아에 피해를 입힐 수 있는 나라는 미국이지만, 미국이 주도권을 행사하지 못하면 푸틴은 유럽에서 균열을 꾀해 성공할 수 있다는 계산이 가능하다.[38] 만일 푸틴이 우크라이나를 벗어나 유럽에서 노리는 점이 유럽의 동부 지역 안보 및 경제 현안을 놓고 독일과 프랑스 같은 유럽 주요 국가들과 동등한 권리를 갖는 제한적 목적이라면 이미 그 목적은 성취한 것으로 볼 수 있다. 즉 러시아는 EU나 NATO가 추구해 온 기존정책에 구애되지 않고 독일, 프랑스 등과 함께 우크라이나 사태해결을 위해 동등하게 참여했기 때문이다.[39]

3) 대러 제재의 효과 및 문제점

대러 제재는 러시아 경제를 약화시키는 역할을 한 것으로 추정된다. 이로 인해 푸틴이 모험을 확대하는데 필요한 자원을 축소시킬 수 있다는 측면에서 장기적 전략으론 적합하다고 할 수 있다. 하지만 우크라이나에서의 즉각적인

---

[37] Lough, 2015b.
[38] Damon M Wilson, "A Transatlantic Strategy to Deter Putin's Aggression", US Senate Committee on Foreign Relations Subcommittee on Europe and Regional Security Cooperation, Hearing on Russian Aggression in Eastern Europe, March 4, 2015.
[39] Vladimir Socor, "Ukraine in a Leaderless Europe : A Net Assessment", *Eurasia Daily Monitor* vol.12, Issue, 47, March 13, 2015.

위협에 직면해서는 제재는 별다른 의미가 없었다. 제재 자체는 푸틴의 정책을 변화시키지 못했다고 할 수 있다. 오히려 푸틴은 〈민스크 Ⅱ〉 체결 이후 데발체베 등을 공격함으로써 협정을 어기고 더욱 위협적인 자세를 취하기도 했다. 이와 더불어 러시아는 지속적으로 선전전을 전개함으로써 반서구 수사를 계속해서 구사했는데, 이는 EU내 분열을 꾀한 것이었다.

군사적으로도 러시아는 북해, 발틱 지역에서 흑해 함대의 군사훈련을 실행함으로써 나토 국가들에게 우크라이나에서 물러나지 않겠다는 경고를 한 바 있다. 동시에 그리스를 비롯한 일부 남유럽국가들에게 경제적 유혹을 제시하여 EU 내 분열을 가져와 대러 재제에 대한 집단 합의를 무너뜨리고자 하였다. 이를 통해 서구 내 상당수 전략가들이 제시하듯이, 푸틴의 목표가 우크라이나를 넘어서 유럽을 흔드는데 있다면 발트 국가들에서 시도할 가능성 충분히 있다고 예측하게끔 만들었다.

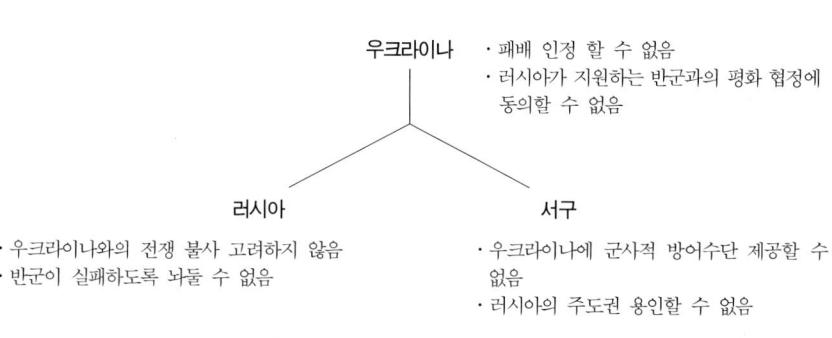

〈그림 4〉 각 세력의 이해 관계(레드 라인)

결국 우크라이나 사태는 유럽의 대러시아 관계를 재고하는 계기가 될 수 있다. 즉, 유럽은 러시아와의 관계를 발전시키려는 노력을 계속할 것인가, 아니면 유럽 자신과 유럽에 가입하길 원하는 세력을 보호하는데 투자할 것인가 하는 문제에서 하나를 선택해야 하는 상황이 될 수도 있다. 민스크 합의가 제대로 이행이 되고 평화 분위기가 정착이 된다면 이같은 선택을 할 필요가 없어질 것이다. 그럼에도 불구하고, 크림 합병 및 우크라이나 사태 발발 이후 지속된 러시아의 위장된 하이브리드 전쟁 방식의 공격이 유럽 내 억제(deterrence) 기능을 약화시킨 것이 자명하고, 더 나아가 나토회원국에 대한 영토 침해로 확대될지에 대해 귀추가 주목되었다.[40]

5. 전망

2014년 발생 이래 장기화되고 있는 우크라이나 사태는 그 성격 상 '대리전쟁(a proxy war)' 혹은 '냉각된 갈등(frozen conflict)'이라는 특성을 갖고 있다. 즉, 미국은 우크라이나를 통해, 러시아는 반군을 통해 각각 제한된 대리전을 수행하고 있다. 이같은 대리전에서 군사적 및 전략적으로 러시아가 유리한 측면이 있다. 러시아는 반군 측을 쉽게 무장시킬 수 있으며, 필요하다면 러시아의 즉각행동군도 파견이 가능하다. 반면 서구는 논란의 여지를 안고 있는 제한된 무기만 공급이 가능할 뿐이다. 2014년 말에 대대적으로 감행했던 반군 측의 데발체베 공격은 서구의 대러 제재에 대한 보복으로 보는 시각이 이에 해당된다고 할 수 있다.

〈민스크Ⅱ〉 협정 체결 이후 단기적인 러시아의 전략은 서구로 하여금 우크라이나가 〈민스크Ⅱ〉 협정을 어기고 있다는 비난을 하게끔 유도하고 재차 검토에 들어가는 대러 제재를 완화하도록 하는 것이었다. 더불어 반군 측의 새로운 공세 위협도 러시아로서는 가능했지만 서구진영의 단호한 태도에 막혀 결과적으로 이같은 전략은 결실을 보지 못했다.

러시아에 맞서는 우크라이나의 입장에서는 러시아가 돈바스 내 반군을 지

---

[40] Edgar Buckley and Ioan Pascu, "NATO's Article 5 and Russian Hybrid War", March 17, 2015, http://www.atlanticcouncil.org/blogs/natosource(검색일 : 2015.5.15).

원하는 '냉각된 갈등'이 지속되고, 대러 제재가 유지됨으로써 러시아가 우크라이나의 요구(러시아 철수, 우크라이나 재통합)를 수용하도록 하는 전략을 구사할 것으로 예상되었다. 우크라이나 대통령 고문 고르불린Vladimir Gorbulin이 제시했듯이, 러시아와 군사적으로 대적하기 힘든 우크라이나의 승리를 위한 전략은 정치적으로 단합된 서구가 우크라이나를 지원하는데 있다.[41]

외부세력의 개입 의지라는 측면에서는 전반적으로 러시아가 앞선다고 할 수 있다. 러시아는 우크라이나가 러시아에 근본적인 안보 이익이라고 규정한 데 반해, 미국의 관심과 의지는 이에 미치지 못한다. 다시 말해, 러시아는 이익을 지키기 위해 더 큰 희생도 치를 각오가 되어 있다. 크림합병 시 러시아는 핵 배치까지 고려했었고, 반군 보유 중화기가 유럽 대부분의 나토 국가들이 보유한 것보다 앞선다는 점도 이를 입증하기에 충분하다. 결국 현 상황에서 우크라이나 사태 해결을 위해 푸틴의 가능한 출구전략은 '전략적인 패배, 전술적 승리'를 수용하는 것이라고 할 수 있는데, 이는 다시 말해 우크라이나의 분리가 어느 선에서 유지될 지를 정하는 것이다.[42]

일반적으로 우크라이나의 장래와 관련하여 최악의 상황을 예상할 때, 거론되는 것이 우크라이나의 '유고Yogoslavia화'라고 할 수 있다. 우크라이나 사태 전개 상황은 1938년 뮌헨협정 직전의 상황과 유사한 측면 있으며, 보다 가깝게는 1990년대 초반의 유고 위기와 비견될 정도로 유사점이 있다. 최악의 경우, 구소련 지역에서 유고 식 시나리오가 전개되어도 이를 타개하기 위해 서구는 특별한 방책을 추구하기 힘들 것으로 보인다. 일각에서는 유고보다도 더 악화될 것이라는 견해도 제기하고 있는데, 그 근거로 우크라이나에 대해 러시아와 서구가 갖고 있는 목적이 다르고 일치하기 어렵기 때문이라는 점을 들고

---

[41] Belazas Jarabik, "Long Live Minsk Ⅱ", March 20, 2015, http://carnegie.ru/eurasiaoutlook/?fa=59451(검색일 : 2015.6.10).

[42] Vladimir Florov, "Has Putin Played All His Cards in Ukraine?", *The Moscow Times*, Apr. 27, 2015.

있다.

우크라이나의 유고화에 대한 근거로 제시되는 논거 중에 대표적인 것은 러시아가 자신의 뒷마당인 우크라이나가 원하는 대로 친서구의 길을 가도록 내버려두지 않을 것이며, 러시아의 지원없이 우크라이나의 생존은 불가능하다는 것을 서구에 보여주려 한다는 점이다. 즉, 서구는 전체 구소련 공간(발트 제외)이 러시아의 배타적 영향권이라는 것을 인정해야 한다고 견해와 상통한다.

유럽은 반면에 전략적이기 보다 교훈적(pedagogical)이다. 이것은 다시 말해, 힘으로 국경을 바꾸는 것을 오늘날 유럽에서 받아들일 수 없다는 의미이다. 유럽은 이를 강조하기 위해 러시아에 피해를 수반하는 경제제재를 통해 러시아가 자신의 탈냉전시대의 지위를 받아들이도록 하려고 한다. 또 동시에 미국 혹은 서구 주도의 세계질서를 수정하려는 노력은 심각한 경제적 피해를 동반한다는 것도 알리고자 한다. 이와 관련해 메르켈이 우크라이나에 살상무기 지원을 반대하는 논리는 타당하지만, 러시아와의 협상만이 해결책이 될 수 있다고 가정하는 것도 오류라는 지적이 유럽의 전략가들 사이에서 제기된 바 있다.

우크라이나의 '유고화'가 우크라이나 사태의 미래 전개를 가정할 때 가장 극단적인 전망이라고 한다면, 반면에 우크라이나 사태는 국지적 분쟁일 뿐이라는 반론도 존재한다. 그 근거로 전쟁 중에도 일반 국민들의 정상적인 생활, 상호방문 등이 진행되고 있다는 점을 제시되고 있다. 또한 분쟁의 확산이 어려울 것으로 판단하는 근거로 푸틴 대통령이 나토국가들은 공격하지 않을 것이라는 믿음을 갖고 있기 때문이다. 이는 러시아가 현실적으로 유럽과 깊은 관련을 맺고 있기 때문에 유럽과 관계 정상화를 추구할 수밖에 없다는 논리인데, 이 가정에서는 다만 어떤 조건하에서 유럽이 러시아를 받아들일 것인가가 문제가 될 뿐이다.[43] 이에 덧붙여 우크라이나 정치권과 국민들 중 상당수가

---

[43] Maxim Goryunov, "Russia is in Denial, But It belongs in the EU", *Moscow Times*, Apr. 20, 1915.

야누코비치 전 대통령의 세력권인 돈바스 상실이 크게 나쁘지 않다는 견해를 갖고 있다는 사실도 우크라이나 사태가 생각보다 심각하지 않다는 견해를 뒷받침하고 있다.

우크라이나 사태의 전망과 유럽과 러시아 관계의 진전 여부는 당면한 민스크 협정의 준수 여부와 직결되어 있다. 만일 '민스크 협정'이 실패한다면, 상황 악화는 자명하다. '민스크 협정' 자체는 깨지기 쉬운 성격을 갖고 있다. 러시아가 반군에게 휴전협정을 준수하도록 효과적으로 압력을 넣을 수 있다면, 그리고 우크라이나는 민족주의자들의 호전성을 통제하는데 능력을 발휘한다면 협정 유지는 가능하고 해결 전망이 밝아질 것이다. 만일 그렇게 되지 않으면 다시 분쟁은 언제든지 격화될 수 있다.[44] 더불어 반군 측이 자신들이 장악하고 있는 영토에 대한 통제권을 우크라이나 정부에 넘길지는 미지수인데, 이 문제를 놓고 분쟁이 재연·격화될 수 있는 가능성도 상존한다.

우크라이나 사태의 장기화는 예상치 못한 문제를 야기할 수도 있다. 현재로서는 가능성이 없지만, 미국이 방어용 무기 뿐 아니라, 공격용 무기를 포함한 광범위한 지원을 이행하거나, EU의 대러 제재가 강화된다면 러시아에 이에 대한 대응의 수위를 높일 것은 자명하다. 반면에 사태의 장기화는 유럽이 기존에 유지되어왔던 대러 제재에 대한 단일 대오를 무너뜨리고 강력한 제재 부과 시도를 무산시킬 수도 있는 상황을 초래할 수도 있다. 사실 2014년부터 이미 푸틴이 유럽에 구축한 친러 인사들이 메르켈의 러시아 고립 정책에 대한 비난을 가속화해 왔으며, 러시아의 대유럽 수입 금지로 인해 피해를 입고 있는 나라들에서 앞장서서 대러 재제 해제를 요구할 가능성도 있다.

유럽은 2015년 이후 난민의 대량 유입이나 IS의 파리 테러 같은 예기치 못한 외부 요인들로 인해 심각한 상황에 봉착하게 되었다. 이같은 사태의 여파로 국경봉쇄가 강화되고 있는 유럽에서 기존의 대러 경제제재와 러시아 측의

---

[44] Jarabik, 2015.

대유럽 제재 조치 및 유럽대륙에서의 대리전쟁의 지속은 향후 많은 대가를 치르게 할 수 있다. 외부적 압력과 내부적 분열에 직면해 있는 유럽이 우크라이나 사태로 인해 경제에 손상을 입는다면 이는 치명적인 결과를 초래할 수도 있다. 반면에 휴전이 유지되고, 우크라이나가 자신의 영토에 대한 완전한 통제권을 재확보하면 서구는 대러 제재를 해제하기 시작할 것이다. 이 과정에서 독일 주도로 러시아에 대한 '당근과 채찍' 정책이 시도될 수 있으며, 독일이 이를 주도하면 다른 유럽 국가들이 따를 것으로 예상된다.[45] 결국 유럽은 미국과 발맞추어 대러 제재와 민스크 협정 이행을 연계하여 사태를 해결하고자 할 것이다.

참고문헌

Amos, Howard, "World Bank Predicts Sanctions Pain, Poverty Rise for Russia", *The Moscow Times*, Apr. 1, 2015.

Binnendijk, Hans, and John Herbstmarch, "Putin and the 'Mariupol Test'", *New York Times*, March 3, 2015.

Boghani, Priyank, "What's Been the Effect of Western Sanctions on Russia?", Jan. 13, 2015, http://www.pbs.org/wgbh/pages/frontline/foreign-affairs-defense/putins-way/whats-been-the-effect-of-western-sanctions-on-russia/(검색일 : 2016.5.20).

Buckley, Edgar and Ioan Pascu, "NATO's Article 5 and Russian Hybrid War", March 17, 2015, http://www.atlanticcouncil.org/blogs/natosource검색일 : 2016.5.15).

Bond, Ian, "Minsk Peace Is an Illusion", *The Moscow Times*, Feb 15, 2015.

Council of the European Union, European Council, "17th EU-Ukraine summit, Ukraine, 27/04/2015", http://www.consilium.europa.eu/en/meetings/international-summit/2015/

---

[45] Hans Binnendijk, and John Herbstmarch, "Putin and the 'Mariupol Test'", *New York Times*, March 3, 2015.

04/27/(검색일 : 2016.6.28).

Daalder, Ivo · Nichele Flournoy · John Herbst · Jan Lodal · Steven Pifer · Janes Stavridis · Strobe Talbott and Charles Wald, *Preserving Ukraine's Independence, Resisting Russian Aggression : What the United States and NATO Must Do*, Atlantic Council, Brookings Institute, and The Chicago Council, Feb. 2015.

Dempsey, Judy, "Merkel Is the Unsung Hero of Ukraine Crisis", *The Moscow Times*, Feb 23, 2015.

Friedman, George, "Can Putin Survive?", *Geopolitical Weekly*, March 17, 2015, http://www.stratfor.com(검색일 : 2016.6.10).

Florov, Vladimir, "Has Putin Played All His Cards in Ukraine?", *The Moscow Times*, Apr. 27, 2015.

Gaddy, Clifford, "One year of western sanctions against Russia : We still live in different worlds", *Order from Chaos, Foreign Policy in a Troubled World*, Brookings, March 9, 2015.

Gais, Hannah, "Russia Gave Greece Only 'Gas and Sympathy", *The Moscow Times*, Apr. 15, 2015.

Goryunov, Maxim, "Russia is in Denial, But It belongs in the EU", *Moscow Times*, Apr. 20, 1915.

Hobson, Peter, "Arming Ukraine Is a Gift to Putin and a Betrayal of Europe", *The Moscow Times*, Feb. 10, 2015.

Jarabik, Belazas, "Long Live Minsk Ⅱ", March 20, 2015, http://carnegie.ru/eurasiaoutlook/?fa=59451(검색일 : 2016.6.10).

Khrushcheva, Nina, "What Does Putin Really Want in Ukraine?", *The Moscow Times*, Feb. 04, 2015.

Kim, Lucian, "Russia having success in hybrid war against Germany", *Reuters*, Feb. 7, 2016.

Korybko, Andrew, "Political Downgrade of Russia Credit Is the Third Wave of Western Sanctions", Jan. 19, 2015, http://russia-insider.com/ru/2015/01/17/2496(검색일 : 2015.12.10).

Lough, John, "Went Must Stick to Its Guns in Ukraine", *The Moscow Times*, Feb 15, 2015a.

_____, "Putin's Mixed Messages Show Loss of Control", *The Moscow Times*, Mar. 25, 2015b.

Nelson, Ekizabeth, "Russia's Foreign Propaganda Curbed by Regression", *The Moscow Times*,

Feb. 04, 2015.

Sen, Ashish Kumar, "EU will kick the can down the road on Russian Sanctions", March 18, 2015, http://www.atlanticcouncil.org/blogs/new-atlanticist (검색일 : 2015.12.10).

Socor, Vladimir, "Ukraine in a Leaderless Europe : A Net Assessment", *Eurasia Daily Monitor* vol.12, Issue, 47, March 13, 2015.

Sourvanos, Dimitris, "Is Greece Russia's Greatest Ally in Europe?", *The Moscow Times*, Feb. 05, 2015.

Sukhov, Ivan, "After Minsk, Enormous Challenges Lie Ahead", *The Moscow Times*, Feb. 12, 2015.

Radio Free Europe/Radio Liberty, "Report Accuses EU, Britain of 'Sleepwalking' Into Ukraine Crisis", Feb. 20, 2015.

Wilson, Damon M, "A Transatlantic Strategy to Deter Putin's Aggression", US Senate Committee on Foreign Relations Subcommittee on Europe and Regional Security Cooperation, Hearing on Russian Aggression in Eastern Europe, March 4, 2015.

Woo, Pyung Kyun, "The Russian Hybrid War in the Ukraine Crisis; Some Characteristics and Implications", *The Korean Journal of Defense Analysis* vol.27, no.3, 2015.

"Consolidated list of Ukraine-related sanctions", March 19, 2015, http://news.riskadvisory.net/2015/19/consolidated-list-of-ukraine-related-sanctions-3/(검색일 : 2015.12.10).

"EU lawmakers demand international investigation into Nemtsov's death", https://www.rt.com/news/240121-eu-parliament-nemtsov-resolution/(검색일 : 2015.5.20).

"Minsk agreement on Ukraine crisis : text in full", *Telegraph*, Feb. 12, 2015.

"Russia's new 'Trojan horse' strategy for breaking European unity", http://www.russia-direct.org/analysis/russias-new-trojan-horse-strategy-breaking-european-unity(검색일 : 2016.3.28).

"Russian Propaganda in Europe", http://www.lragir.am/index/eng/0/politics/view/35213(검색일 : 2016.3.28).

"Ukraine-/Russia-related Sanctions", U.S. Department of the treasury, http://www.treasury.gov/resource-center/sanctions/Programs/Pages/ukraine.aspx(검색일 : 2015.12.3).

"Ukraine, EU launch free trade deal", http://www.business-standard.com/article/news-ians/ukraine-eu-launch-free-trade-deal-116010100661_1.html(검색일 : 2016.3.10).

Warning to CIS countries : situation in Ukraine − direct US aggression against Russia, *The Voice of Russia*, May 10, 2014.

Арбатов, Алексей, "Украина может встать на путь создания своего ядерного оружия", http://www.znak.com/moscow/articles/13-03-19-50/102066.html(검색일: 2015.6.15).

Кувшинова, Ольга, "Экономика России лишилась 8,4% роста", *Ведомости*, Feb. 5, 2016.

_____, Александра Прокопенко, Екатерина Мереминская, "Россию ждет еще три года кризиса", *Ведомости*, March 3, 2013.

Линник, Антон, "Порошенко пугает Россию войной", http://www.gazeta.ru/politics/2016/02/03_a_8055569.shtml(검색일: 2016.3.25).

Химшиашвили, Полина, "Путин понял позицию Сербии по НАТО", http://www.rbc.ru/politics/10/03/2016/56e1899a9a79477df24bb45f(검색일: 2016.3.28).

Яшин, Илья & Ольга Шорина, Ред, *Путин. Война*, Москва: Независимый экспертный доклад, 2015.

"Посол Украины при ООН: Будем добиваться введения миротворцев на Донбасс", Украинская правда, January 4, 2016.

"Порошенко поручил Кучме отозвать заявление о продлении Минска в 2016", Украинская правда, Sep. 11, 2015.

"Украина подписала соглашение об ассоциации с ЕС", http://www.pravda.com.ua/rus/news/2014/06/27/7030285/(검색일: 2015.5.15).

"На Луганщине военная машина попала на фугас. Погибли 3 волонтера и военный", http://www.pravda.com.ua/rus/news/2015/05/17/7068174(검색일: 2015.5.15).

http://www.janes.com/article/49469/update-russia-s-hybrid-war-in-ukraine-is-working(검색일: 2015.5.20).

제3장 카자흐스탄 대외정책
- 유라시아주의(Eurasianism)적 지향성 -

이지은

1. 들어가며

　유라시아주의(Eurasianism)는 국제사회에서 유라시아 대륙에 속한 국가들의 위치와 행동의 지향점을 제시하는 주요 사상적 배경이 되고 있다. 그 중에서도 유라시아주의를 가장 역동적으로 표방하고 있는 국가 중 하나가 바로 중앙아시아의 카자흐스탄이다. 1991년 독립 이후 카자흐스탄은 유럽과 아시아의 연결자로서의 '유라시아 국가(Eurasian state)'를 표방하면서 두 대륙의 가교(bridge)이자 매개자로서의 역할에 주목해 왔다. 단순히 지리적 연결을 자처하는 것에 머무르는 것이 아니라 국내적으로는 카자흐스탄 내 문화, 민족, 종교 등의 다양성을 어떻게 조화롭게 융화시킬지에 대한 방안이 모색됐다. 또 대외적으로는 서로 다른 국가와 민족들을 소통시키고 협력을 이끌어 내는 것을 카자흐스탄의 목표와 사명의식을 삼았으며 유라시아주의를 국가의 주요 정체성과 이념으로 규정하였다. 이렇게 하여 카자흐스탄은 유라시아 대륙의 '심장'

---

* 이 글은 2014년 한국이슬람학회논총에 게재된 논문을 중심으로 2015년 유라시아경제연합 출범과 러시아-우크라이나 사태 이후 카자흐스탄 대외정책과 관련한 내용을 추가하여 수정, 보완한 것임.

이자 '연결자'로서의 자국의 역할을 대외정책의 핵심 방향으로 설정한 것이다.

카자흐스탄은 다양한 국가 및 국제기구와 협력관계를 구축하고 자국이 가지고 있는 지리적 중간성과 문화, 종교, 민족적 다원성을 자산으로 활용해 유라시아주의적 역할을 실현하고자 한다. 이 과정에서 특정 강대국에 편중되지 않으면서 다양한 국가들과 우호협력관계 구축을 통한 실리외교를 추구하는 '전방위주의(multi-vectorism)'[1] 외교가 전개됐다. 뿐만 아니라 다양한 양자, 다자적 접근을 통해 유라시아 국가들의 연결 및 연대에 적극 관여함으로써 국제사회에서 새로운 중견국가로 인정받고 있다. 1994년 나자르바예프 대통령이 처음 제안한 '유라시아연합'의 창설이나 1999년 카자흐스탄 주도로 탄생한 '아시아 교류 및 신뢰구축 회의(CICA)'는 물론, 상하이협력기구(SCO), 유럽안보협력기구(OSCE), 이슬람협력기구(OIC), 경제협력기구(ECO), 투르크위원회(Turkic Council) 등의 참여는 카자흐스탄의 외교적 지평이 중앙아시아를 넘어 유럽, 아시아, 이슬람권을 포괄하는 세계적 차원으로 확대되고 있음을 증명한다. 이러한 노력의 결과 카자흐스탄은 소비에트 연방에서 독립한 지 20여년이 지난 오늘날 중앙아시아를 넘어 유라시아 대륙의 안정과 통합을 주도하는 주요 행위자로 부상했다는 평가를 받는다.

이 글에서는 우선 독립 후 유라시아의 매개자 중심국임을 자임하는 카자흐스탄의 사상적 기저인 '유라시아주의'가 태동한 배경과 그것이 표방하는 목표를 살펴볼 것이다. 특히, 카자흐스탄 대외정책에서 유라시아주의가 어떻게 발현되고 있는지를 분석해 봄으로써 대외정책의 핵심 기조와 현상에 대한 흐름과 맥락을 종합적으로 설명해 보고자 한다. 나아가 2015년 급박하게 전개된 우크라이나 사태가 유라시아주의를 기반으로 전방위주의 외교를 추진해 온 카자흐스탄에게 주는 의미는 무엇인지, 향후 카자흐스탄 대외정책에는 어떤

---

[1] 카자흐스탄의 대외정책에 관해서는 다음의 선행연구들이 있다. 이홍섭, 「카자흐스탄의 대외정책 : '전방위 외교정책'의 모색」, 『슬라브연구』 23(2)(2007), 87~106쪽 참조.

영향을 야기할 수 있을지도 고민해 볼 것이다.

2. 카자흐스탄 대외정책의 지향성 : 유라시아주의

방대한 영토와 자원을 가진 내륙국가 카자흐스탄은 지리적으로 아시아에 속해 있으나 지경제적, 지역사적으로 스스로를 유라시아 국가로 인식한다. 1990년대 초반 나자르바예프 대통령은 아시아와 유럽의 중간 지점에 위치한 자국의 지리적 특성을 인지하고 양 지역의 매개자이자 유라시아의 심장 역할에 주목하는 '유라시아주의'를 국가의 공식 이념으로 제시했다. 카자흐스탄의 유라시아주의는 다양한 민족, 언어, 문화, 종교적 배경을 가진 사람들의 정신, 문화, 가치, 역사적 상호 작용에 바탕을 두고 이들 사이에 평화, 연대, 단합 건설을 주요 골자로 한다.[2] 신생독립국 카자흐스탄은 카자흐인, 러시아인을 비롯한 120여개 민족으로 구성된 다민족, 다문화 사회로, 이러한 다양성과 포용성을 응축하고 있는 유라시아주의에 대한 인식과 수용은 곧 카자흐스탄의 정체성 확립에도 많은 영향을 주었다.

독립 후 카자흐스탄에서 유라시아주의가 부상하게 된 배경은 외적, 내적 요인으로 나누어 설명할 수 있다. 우선 외적으로, 독립 직후 카자흐스탄 내에는 러시아의 영향력이 자국의 영토에 미치는 것에 대한 불안감을 가지고 있었다. 1990년대 초반 카자흐스탄이 느꼈던 불안감의 수준은 러시아의 카자흐스탄 영토 내 러시아 소수민족에 대한 정책을 히틀러에 비유할 정도였다.[3] 카자흐스탄 학자인 라우물린M. Laumulin은 "(독립 초) 카자흐스탄은 자국의 국내 문제

---

[2] Ibid.
[3] Reuel R. Hanks, "'Multi-vector politics' and Kazakhstan's emerging role as a geo-strategic player in Central Asia", *Journal of Balkan and Near Eastern Studies* 11-3, 2009, pp.265.

에 개입하거나 약간의 불안을 야기할 어떤 세력도 피해야 했다. …(중략)… 아스타나는 러시아와 새로운 관계를 정립해야 했다. …(중략)… 오늘날 카자흐스탄의 대외정책은 스스로 결정할 수 있는 특혜를 가지게 되었고 자국의 정책을 실행에 옮길 수 있게 되었다."[4]라고 밝힌바 있다. 즉, 러시아와의 관계 재설정에서 나자르바예프 정부는 유라시아주의를 통해 러시아로부터의 독립성과 차별성을 전면에 내세웠고 자국의 영토 주권과 에너지 자원에 공격적이고 비협조적인 러시아에 대항할 수 있는 방안을 전방위 외교로 설정한 것이다. 우선 러시아를 크게 자극하지 않으면서 동시에 CIS 라는 기존 경제권을 유지하여 자국 경제에 미치는 변화를 최소화하고자 했다. 나아가 러시아의 공세에 적극적으로 응대할 수 있는 레버리지를 제공할만한 다른 대항 국가로 미국, 중국, 터키, 유럽 등을 선택하여 양자관계 구축에 적극적으로 임했다.[5] 현실적으로 러시아와 대립각을 세우기 어렵다는 판단 하에 카자흐스탄은 친서구적 노선을 개발하고 다양한 다자기구 틀에서 러시아와 협력하는 전략을 수립했다. 즉 카자흐스탄에게 러시아는 과거 소비에트 시기에서처럼 유일의 외교대상이 아니며 카자흐스탄이 러시아 이외의 다른 국가들과의 관계 구축에 대한 타당한 명분을 제공한 것이 바로 유라시아주의인 것이다.

한편, 카자흐스탄 내 유라시아주의의 부상에는 이제 막 국제사회에 첫 걸음을 내딛은 신생국 카자흐스탄이 국제사회에서 어떤 '역할'을 통해 자국의 위상을 정립할 수 있을지에 대한 '내적' 고민도 담겨 있다. 그 결과 유라시아주의는 카자흐스탄이 러시아를 비롯한 주변국들과 양자, 다자 관계에서의 목표, 의지, 방향을 결정하는 정책적 독트린으로 발전될 수 있었다. 나자르바예프

---

[4] Murat Laumulin, "Triumph of the multi-vector policy", *Kontinent : Zhurnal iz Kazakhstana* 15, 2006, p.16.

[5] 이 중 카자흐스탄과 러시아 관계를 다룬 연구로는, Mikhail Alexandrov, *Uneasy Alliance : Relations Between Russia and Kazakhstan in the Post-Soviet Era, 1992 - 97*, Greenwood Press, Westport, CT, 1999; Lena Johnson, *Russia and Central Asia : A New Web of Relations*, Royal Institute for International Affairs, London, 1998 참조.

대통령은 언론을 통해 '유라시아주의'에 대해, 그리고 이를 통해 카자흐스탄이 나아가야할 방향에 대해 자주 언급했고, 유라시아, 유라시아주의에 대한 인식은 카자흐스탄 내 학계와 지식인 집단 내 뿐만 아니라 교육, 문화 정책에도 광범위하게 수용됐다.[6] 또한 나자르바예프 대통령은 카자흐스탄의 공식 이데올로기로서의 유라시아주의를 제도화하기 위해 1996년 신 수도인 아스타나에 구밀료프 유라시아대학(Евразийский Национальный университет имени Л. Н. Гумилёва)[7]을 설립하고 정기적으로 유라시아주의에 대해 강연을 조직[8]하는 등 유라시아주의를 국내외적으로 홍보 및 공론화하는데 많은 노력을 기울였다.

카자흐스탄은 여느 유라시아 대륙 내 국가들보다 민족, 다종교, 다문화라는 유라시아적 정체성을 강하게 보유하고 있다. 이런 이유로 카자흐스탄의 유라시아주의는 러시아의 유라시아주의에 비해 개방적, 다원적인 성격을 가진다. 오늘날 러시아에서 푸틴의 대외정책을 뒷받침하고 있는 알렉산드르 두긴A. Dugin에 의해 주창되는 신유라시아주의(neo-Eurasianism)는 개방적이며 유라시아 공간 내 다름의 존재를 받아들이면서도 보수적 '전통(종교, 위계질서, 가족)'에 대한 강조와 구소비에트 공간을 관통하는 초대륙적 결속을 주장하고 있다. 그러면서 그 내면에는 여전히 '러시아는 러시아인의 것'으로 상징되는 기독교적, 민족주의적 성향이 자리하고 있다. 러시아의 신유라시아주의는 대결적 구도를 기정사실화하여 "해양세력(대서양주의)과 유라시아 지상세력 간에 벌어지는 문명 전쟁"으로 인식하면서 전쟁의 중심에 러시아가 있다고 본다.[9] 이는 필연

---

6   V. A. Shrielman, "To make a bridge : Eurasian Discourse on in the post-Soviet World", *Anthropology of East Europe Review* 27(2), 2009, p.71.
7   누르술탄 나자르바예프 대통령은 구밀료프 유라시아 대학을 신 수도인 아스타나에서도 자신의 대통령 궁에서 정면으로 보이는 중앙 광장에 세우도록 지시할 정도로 유라시아주의 확산에 열정을 기울였다.
8   오원교, 앞의 논문, 14쪽.
9   장-마리 쇼비에, 「유라시아주의, 러시아판 '문명의 충격'」, 『르몽드 디플로마티크』 2014년 6월 호, p.19.

적으로 푸틴 정부로 하여금 '강한 국가'를 정당화하기 위한 수단으로 러시아의 대내외정책에 영향을 주고 있다.

그러나 카자흐스탄의 유라시아주의는 양 지역을 상호 보완적이고 공통의 가치와 원칙을 강화하는 이상주의적 가치에 보다 큰 주안점을 두고 있다. 러시아의 유라시아주의와는 차별적으로 카자흐스탄의 유라시아주의는 특정 세력과 대결 구도를 형성하려 하지 않으며 다양한 가치와 경험을 가진 여러 주체와 상호 협력, 소통, 교류하는데 무게를 두고 있다. 이러한 이유로 카자흐스탄 내 유라시아주의자들 사이에서 현재 '두긴'으로 대표되는 러시아의 신유라시아주의가 표방하는 파시즘적 경향, 제국주의적 성향이 중앙아시아로 미칠 가능성에 우려의 목소리를 제기하기도 한다.[10]

카자흐스탄의 대외정책에서 나타난 유라시아주의는 인식론적 관점에서 카자흐스탄이 향후 행해야 할 국제사회에서의 '역할(매개자, 유라시아의 심장, 기대의 벨트 주도)'을 규정하고, 행태적으로는 러시아, 중앙아시아와 구소비에트 국가들 및 유럽과 아시아의 다양한 국가 및 국제기구들에 대한 전방위적 대외정책을 통해 유라시아적 연대를 모색한다. 우선, 유라시아주의는 카자흐스탄을 '매개자'로 규정하고 지리적 특성을 활용하여 다양한 종교, 문화, 민족 간 소통, 연대, 협력을 촉진시키는 유라시아 국가로 거듭나게 했다. 국내 정치적으로는 서로 다른 국적, 민족, 종교 집단들의 문화 사이를 연결하면서 조화를 추구하고 다민족성에 근거한 통합된 카자흐스탄 문화를 건설하는데 중요성을 부여했다. 자칫 신생독립국가에게 약점으로 작용할 수 있었던 다민족, 다문화성을 유라시아주의라는 프리즘을 통해 국가건설과정에 유용하게 활용한 것이다. 특히 구밀료프의 '슬라브-투르크 운명공동체'와 같은 유라시아적 개념은 표제민족인 카자흐인 다음으로 가장 큰 규모를 차지한 러시아인들과 그 밖의 다른 소수민족들을 카자흐스탄 국민으로 인식 및 수용하는데 유의미한 영향을

---

10 오원교, 앞의 논문, 14쪽.

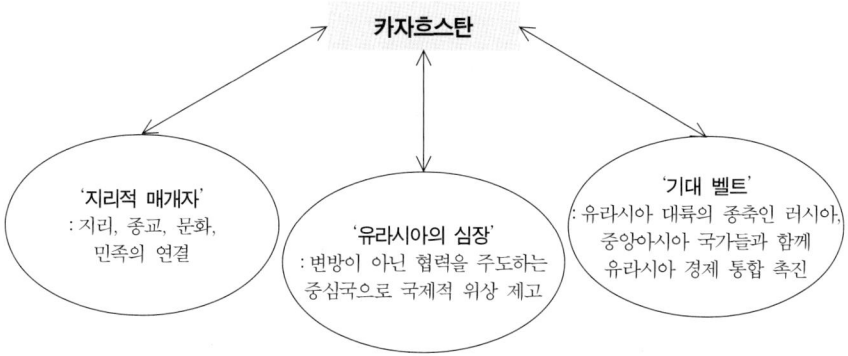

〈그림 1〉 카자흐스탄 유라시아주의에서 인식하는 카자흐스탄의 역할

미쳤다. 또한 카자흐스탄 대외정책에 반영된 유라시아주의는 러시아를 비롯한 주변 CIS 국가들과의 관계 정립과 나아가 카자흐스탄으로 하여금 동, 서의 문화 교류, 이슬람과 기독교의 공존을 가능하게 하는 주요 도구로 기능했다.

둘째, 카자흐스탄은 인접한 신흥경제대국, 즉 북으로는 러시아, 동으로는 중국, 남으로는 인도, 서로는 터키와 협력하여 유라시아 대륙이 유기적으로 통합할 수 있게 조력자 역할을 자임하고 있다. 카자흐스탄을 중심으로 사방에 위치한 유라시아 국가들은 보유 영토, 인구, 자원 등 전통적인 국력 측정 기준에서 성장 잠재력이 대단히 크며, 세계 지정학적 균형과 경제 흐름에도 주요한 영향을 미칠 수 있는 국가들이다. 특히 러시아와 중앙아시아라는 종축으로 길게 위치해 있는 '기대의 벨트'에서 카자흐스탄은 빠른 경제성장과 중앙아시아 지도국으로서의 위상을 앞세워 이들 간의 교통, 통신, 물류의 흐름을 원활하게 조성하는데 앞장서고 있다. 유럽에서 산업혁명이 발생한 이후 세계 경제의 주도권은 대서양, 태평양 연안 국가들이 주도했지만, 이제 중국과 인도의 부상으로 말미암아 세계 경제의 흐름은 다시 대륙, 즉 유라시아로 점차 이동하고 있다. 카자흐스탄은 유라시아 대륙의 경제 흐름을 촉진할 기대의 벨트가 효율적으로 성장할 수 있게 하는 필수 조력자로 부상하고 있다.

셋째, '유라시아의 심장'으로서의 카자흐스탄은 변방국이 아닌 유라시아의 중심국으로 국제사회에서 맡은 역할에 충실하고 신뢰할 수 있는 중견국가로서의 성장의지를 유라시아주의를 통해 표출한다. 나자르바예프 대통령은 카자흐스탄이 "세계의 중심"에, 신新 수도인 아스타나는 "유라시아의 심장"에 위치한다며, 유라시아적 정책을 통해 카자흐스탄은 지리적 한계를 극복하고 자국의 영향력 증대를 도모하면서 세계의 주요 강대국들과의 균형적 관계를 유지하고 정치, 외교적 협력을 주도해 낼 것임을 피력했다.[11]

3. "카자흐스탄 2014~2020 대외정책전략"에 나타난 유라시아주의

지난 20여 년 간 유라시아주의에 입각한 대외정책을 통해 국제사회에서 카자흐스탄이 차지하는 정치, 경제, 외교적인 역량은 괄목할 수준으로 성장했다. 2010년 유럽안보협력기구 의장국 수임, 2011년에는 동계아시안게임, SCO 정상회의, OIC 외교장관회의 등을 개최했으며, 2017 아스타나 엑스포, 2017 동계유니버시아드 등 주요 국제행사가 카자흐스탄에서 연속적으로 개최될 예정이다. 이처럼 유라시아주의는 카자흐스탄이 가진 다양성, 연결 능력, 포용력, 경제력 등을 최대치로 발휘할 수 있게 한 국가사상으로 역할하고 있다.

2013년 말 카자흐스탄은 장기적인 발전전략인 "카자흐스탄-2050"을 발표했는데, 이 중 "2014~2020 대외정책전략"에는 유라시아주의가 반영된 카자흐스탄의 향후 대외정책의 성격, 방향, 내용이 잘 나타난다. 1990년대 후반 발표된 대외정책이 카자흐스탄의 양적인 경제성장과 대외정책 노선의 다변화 구현[12]에 초점을 두었다면, 2014~2020 대외정책전략은 기존의 다변화 정책을 유

---

[11] M. B. Olcott, *Kazakhstan : Unfulfilled Promise*, Washington D.C. : Carnegie Endowment for International Peace, 2002.

지해가면서 질적으로 향상된 유라시아주의 실현을 추구하야 국제사회에서 중견국으로서의 카자흐스탄 위상과 영향력을 어떻게 확대 및 강화할지에 초점을 맞추고 있다. "2014~2020 대외정책"의 우선순위 과제는 1) 중앙아시아 정치안정, 경제발전, 안보강화, 2) 유라시아의 통합 및 관세동맹(러시아, 벨로루스, 카자흐스탄) 강화, 3) 국제법에 의거한 국경선 확정 및 카스피 해의 법적지위 결정, 4) UN 및 CICA(아시아교류신뢰구축회의), SCO(상하이협력기구), OIC(이슬람회의기구) 회원국으로써 국제기구에 적극참여 및 협력 강화로 정리된다. 주요 목표는 국가안보 및 국방, 주권 및 영토보전, 세계 및 지역안보강화, 국제사회에서의 긍정적인 국가이미지 형성 등을 설정했다.[13]

주요 강대국과의 양자관계에서 우선, 러시아와는 우호동맹에 관한 조약에 의거하여 정치적·경제적·무역 및 문화적 협력분야에서 유대관계 강화에 초점을 두었고, 중국과는 에너지, 투자, 기술, 무역 및 경제, 문화 및 인도적 협력을 발전시키며 운송 및 농업분야, 생태학적 및 환경적 문제 등에서 상호교류를 증진시키는데 고위급 수준의 대화구조를 적극 활용, 포괄적인 전략적 동반자관계를 강화시키고자 한다. 한편, 미국과는 정치적, 무역 및 경제적, 투자, 에너지, 과학 및 기술, 인도주의적 협력 등에 목표를 두어 지속적으로 전략적 동반자관계 강화에 주력하고 있다. 카자흐스탄에게 미래 최대 시장이자 무역 및 투자 부문에서 주요 협력자가 될 EU와는 포괄적 관계로 발전시킬 계획이다.

중앙아시아 국가들과는 국내외적 과제 및 위협에 대한 지역 차원의 공동대응을 강화하고, 정치, 경제, 문화적 협력을 향상시키는데 초점을 두었다. 벨로루스, 우크라이나, 몰도바, 아제르바이잔, 아르메니아, 조지아 등 주변 CIS 국

---

[12] 카자흐스탄은 러시아와의 전통적 유대관계를 유지하되 지나친 대러시아 의존을 탈피하기 위해 미국, EU, 중국 등과의 관계를 중시하는 다변화 외교전략을 취하고 있다(외교통상부, 2008).
[13] 구체적인 이행방안은 다음과 같다 : ① WTO 가입 등 국제 및 지역통합과정에 적극 참여; ② 경제발전, 산업다변화, 기술혁신을 위한 국제경제기구에 참여 및 협력강화; ③ 공정한 세계금융질서 구축 참여 및 아스타나 경제포럼 개최; ④ 국제개발 및 원조를 위한 기구 설립추진.

가들과는 다자협력의 틀 내에서 관계 증진을 모색하고 있다. 종교, 문화, 민족적 연대감을 가지고 있는 터키와는 공통된 역사적 근원과 문화적 가치에 기초하여 포괄적인 협력을 지속하고자 하며, 아시아 대륙과는 무역, 투자, 경제 및 기술 분야 협력 증진에 초점을 두었다. 특히, 일본, 한국과는 지속적인 대화를 통해 에너지 및 수자원 관련 혁신기술 도입을 추진하고 있다.

한편, 카자흐스탄은 중앙아시아 안보에 가장 밀접하게 연관된 아프가니스탄의 재건과 정치적 안정을 위한 노력에도 국제사회와 함께 공동으로 지원할 계획이다. 인도, 파키스탄과의 관계는 국제기구 안에서 상호 협력을 증진시키며, 동남아시아 국가들과는 장기적으로 우호적인 경제, 무역 협력을 지속하고자 한다. 역사적, 정신적 연대감을 가지고 있는 중동과는 안정적이고 지속적인 관계 구축을 모색하며, 동시에 아프리카 대륙 국가와의 관계도 확대 중이다. 한편, UN, CICA, SCO 등 국제기구들과의 다자적 협력을 통해 국제적 이슈와 관련하여 공동행동 및 상호지원에도 주목하고 있다.[14]

4. 유라시아주의에 입각한 양자, 다자관계

1) 양자관계와 유라시아주의

카자흐스탄과 같이 강대국에 둘러싸인 다민족으로 구성된 약소국이 독립과 안보, 국가 정체성을 지켜나갈 수 있는 최선의 방안은 어느 강대국에도 경도되지 않는 균형적 협력관계를 유지하는 것이다. 이를 위해서는 무엇보다도 자국의 외교지향점을 투명하게 천명하고 그 원칙을 일관되게 실천해 나감으로써 주변 강대국들로부터 독자적인 행위자로 신뢰 받는 것이 중요했다. 카자흐스

---

[14] Kazakh Embassy, "Foreign Policy Concept for 2014~2020 Republic of Kazakhstan", 2014.

탄은 압도적인 러시아 영향력을 최대한 존중하면서도 동시에 전방위 외교원칙을 일관되게 표방, 자국의 주권과 외교적 독자성을 강화하고 여타 강대국과도 우호적 협력관계를 지속적으로 발전시켜왔다. 러시아와의 전통적인 협력을 강화하면서도 냉전 붕괴 이후 중앙아시아의 새로운 행위자로 등장한 미국, 중국 등과도 지속적으로 다양한 협력 네트워크를 구축해 왔다. 이처럼 카자흐스탄은 다양한 국가 및 국제기구들에 대한 전방위적 대외정책을 통해 유라시아적 연대 모색을 목표로 하는 유라시아주의를 적극적으로 표방하고 있다.

우선, 러시아는 카자흐스탄의 가장 중요한 협력 국가로 독립 후 카자흐스탄은 수많은 양자관계를 비롯하여 러시아가 중점적으로 영향력을 행사하는 다양한 국제기구(CIS, Customs Union, CSTO, SCO 등)에서 활발히 활동하고 있다. 카자흐스탄은 러시아 주도의 역내기구에 대부분 가입해 있는 상태로 카자흐스탄에게 러시아는 최대 에너지수출국이자 교역파트너로 '영원한 전략적 파트너이자 동반자'이다.[15] 러시아-카자흐스탄 간 높은 연계성은 관세동맹, 유라시아경제연합(Eurasian Economic Union)을 통해 더욱 큰 상호이익을 가져다줄 수 있을 것으로 기대되며, 특히 에너지 부문은 자원 부국인 양 국가의 국가적 이익이 걸린 주요 이슈로 본다. 수세기에 걸친 정치, 안보, 경제, 문화, 민족적인 연계성은 카자흐스탄과 러시아의 관계를 강화하는 중요 요인으로 볼 수 있다. 카자흐스탄은 러시아를 비롯한 구소비에트 국가들과 협력하되 정치, 이념, 안보적인 복잡하고 논쟁의 소지가 있는 이슈 보다는 지역 차원에서의 경제 통합에 가장 적극적인 행보를 보이는 중이다. 한편, 카자흐스탄 정부는 CSTO나 SCO 등의 다자기구를 통해 러시아에 대한 높은 의존도를 낮추면서 동시에 다양한 국가, 기구와의 협력 노선을 개발해 나가고 있다. 일례로, 2011년 발표된 카자흐스탄의 신군사독트린(New Military Doctrine)은 중앙아시아에서 가장 큰 규모의 군대 창설과 러시아에 대한 과도한 안보 의존도 약화를 목표로 자국 군

---

[15] 이홍섭, 앞의 논문, 95쪽.

대의 현대화 및 지원병 창설의 필요성을 언급하고 있다. 무기거래에서도 기존의 러시아 수입선을 다각화하기 위해 미국을 비롯하여 프랑스, 이스라엘, 터키, 한국 등으로 거래 대상 국가를 다양화하고 있다. 카자흐스탄은 상대적으로 러시아의 영향을 받지 않는 CICA나 미국 주도의 NATO 등의 다자기구를 통해 국내 및 역내 안보 강화에도 주력하고 있다.

중국은 카자흐스탄과 동쪽으로 1700km에 달하는 긴 국경선을 마주하고 있기 때문에 독립 초기부터 대외정책에서 중점적인 위치를 차지했다. 중국의 입장에서도 카자흐스탄은 풍부한 에너지 자원을 공급받을 수 있으며 서부 신장-위구르 지역의 안정을 위해 반드시 협력해야 할 대상으로 인식, 전략적 중요성을 부여하고 있다. 카자흐스탄은 2002, 2006년에 중국과 전략적 파트너쉽에 대한 우호 및 협력 조약을 체결했으며, 이후 SCO 테두리 내에서 중국과 경제, 무역 관계를 증진하고 양국 간 주요 이슈(분리주의, 테러리즘 등)나 역내 문제 해결에 공동으로 대처하고 있다.

카자흐스탄 정부가 중국과의 관계 구축에 주력하는 이유는 중국과 에너지 분야 및 경제교류를 확대를 통해 중국의 성장에 따른 혜택에 편승하고, SCO를 통해서는 역내 안보분야 협력을 추진해야하기 때문이다. 물론 카자흐스탄은 자국 및 중앙아시아 역내로의 과도한 중국의 영향력 확장을 경계한다. 이러한 이유로 카자흐스탄은 러시아, 중국, 역내국가와 전통적 우호·협력관계를 유지 발전시켜 나감과 동시에 미국, 영국, EU, 인도 등과도 실질경제협력 관계를 확대하는 등 유연한 전방위 실용외교를 추구해 나가고 있다. 결론적으로 카자흐스탄은 러시아와 우호적 관계를 유지하면서도 구체적 사안에 따라 국가이익(자국의 안보, 정권안정, 경제적 실리)에 보다 유리한 방향으로 다양한 협력 루트를 구축하고 있다.

미국, EU 등 서방국가들과는 양자 간 통상, 경제협력 확대, 에너지, 광물자원의 안정적 채굴 및 수출시장 확보 등에 중점을 두고 협력관계를 꾸준히 발전시켜 나가고 있다. 특히, 미국과는 다국적군의 대 아프간 및 이라크 작전

지지 이후 러시아가 역내에 갖는 전통적, 전략적 이해를 크게 손상하지 않는 범위 내에서 군사적 교류를 포함한 에너지, 경제 분야의 포괄적인 협력관계를 확대해 나가고 있다. 카자흐스탄-미국 관계는 독립 당시 카자흐스탄이 보유한 핵무기 시설 해체 문제에 미국이 관여하면서 본격적으로 시작됐다. 미국은 카자흐스탄이 자발적으로 핵무기를 포기하게 하는 대신 막대한 경제적 지원을 약속함으로써 카자흐스탄은 러시아 이외의 세계적 강대국과 협력할 수 있는 계기를 확보하게 된다.[16] 미국 정부는 카자흐스탄이 독립 후 지금까지 문화적, 종교적, 민족적 다양성을 통해 국가의 역량을 강화했으며, 중앙아시아에서 가장 성공적으로 시장경제체제로의 이행을 이룬 국가로 평가한다.[17] 1994년 카자흐스탄은 나토 평화를 위한 동반자 프로그램(NATO's Partnership for Peace)에 참여, 정기적으로 훈련에 참여하고 있다. 이후 카자흐스탄-미국 관계는 미국의 지정학적, 지경제적 측면에서 중요성을 가지는 중앙아시아 지역 내 안정을 유지하는데 카자흐스탄의 역할과 기여에 주목하면서 점차 강화되는 추세이다. 구체적인 안보 분야 협력으로는 카자흐스탄은 2003년 미국의 요청에 따라 이라크에 비전투부대(지뢰제거, 수질정화 담당 27개 대)를 공식 파견했으며, 2009년에는 아프가니스탄 작전을 수행하는 미국과 NATO군에게 자국의 지상과 영공 통과를 허가했다.

2) 다자주의와 유라시아주의

카자흐스탄은 자국의 주권과 독립성을 보존하기 위해 어느 한쪽에 치우친 외교 전략을 구사하기 보다는 다양한 국가들과 양자, 다자적 관계를 구축하고

---

[16] Kazakhstan, Nuclear, http://www.nti.org/country-profiles/kazakhstan/nuclear/ (검색일 2014-08-11).
[17] "오바마 대통령, 미국-카자흐스탄 간 모든 분야의 협력에 대한 파트너십 강화할 것", www.emercis.org www.trend.az 2013.12.23.

자 했다. 소련 붕괴 후 중앙아시아에 등장한 다극체제의 특성을 간파한 카자흐스탄은 유럽과 아시아, 투르크와 슬라브 사이에서 전방위 외교를 구사하면서 다양한 다자기구들과 협력했다. 카자흐스탄이 가지고 있는 지리적 중간성과 문화, 종교, 민족적 다원성을 자산으로 활용해 대외정책에서 유라시아주의적 역할을 실현하는 것이다. 이러한 맥락에서 카자흐스탄이 유럽안보협력기구(OSCE), 북대서양조약기구(유럽)와 협력하면서 상하이협력기구(아시아)와 긴밀한 관계를 구축하는 것을 모순적이라고 볼 수 없는 이유다.[18]

나자르바예프 대통령은 카자흐스탄을 문명의 교차로이자 가교로서 "유럽적 뿌리와 아시아적 뿌리가 서로 얽혀있는 아시아의 유일한 국가이며, …(중략)… 서로 다른 문화와 문명의 결합은 유럽과 아시아 문화 속에서 최상을 것을 취할 수 있게 한다."라고 역설했다.[19] 유라시아주의는 단순히 지리적 개념이 아니라 삶의 방식이자 구대륙의 민족과 종교의 결합 양식이며, 동, 서간 대화 추구에 국한되지 않고 포스트 모던 시대에 인류 발전의 길을 모색한다는 것이다.[20] 카자흐스탄은 스스로를 아시아와 유럽의 모든 요소를 조화롭게 수용한 국가이자 문화, 민족적 다양성을 포용하는 다민족 국가라는 점을 활용하여 유라시아주의를 적극적으로 표방해 왔다. 대표적으로 카자흐스탄은 상호 간 대화와 소통, 신뢰 구축, 교류 등을 핵심 목적으로 하는 몇 몇 다자협의체 설립을 제안 및 주도했다. 또한 유럽, 아시아, 중동, 아프리카, 이슬람 권 등 다양한 배경과 목표를 가진 국제기구에 두루 참여하며 이들이 카자흐스탄을 통해 유라시아 대륙과 상호 소통할 수 있는 통로를 만들고 있다.

유라시아주의가 카자흐스탄 대외정책에 미친 가장 큰 영향 중 하나가 바로

---

[18] Reuel R. Hanks, "'Multi-vector politics' and Kazakhstan's emerging role as a geo-strategic player in Central Asia", *Journal of Balkan and Near Eastern Studies* 11-3, 2009, pp.257~267.
[19] Н. Назарбаев, "Евразийский союз : Идеи, практика, перспективы 1994~1997", М., 1997, С.27; 오원교, 앞의 논문, 15쪽에서 재인용.
[20] 위의 논문.

카자흐스탄 스스로 자국을 유라시아 대륙의 중심국가로 인식, 과거 소비에트 연방의 속국이 아닌 독자성과 그에 맞는 역량을 갖춘 국가로서의 행보를 이어갈 수 있게 했다는 점이다. 구체적으로, 카자흐스탄은 아시아 교류 및 신뢰구축 회의(CICA) 창설을 제안, 러시아를 비롯한 현재 26개 정회원국과 7개 옵서버 국가가 참여하는 주요 아시아다자협의체로 발전시켰다. 경제 분야에서도 카자흐스탄은 유라시아연합(Eurasian Union) 제안을 통한 광역의 지역경제협력 구상했으며, 러시아와 카자흐스탄에 의한 '단일경제구역'도 출범했다. 양자관계에서는 러시아의 힘이 절대적으로 크기 때문에 상대하기 버거웠지만 다자틀 내에서 카자흐스탄은 자국에게 유리한 선택지를 다양화하여 점진적으로 자국의 역량을 키워내고자 한 것이다. 나아가 2010년 카자흐스탄의 OSCE 회장국 수임은 독립 후 카자흐스탄이 쌓아왔던 전방위적 외교 역량을 최대한 발현한 사례라 볼 수 있다. 따라서 현재까지 카자흐스탄이 적극적으로 참여하고 있는 주요 다자협의체를 살펴보는 것은 유라시아주의가 어떻게 카자흐스탄의 대외정책에 반영되었는지 이해할 수 있는 좋은 사례라고 할 수 있다.

우선, 아시아교류 및 신뢰구축회의(CICA, Conference on Interaction and Confidence-Building Measures in Asia)는 나자르바예프 카자흐스탄 대통령이 1992년 10월 제47차 UN 총회에서 아시아에서의 상호 신뢰구축과 분쟁 예방을 위한 협의체 설립을 제안한 후 1999년 공식 출범한 카자흐스탄 주도의 대표적 다자협의체이다. CICA는 정상회의와 외교장관회의, 고위관리위원회 회의, 전문가회의 등 다양한 형태의 대화채널을 두고 있는데 정상회의와 외교장관회의는 4년마다 개최되고 있다. 초대 회장국은 카자흐스탄(2002~2010)이었고, 이후 터키(2010~2014), 그리고 2014~2016년은 중국이 CICA 회장국을 수임하게 되었다. 2014년도 제4차 아시아 교류 및 신뢰구축 회의가 상하이에서 개최되었고, 시진핑 주석은 상하이에서 열린 이틀간(20~21일)의 CICA 정상회담이 끝난 뒤 카자흐스탄의 누르술탄 나자르바예프 대통령 및 터키 외무장관과 함께 가진 공동기자회견에서 "아시아 국가들은 아시아 안보를 실현하기 위해 상호 협력해야 한다"

고 발표했다.

　유럽안보협력기구(Organization for Security and Cooperation in Europe, OSCE)는 유럽안보를 위한 협력안보체제로 대서양 연안의 북대서양조약기구(NATO) 회원국과 구소련 국가들 및 모든 유럽 국가를 포괄하는 범유럽적인 기구이다. 회원국은 유럽과 중앙아시아 북미의 57개국이며 한국을 비롯하여 일본, 호주, 태국, 아프가니스탄, 알제리, 이집트, 이스라엘, 요르단, 모로코, 튀니지 등 11개 협력국가를 두고 있다. 카자흐스탄은 2010년 OSCE 회장국을 수임하고 지난 11년 간 성사되지 않았던 OSCE 정상회담(제 7차)을 아스타나에서 개최하여 유라시아 국가들 간의 화합을 이끌어내는데 일조했다. 무엇보다도 카자흐스탄은 OSCE 내 무슬림 국가로서는 최초로 회장국을 수임한 주인공이 되었는데, 이는 카자흐스탄이 가지고 있는 유럽과 아시아, 기독교와 이슬람적 요소를 조화롭게 수용하고자 한 유라시아주의가 맺은 주요 결실이다. 카자흐스탄은 그동안 침체되어 있었던 OSCE의 활동을 되살리기 위해 회원국가 내 분쟁 해결책 제시, 아프가니스탄 내 평화 구축, 문화 간 대화 추진 등을 제시했다.[21] 본 회담에서는 신뢰와 투명성에 기반 한 안보 구축을 위한 OSCE의 포괄적 접근방안을 담은 아스타나 기념선언(Astana Commemorative Declaration)이 채택됐다. 카자흐스탄은 특히 임기 동안 아스타나에서의 정상회담 개최를 적극적으로 추진, 이를 통해 카자흐스탄이 신뢰받고 능력 있는 국제사회의 일원이라는 점을 알리고자 했다. 당시 OSCE는 1999년 이스탄불에서 정상회담을 개최한 이래 더 이상의 회담이 개최되지 않은 상태였다. 대부분의 참가국들이 특정 문제에 대한 의견 합의와 이를 실행하고자 하는 개별국가들의 의지가 부재했기 때문에 정상회담의 의미가 없다는 것이 이유였다. 그러나 카자흐스탄은 2010년 초부터 지속적으로 새로운 수도 아스타나에서 정상회담 개최를 참가

---

[21] Kazakhstan : Experts Give Astana Mixed Review on OSCE Chairmanship, (2011-01-13), http://www.eurasianet.org/print/62707 (검색일 2014-08-16).

국들에게 호소하여 마침내 11년 만에 정상회담 개최를 이끌어냈다. 아쉽게도 회원국 모두가 참석한 것도 아니고 중앙아시아에서도 우즈베키스탄, 투르크메니스탄 정상의 참석을 이끌어내지는 못했지만 이는 유럽과 아시아를 연결하는 매개자로서의 역할에 충실한 카자흐스탄 다자외교의 주요 성과물이라 평가할 수 있다.[22]

상하이협력기구(Shanghai Cooperation Organization, SCO)는 카자흐스탄이 다자적 접근을 통해 유라시아주의를 가장 활발히 표출하는 대표적인 역내기구이다. 1996년 러시아, 중국, 카자흐스탄, 키르기스스탄, 타지키스탄으로 시작된 '상하이-5'는 2001년 우즈베키스탄이 회원국으로 가입하면서 상하이협력기구로 개편됐다. 초창기 본 조직은 중아시아 신생독립국가들과 중국 간 국경선 분쟁 해결에 가장 큰 무게를 두었으나, 상하이협력기구로 확대된 후에는 테러, 분리주의, 급진주의 등 지역안보와 경제협력을 아우르며 주요 역내기구로 성장했다. 카자흐스탄 정부는 SCO를 유라시아 지역의 안보를 보장할 수 있는 가장 핵심적 기구로 인식하고 있으며, SCO를 통해 비단 안보 분야의 협력과 공조뿐만 아니라 회원국들과 에너지, 경제, 사회-문화 영역에서의 교류 활성화를 모색해왔다.[23] 특히 카자흐스탄은 SCO 내 '에너지 클럽Energy Club'을 설립하여 회원국들 중 에너지수출국(카자흐스탄, 러시아, 이란, 우즈베키스탄)이 에너지 수입국(중국, 인도, 키르기스스탄 등)에 안정적으로 에너지를 공급하는 체계를 갖출 것을 제안한바 있다.[24] 나아가 2010년 카자흐스탄은 기타 옵저버 국가와 대화 동반자국의 활발한 참여를 통해 SCO의 활동력과 효율성을 제고할 필요가 있

---

[22] 2010 OSCE Kazakhstan Chairmanship : V.D. Shikolnikov, "Carrot Devoured, Results Missing", EUCAM, (2011-04-05).

[23] Interview : Kazakh expert applauds potential, function of SCO, (2012-12-02), http://news.xinhuanet.com/english/indepth/2012-12/02/c_132014003.htm (검색일 2014-08-13).

[24] Richard Weitz, *Astana Backs Wider SCO Regional Role*, Eurasia Daily Monitor Volume : 9 Issue : 120, (2012-06-25), http://www.jamestown.org/single/?no_cache=1&tx_ttnews%5Btt_news%5D=39536#.U_BUXyuwfIU (검색일 2-14-08-16). 그러나 이러한 제안은 아직 실행에 옮겨지지 않았다.

다고 강조해왔다.[25] 나자르바예프 대통령은 NATO 회원국인 터키를 SCO의 대화동반자국으로 참여시키는데 오랜 공을 들여왔다. 그동안 카자흐스탄은 최근의 이스탄불 프로세스와 CICA 회담에서 터키의 SCO 참여가 장기적으로 역내안보환경에 기여할 것이며 아프가니스탄의 안정에도 긍정적인 역할을 할 것이라 주장해왔다. 2016년 현재 몽골(2004), 이란(2005), 아프가니스탄(2012)이 옵저버 국가로 참여하고 있으며, 벨로루스, 스리랑카(2009), 터키(2012)가 대화동반자국 자격으로 참여하고 있다. 주목할 변화는 2015년 SCO 정상회담에서 인도와 파키스탄의 정회원국으로의 승격 문제가 회원국 만장일치로 통과되어 SCO 창설 14년 만에 외형적인 확대가 이루어졌다는 점이다.

한편, 카자흐스탄은 경제협력을 통한 유라시아 대륙의 통합에서 주요 조력자로서의 역할을 충실히 수행하고 있다. 카자흐스탄은 오늘날 중앙아시아에서 가장 빠른 국가발전과 경제성장을 이룩한 국가이다. 2015~2016년도 세계경쟁력지수(Global Competitiveness Index, GCI)는 카자흐스탄 국가경쟁력을 2013년도 51위, 2014-2015년도 50위, 2016년도에는 42위로 평가했다.[26] 구매력지수(PPP) 역시 매년 증가하여 2016년에는 세계 52위(2436억 달러)로, 중앙아시아 국가들(우즈베키스탄 69위, 투르크메니스탄 94위, 타지키스탄 135위, 키르기스스탄 143위) 중 가장 높은 순위이다.[27] 카자흐스탄은 중앙아시아를 넘어 CIS권 국가들 가운데 투자환경이 가장 좋고 연간 경제성장률이 평균 7%대를 유지하여 해외투자 유입량이 매년 증가, 2012년에는 140억 달러의 해외투자를 유치했다.[28] 최근 러시아-우크라이나 사태 이후 서방의 러시아 제재로 인해 카자흐스탄의 경기가

---

[25] Kazakhstan supports applications of observer-states to enter SCO, (2012-11-05), http://en.tengrinews.kz/politics_sub/Kazakhstan-supports-applications-of-observer-states-to-enter-SCO-9847/ (검색일 2014-08-13).
[26] "The Global Competitiveness Report 2015~2016", http://reports.weforum.org/global-competitiveness-report-2015-2016/economies/#economy=KAZ (검색일 2016-03-22).
[27] Index Mundai, GDP (Purchasing Power Parity), http://www.indexmundi.com/g/r.aspx?t=0&v=65&l=en (검색일 2016-03-25).
[28] Kazakhstan attractiveness survey 2013.

침체 속에 있지만, 독립 이후 꾸준히 지속해 온 개방경제정책으로 카자흐스탄은 중앙아시아 국가들 중에서 가장 경제발전이 기대되는 국가로 손꼽힌다.

이러한 경제력을 가진 카자흐스탄은 중앙아시아를 넘어 유라시아 대륙에서의 경제적 '기대의 벨트'가 원활하게 작동될 수 있도록 러시아와 함께 중요한 계획을 구상 중이다. 그 중에서도 유라시아경제연합(Eurasian Economic Union, EAEU) 출범은 카자흐스탄의 유라시아주의가 표출된 주요 사례로 볼 수 있다. EAEU는 러시아의 강력한 추진 하에 유라시아 국가들을 결합하여 EU, 미국, 중국 등 거대 경제권과 대등하게 경쟁할 수 있는 경제영역을 구축하는 것을 목표로 하고 있으며, 궁극적으로는 유럽연합과 같은 유라시아연합(Eurasian Union)을 창설하고자 한다. 그런데 이러한 유라시아의 통합과 구체적인 아이디어인 유라시아연합 구상 및 관련 이니셔티브는 카자흐스탄에 유라시아주의가 태동할 무렵인 1990년대 초반 나자르바예프 대통령에 의해 집중적으로 제안된 것들이다. 당시 나자르바예프 대통령의 유라시아연합 창설에 대한 강한 추진력은 카자흐스탄의 방대한 국토가 아시아와 유럽 사이에 위치해 있다는 지리적 특성, 카자흐스탄의 유라시아적 정체성과 소속감에 대한 논쟁들에서 직접 태동했다고 볼 수 있다.[29]

대외정책에서 유라시아주의는 카자흐스탄의 유라시아경제연합 가입과 더불어 더욱 큰 주목을 받고 있다. 나자르바예프 대통령은 향후 유라시아연합이 1) 경제적 실용주의, 2) 개별 국가가 독립적으로 결정하여 자발적으로 참여, 3) 개별 국가의 주권에 대한 평등, 상호 존중, 내정 불간섭, 4) 회원국은 주권을 포기하지 않고 모든 참여국의 합의하는 원칙 아래 자국 내 고유 국가 기관을 설립이 준수되는 선에서 창설되어야 한다고 주장했다.[30] 나자르바예프 대

---

[29] G. Mostafa, 앞의 논문, p.164.
[30] Nazarbayev, N. A., "Evraziisii Soyuz : ot idei k istorii budushego (Eurasian Union : from Idea to Future History)", *Izbestiya* (News), 2011 (2011-10-28일자), pp.5~6.

통령은 또한 유라시아연합이 결코 구 소비에트 연방의 부활로 이어지지 않을 것이라 공식석상에서 재차 확인했다.[31] 관세동맹과 유라시아경제연합이 러시아 주도의 지역기구의 성격이 강하지만 카자흐스탄은 그 안에서 자국의 이익과 독립성을 확보하기 위한 목소리를 분명하게 내고 있으며, 향후 러시아의 정치적 야망을 실현하기 위한 도구로 유라시아 경제통합이 활용되어서는 안 된다는 입장을 명확히 하고 있다.[32] 예를 들어, 2015년 초 러시아가 유라시아 경제연합 내 단일화폐 구축 제안에 카자흐스탄이 노골적으로 불만을 드러내며 반대하자 단일 화폐 구축에 대한 논의는 잠정 중단된 상태이다. 카자흐스탄의 이러한 공개적 불만은 미래의 유라시아 경제 통합에 중대한 도전이 될 수 있다. 1991년 처음 유라시아 경제통합에 대한 구상과 프로그램을 제안한 카자흐스탄이 만일 통합에 적극적이지 않게 될 경우 향후 역내 진행될 경제통합프로젝트가 근본적으로 난항을 겪게 될 가능성이 있기 때문이다.[33] 이는 유라시아 대륙의 통합에서 카자흐스탄이 주요 행위자로 부상했음을 시사하는 대목이기도 하다.

---

[31] 나자르바예프 대통령은 '유라시아 연합(EAEU)'이 다음의 성격으로 창설되어야 한다고 주장했다: 1) 유라시아 연합은 세계 경제 공간에서 경쟁자가 되어야 한다, 2) 유라시아 연합은 유럽 대서양, 아시아 지역의 발전체가 되어야 하며 경제적으로 EU, 동아시아, 동남아시아, 남아시아 내 다양한 발전체(지역기구)들 사이의 연결점이 되어야 한다, 3) 유라시아 연합은 세계 금융시스템의 일부가 되기 위해 스스로 충분히 조달 가능한 금융 조직이 되어야 한다, 4) 지경제적, 지정학적으로 유라시아 통합은 특별하고 혁신적이고 자발적인 행보를 따라야 한다, 5) 이러한 연합은 사회의 폭넓은 참여와 지원을 통해 달성될 수 있다(Nazarbayev, 2003b; Nazarbayev, N. A., *Evraziisii Soyuz : ot idei k istorii budushego*, (*Eurasian Union : from Idea to Future History*), Moscow : Izbestiya(News), 2011, October 28, pp. 11~12).

[32] 유라시아경제연합 창설 준비위원회가 주로 친러시아 성향의 인사로 구성되어 있음에 분명한 불만을 표명한바 있다. 자세한 내용은, Stephen Blank, Kazakhstan Increasingly Concerned over Eurasian Economic Union, (2013-11-27 일자), http://www.cacianalyst.org/publications/analytical-articles/item/12867-kazakhstan-increasingly-concerned-over-eurasian-economic-union.html (검색일 2014-08-14).

[33] Ibid.

5. 우크라이나 사태와 카자흐스탄 대외정책

2015년 러시아-우크라이나 간 긴장 국면은 소련 붕괴 후 지금까지 러시아와의 긴밀하고 우호적인 관계를 구축해온 중앙아시아 국가들에게 적잖은 파장을 일으키고 있다. 중앙아시아 국가들 중에서도 러시아와 가장 밀접한 관계에 있는 카자흐스탄에게 이번 사태가 의미하는 바는 과연 무엇일까? 카자흐스탄은 러시아-우크라이나 간 긴장을 어떤 입장에서 바라보고 있으며, 향후 전개될 카자흐스탄의 대외정책에는 어떤 영향을 줄 것인가?

카자흐스탄의 대외정책은 러시아로부터 외교적 독자성 확보, 중견국으로서의 위상 확립, 그리고 유라시아의 매개자이자 심장으로서 다른 지역과 유라시아 대륙을 유기적으로 연결하는데 무게를 두고 추진되어 왔다. 특히 외교 지평 다각화를 통한 주권 강화와 국익수호를 최우선 국가과제로 설정한 카자흐스탄은 독립 후부터 지금까지 조심스런 전방위 외교를 구사해 왔다. 그 결과 내륙국가이자 자원강국이며 두 강대국 사이에 껴있는 카자흐스탄은 자국의 지정학적 특징을 외교적 레버리지로 활용하는데 성공적이었다는 평가를 받고 있다. 유라시아주의를 통해 대외정책상의 지향점과 명분을 확보한 카자흐스탄은 방대한 양자관계를 구축하는 동시에 다양한 국제기구를 통한 다자적 개입도 극대화했다.

카자흐스탄이 다양한 국가 및 기구를 통해 대외관계를 다각화한데는 단일 세력 혹은 국가에 과도하게 의존하는 것을 피하면서 자국의 주권을 강화하려는 고도의 전략을 펼치기 위해서이다. 카자흐스탄 전방위 외교의 시작은 사실상 러시아에 대한 과도한 의존에서 벗어나고자 시작됐다 해도 과언이 아니다. 지리, 인구, 경제 등의 요소로 카자흐스탄에게 러시아와의 협력은 필수적이지만, 동시에 이러한 연계성이 언제든 카자흐스탄의 주권을 침해할 여지가 있다고 판단했기 때문이다.[34] 카자흐스탄의 우려는 결국 우크라이나 사태에서 가시화되었고 이는 카자흐스탄 대외정책의 목표와 방향성을 재확인하고 전방위 외교의 필요성을 다시금 일깨워 준 결정적 계기가 될 것으로 보인다.

러시아와의 관계를 고려할 때 우크라이나 사태는 카자흐스탄에게 어느 한 쪽 편만 들 수 없는 난처한 상황임에 틀림없다. 러시아를 대놓고 비난할 수도 없지만, 그렇다고 새로운 국경선이 성립되는 선례를 마냥 두고 볼 수도 없는 노릇이다. 나자르바예프 대통령의 발언에서 나타나듯 러시아의 크림 반도 합병은 러시아-카자흐스탄 관계를 고려할 때 이해할 수밖에 없는 사안이다. 그렇지만 자국민 보호라는 명분으로 우크라이나 사태에서 보여준 러시아의 크림 반도 합병과 군사 개입은 카자흐스탄이 향후 직면할 수 있는 실재적 위협으로, 우크라이나의 영토 보전은 자국의 주권 수호 측면에서도 반드시 촉구되어야 할 문제인 것이다.[35]

우크라이나 사태는 카자흐스탄에게 러시아로부터의 정치, 경제, 외교, 사회, 문화적 독립성을 강화해야할 보다 강력한 명분과 실행 동력을 제공하고 있다. 러시아의 크림 반도 합병 후 서방의 제재가 본격화 되자 러시아의 경제는 급속도로 악화되었고, 경제적 연계성이 강한 카자흐스탄 경제도 연이은 직격탄을 맞았다. 이러한 이유로 카자흐스탄 내부에서는 그 어느 때보다도 러시아 의존도를 축소시키고 자국의 독립성을 확고히 할 실질적 방안 마련에 고심하고 있다. 카자흐스탄은 유라시아경제연합(EAEU)에 가입하면서도 이 기구를 단 한 번도 러시아의 지배적인 공간으로 설명한 적이 없다. 2014년 8월 푸틴 대통령이 카자흐스탄의 주권을 위협하고 카자흐스탄을 '러시아 세계의 일부(part of the Russian World)'라고 표현하자, 나자르바예프 대통령은 본 프로젝트에서 철수하겠다며 공식적으로 위협한 이유가 여기에 있다.[36] 그 이후로도 카자흐스

---

[34] 카자흐스탄은 러시아와 6467km의 국경을 공유하며, 자국민의 1/4가량이 러시아 민족이다.
[35] "Could a Ukraine-style crisis happen in Kazakhstan?", *The Staggers*, 2015-08-06일자, http://www.newstatesman.com/print/node/200535 (검색일 2016-02-11).
[36] "Kazakhstan is latest Russian neighbour to feel Putin's chilly nationalist rhetoric", *the Guardian*, 2014-09-01일자, http://www.theguardian.com/world/2014/sep/01/kazakhstan-russian-neighbour-putin-chilly-nationalist-rhetoric (검색일 2016-03-24).

탄은 유라시아경제연합의 화폐통합 및 향후 정치적 연합으로의 발전 등 러시아의 정치적 야망이 반영된 통합의 범주에 대해서는 분명한 선을 긋고 있다. 카자흐스탄은 유라시아경제연합을 순수한 경제 협력기구이자 국익 실현을 위한 수단으로 한정하면서 러시아로부터의 자국의 독립성 강화에 부단한 노력을 기울이고 있는 것이다.

한편 러시아-우크라이나 간 긴장 국면을 지켜본 카자흐스탄은 유라시아적 정체성을 통해 동-서를 잇는 교량이자 상호 간 대화와 이익을 촉진하는 역할에 더욱 적극적으로 임할 것으로 보인다. 나토 평화를 위한 파트너쉽 회원이자 러시아 주도의 집단안보조약기구에도 가입해 있는 카자흐스탄은 자국의 연례훈련인 Steppe Eagle 군사훈련을 통해 양 기구의 군대가 유일하게 만나는 장을 제공했다.[37] 이러한 국제 사회에서의 역할이 결국 자국의 안보와 나아가 독립적 위상을 다지는데 가장 효과적이라는 것을 카자흐스탄은 잘 알고 있었기 때문이다.

6. 나가며

독립 후 카자흐스탄은 유라시아주의를 대외정책에 십분 활용하면서, 자국과 지리적으로 국경을 맞대고 있는 주요 강대국들과의 양자관계는 물론, 다양한 국가들과 다자적 접근을 통해 명분과 실리를 동시에 추구하는 중견국 위상을 다져가고 있다. 이 글은 카자흐스탄 대내외 정책의 사상적 기저인 '유라시아주의'가 태동한 배경과 그것이 표방하는 목표를 살펴본 후 카자흐스탄의 대외정책에서 유라시아주의가 어떻게 발현되고 있는지를 분석했다. 또한 최근

---

[37] Richard Weits, "Kazakhstan Steppe Eagle Exercise Helps Sustain NATO Ties", *Central Asia and Caucasus Analyst*, http://www.cacianalyst.org/publications/analytical-articles/item/12816-kazakhstan-steppe-eagle-exercise-helps-sustain-nato-ties.html (검색일 2016-03-09).

발생한 러시아-우크라이나 긴장 국면이 카자흐스탄에게 어떤 의미이자 향후 대외정책에 어떤 영향을 줄 것인지 살펴보았다.

그동안 러시아의 전유물로 인식되어온 유라시아주의가 카자흐스탄의 국가형성과 대외정책을 결정하는 핵심적인 사상적 배경이라는 사실은 잘 알려져 있지 않다. 유럽과 아시아적 요소가 공존하는 러시아, 중앙아시아, 터키 등에서 유라시아주의는 원칙적으로 개별 국가들의 행동, 지향점을 제시하는 주요 좌표가 되어왔고, 슬라브 민족과 투르크 민족은 물론, 기독교, 이슬람, 불교 등 다양한 민족과 종교의 조화로운 공존을 가능하게 만드는 사상적 토대이자 배경이었다. 특히 카자흐스탄은 유라시아주의를 가장 역동적으로 표방하면서 유라시아 대륙 내 문화, 민족, 종교 등의 다양성을 조화롭게 융화시키기 위한 협력을 선도적으로 제창, 주도하는 대표적 국가이다. 서구, 동양과는 다른 자국의 독자성을 강조하는 러시아식 유라시아주의와는 달리 카자흐스탄의 유라시아주의는 소통과 통합의 매개자라는 점에 더욱 큰 방점을 두고 '매개자'이자 '심장'으로서의 역할을 자국의 핵심 대외정책목표로 설정하게 했다. 나아가 카자흐스탄의 유라시아주의는 세계 어느 국가, 어느 다자기구와도 적극 협력할 수 있게 한 전방위 대외정책에 정당성과 당위성을 부여하는 사상적 기저로 기능했다. 요약하자면 카자흐스탄은 대외정책의 방향성과 좌표설정의 철학적, 사상적 기저를 바로 유라시아라는 공간적, 지리적 개념에서 찾아 낸 것이다.

이러한 카자흐스탄 유라시아주의는 '매개자'로서의 카자흐스탄이 지리적 특성을 활용하여 다양한 종교, 문화, 민족 간 소통, 연대, 협력을 촉진시키는 유라시아 국가로 성장하게 만들었다. 또한 카자흐스탄은 유라시아 대륙에서 종축을 형성하고 있는 러시아, 중앙아시아 국가들로 이어지는 '기대의 벨트'가 유라시아 경제통합을 통해 힘을 모으고, 이를 바탕으로 유라시아 대륙 전체의 경제협력을 활성화 시키는 견인차 역할을 해야 한다고 주장하고 있다. 즉 유라시아 대륙의 정 중앙에 위치한 중앙아시아와 러시아 등이 주축이 되어 대륙을 유기적으로 연결하고 소통시켜야 한다는 사명의식을 제시하고 있는 것이다. 아울러 '유라시아의 심장'으로서의 카자흐스탄은 더 이상 변방국이 아닌 중심국임을 표방하면서 국제사회의 평화와 협력, 공동번영을 위해 적극적으로 활동하면서 국제사회에서 신뢰할 수 있는 중견국가로서의 부상을 모색하고 있다.

특히 카자흐스탄은 유라시아주의를 실현시키는 방안으로 다자적 접근을 적극 활용하고 있다. 1994년 나자르바예프 대통령이 처음 제안한 '유라시아연합'의 창설이나 1999년 카자흐스탄 주도로 탄생한 '아시아 교류 및 신뢰구축회의(CICA)'는 물론, 상하이협력기구(SCO), 유럽안보협력기구(OSCE), 이슬람협력기구(OIC), 경제협력기구(ECO), 투르크위원회(Turkic Council) 등에 주도적으로 참여함으로써 카자흐스탄의 외교적 지평을 중앙아시아는 물론, 유럽, 아시아, 이슬람권을 포괄하는 세계적 차원으로 확대하고 있다. 이러한 노력의 결과 카자흐스탄은 소비에트 연방에서 독립한 지 20여년이 지난 현재 중앙아시아를 넘어 유라시아 대륙의 안정과 통합을 주도하는 주요 행위자로 부상하고 있다. 즉, 카자흐스탄의 유라시아주의는 인식론적 관점에서 카자흐스탄 대외정책의 목표와 국제적 '역할'(매개자, 기대의 벨트 촉진, 유라시아의 심장)을 규정했으며, 행태적으로는 다자주의를 통해 다양한 국가 및 국제기구들과 다층적인 관계를 통해 지속가능한 협력 벨트를 구축하게 만들었다. 따라서 포스트 소비에트 공간에서 카자흐스탄은 어떤 국가들 보다 '유라시아' 개념을 체화한 국가이자, 동과 서를 연결하고 독자적인 지, 전략적 목표를 가진 새로운 행위자로 평가 할 수 있겠다.[38] 여기서 주목해야 할 점은 소통과 통합의 매개자라는 사명감을 가진 카자흐스탄의 유라시아주의는 동, 서양과는 다른 자국의 독자성을 강조하는 러시아식 유라시아주의와는 분명한 차이를 보이고 있다는 것이다. 즉,

---

[38] Reuel R. Hanks, "'Multi-vector politics' and Kazakhstan's emerging role as a geo-strategic player in Central Asia", *Journal of Balkan and Near Eastern Studies* 11(3), 2009, p.267.

카자흐스탄은 다양한 유라시아 국가들과 문화들이 수평적으로 교류하는 평등한 연대를 만드는데 기여하고자 한다.

따라서 현재 유라시아 대륙에서 가장 이목을 끌고 있는 유라시아경제연합(EAEU)의 향배는 주축인 러시아와 카자흐스탄의 서로 다른 유라시아주의가 충돌을 최소화 하면서 어떠한 접점을 찾을 수 있느냐의 여부에 따라 성패가 달라질 수 있을 것이다. 또한 2015년도 러시아-우크라이나 간 긴장 국면을 계기로 카자흐스탄은 유라시아주의에 입각한 대외정책의 방향성, 목표 및 전방위 외교정책을 더욱 강력하게 추진할 것으로 예상된다. 우크라이나 사태는 카자흐스탄에게 러시아로부터 정치, 경제, 외교, 사회, 문화적 독립성을 강화해야할 보다 강력한 명분과 실행 동력을 제공하며, 유라시아적 정체성을 통해 동-서 간 대화와 이익을 촉진하는 역할에 더욱 매진할 필요성을 일깨워 주었기 때문이다.

▪ 참고문헌

오원교, 「포스트-소비에뜨 시대의 유라시아주의와 동양」, 『러시아연구』 제19권 제1호, 2009, 59~91쪽.

이지은, 「유라시아경제연합(EEU) 성패를 결정할 또 다른 변수: 러시아와 카자흐스탄의 서로 다른 지향점」, 대외경제정책연구원 신흥지역정보 지식포탈 EMERiCs, 2014.

이홍섭, 「카자흐스탄의 대외정책: '전방위 외교정책'의 모색」, 『슬라브연구』 23(2), 2007, 87~106쪽.

장병옥, 『중앙아시아 국제정치의 이해』, 서울: 한국외국어대학교 출판부, 2001.

장-마리 쇼비에, 「유라시아주의, 러시아판 '문명의 충격'」, 『르몽드 디플로마티크』 2014년 6월호.

Alexandrov, Mikhail, *Uneasy Alliance: Relations Between Russia and Kazakhstan in the Post-Soviet Era, 1992-97*, Greenwood Press, Westport, CT, 1999.

Biryukov, Sergey V., "Eurasian Doctrine of Kazakh President Nursultan Nazarbayev", 2013, (2013-01-25일자), http://www.geopolitica.ru/en/article/eurasian-doctrine-kazakh-president-nursultan-nazarbayev-thinking-space#.U_85xSuwfIU (검색일 2014-08-26).

Blank, Stephen, "Kazakhstan Increasingly Concerned over Eurasian Economic Union", 2013, (2013-11-27일자), http://www.cacianalyst.org/publications/analytical-articles/item/12867-kazakhstan-increasingly-concerned-over-eurasian-economic-union.html (검색일 2014-08-14).

Hanks, Reuel R., "'Multi-vector politics' and Kazakhstan's emerging role as a geo-strategic player in Central Asia", *Journal of Balkan and Near Eastern Studies* 11(3), 2009, pp.257~267.

Ismayilov, Mesdi, "Avrasyaci Lev Gumilev'in Tarih Gorusunde Turk Etnosunun Etnogenezisi Meselesi", *Avrasya Incelemeleri Dergisi (AVID)* 1(1), 2002, pp.1~27.

Johnson, Lena, *Russia and Central Asia : A New Web of Relations*, Royal Institute for International Affairs, London, 1998.

Laruelle, Marlene, "Two Faces of Contemporary Eurasianism : an Imperial version of Russian Nationalism", *Nationalities Paper* 32(2), 2004, pp.115~136.

_____, *Russian Eurasianism : An Ideology of Empire*, Washington, D.C. : Woodrow Wilson Center Press, 2008.

Laumulin, Murat, "Triumph of the multi-vector policy", Kontinent : Zhurnal iz Kazakhstana, 2006, p.15.

Nichol, Jim, *Central Asia : Regional Developments and Implications for U.S. Interests*, Congressional Research Service, 2014.

Mostafa, G., "The Concept of 'Eurasia' : Kazakhstan's Eurasian Policy and its implication", *Journal of Eurasian Studies* 4, 2013, pp.160~170.

Olcott, M. B., *Kazakhstan : Unfulfilled Promise*, Washington D.C. : Carnegie Endowment for International Peace, 2002.

Sengupta, A., "Conceptualizing Eurasian Geopolitics : Debates and Discourse on the 'Heartland'", Suchandana Chatterjee, Anita Sengupta, and Susmita Bhattacharya eds., Asiatic Russia, *Partnerships and Communities in Eurasia*, Kolkata : Shipra, 2009.

Shikolnikov, V.D., "2010 OSCE Kazakhstan Chairmanship : "Carrot Devoured, Results Missing", *EUCAM*, 2011.

Shrielman, V.A., "To make a bridge : Eurasian Discourse on in the post-Soviet World", *Anthropology of East Europe Review* 27(2), 2009, pp.69~85.

Weitz, Richard, "Astana Backs Wider SCO Regional Role", *Eurasia Daily Monitor* Volume : 9 Issue : 120, 2012, http://www.jamestown.org/single/?no_cache=1&tx_ttnews%5Btt_news%5D=39536#.U_BUXyuwfIU (검색일 2014-08-16).

Назарбаев, Н., Евразийский союз : Идеи, практика, перспективы 1994~1997, 1997.

인터넷 기사, 인터뷰, 칼럼 및 사이트

「벨라루스, 카자흐스탄, 러시아, 유라시아 경제연합 공식 출범 논의」, www.emercis.org www.trend.az 2014.4.30.

「오바마 대통령, 미국 - 카자흐스탄 간 모든 분야의 협력에 대한 파트너십 강화할 것」, www.emercis.org www.trend.az 2013.12.23.

Kazakh Embassy, "Foreign Policy Concept for 2014~2020 Republic of Kazakhstan", 2014.

League of Arab States increases cooperation with Kazakhstan, (2014-05-15), http://en.tengrinews.kz/politics_sub/League-of-Arab-States-increases-cooperation-with-Kazakhstan-253519/ (검색일 2014-08-14).

Nazarbayev, N. A., "Evraziisii Soyuz : ot idei k istorii budushego (Eurasian Union : from Idea to Future History)", *Izbestiya* (News), 2011 (2011-10-28일자).

Kazakhstan, Nuclear, http://www.nti.org/country-profiles/kazakhstan/nuclear/ (검색일 2014-08-11).

The Eurasian Economic Community, Ministry of Foreign Affairs, http://www.mfa.kz/index.php/en/foreign-policy/integration-processes/eurasec (검색일 2014-08-16).

Interview : Kazakh expert applauds potential, function of SCO, (2012-12-02), http://news.xinhuanet.com/english/indepth/2012-12/02/c_132014003.htm (검색일 2014-08-13).

Kazakhstan supports applications of observer-states to enter SCO, (2012-11-05), http://en.tengrinews.kz/politics_sub/Kazakhstan-supports-applications-of-observer-states-to-enter-SCO-9847/ (검색일 2014-08-13).

"The Global Competitiveness Report 2015~2016", http://reports.weforum.org/global-competitiveness-report-2015-2016/economies/#economy=KAZ (검색일 2016-03-22).

Index Mundai, GDP (Purchasing Power Parity), http://www.indexmundi.com/g/r.aspx?c=kz&v=65 (검색일 2016-03-25).

Kazakhstan attractiveness survey, 2013.

Kazakhstan : Experts Give Astana Mixed Review on OSCE Chairmanship, (2011-01-13), http://www.eurasianet.org/print/62707 (검색일 2014-08-16).

"Could a Ukraine-style crisis happen in Kazakhstan?", The Staggers, 2015-08-06일자, http://www.newstatesman.com/print/node/200535 (검색일 2016-02-11).

Richard Weits, "Kazakhstan Steppe Eagle Exercise Helps Sustain NATO Ties", Central Asia and Caucasus Analyst, http://www.cacianalyst.org/publications/analytical-articles/item/12816-kazakhstan-steppe-eagle-exercise-helps-sustain-nato-ties.html (검색일 2016-03-09).

"Kazakhstan is latest Russian neighbour to feel Putin's chilly nationalist rhetoric", the Guardian, 2014-09-01일자, http://www.theguardian.com/world/2014/sep/01/kazakhstan-russian-neighbour-putin-chilly-nationalist-rhetoric (검색일 2016-03-24).

제2부

유라시아경제연합의 출범과 경제 이슈

제4장 지역주의와 지역화의 맥락에서 본
유라시아경제연합(EAEU) 결성의 의미_ 김영진
제5장 유라시아경제연합의 화폐통합 가능성 평가와 과제_ 변현섭
제6장 유라시아경제연합 구축과 러시아 에너지전략_ 김상원

제4장 지역주의와 지역화의 맥락에서 본 유라시아경제연합(EAEU) 결성의 의미*

김영진

1. 서론

소련과 코메콘 그리고 바르샤바조약기구가 해체된 후 중부유럽 국가들과 구소련의 발트해 연안 국가들은 유럽연합(EU)에 가입하여 유럽이라는 고향의 품에 귀의했다. 구소련의 나머지 국가들은 시장경제를 채택하여 세계경제체제에 편입되었다. 이들 국가는 느슨한 연합체인 독립국가연합(CIS)의 틀 내에 잔류하였는데, 이 기구는 수많은 공동행동을 만들어내고 상징적인 형태의 단합을 장려했지만 경제·정치적으로 실효성 있는 권한을 갖지는 못했다.[1]

기존의 국가사회주의 체제가 쇠퇴한 원인이 세계경제체제에서 분리된 데 기인한다는 인식을 공유한 구소련 지역의 모든 국가는 글로벌 시장에 편입하기 위한 노력을 적극적으로 경주했다. 이들 국가는 시장메커니즘 하에서 지정학적 이익을 성공적으로 추구해 온 서구의 열강과 정치·경제적으로 마주하

---

* 이 글은 『중소연구』 제40권 1호(2016년 봄), 287~318쪽에 게재된 글을 수정·보완한 것이다.
[1] 독립국가연합(CIS)에서 유라시아경제연합(EAEU) 결성에 이르기까지의 배경 및 과정에 대해서는, 김영진·윤인하, 「유라시아의 지역통합: 유라시아연합 구상의 조건과 과제」, 『동유럽발칸연구』 제38권 5호(2014), 205~211쪽을 참조.

게 되었으나 개방적인 세계자본주의 체제에서 충분한 경쟁력을 발휘하지 못했다. 그 결과 구소련 국가들의 경제는 쇠락의 길을 걸었고 불평등과 빈곤의 수준은 상승했다. 러시아는 소련시대에 누렸던 세계 초강대국으로서의 위상을 상실했고 러시아 국민은 정체성의 위기를 겪었다. 또한 구소련 국가들의 경제 및 산업의 정체와 쇠퇴는 자유주의 시장메커니즘에 대한 환멸을 불러일으키는 과정을 수반했다. 이러한 점에서 볼 때, CIS 국가들의 경제적 정체와 산업의 쇠퇴 그리고 이로 인한 사회적 혼란이 이들 국가로 하여금 유라시아주의를 구상하고 유라시아경제연합(Eurasian Economic Union : EAEU)을 결성하도록 자극하는 역할을 했다고 볼 수 있다.

일찍이 1990년대 중반 이래 구소련 지역의 국가들은 글로벌 시장에의 통합과정에 참여하면서도 역내 국가들 간의 효과적인 상호작용을 뒷받침할 수 있는 질적으로 새로운 제도를 확립해야 할 필요성을 점점 더 분명하게 인식하게 되었다. 구소련/유라시아 지역의 여러 국가들이 통합과정에 들어서게 된 것은 유라시아경제연합(EAEU) 프로젝트와 관련되어 있다. 유라시아경제연합 결성은 러시아, 벨라루스, 카자흐스탄의 대외정책에서 우선순위 중 하나를 차지했다. 유라시아경제연합은 러시아, 벨라루스, 카자흐스탄의 초국가적 경제적·정치적 동맹이다. 이 구상은 카자흐스탄의 나자르바예프 대통령이 1994년에 행한 모스크바대학의 연설에서 최초로 제안되었다. 그러나 이후 이 프로젝트는 명확한 구심력을 결여한 채 실행의 장애에 직면했으나, 2011년 10월 푸틴이 이 구상을 옹호하면서 실질적인 추진력을 얻었다.

2011년 11월 18일 러시아, 벨라루스, 카자흐스탄의 정상들은 유라시아연합(Eurasian Union : EAU)[2]을 2015년에 결성하는 것을 목표로 하는 협정에 서명했

---

2   통합의 발전단계로 볼 때 유라시아연합(EAU)은 유라시아경제연합(EAEU) 결성 이후 일정한 발전과정을 거쳐 도달하는 단계로 상정할 수 있으며, 초기의 통합 시도과정에서 유라시아연합은 다소 추상적인 통합의 목표로 설정되기도 했다. 그러나 통합노력이 구체적으로 진행되면서 2013년 말경부터 유라시아경제연합(EAEU)으로 서서히 명칭을 변경하였다. 따라서 여기서는 직접적으로 인용한 경우나 통합

다. 이 프로젝트의 목표는 글로벌 지역화와 어깨를 나란히 하는 새로운 세대의 통합 틀을 만들어내는 것이었다. 이들 세 유라시아 국가들의 경쟁력을 향상시키기 위해 객관적으로 필요한 것은 신속하게 유라시아통합을 심화시키는 것으로, 이는 글로벌 금융위기를 배경으로 긴급한 과제가 되었다. 유라시아경제연합의 주창자들은 이 통합 틀이 세계의 지정학적·경제적 중심의 하나가 될 수 있기를 바란다.[3]

유라시아 지역에서 나타난 이러한 새로운 경향은 향후 이 지역에서 형성될 정치경제적 구조에 대해 중대한 의문을 제기한다. 유라시아경제연합은 왜 무슨 이유로 결성되었는가? 유라시아경제연합은 기존의 지역통합 구조와 어떠한 차이가 있는가? 향후 어떤 국가가 유라시아 통합에 참여하게 될 것인가? 더욱 어려운 문제는 이 기구의 최종 목적지와 관련된 것이다. 이를 통해 어떤 종류의 동맹이 결성될 것인가?

포스트소비에트 지역주의는 주목할 만한 새로운 연구대상이다. 경제적 측면에서 볼 때, 그것은 이른바 전 세계의 지역주의에서 '첫 번째 파도'와 '두 번째 파도'와는 구별되는 '세 번째 파도'에 속하는 것으로 평가할 수 있다. 지역주의의 '첫 번째 파도'는 대체로 폐쇄적인 역내무역제도 및 수입대체전략과 관련되어 있고, '두 번째 파도'는 때로 '개방적 지역주의'라고 언급되는데, 비차별적 무역자유화 및 대외개방과 양립하는 지역통합을 강조했다. 이러한 체계에서 '세 번째 파도'는 선별적이고 협의를 거친 개방, 그리고 전통적인 특혜무역협정의 부활로 나타난다.[4]

의 발전단계를 구분하는 경우를 제외하면, 주로 유라시아경제연합(EAEU)이란 용어를 사용한다.

[3] Н. Назарбаев, Нурсултан, "Евразийский Союз: от идеи к истории будущего", *Известия*, 25 октября 2011, http://izvestia.ru/news/504908(검색일: 2015.12.20); В. Путин, "Новый интеграционный проект для Евразии-будущее, которое рождается сегодня", *Известия*, 3 октября 2011a, http://izvestia.ru/news/502761(검색일: 2015.12.20); А. Лукашенко, "О судьбах нашей интеграции", *Известия*, 17 октября 2011, http://izvestia.ru/news/504181 (검색일: 2015.12.20).

[4] M. Molchanov, "The Eurasian Union and the reconstitution of the regional order in Central Asia",

소련 해체 이후의 지역통합을 연구하는 경우, 이 지역의 많은 경제학자들은 전통적인 발라스 구조[5]에 기초하여 경제문제에 초점을 맞추어 왔다. 이 분야에서 많은 응용연구가 이루어졌는데, 1) 관세동맹(CU)이 산업 간의 균형에 미친 효과의 측정, 2) 무역흐름에 대한 중력 모형, 3) 상호 투자, 노동 이주, 금융·통화 협력의 최적 매개변수에 대한 연구 등이 그것이다. 그러나 완전하고 종합적인 통합이론은 경제이론인 동시에 정치이론이어야 하고, 각각의 모델은 경제변수와 제도변수 모두를 통합하는 것이어야 한다.[6] 한편, 구소련의 맥락에서 기존의 지역통합이론을 구축하려는 시도는 지금까지 거의 없었다고 해도 과언이 아니다. 기존에 이루어진 지역통합 이론가들의 연구결과는 이 지역의 통합을 해석하는 데 제대로 이용되지 않았다.[7]

이 논문은 신지역주의와 글로벌 지역화의 맥락에서 유라시아의 지역주의와 지역통합을 고찰하는 것을 목적으로 하며, 2015년 1월에 출범한 유라시아경제연합(EAEU)에 이르게 된 유라시아 지역주의의 내용과 특성, 그리고 유라시아 지역통합의 목표와 방향에 대해 분석할 것이다. 먼저 2장에서는 글로벌화 시대의 신지역주의의 맥락에서 포스트소비에트 공간의 지역주의를 검토하여 그 고유한 특질을 밝힌다. 3장에서는 유라시아주의, 유라시아 지역주의 및 지역화에 대한 이해를 바탕으로 유라시아 지역통합의 진행과정을 서구지향 지역주의와의 관련성을 통해 설명하고 그 발전과정을 논의한다. 4장에서는 앞에서

A Paper Prepared for presentation at the FLASCO-ISA Joint Conference, Buenos Aires, Argentina, July 23-23, 2014, p.2.

[5] 발라스(1962)는 통합의 수준에 따라 경제통합을 자유무역지역, 관세동맹, 공동시장, 경제 및 통화동맹, 완전한 경제통합의 5단계로 구분하였다. B. Balassa, *The Theory of Economic Integration*, New York : Routledge, 1962, p.2 참조.

[6] 비노쿠로프는 완전한 지역통합이론은 다음 조건을 충족해야 한다고 주장한다. 1) 국제관계이론의 한 부분이어야 한다. 2) 또한 해체의 과정을 설명할 수 있는 해체이론이어야 한다. 3) 통합에 실패한 시도와 성공한 시도 모두를 설명해야 한다. 4) 통합의 출발단계뿐만 아니라 심화과정과 확대과정에 대한 명확한 통찰을 제공해야 한다. E. Vinokurov, "Accelerating Regional Integration : Directions for Research", *EDB Eurasian Integration Yearbook 2010*, 2010, p.24.

[7] Ibid., pp.20~27.

의 논의를 기초로 유라시아 통합과정에서의 유라시아경제연합(EAEU)의 기능과 역할에 대한 검토를 통해 유라시아 지역통합의 실체를 검토한다. 마지막으로 결론에서는 본론에서의 분석을 바탕으로 유라시아 지역통합의 성격 및 방향에 대해 몇 가지 결론을 제시할 것이다.

2. 신지역주의와 포스트소비에트 공간의 지역주의

1) 글로벌화 시대의 신지역주의

1950년대 이후 무역블록은 지역주의 논의의 기본적 이슈였다. 신고전학파 경제학에 따르면, 지역 무역협정은 종종 차선(second best)으로 간주되며, 그 협정이 폐쇄적인 다자무역체제에 기여하는지 혹은 개방적인 다자무역체제에 기여하는지 여부에 따라 선악이 판단되었다. 이는 이른바 '장애(stumbling block)' 대 '디딤돌(stepping stone)'의 이분법으로 구체화되었다. 1950년대와 1960년대의 지역주의시기에 존재했던 많은 지역 무역협정은 내향적이고 보호주의적이었다. 그리고 오늘날 경제학자로부터 종종 실패한 것으로 간주되고 있다. 그러나 당시 ECLA(유엔라틴아메리카경제위원회)와 결합된 개발사고의 흐름과 UNCTAD(유엔개발무역회의)의 전략에서 그러한 지역 무역협정은 산업생산을 높이는 수단으로 널리 간주되었다. 이 과정의 정점에서 신국제경제질서(NIEO)의 수립이 요구되었다. 지역주의는 불평등한 세계 질서에 대응하는 글로벌 동원의 한 형태로 발전했으나, 그 과정에서 그 힘을 상당 정도 상실했다.

1980년대 중반 지역주의가 부활했을 때, '새로운 보호주의' 대 '개방적 지역주의'의 기치 하에서 '장애' 대 '디딤돌'의 이분법이 다시 등장했다. 기본적으로는 지역주의에 대한 갑작스런 관심이 새로운 보호주의를 선도하는 것을 우려한 신자유주의 경제학자들은 당초 지역주의의 새로운 파도를 '새로운 보호주의'라고 해석했다. 이와 같이 신자유주의자들에게 지역주의는 그것이 보호주의 또는 신중상주의의 부활을 의미했다는 의미에서 새로웠다. 한편, 자유주의 경제학자나 사회학자들은 최근의 지역주의가 '개방적 지역주의'이며, 통합 프로젝트는 시장 주도로 외부로 향한 것이어야 하고, 높은 수준의 보호는 피해야 하고, 세계적인 정치경제의 글로벌화와 국제화 과정의 일부여야 한다고 강조했다. 이러한 개방적 지역주의로의 최근의 경향을 지지하는 다수의 경제학자와 자유주의 지향의 국제정치경제학(IPE) 학자가 있다.[8]

미텔만Mittelman이 지적하듯이, 1980년대와 1990년대의 지역주의는 주변부 지역과 그 개발·통합 모델에 관해 초기의 자기중심적인 지역주의와 실질적으로 다르다는 사실에 주목할 필요가 있다. 이는 글로벌 탈 연결과 집단적 자립을 요구했다.[9]

최근의 경향은 지역주의의 '제2의 파도' 또는 '신지역주의'를 주로 다루고 있다. 그것은 헤트네에 따르면, 몇 가지 면에서 첫 번째 파도와 다르다. 즉 "'구' 지역주의와 '신' 지역주의의 두드러진 차이는…최근의 지역화 과정은 더욱 '아래로부터', 그리고 이전보다 '내부로부터' 발생하고 있고 경제적 강제력뿐만 아니라 생태학적이고 안보의 강제력이 새로운 형태의 지역적 틀에서의 협력을 추진하도록 국가와 공동체를 압박하고 있다는 것이다. 지역적 프로젝트의 배후에 있는 행위자는 더 이상 국가만이 아니라 다른 많은 형태의 제도, 조직, 운동이다. 또한 오늘날의 지역주의는 내향적이라기보다 외향적이다. 이는 오늘날 글로벌 경제의 강한 상호 의존성을 반영하고 있다."[10]

---

[8] B. Hettne and F. Soderbaum, "The future of regionalism : Old divides, new frontiers", in Cooper, H. Andrew and and P. De Lombaerde (eds.), *Regionalisation and Global Governance : The taming of Globalisation*, Abingdon : Routlege, 2008, p.71.

[9] J. Mittelman, "Rethinking the 'New Regionalism' in the Context of Globalization", in Hettne, Bjorn, Andras, Inoai, and Sunkel, Osvald (eds.), *Globalism and the New Regionalism*, London : Macmillan, 1999, p.27.

[10] B. Hettne, "The New Regionalism : A Prologue", in Hettne, Bjorn, Andras, Inoai, and Sunkel, Osvald (eds.), *Globalism and the New Regionalism*, London : Macmillan, 1999, p.xviii.

이와 같이 신지역주의는 내향적이라기보다 외향적이며, 글로벌화와 지역화가 서로 관계하는 방법에 대한 인식과 의견은 다양하다. 1990년대 초기와 중기의 많은 논의는 '구 지역주의'의 문제를 의제에 올려놓는 경향이 있었다. 즉 지역주의는 글로벌화에 장애로 작용했는가, 아니면 발판이었는가? 다국간주의(다자주의)를 향상시켰는가? 그러나 다소 최근의 많은 연구는 이러한 직선적, 일원적 모순을 뛰어넘어 진행되었고, 글로벌화와 지역화의 다각적인 관계와 중층적 관계에 관심을 갖고 있다. 이는 새로 등장하고 있는 세계 질서의 윤곽을 이해하는 데 중요하다.[11]

신지역주의의 가장 중요한 특징은 "광범위한 대외적 제휴를 가지면서 세계적인 규모로 확산되고 있다"[12]는 점이다. 더욱이 1960년대의 구 지역주의와 비교하면, 오늘날의 지역주의는 많든 적든 세계적으로 나타나고 있을 뿐만 아니라 세계의 다양한 부분에서 다른 형태를 취하고 있는 경우가 많다. 구 지역주의가 일반적으로 목적과 내용에 있어 특수할 뿐만 아니라 특혜무역결정과 안보동맹이라는 협애한 관점을 보였지만, 신지역주의의 수와 범위 및 다양성은 과거 10년간 상당히 확대되었다.[13] 결국 신지역주의는 유럽 중심주의적이고 협애한 구 지역주의에 비해 글로벌적인 동시에 다원적인 성격을 갖고 있다고 할 수 있다.

또한 많은 신지역주의 이론은 지역주의 사이의 밀접한 관계와 더불어 지역을 초월한 환경, 특히 글로벌화에 초점을 맞추고 있다는 점에서도 새로운 것으로 보인다. 이는 많은 점에서 구 지역주의, 특히 신기능주의의 주요 변수와

---

[11] F. Soderbaum, "Introduction : Theories of New Regionalism", in Soderbaum, Fredrik and Shaw, Timothy M. (eds.), *Theories of New Regionalism*, New York : Palgrave, 2003, p.5.

[12] J. Mittelman, *The Globalization Syndrome : Transformation and Resistance*, Princeton : Princeton University Press, 2000, p.113.

[13] B. Hettne, op. cit., 1999, Chapter 2; M. Schulz, F. Soderbaum and J. Ojendal, "Introduction : A Framework for Understanding Regionalization", in M. Schulz, F. Soderbaum and J. Ojendal (eds.), *Regionalization in a Globalizing World : a comparative perspective on forms, actors, and processes* London : Zed Books, 2001을 참조.

단절을 이루고 있다. 신기능주의는 마치 지역이 외부세계로부터 단절되어 있었던 듯이 다룸으로써 종종 글로벌 환경을 무시하는 경향이 있었다. 이러한 점에서 구 지역주의가 기반을 둔 종래의 양극적인 냉전의 맥락과 냉전 이후 최근의 맥락 간의 기본적 차이가 강조된다.[14]

이와 같이 현대의 지역주의는 국가뿐만 아니라 비 국가 행위자, 특히 시민사회와 민간기업 간의 일련의 공식/비공식적인 중간 수준의 '3자' 관계를 포함한 새로운 국제관계 또는 트랜스내셔널 관계의 핵심 영역이 되고 있다.[15] 동시에 '신지역주의'는 글로벌리즘 그 자체보다, 안보, 개발, 생태학적인 지속 가능성과 같은 '세계적 여러 가치'를 촉진시키는 것을 목적으로 하고 있다.[16]

2) 포스트소비에트 공간에서의 지역주의와 지역통합

소연방 붕괴 이래 포스트소비에트 국가들은 지역적 자유무역블록을 결성하려는 다양한 시도를 해 왔다. 마침내 2015년 1월 1일을 기해 유라시아경제연합(EAEU)을 공식 출범시켰는데, 나자르바예프 카자흐스탄 대통령이 1994년 처음으로 구상을 제기한 이래 거의 20년 이상이 지난 후의 일이었다. 출범의 시점에 이 기구에는 러시아, 카자흐스탄, 벨라루스, 아르메니아가 가입했으며 키르기스스탄은 2005년 5월 21일 가입 협정서에 최종 서명하고 8월 12일 유라시아집행위원회의 승인을 거쳐 정식 회원국이 되었다. 이 경제동맹은 WTO 룰에 기초하고 EU를 모델로 하는 새로운 경제통합 프로젝트로 2010년의 관세동맹의 결성과 함께 단계적으로 진행되어 왔다. 2014년 12월 23일 크렘린에서 열린 정상회의에서 푸틴 러시아 대통령은 새로운 기구의 출범을 예고하면

---

[14] F. Soderbaum, op. cit., 2003, p.4.
[15] Ibid을 참조.
[16] B. Hettne, op. cit., 1999, p.xvi.

서 2025년까지 에너지 및 금융시장을 통합한 광범위한 경제공간을 건설할 것을 확약한 바 있다.[17]

글로벌화는 포스트소비에트 공간의 모든 국가에 심대한 영향을 끼쳤다. 세계경제가 글로벌 수준에서 통합되어 있는 상황 하에서 중앙집권적 계획경제는 경제 현대화와 지속적인 경제발전에 필요한 조건을 충족시킬 수 없다는 데서 전 세계 국가사회주의 모델의 붕괴를 초래한 원인을 찾아야 한다는 인식은 널리 유포되어 있다. 이러한 사고의 맥락에서 보면, 소비에트 계획경제는 정보기술의 급속한 발달과 생산요소의 국제적 이동이 이루어진 시대에 적응할 수 없었으며, 따라서 노동생산성이나 최종상품의 품질 면에서 서방과 경쟁할 수 없었고, 결국 그 스스로의 모순을 이기지 못하고 붕괴했다는 것이다.[18]

포스트소비에트 유라시아에서의 지역통합은 세계 다른 곳의 유사한 발전과 나란히 전개되고 있다. 이러한 전 세계적인 규모의 신지역주의는 경제적 도전, 안보 딜레마, 글로벌 시대의 불확실성과 위험에 대한 즉자적인 대응일 뿐만 아니라 '글로벌화'를 향한 새로운 방식이다. 국제정치경제학에서 신지역주의(NR) 접근의 신봉자들은 경제적 측면을 넘어 정치적, 안보적 측면을 포괄하는 사회적 삶의 복합적인 과정을 연구 대상으로 삼는다. 대외정책 측면에서 신지역주의 전략은 "지역 건설, 지역 응집력, 그리고 지역 정체성 확립이라는 전략적인 목표"에 집중한다.[19] 유라시아 지역주의는 서방 중심의 글로벌화에 대항수단을 제시하고 있는가? 아니면 그것을 보완하려 하는가? 유라시아 국가들은 글로벌화의 도전에 성공적으로 적응하기 위해 어디에 속하여야 하고 어떻게 행동해야 할 것인가? 이들 의문은 시행착오의 과정을 거쳐 유라시아 지

---

[17] 그러나 우크라이나 사태에 따른 서방의 러시아에 대한 경제제재와 국제 석유가격의 하락에 따른 러시아 경제의 침체 등으로 인해 유라시아경제연합의 발전은 일정한 지체를 보이고 있다.
[18] M. Molchanov, "Regionalism and Globalizaiton in the Post-Soviet Space", *Studies in Post-Communism*, Occasional Paper No.9, 2005, p.5.
[19] Ibid., p.2.

역통합의 구체적 실체로 등장한 유라시아경제연합(EAEU)이 그 발전과정에서 해결해야 할 과제로 남아 있다.

유라시아 지역통합을 둘러싸고 러시아가 직면한 현재의 딜레마에 대한 한 가지 가능한 대답은 한때 동일한 단일경제공간에 속했던 여타 구소연방 공화국들과의 지역적 유대를 회복하려고 노력한다는 데 있다. 규모의 경제 효과와는 별개로, 현재 국경을 넘어 운영되고 있는 자유무역지역이나 관세동맹은 '생산연관의 복원'과 같은 이슈를 해결할 수 있다는 것이다. 그것은 비생산적인 관세의 철폐와 이중과세의 방지, R&D 노력의 통합과 비교우위에 입각한 최선의 협력구축 등을 가능하게 한다.

글로벌화와 지역주의 간의 변증법적 상호작용의 문제는 세계적인 학술적 관심을 이끌어내고 있지만, 탈공산주의 이행과 관련된 학문적 논쟁의 중심에 있지는 않았다. 중동부유럽 경제의 지역화는 EU의 동방확대정책에 관한 연구범위의 확대과정을 통해 EU의 확대라는 맥락에서 다루어졌으며, 그것은 대체로 글로벌 경제추세에 보완적인 것으로 인식되었다. 이와 동시에 구소련 국가의 지역통합은 대개 편협한 경향으로 묘사되었는데, 즉 글로벌한 개방성과 세계시장에의 통합에서 벗어나 소비에트 시기의 고립이나 준고립을 향한 퇴행적인 움직임이며 결국 러시아 스스로 자주 언급하는 '제국주의'의 발현이라는 것이다. 이와는 달리 러시아에서 벗어나는 대안적인 동맹을 결성하려는 어떠한 시도도 바람직한 방향의 움직임으로 평가되었다.[20]

유라시아에서의 지역화 시도는 유럽통합 담론이 이식한 지역주의 개념에 대한 논의와 제도적 확산에 의해 알려진 측면이 강하다. 이와 동시에 지역통합과 관련하여 전파된 인식은 2008~2009년의 금융위기와 유로존의 오랜 경기침체 이후 신자유주의적 글로벌화 모델의 붕괴에 의해 영향을 받을 수밖에 없었다. 이들 사건은 역내와 역외에서 신자유주의의 대안 모색을 추구해 온 러

---

[20] Ibid., p.7.

시아에 새로운 힘을 실어주었다. 이에 따라 유라시아경제연합은 대안적인 지역화의 가장 두드러진 표본으로 제시되었다.[21]

3. 유라시아주의와 유라시아의 지역화

1) 유라시아주의

유라시아주의는 여러 수준에서 파악할 수 있는데, 즉 문명에 관한 철학으로 이해할 수도 있고 경제연합 차원의 경제적인 정책 수준에서 이해할 수도 있다. 소련이 글로벌 무대에서 존재감을 상실한 이후 '유라시아'라는 명칭으로 이 공간의 유럽 부분과 아시아 부분을 연결하는 새로운 유형의 틀을 짜기 위한 모색이 끊임없이 시도되었다. 이러한 맥락에서 유라시아의 통합프로젝트를 추진하는 데 대한 관심은 새로운 활력을 얻었다. 그것은 부지불식간에 1920년대 러시아의 일군의 역사가(예를 들면, 트루베츠코이 Н. Трубецкой, 사비츠키 П. Савицкий, 카르사빈 Л. Карсавин, 베르나츠키 Г. Вернаций)의 이론적 연구를 되살아나게 한다. 고전적 유라시아주의의 대표자들은 러시아를 유럽과 아시아의 종합체로서 '유라시아'로 간주했지만, 동시에 그들은 러시아를 유럽보다 아시아에 문화적으로 더욱 가까운 것으로 간주했다. 유라시아주의에 따르면, 유럽-아시아를 종합한 결과는 이른바 특수한 문화적 유형으로서의 제3세계이다. 따라서 '러시아적 세계'의 사람들은 유럽에도 아시아에도 속하지 않는다는 것이다.

1970년대와 1980년대 소련의 사회경제적·정치적 위기는 유라시아 구상을 현재화시키는 동기가 되었다.[22] 그 시기에 레프 구밀료프 Л. Гумилёв, 두긴 А.

---

[21] Ibid., p.2.
[22] 고전적 유라시아주의와 신유라시아주의에 대한 내용과 특징에 대해서는, 김성진, 「러시아의 우크라이

Дугин 등과 같은 저명한 학자가 등장하여 유라시아 개념을 발전시켰다. 고전적 유라시아주의와는 대조적으로 현재의 과정에 대한 그들은 견해는 중대한 변화를 겪었으며 매우 많은 자유주의 원칙을 흡수했다. 그 후 페레스트로이카 시기 동안 사하로프A. Сахаров는 소련을 유라시아합중국으로 전환할 것을 제안했는데, 이는 아메리카합중국에 기초한 모델이었다. 그는 이러한 전환을 위한 사회구성체는 "유럽·아시아 소비에트공화국동맹"이라는 새로운 헌정체제를 가져야 한다고 주장했다.[23] 두 세대의 유라시아 인을 잇는 공통의 규범이 된 것은 유라시아 공간의 통합과 보전으로서, 여기에는 모든 외부세계의 발전 양식을 부정한 구상도 있고 전적으로나 부분적으로 채용한 구상도 있다.

유라시아 구상은 당대의 러시아, 카자흐스탄 및 벨라루스 지도자들에 의해 근본적으로 새로운 내용을 담게 되었는데, 그들은 신유라시아주의(neo-Eurasianism)의 비전을 명시적으로 표현했으며 새로운 글로벌 사고의 관점에서 유라시아경제연합을 위한 논거를 개념적으로 정립했다.[24]

푸틴의 유라시아경제연합 프로젝트를 위한 이론적 기초는 다극적인 세계질서의 개념과 관련되어 있는데, 이는 러시아 대외정책의 공식적인 교리가 되었다. 여기서 유라시아경제연합은 유럽과 아태지역 사이에 위치한 하나의 글로벌 극이자 효과적인 연결부로 상정된다. 사실상 목표는 유라시아경제연합을 글로벌 통합과정에서 주요 행위자의 하나로 전환시켜 점차 그것을 글로벌 지역으로 형성시키는 것이다. 다음의 원칙에 따라 추동되는 개념적인 프로젝트에 관해 얘기할 수 있다. 즉, 1) '글로벌성(globality)', 즉 유라시아 대륙에 걸쳐

나정책과 유라시아주의」, 『중소연구』 제39권 4호(2016), 249~258쪽을 참조. 김성진은 신유라시아주의를 "문화적 신유라시아주의"와 "지정학적 신유라시아주의", 그리고 "비러시아 유라시아주의"로 구분하고 있다.

[23] А. Сахаров, "Проект Конституции Союза Советских Республик Европы и Азии", http://www.yabloko.ru/Themes/History/sakharov_const.html (검색일 : 2016.02.21).

[24] M. Lagutina, "Eurasian Economic Union Foundation : Issues of Global Regionalization", *Eurasia Border Review* Vol.5, No.1, 2014, p.102.

있는 문명 간의 대화를 위한 기초로서의 다양성 속의 통일, 2) 거대 네오유라시아 공간의 현대화를 위한 도구로 유라시아경제연합 인접국과의 적극적인 협력('유라시아근린정책(Eurasian neighborhood)'), 3) 네오유라시아 통합 참가국 간 다채널 상호작용의 수단으로 다양한 속도와 다양한 수준의 통합(개방적 지역주의)이 그것이다.25

나자르바예프의 유라시아주의에 대한 개념은 글로벌 지역화의 맥락에서 성공적인 유라시아 통합을 위한 객관적 조건이 21세기에 들어 형성되었다는 사실에 기초하고 있다.26 이 이론에 따르면 유라시아경제연합(EAEU)은 글로벌 발전추세의 맥락에서 글로벌 파워의 성공적인 중심으로 위치가 설정되어 있는데, 이러한 발전경향은 지역동맹의 형태로 정치적 자기조직화를 의미하며 세계 곳곳에서 형성되고 있다. 일관된 국내 제도와 잘 고려된 대외정책에 근거하여 유라시아경제연합은 새로운 세계구조의 유기적 일부가 될 수 있는 기회를 모색하고 있는데, 이는 또한 글로벌 경제의 도전에 대응하기 위한 의도로 구상되었다. 바로 이 때문에 새로운 유라시아경제연합은 새로운 '관료주의적 장치'가 아니라 고유의 유효한 메커니즘을 가진 경쟁적인 글로벌 동맹으로 창설되어야 한다는 것이다.

벨라루스의 루카셴코 대통령은 유라시아경제연합 프로젝트를 EU와 아시아 경제 사이의 연결고리(связующим звено)로 생각한다고 밝혔다.27 오늘날 러시아와 유라시아통합 참가국들은 사실상 두 개의 강력한 중심 사이에 끼어 있는데, 한편으로 자원에 대한 수요가 매년 급증하고 있는 새로운 경제적·군사정치적 거대국가 중국, 다른 한편으로 경제위기에도 불구하고 역시 주요 세력인 유럽이 그것이다. 통합된 중심을 창설하지 않은 채 '약한 유라시아 중심(즉, 벨

---

25 Путин, op. cit., 2011a.
26 Назарбаев op. cit., 2011.
27 А. Лукашенко, "Евразийский союз создается для интеграции ЕС и азиатских экономик", *Взгляд*, 2 июля 2012, http://vz.ru/news/2012/7/2/586530.html (검색일: 2015.12.20).

라루스, 카자흐스탄, 러시아)'을 가진 단일의 유럽-아시아태평양 협력모델은 성공할 수 없는 것은 명약관화하다. 이들 3개국의 통합 잠재력을 고려하면 글로벌 세계에서 존립할 수 있는 동맹을 확립할 수 있는 기회가 존재한다. 그러나 가치 있는 세력 중심이 되기 위해서는 이 중핵은 포스트소비에트 공간의 국가들뿐만 아니라 유럽과 아시아에서 동맹과 파트너를 끌어들여야 한다.

그러므로 유라시아경제연합 '창설자들'의 견해에 따르면, 1) 글로벌 지역화의 개념, 2) 다극적인 세계질서, 3) 심장지대(Heartland)라는 지정학적인 개념은 현대의 네오유라시아 통합에 이론적 기반을 제공한다.

앞서 지적한 바와 같이, 1990년대 유라시아경제연합 창설 구상의 기원은 포스트소비에트 공간의 통합과정에 대한 전반적인 불만을 전제조건으로 했다. 포스트소비에트 공간에서 국제지역구조의 창설 구상은 소련 붕괴 직후에 가장 먼저 제기되었는데, 당시 수많은 지역기구와 협력그룹이 출현했다. 즉, 독립국가연합(CIS), 유라시아경제공동체(EurAsEC), 집단안보조약기구(CSTO), GUAM 등이 그것이었다. 그럼에도 불구하고 견고한 구조를 달성하기 위한 모든 시도는 성공적이지 못했는데, "이들 구조 내부의 통합의 속도와 수준은 대단히 다양했고, 어떤 통합의 틀도 유럽연합(EU)이 도달한 초국가적 거버넌스와 정부간 거버넌스라는 두 가지 양식에 의해 운영되는 통합의 수준에 이르지 못했다."[28] 또한 20세기의 마지막 10년과 21세기 초는 원심력 경향에 의해 특징지어졌는데, 이는 지역의 분열을 조장하여 구소련 공화국의 정치·경제적 상황에 불리하게 작용했다.[29]

---

[28] S. Blockmans, H. Kostanyan and I. Vorobiov, "Towards a Eurasian Economic Union: The Challenge of Integration and Unity", *CEPS Special Report* 75, 2012를 참조.

[29] 라구티나(Lagutina)는 구소련의 모든 통합 프로젝트를 무력화시킨 분열의 요인을 다음과 같이 지적한다. 1) 명확한 통합 목표의 부재, 2) 경제성장의 수준과 속도 면에서 통합 참가국 간의 현격한 차이, 3) 구소련 통합을 위한 실용주의적, 이론적 토대의 결여, 4) 구 소비에트 공화국의 정치엘리트들이 드러낸 국익에 대한 취약한 인식, 5) 다양한 통합단위 간에 통합의 수준과 방향을 둘러싼 불일치, 6) 국가기구, 비즈니스계, 시민사회 등의 낮은 수준의 통합 조직이 그것이다. M. Lagutina, op. cit., 2014, p.103을 참조

현대의 유라시아주의는 문화적·문명적 요소의 중요성을 부정하지 않으면서도 무엇보다 우선 경제적 실용주의에 기초하여 통합을 이루어낼 것을 제창한다. 통합의 잠재력을 모든 참가국의 이익을 위해 이용해야 할 뿐만 아니라 통합의 이익을 모든 참가국에게 배분하는 것이 필수적인 조건이 된다. 이러한 조건과 제약 하에서 오늘날의 유라시아주의는 변화의 과정을 겪으면서 새로운 모델을 모색하고 있다. 즉, "오늘날 우리는 회원국의 지도자들에 의해 그 해석이 대단히 변형된 유라시아 구상을 다루고 있는데, 자유민주주의 구상을 담으면서 구소련 사회의 특질은 고려하지 않고 있다. 그럼에도 불구하고 진정한 유라시아의 글로벌 지역화 모델을 위한 탐구는 진행 중에 있다."[30]

2) 유라시아의 지역주의와 지역화

소련의 해체는 세계 정치체제를 처음으로 미국 중심의 일극체제로 변화시켰다. 그 후에는 지역 블록화의 증가와 좀 더 다극체제로 변화하는 상황이 전개되었다. 국경 없는 무역과 정치의 탈 영역화가 '글로벌화'의 역동적인 특징으로 받아들여지는 한편, 지역적인 협력형태가 국제적인 정치·경제 조직의 주요 구성요소가 되었다.[31] 2016년 2월 1일 현재, 총 267개의 지역 무역협정이 시행되고 있고, 이들 협정은 세계 전체 무역량의 절반 이상을 망라한다.[32]

서구 정치학계에서 발전한 신지역주의 접근은 지역(regions)을 국민국가를 계승하는 것으로 간주한다. 유럽연합(EU)의 선례가 대표적인 모델로 거론된다. 지역이 성공적으로 자리 잡기 위해서는 경제적 기반(이 측면에서 EU는 강한

---

[30] Ibid., p.104.
[31] P. Katzenstein, *A World of Regions : Asia and Europe in the American Imperium*, Ithaca : NY : Cornell University Press, 2005.
[32] WTO Regional trade agreements database, http://rtais.wto.org/UI/PublicMaintainRTAHome.aspx (검색일 : 2016.01.23)을 참조.

기반을 가졌다)을 갖추어야 할 뿐만 아니라 문화적 정체성의 틀(EU에서 이것은 걸림돌이 되었다)과 정치적·사회적 연계(EU에서는 여기에 문제가 있었던 것으로 드러났다)를 필요로 한다. 유라시아경제연합 구상은 이 문화적·정치적·사회적 요소를 결합하게 될 것이고 이러한 지역화의 틀에 아주 적합하게 될 것이다.[33]

예를 들어, 경제적 관점에서 보면 큰 규모의 국내적인 내부시장이 있다. 또한 러시아는 상당한 외환보유고를 갖고 있으며, 모든 국가는 낮은 초국적 지수(transnationality index)를 가지고 있다.[34] 다른 한편, 유라시아경제연합은 그 발전과정에서 취약한 경제적 기반과 경제력 격차의 문제를 극복해야 하는 과제를 안고 있다. 정치적인 면에서 모든 국가들은 제정러시아와 소련에서 계승된 공통의 유산을 공유하고 있으며 강한 국가 지도자가 공공의 후생을 제공할 것으로 상정하고 있다. 신자유주의 정책은 번영을 담보하는 데 실패했으며, 이는 신자유주의적인 경제적 사고와 개인주의를 신봉하는 대다수 엘리트들의 일체감을 약화시켰다. 이데올로기적인 면에서는, 공통의 언어와 역사를 가진 러시아 문명과 연결된 강한 국민적 정체성이 존재한다. 문화적인 면에서는, 비록 (이슬람과 같은) 다른 종교와 공존해 왔지만 러시아정교正敎는 이들 국가의 슬라브 민족에게 공통의 종교적인 역사를 형성한다. 또한 공통의 '타자(Other) ― 패권국인 미국과 그 서구 동맹― 에 대한 인식이 존재한다.

구소련에서 지역주의 프로젝트의 발전은 소련의 붕괴와 거의 동시에 시작되었다. 이에 따라 구소련 지역의 통합은 처음부터 뚜렷이 구별되는 두 가지 접근의 조합으로 나타났다. 한편으로, '문명화된 결별'의 논리는 신생독립국 간에 필연적으로 발생하는 충돌을 완화하고 기존의 경제적 연관을 해체하는 데 따른 비용을 줄이기 위해 지역 내의 제도를 활용할 것을 주문했다. 다른

---

[33] D. Lane, "Eurasian Integration : A Viable new Regionalism?", *Russian Analytical Digest* No.146, 2014, p.5.
[34] 외국기업에 의한 부가가치 창출이 적다는 것을 의미한다.

한편, 구소련에서 등장한 각종 지역 프로젝트는 종종 '새로운' 형태의 지역통합을 옹호하는 방법으로 인식되었는데, 대개 유럽연합(EU)의 사례에 기초하여 모델화되었다. 지난 20여 년 동안 이 지역에서 지역통합 협정을 구축하기 위한 여러 차례의 시도가 있었는데, 대체로 목표와 범위 면에서는 매우 유사했지만 가입국 구성의 면에서는 상이했다. 앞서 통합을 위한 '중핵국가'와 '다양한 속도'로 통합하려는 필요성으로 인해 많은 협정이 확산되었지만, 지금껏 '중핵국가'를 찾아내는 데는 성공하지 못했다.[35]

〈그림 1〉은 포스트소비에트 국가들의 지역기구 가입을 둘러싼 전개과정을 보여준다. 이 그림은 포스트소비에트 공간에 두 가지의 지역주의 프로젝트가 존재한다는 사실과 유라시아 지역통합의 형식이 다양한 속도(multi-speed)로 진행되어 왔다는 사실을 보여준다. 러시아, 벨라루스, 카자흐스탄은 유라시아 지역주의의 틀 내에서 통합 수준이 가장 높은 핵심 3개국 혹은 첫 번째 층을 형성한다. 그 다음 층위는 유라시아 5개국으로, 핵심 3개국에 키르기스스탄과 타지키스탄을 합한 것이다.[36] 이들 5개국은 경제적 차원에서는 유라시아경제공동체(EurAsEC)의 회원국이었고 안보적 차원에서는 집단안보조약기구(CSTO)의 회원국이다. 아르메니아, 몰도바 및 우크라이나 또한 유라시아 5개국과 함께 유라시아 지역주의에 참여하고 있지만, 이들 국가는 EurAsEC에서는 옵서버 지위를 갖고 있을 뿐이고 2011년에 체결된 CIS 자유무역협정(CIS FTA)의 회원국이다. CSTO의 회원국이기도 한 아르메니아는 유라시아 지역주의 쪽에 더욱 경사되어 결국 유라시아경제연합(EAEU)에 가입했지만, 몰도바와 우크라이나는 한편으로 유라시아 지역주의에 참여하는 경향을 보이면서도, 다른 한

---

[35] A. Libman and E. Vinokurov, "Regional Integration and Economic Convergence in the Post-Soviet Space : Experience of the Decade of Growth", *Journal of Common Market Studies* Vol.50. No.1, 2012, p.113.

[36] 무역, 투자, 자본이동, 이주노동 등 경제적 요인을 중심으로 유라시아 국가 간의 구심력과 원심력을 분석하고 있는 연구는 다음을 참조. 이상준, 「유라시아 경제연합의 원심력과 구심력 : 에너지, 교역 및 투자를 중심으로」, 『러시아연구』 24권 2호(2014), 247~269쪽.

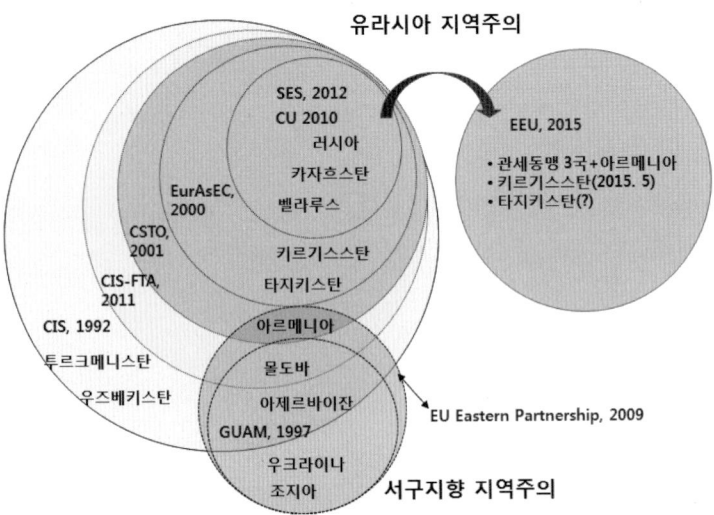

〈그림 1〉 구소련 국가의 지역주의와 지역기구 가입 상황(원심력 對 구심력, 확대와 심화)
출처 : Moldashev and Gulam Hassan, "The Eurasian union : actor in the making?", *Journal of International Relations and Development*, doi : 10.1057/jird. 2015.6, p.8을 참조하여 수정.

편으로는 서구지향 지역주의 프로젝트에 적극 참여하고 있고 구암GUAM과 유럽 동방파트너십(European Eastern Partnership)의 참가국이다.[37] 크림반도를 둘러싼 러시아와 우크라이나의 분쟁에 뒤이어 우크라이나 외무장관은 CIS에 불만을 드러냈지만 CIS FTA를 탈퇴하지는 않았다.

2010년의 3개국 관세동맹과 2012년의 3개국 단일경제공간, 공통역외관세의 채택, 관세동맹 3개국 간의 관세국경 제거, 아르메니아와 키르기스스탄의 참여 등은 최근 포스트소비에트 국가들 간의 지역화에서 나타난 두드러진 발전에 속한다. 전 세계적인 지역화의 동향에서는 자유무역협정 형태의 경제협력이 일반적이지만, EU와 MERCOSUR, 3개국 관세동맹 등의 일부 지역조직체만이 공통역외관세를 채택하는 데 성공했다. 그 다음 단계는 2015년 1월의 러시

---

[37] 우크라이나 및 벨라루스의 유라시아 지역통합 및 유라시아경제연합에 대한 전략적 선택과 딜레마에 대해서는 다음을 참조. 우준모・김종헌, 「유라시아 지역 통합체 건설에 있어서 우크라이나, 벨라루스의 전략적 선택과 한계」, 『국제지역연구』 제18권 5호.(2015.1), 59~78쪽.

아, 벨라루스, 카자흐스탄, 아르메니아 간의 유라시아경제연합(EAEU)의 창설이었다. 이 설립조약은 2014년 5월 29일에 체결되어 기존의 관세동맹(CU)과 단일경제공간(SES)이 이 조약에 통합되었으며, 현재까지 키르기스스탄이 이 기구에 추가로 가입하였다.

4. 유라시아 통합 과정에서의 유라시아경제연합(EAEU)

지금까지 구소련에서 진행된 통합 시도 가운데 유라시아경제연합(EAEU)은 가장 앞서 나간 지경학적·지정학적 프로젝트이며, 오늘날의 유라시아 상황에서 현재의 사회·경제적, 과학·기술적, 문화·교육적 잠재력을 공고화하고 더욱 발전시키는 것을 목표로 한다.[38] "러시아, 벨라루스, 카자흐스탄 간의……유라시아경제연합(EAEU)의 창설은……1991년 이후 포스트소비에트 공간에서 착수한 가장 야심적인 지역통합 프로젝트를 대표한다."[39]

현재 유라시아경제연합의 제도화가 진행되고 있다. 2015년 1월을 기해 이미 새로운 단계의 통합이 시작되었다. 유라시아경제연합의 결성을 향한 첫 단계는 관세동맹(CU)이 설립된 2010년이었다. 이 단계에서 공동관세구역과 공동관세법이 확립되었다. 관세동맹위원회에 관한 조약(2007년)은 벨라루스, 카자흐스탄, 러시아 출신의 부총리급 각 1명으로 구성된 초국가적 기구를 설치했다.

유라시아 통합과정의 두 번째 단계는 2012년 1월의 공동경제구역(CES)의 창

---

[38] 강봉구(2014)는 EAEU의 출범을 EU와의 정체성 대립이란 관점에서 접근한다. 즉 EU와 EAEU 사이의 정체성 대립 전선의 형성과 러시아의 비(반)서방적 정체성의 강화라는 측면에서 EAEU의 출범을 분석한다. 강봉구, 「유라시아경제연합(EEU)과 EU : 정체성 대립의 새로운 전선」, 『슬라브 연구』 제30권 4호(2014), 1-28쪽을 참조.

[39] S. Blockmans, H. Kostanyan and I. Vorobiov, op. cit., 2012.

설이었다. 그 목표는 재화, 서비스, 자본 및 노동을 위한 공동시장의 효과적인 기능을 제공하는 것이다. 또한 공동경제구역은 회원국의 의회, 비즈니스계 및 시민 간의 협력을 제공하는데, 여기에는 문화와 같은 영역과 지역간·월경 협력의 유효한 패턴의 형성, 그리고 대외정책 분야의 협력의 발전 등이 포함된다.

유라시아 통합을 향한 그 다음 단계는 2015년 1월에 출범한 유라시아경제연합(EAEU)이었다. 관세동맹(CU)과 공동경제구역(CES)은 유라시아경제연합(EAEU)의 기반이 되었다. 2015년에 출범한 유라시아경제연합의 역량은 만만치 않다. 러시아, 벨라루스, 카자흐스탄, 아르메니아, 키르기스스탄은 2,000만 km²를 넘는 영토(세계 총 면적의 15%)와 약 1억 8,200만 명의 인구(2015년)를 포괄한다. 이와는 별개로 이들 국가는 천연가스(221억 m³) 및 석유(1,500만 톤) 생산 측면에서 세계적인 선도국가이다. 바로 이 때문에 현재 5개국으로 구성된 유라시아경제연합은 세계에서 지경학적 중심이 될 기회를 갖고 있는 것이다.

유라시아경제연합(EAEU)은 2013년 10월 민스크 정상회담에서 3개국 지도자에 의해 지지를 얻었다. 이 회담에서는 유라시아 통합의 관점과 현재의 과제가 논의되었다. 이 회담 참석자들은 관세동맹 회원국을 가능한 한 확대하기로 의견을 모았다.

유라시아경제연합(EAEU)이 직면하고 있는 과제에 관해 볼 때, 다수의 전문가들이 제시한 견해의 주요 내용 중 하나는 회원국 간의 경제적 격차였으며 그에 따른 러시아 헤게모니의 위험이었다. 익히 잘 알려진 대로 유라시아경제연합에서 러시아의 지분(자원, 영토, 인구, 경제, 산업-군수시스템 등)은 향후 연합체의 총 잠재력에 대해 여전히 지배적이지만, 이를 반드시 부정적인 요인으로 간주할 필요는 없다. EU, NAFTA, MERCOSUR의 경우를 보더라도, 이들 각 동맹체는 강력한 주도국(각각 독일, 미국, 그리고 브라질)을 갖고 있으며 이들 주도국은 많은 지수에서 동맹국들을 훨씬 앞서 있다. 하지만 이러한 사실이 지역의 통합적인 발전을 성공으로 이끄는 것을 방해하지는 않는다.⁴⁰ 더욱 중요한 사실은, "지역주의 이론에 따르면, 통합은 주도국이 통합을 열망하게 되면서 진행될 가능성이 높으며 … 그러한 모델은 이 지역에서 통합의 중핵을 구성하게 될 일군의 국가뿐만 아니라 단일국가에 의해서도 적용될 수 있다."[41] 유라시아 통합공간의 경우 모든 것이 그리 분명하지 않으며, 따라서 러시아뿐만 아니라 카자흐스탄도 주도국이 될 수 있다.

러시아는 카자흐스탄과 벨라루스에 비해 많은 분야에서 분명한 리더십을 갖고 있음에도 불구하고, 현재의 조건에서는 이웃국가에 대한 기부자로서의 역할을 더 이상 유지하기는 어렵다. 네오유라시아 통합 내에서 러시아의 하위지역 전략의 근저에는 민주주의적 원칙과 실용주의적 결정이 놓여 있다.[42] 카자흐스탄에 관한 한, 나자르바예프 대통령으로서는 중심에 대한 주변부의 종속이라는 구소련 모델로의 회귀를 받아들일 여지가 없다. 나자르바예프 대통령은 유라시아경제연합이 소련의 '부활'이나 '재생'을 특징으로 갖지는 않을 것이라는 점을 특히 강조한다. 이와 동시에, 중앙아시아에서 안보 이슈의 중요성과 낮은 경제발전 수준, 그리고 광물자원에 대한 의존은 카자흐스탄 정부로 하여금 유라시아경제연합을 적극적으로 장려하도록 만들고 있는데, 유라시아경제연합이 회원국에게 "외국의 경제적, 군사적, 정치적, 정보・기술적, 생태적 위험 등에서 스스로를 보호할 수 있는"[43] 기회를 제공할 것으로 보기 때문이다. 카자흐스탄에 있어서는 유라시아경제연합에 가입하는 동시에 중국과의 전략적 파트너십을 유지하는 것이 대단히 중요하다.

키르기스스탄과 타지키스탄은 다른 국가보다 앞서 관세동맹과 유라시아경

---

[40] M. Lagutina, op. cit., 2014, pp.105~106.
[41] И. Корабоев, "От региональной интеграции Центральной Азии к Евразийскому интеграционному пространству? Меняющаяся динамика постсоветского регионализма", Евразийская экономическая интеграция №3, т.8, август 2010, стр.23.
[42] Д. Тренин, *Post-Imperium : Евразийская история*, Москва : Центр Карнеги, РОССПЭН, 2012.
[43] С. Бирюков, "Евразийский союз как новый интеграционный проект : вклад и значение Казахстана", *Евразия*, 24 мая 2012, http://evrazia.org/article/1990 (검색일 : 2016.02.15).

제연합에 참여하려는 의사를 나타낸 국가들이다. 특히 이들 국가의 정상은 2013년 10월 민스크에서 개최된 관세동맹 정상회담에 초청되었다. 유라시아경제연합(EAEU)에 관심을 표명한 또 다른 국가는 아르메니아였다. 아르메니아의 사르그샨 대통령은 2013년 가을 관세동맹에 가입하기 위한 구상을 제시했다.[44] 아르메니아는 중앙아시아의 두 국가에 앞서 유라시아경제연합이 출범한 다음 날인 2015년 1월 2일에 통합기구에 가입했다. 중앙아시아 두 국가의 유라시아경제연합에의 가입은 이들 국가의 경제의 후진성 때문에 만만치 않은 과제로 여겨졌지만, 키르기스스탄은 2015년 8월 EAEU에 정회원으로 가입을 완료했다. 가입이 지연되고 있는 타지키스탄과 같은 국가에 대해서는 먼저 옵서버 지위를 부여하는 방안도 거론되었다.

많은 전문가들은 현재의 유라시아 통합의 전망에 대해 논의하면서 우크라이나의 참여 여부에 핵심적인 역할과 중요성을 부여했다. 예를 들면, 두긴A. Дугин은 유라시아연합(EAU)의 성공은 카자흐스탄과 우크라이나의 확고한 지지와 더불어 가능할 것이라고 보았다.[45] 그러나 이러한 기대와는 달리 우크라이나는 EU와의 통합을 지향해 왔다. '유럽동방파트너십' 정상회담 전야에 상황이 악화되었는데, 러시아의 크림병합에 따른 서방의 대러 경제제재와 우크라이나 사태가 악화되는 와중에 우크라이나 정부는 2014년 6월 EU와 제휴협정(Association Agreement)을 체결하였다.[46]

---

[44] 유라시아개발은행(EABD)에 따르면, 아르메니아인 중 67%는 관세동맹에 가입하기를 원하는 반면, 5%만이 가입을 반대한다. 아르메니아의 관세동맹 가입은 새로운 투자에 대한 모멘텀을 제공하고 경제 현대화에 도움을 줄 것이다. 다음을 참조. "Армении экономически выгодно присоединение к Таможенному союзу", Евразийский Банк Развития, 11 Сентября 2013, http://www.eabr.org/r/press_center/publish_about_bank/index.php?id_4=31991&from_4=9. (검색일 : 2016.01.20).

[45] "러시아-카자흐스탄-우크라이나 트라이앵글은 전체 구조(건축물)에 안정성을 제공하게 될 배치이다. 다수의 EU 국가들은 이 과정에 긍정적인 역할을 수행할 수 있는데, 이들 국가는 글로벌한 전략적 토대에 기초하여 동유럽에서 진행된 과정의 조화에 관심을 갖고 있다. 러시아가 우크라이나와 친교관계를 수립하는 것은 유럽에 대항하는 제스처가 아니라 두 슬라브 국가의 친 유럽정책 표명으로 간주되어야 한다." А. Дугин, "Семь смыслов евразийства", Евразия, http://evrazia.org/modules.php?name=News&file=article&sid=1904. (검색일 : 2015.12.21).

[46] 이를 둘러싸고 유라시아 통합을 이끄는 각 지도자의 견해는 나뉘었다. 루카셴코 대통령은 이 사실로

유라시아 지역의 글로벌 지역화를 논의할 때, 유라시아 지역에 속하는 국가를 구소련 국가로 한정하는 것은 근시안적일 것이다. '영토'가 아닌 '공간'의 창출과 통합이라는 명제에 근거하고 있는 글로벌 지역화의 개념은 국경을 공유하진 않지만 공통의 문제와 이해관계를 공유하고 있는 국가들을 글로벌 지역의 틀 내에서 통합할 수 있도록 허용한다. 이 개념은 유라시아경제연합(EAEU)으로 하여금 포스트소비에트 공간 바깥의 국가들을 받아들일 수 있도록 할 것이다. 이에 따라 2013년 민스크 정상회담에서 나자르바예프 대통령은 터키와 함께 시리아까지 유라시아경제연합에 가입시키는 문제를 논의할 것을 제안했다.[47] 그 후 푸틴 대통령의 언급에 따르면, 인도 총리는 2013년 10월 모스크바를 방문하는 동안 러시아 지도자에게 관세동맹(CU)과 자유무역협정을 체결할 가능성을 찾도록 제안했다고 한다. 따라서 인도 및 터키를 고려하여 유라시아 통합의 공간을 확대하면서 유라시아경제연합 프로젝트는 더욱 큰 '글로벌적 성격'을 획득하고 있으며, 2015년 8월 유라시아경제연합은 베트남과 최초로 자유무역협정을 체결했다. 유라시아 통합의 공간적 확대는 이 프로젝트 내에서 러시아의 제국주의적 야심과 소련을 부활시키려는 벨라루스와 카자흐스탄 및 러시아 지도자들의 욕망과 관련된 각종 억측에 종지부를 찍을 것이다.

이런 관점에서 보면, 유라시아경제연합(EAEU) 프로젝트는 질적으로 새로운 통합, 즉 구소련 시대의 통합에서 유라시아 시대의 통합으로의 이행을 의미한다. 그것은 명확하고 설득력 있는 장기적인 프로젝트를 목표로 하여 구소련

인해 우크라이나의 관세동맹 가입을 저지해서는 안 된다는 입장을 보였고, 반면 푸틴 대통령과 러시아 정부는 유럽과 통합하려는 우크라이나의 의도를 부정적으로 평가하고 있다. 러시아는 이 조약에 우크라이나가 서명하면, EU로부터의 복제품 유입을 겪을 것이고 이로 인해 우크라이나 제조업자가 타격을 받게 될 것임을 우려한다. 러시아의 입장은 대단히 단호하다(M. Lagutina, op. cit., 2014, p.108).

[47] "종종 서방에서 다음과 같은 질문을 받았다. 관세동맹을 가장하여 소련을 부활시키려는 것은 아닌가? 그런 무익한 논란을 끝내기 위해서라도 터키를 가입시키도록 하자. 터키는 대국이므로 불편한 질문을 더 이상 받지 않을 수 있다." 다음을 참조. "Суверенитет не икона", 24 Октября 2013. http://www.gazeta.ru/business/2013/10/24/5722545.shtml. (검색일: 2015.12.21).

국가뿐만 아니라 구소련의 지정학적 범위 외부에까지 확대하려는 의지를 담고 있다.[48] 이 과정에서 유라시아의 시민사회와 비즈니스계의 적극적인 참여는 대단히 중요하고 필수적이다. 현대 세계발전의 새로운 경향(예를 들면, 글로벌화, 월경국가화, 정보화 등)은 국제관계에서 새로운 시공간적인 모습을 만들어내었다.

유라시아경제연합(EAEU)의 미래를 고려할 경우, 전체 구소련/유라시아 지역을 휩쓴 최근의 과거와 그 해체과정을 기억하지 않을 수 없다. 이 역사적 시기에서 나오는 주요 시사점의 하나는 과거 소비에트연방의 전체주의적 성격은 시민사회와 독립적인 비즈니스 구조를 결여하고 있었다는 사실이다. 이러한 이전의 시도들은 서유럽의 통합 형태와는 달리 지속적이고 진화적인 통합 환경을 향해 나아가는 데 실패했다. 바로 이 때문에 시민사회와 비즈니스 구조를 고려하지 않은 채 정부 기구에만 의지하여 유라시아 통합의 틀을 설정하는 것은 근대성의 면에서 결국 무력할 것으로 보인다. 상호의존적인 유라시아 지역에서 견실한 통합 환경을 창출할 수 있는 것은 바로 비국가 행위자이다. 그러한 통합 환경은 한편으로 역사적 근접성에 뿌리를 두고 서로 뒤얽힌 불가분의 이해관계(예를 들면, 경제적, 문화적 이해관계 등)를 기초로 형성되고 있으며, 다른 한편으로는 현대 사회의 발전(예를 들면, 정보의 투명성, 인적 이동성, 시장 요인)이 가진 특수성에 기반을 두고 있다.

5. 결론

오늘날의 세계에서 글로벌 지역화는 글로벌 경제위기에 대한 대응이라는 성격을 갖고 있다. 공동시장을 통해 장애와 제약을 극복하는 것은 현하의 조

---

[48] 이와 관련하여 성원용(2015)은 "EEU 출범이란 사실 '순수한' 경제적 이해관계보다는 '종합적이고', '전략적인' 이해관계에서 고려되고 있는 것"이라고 주장한다. 성원용, 「유라시아 경제공간의 해체와 재통합: EEU 출범을 바라보는 관점에 대한 분석」, 『러시아연구』 제25권 2호(2015), 140쪽.

건에서 경제의 적응력을 높이는 주요 방법 중 하나가 될 수 있다. 통합의 틀 내에 참여하든 독자적으로 행동하든 전 세계에 걸쳐 각 국가는 경제적 동기를 중심으로 발전방향을 모색하고 있다. 이러한 배경에서 유라시아 지역의 러시아, 벨라루스, 카자흐스탄을 비롯하여 아르메니아와 키르기스스탄은 유라시아경제연합(EAEU)이라는 통합의 틀 내에서 발전을 추구하기로 결정한 것으로 볼 수 있다. 그 기초를 이루는 동기는 통합의 틀 내에서 공동으로 행동하는 것이 글로벌 불안정성의 부정적인 영향을 축소할 수 있을 뿐만 아니라 외국의 시장에 진입할 수 있는 기회를 증대시킬 것이라는 기대와 인식에 바탕을 두고 있다.

글로벌 지역화의 맥락에서 유라시아경제연합(EAEU)의 내용과 의미를 검토할 경우, 다음의 결론을 내릴 수 있다.

첫째, EAEU 프로젝트는 글로벌화의 '도전'에 대한 포스트소비에트 공간의 대응으로 이해할 수 있는데, 새로운 글로벌 사고의 관점에서 EAEU의 개념적 근거는 세 가지 이론적 기둥에 기초를 두고 있다. 글로벌 지역화의 개념, 다극적인 세계, 그리고 심장지대(Heartland)라는 지정학적 개념이 그것이다. 글로벌 지역화의 개념은 국경을 접하지 않더라도 공통의 문제와 이해관계를 공유하고 있는 국가들을 글로벌 지역의 틀 내에서 통합하는 것을 허용한다. 그리고 다극적인 세계질서는 러시아 외교정책의 핵심 주장 중 하나로서, 유라시아경제연합을 글로벌 통합과정에서 주요 행위자의 하나로 전환시키고 점차 그것을 글로벌 지역으로 발전시킨다는 목표를 갖고 있다. 또한 매킨더H. Makinder에서 비롯된 심장지대 개념은 향후 세계질서의 변화를 좌우하게 된다는 점에서 유라시아 지역의 중요성을 강조한다.

둘째, 유라시아경제연합(EAEU) 내에서 정부 간 협력은 모든 구소련/유라시아 국가들을 반드시 포함시킬 필요는 없다. 오히려 그것은 정부와 국가하위 및 초국가적 기관들이 참여하는 다수의 교차하는 통합 프로젝트에 기초를 두어야 한다. 또한 구소련 국가들에 국한되지 않고 타 지역의 국가를 끌어들이는 것이 구소련의 부활 혹은 소생이라는 논란을 불식시킬 수 있는 유효한 방법이 될 수 있다. 유라시아경제연합이 2015년 5월 베트남과 자유무역협정을 체결한 것은 향후 이 기구가 글로벌 지역화를 향해 추구해 나가게 될 한 가지 방향을 알려준다.

셋째, EAEU는 글로벌 지역으로 이루어진 다극 체제에서 의미 있는 일극의 지위를 추구하고 있다. 유라시아경제연합은 유럽과 아태지역 사이에 위치한 하나의 글로벌 극이자 효과적인 연결부로 상정된다. 이와 관련하여 EAEU의 미래는 유럽과 아태지역 간에 유의미한 토론을 촉진할 수 있는 경제·정치 기구로 발전할 수 있느냐에 달려 있다. 유라시아 지역의 통합 잠재력을 충분히 활용한다면 글로벌 세계에서 존립 가능한 유효한 동맹을 구축하기 위한 기회를 확보할 수 있을 것이다.

넷째, 유라시아 통합과정은 지금까지 주로 '하향식(from top to bottom)' 접근을 통해 진전되어 왔는데, 관세동맹 3국인 러시아, 카자흐스탄, 벨라루스의 지도자들이 중심적인 역할을 수행했다. 그러나 이 통합의 과정과 동기는 또한 '상향식(from the bottom)' 접근의 모습도 찾아볼 수 있는데, 여기에는 비즈니스계가 중요한 역할을 담당했다. 최근 이 지역의 경제위기는 비즈니스계가 현행 유라시아 통합을 이끌어나가는 추동력의 하나로 될 수 있는 조건을 만든다. 비즈니스계는 통합과정 및 통합 시스템 내부에서 중요한 추동력의 하나이며, 전체 지역에 걸쳐 이 통합 프로젝트의 성공을 결정짓는 중요한 구성요소이다.

유라시아 통합과정의 과제로 지적되어야 할 한 가지 중요한 사항은 서구 모델의 대안을 추구하는 구소련 지역의 대다수 국가들이 권위주의적인 정치구조를 지속하는 한편 서구 문명의 주요 업적(권력분립이 제공하는 높은 수준의 정치적 자유와 법의 지배 등)을 적절히 수용하지 못하고 있다는 사실이다. 이러한 점은 EAEU가 주창하는 모델의 가치를 손상시킬 가능성이 크다. 모든 권위주의 정권은 장기 집권을 유지하기 위해 억압적인 조치를 지속하면서 그러한 자유의 부정을 정당화한다. 정치적 자유가 인간의 최고 목표를 대변하는지 여부는 논란의 여지가 있지만, 정치적 자유가 불필요하다거나 더 높은 목표를 달성하는 데 장애가 된다고 주장하는 것은 대내외의 공감을 얻지 못할뿐더러 위선적이라고 할 수 있다. 따라서 EAEU가 매력적이고 이상적인 비서구 모델로 자리 잡기 위해서는 독자적인 가치체계의 정립과 더불어 높은 수준의 자유를 통합시켜야 할 필요가 있을 것이다.

참고문헌

강봉구, 「유라시아경제연합(EEU)과 EU : 정체성 대립의 새로운 전선」, 『슬라브 연구』 제30권 4호, 2014, 1~28쪽.
김성진, 「러시아의 우크라이나정책과 유라시아주의」, 『중소연구』 제39권 4호, 2016, 245~285쪽.
김영진・윤인하, 「유라시아의 지역통합 : 유라시아연합 구상의 조건과 과제」, 『동유럽발칸연구』 제38권 5호, 2014, 201~230쪽.
성원용, 「유라시아 경제공간의 해체와 재통합 : EEU 출범을 바라보는 관점에 대한 분석」, 『러시아연구』 제25권 2호, 2015, 117~146쪽.
우준모・김종헌, 「유라시아 지역 통합체 건설에 있어서 우크라이나, 벨라루스의 전략적 선택과 한계」, 『국제지역연구』 제18권 5호, 2015.1, 59~78쪽.
이상준, 「유라시아 경제연합의 원심력과 구심력 : 에너지, 교역 및 투자를 중심으로」, 『러시아연구』 24권 2호, 2014, 247~269쪽.

Balassa, Bela, *The Theory of Economic Integration (Routledge Revivals)*, New York : Routledge, 1962.
Blockmans, Steven, Kostanyan, Hrant and Vorobiov, Ievgen, "Towards a Eurasian Economic Union : The Challenge of Integration and Unity", *CEPS Special Report* 75, 2012.
Hettne, Bjorn and Soderbaum, Fredrik, "The future of regionalism : Old divides, new frontiers", in Cooper, Andrew, Hughes Christopher and De Lombaerde, Philippe (eds.), *Regionalisation and Global Governance : The taming of Globalisation*, Abingdon : Routlege, 2008, pp.61~79.

Hettne, Bjorn. "The New Regionalism: A Prologue", in Hettne, Bjorn, Andras, Inoai, and Sunkel, Osvald (eds.), *Globalism and the New Regionalism*, London: Macmillan, 1999.

Katzenstein, Peter J., *A World of Regions: Asia and Europe in the American Imperium*, Ithaca: NY: Cornell University Press, 2005.

Kobrinskaya, I., "The Post-Soviet Space: From the USSR to the Commonwealth of Independent States and Beyond", in Malfliet, K., Verpoest, L. and Vinokurov, E. (eds.), *The CIS, the EU and Russia: Challenges of Integration*, London: Palgrave Macmillan, 2007.

Lagutina, Maria, "Eurasian Economic Union Foundation: Issues of Global Regionalization", *Eurasia Border Review* Vol.5, No.1, 2014, pp.95~111.

Lane, David, "Eurasian Integration: A Viable new Regionalism?", *Russian Analytical Digest* No.146, 2014, pp.3~7.

Libman, Alexander and Vinokurov, Evgeny, "Regional Integration and Economic Convergence in the Post-Soviet Space: Experience of the Decade of Growth", *Journal of Common Market Studies* Vol.50. No.1, 2012, pp.112~128

Lukin, Alexander, "Eurasian Integration and the Clash of Values", *Survival: Global Politics and Strategy* Vol.56, No.3, 2014, pp.43~60.

Mittelman, James, "Rethinking the 'New Regionalism' in the Context of Globalization", in Hettne, Bjorn, Andras, Inoai, and Sunkel, Osvald (eds.), *Globalism and the New Regionalism*, London: Macmillan, 1999, pp.25~53.

Mittelman, J. H., *The Globalization Syndrome: Transformation and Resistance*, Princeton: Princeton University Press, 2000.

Molchanov, M., "Regionalism and Globalizaiton in the Post-Soviet Space", *Studies in Post-Communism* (Centre for Post-Communist Studies, St. Francis Xavier University), Occasional Paper No.9, 2005.

Molchanov, M., "The Eurasian Union and the reconstitution of the regional order in Central Asia", A Paper Prepared for presentation at the FLASCO-ISA Joint Conference, Buenos Aires, Argentina, July 23~23, 2014.

Moldashev, Kairat and Gulam Hassan, Mohamed-Aslam, "The Eurasian union: actor in the making?", *Journal of International Relations and Development*, doi: 10.1057/jird, 2015.6, pp.1~23.

Schulz, M., Soderbaum, F. and Ojendal, J., "Introduction : A Framework for Understanding Regionalization", in Schulz, M., Soderbaum, F. and Ojendal, J. (eds.), *Regionalization in a Globalizing World : a comparative perspective on forms, actors, and processes*, London : Zed Books, 2001.

Soderbaum, Fredrik, "Introduction : Theories of New Regionalism", in Soderbaum, Fredrik and Shaw, Timothy M. (eds.), *Theories of New Regionalism*, New York : Palgrave, 2003, pp. 1~21.

Soderbaum, Fredrik and Shaw, Timothy M., "Conclusion : What Futures for New Regionalism", in Soderbaum and Shaw (eds.), *Theories of New Regionalism*, Palgrave, 2003, pp. 211~225.

Vinokurov, Evgeny, "Accelerating Regional Integration : Directions for Research", *EDB Eurasian Integration Yearbook 2010*, 2010, pp. 20~27.

WTO Regional trade agreements database, http://rtais.wto.org/UI/PublicMaintainRTAHome.aspx (검색일 : 2016.01.23).

"Армении экономически выгодно присоединение к Таможенному союзу", *Евразийский Банк Развития*, 11 Сентября 2013, http://www.eabr.org/r/press_center/publish_about_bank/index.php?id_4=31991&from_4=9 (검색일 : 2016.01.20).

Бирюков, Сергей, "Евразийский союз как новый интеграционный проект : вклад и значение Казахстана", *Евразия*, 24 мая 2012, http://evrazia.org/article/1990 (검색일 : 2016.02.15).

Дугин, Александр, "Мы объявили войну теоретическому либерализму, а либерализм в ответ подверг нас санкциям", *Евразия*, 13 марта 2015, http://evrazia.org/article/2642 (검색일 : 2015.12.21).

Дугин, Александр "Семь смыслов евразийства", *Евразия*, http://yanko.lib.ru/books/politologiya/dugin-geopolitics_postmodern-a.htm#_Toc185403801 (검색일 : 2015.12.20).

"Евразийская экономическая интеграция : Цифры и факты, 2015", *Евразийская экономическая комиссия*, 2015, http://www.eurasiancommission.org/ru/Documents/EEC_dig_facts1.pdf (검색일 : 2016.01.20).

Корабоев, Икболжон, "От региональной интеграции Центральной Азии к Евразийскому интеграционному пространству? Меняющаяся динамика постсоветского регионализма", *Евразийская экономическая интеграция* №3 8, т. 8, август 2010, стр. 5~32.

Кузнецов, Александр, "Евразийский Союз - шаг на пути к многополярному миру", *Геополитика*, 5 марта 2012, http://geopolitica.ru/Articles/1385/ (검색일 : 2015.12.20).

Лукашенко, Александр, "Евразийский союз создается для интеграции ЕС и азиатских экономик", *Взгляд*, 2 июля 2012, http://vz.ru/news/2012/7/2/586530.html (검색일 : 2015.12.20).

Лукашенко, Александр, "О судьбах нашей интеграции", *Известия*, 17 октября 2011, http://izvestia.ru/news/504081 (검색일 : 2015.12.20).

Назарбаев, Нурсултан, "Евразийский Союз : от идеи к истории будущего", *Известия*, 25 октября 2011, http://izvestia.ru/news/504908 (검색일 : 2015.12.20).

Путин, Владимир, "Новый интеграционный проект для Евразии — будущее, которое рождается сегодня", *Известия*, 3 октября 2011a, http://izvestia.ru/news/502761 (검색일 : 2015.12.20).

Путин, Владимир, "Евразийский союз – это открытый проект", *Курсом Правды и Единения*, 4 октября 2011b, http://www.kpe.ru/sobytiya-i-mneniya/ocenka-tendencii-s-pozicii-kob/2728-putin-es-eto-otkritiy-proekt (검색일 : 2015.12.20).

Сахаров, Андрей ю, "Проект Конституции Союза Советских Республик Европы и Азии", http://www.yabloko.ru/Themes/History/sakharov_const.html (검색일 : 2016.02.21).

"Суверенитет не икона", *Газета.Ru*, 24 Октября 2013, http://www.gazeta.ru/business/2013/10/24/5722545.shtml (검색일 : 2015.12.21.)

Тренин, Дмитрий, *Post-Imperium : Евразийская история*, Москва : Центр Карнеги, РОССПЭН, 2012.

제5장 유라시아경제연합의 화폐통합 가능성 평가와 과제*

− 유럽 화폐통합 사례의 함의 −

변현섭

1. 서론

2015년 3월 20일 카자흐스탄의 수도 아스타나에서 푸틴 러시아 대통령, 나자르바예프 카자흐스탄 대통령, 루카셴코 벨라루스 대통령이 참석한 3자 회담이 열렸다. 이 자리에서 푸틴 대통령이 유라시아경제연합(Eurasian Economic Union, EEU) 회원국 간의 화폐동맹을 제안하면서 화폐통합에 대한 논의가 주목받기 시작하였다.[1] 푸틴 대통령은 화폐동맹을 통해서 외부의 금융−경제적 위협에 신속히 대응하고 공동의 시장을 방어할 수 있을 것으로 평가하였다. 이

---

* 이 논문은 『슬라브연구』 제31권 3호(2015)에 게재된 것임.
[1] 화폐통합은 통합의 완성도에 따라 화폐동맹(Monetary Union), 화폐통합(Monetary integration), 화폐통일(Monetary Unification)로 세분할 수 있다. 화폐동맹은 두 개 이상의 국가가 하나의 경제공동체를 형성하여 단일한 화폐 또는 완전한 대체성을 가진 화폐를 유통시키는 경우를 말한다. 동카리브해 화폐동맹(ECCU), 서아프리카 경제화폐동맹(WAEMU), 중앙아프리카 경제화폐공동체(CAEMC) 등이 이 단계다. 하지만 화폐동맹국들이 통화주권을 포기하고 단일 중앙은행까지 만들지 않은 단계다. 화폐통합은 화폐동맹보다 더 완성도가 높은 단계로 여러 국가들이 하나의 화폐를 쓰는 환율통합이 이루어지고 이어서 이를 통제하는 국가들이 하나의 화폐를 쓰는 통화정책을 펴는 단계로 정의될 수 있다(Masson, P. and Pattillo C. "Monetary Union in West Africa", International Monetary Fund Occasional Paper 204. Washington DC, 2001, p.14). 유럽연합이 여기에 속한다. 화폐통일은 단일 중앙은행이 단일의 통화정책을 펴고 자유로운 자본 및 서비스 이동에 의해 금융상품과 서비스가 동질적인 수준까지 가는 화폐통합의 완결상태다. 동서독 화폐통합이 이 단계에 속한다(서양원, 「화폐통합이론과 남북한에의 적용」, 『통일연구』 제12권 제1호(2008), 105쪽). 푸틴 대통령이 제안한 화폐동맹은 궁극적으로는 화폐통합을 의미하는 것으로 이 논문에서는 화폐동맹과 화폐통합을 동일한 의미로 사용하고자 한다.

에 앞서 푸틴 대통령은 2015년 3월 10일 러시아 중앙은행과 러시아 정부가 함께 유라시아경제연합 국가의 중앙은행과 협조하여 통화 및 금융 분야의 통합 방향을 정하고 향후 화폐동맹의 가능성과 합목적성에 대해 연구하여 그 결과를 2015년 9월 1일까지 보고하도록 지시한 바 있다.

유라시아경제연합은 2014년 5월 29일 아스타나에서 러시아, 카자흐스탄, 벨라루스 3개국이 설립협정에 서명하였고 2015년 1월 1일부터 효력이 발생함으로써 정식으로 출범하게 되었다. 아르메니아가 2015년 1월 2일부로 회원국으로 가입하였으며 키르기스스탄은 2015년 5월 14일부로 회원국이 되었다.

화폐동맹은 단일 통화를 사용하는 국가들 간의 그룹으로 유로존Eurozone 국가들이 대표적인 사례이다. 화폐동맹은 국제통합의 한 형태로 단일 통화 도입, 단일 통화 발행 센터 설립을 포함한 공동의 금융-통화정책의 실현, 경제정책의 조정 및 합의와 같은 조건을 전제로 한다. 유라시아경제연합 회원국들은 이러한 화폐동맹에 대한 준비가 전혀 되어 있지 않다. 경제통합은 일반적으로 몇 가지 단계를 거치며 완성되는데, 먼저 회원국 간 관세 및 비관세 장벽을 철폐하는 자유무역지대, 그 다음으로 제3국에 대한 통합대외무역 정책을 실시하는 관세동맹, 노동, 자본, 상품 및 서비스의 자유로운 이동을 의미하는 공동시장, 통합거시경제정책을 실시하는 경제동맹이 이루어지며 그 후에 통합재정정책 또는 실질적인 예산과정의 조정과 함께 단일통화가 도입된다.

현재 유라시아경제연합은 관세동맹의 모든 절차도 완성되지 않은 채 공동시장의 단계에 와 있다. 즉 회원국 간 관세 국경은 제거되었으나 대외무역에서 수입관세 부분에서만 통합 정책이 이루어지고 있고 위생허가 및 수입금지 조치와 같은 문제에서는 통합된 정책이 부재하며, 수출관세는 각국이 독립적으로 책정하고 있다. 유라시아경제연합 내부에서 여전히 비관세장벽이 존재하며, 통합된 동식물 위생 검역기관 및 인증서의 상호 인정과 같은 제도가 없다. 이러한 관세동맹의 통합 단계도 완료되지 않은 상태에서 화폐동맹의 출범은 매우 요원하다.

유럽통합의 경험은 단일통화로의 이전은 매우 다양한 해결 과제를 수반하는 긴 과정이라는 것을 보여준다. 유럽통합에 대한 아이디어는 1940년대 말에 생겨났으나 첫 번째 공통의 유럽통화단위인 에큐ECU는 30년이 지난 1979년에 만들어졌으며 현금의 형태는 아니었다. 그 후 또 20년이 지난 1999년에야 완전한 단일통화인 유로가 나타났고 실제 유통은 2002년에야 가능했다.

또한 화폐통합은 경제통합의 가장 고도화된 협력형태이고, 유럽 화폐통합의 역사에서 보듯이 단순히 경제적 여건만 성숙되었다고 가능한 것이 아니라 자국의 통화주권을 포기할 정도의 강한 정치적 결속력을 요구한다.

이러한 배경하에 본고에서는 화폐동맹에 관한 이론적 기초를 검토한 다음(2장), 유럽경제화폐동맹(EMU : European Economic and Monetary Union)의 추진과정을 살펴보고 이를 통해 유라시아경제연합의 화폐동맹 출범을 위한 시사점을 도출하며(3장) 화폐통합의 제약요인을 통해 그 가능성을 평가하고(4장) 화폐통합으로 가기 위한 해결해야 할 과제를 제시하고자 한다(5장).

2. 화폐통합의 이론적 기초 및 선행연구

화폐통합의 기본이 되는 이론은 최적통화지역(optimum currency area : OCA) 이론이다. 이 이론은 1961년 먼델Mundell[2]에 의해 처음으로 소개된 뒤 계속 발전하면서 정교해졌다. 먼델은 단일화폐지역을 '하나의 화폐가 통용되거나 다른 나라나 지역 간 통화가치가 고정된 곳'으로 규정했다. 먼델은 경제구조가 다른 각 나라가 동일한 화폐를 채택할 경우 이익과 손해가 나타나는데 이익이 손해보다 클 경우 최적통화지역으로 규정하고 단일화폐도입의 효용성을 주장하였다. 화폐통합의 첫 번째 이익은 회원국들이 여러 화폐를 사용하는 데서

---

[2] Mundell, R., "A Theory of Optimal Currency Area", *American Economic Review* 51(4), 1961.

오는 거래비용을 줄일 수 있다는 점이다. 이런 거래비용감소는 화폐가치 변동과 이에 따른 상대가격 변동의 불확실성을 줄여 거래를 활성화시켜주는 효과를 낼 수 있을 것이다. 두 번째 이익은 OCA 회원국 기업들은 회원국 전체를 한 시장으로 보고 영업할 수 있어 규모의 경제효과를 누릴 수 있다. 세 번째 이익은 OCA 회원국의 기업들과 거주자들은 환율변동의 불확실성에서 오는 투기적인 투자로부터 보호받을 수 있게 된다는 것이다.

화폐통합의 비용은 OCA 회원국들이 단일화폐를 받아들임에 따라 자국 통화주권과 독자적인 통화정책을 포기해야 하는 상황과 그로부터 오는 충격이다. 각 회원국가는 자국 경제의 특성에 맞는 정책을 펴지 못함에 따라 유연한 통화정책의 수단을 잃게 된다. 또 다른 회원국가의 충격이 자국에게 그대로 전이되는데 이를 받아들일 수밖에 없는 비용을 지불해야 한다.[3] 즉, 화폐통합은 그 구성단위 모두에게 단일한 통화정책을 일률적으로 적용한다는 점에서, 이른바 '비대칭적 경제 충격(asymmetric economic shock)'이 존재할 경우 화폐동맹 전체의 거시경제 지표가 악화될 수 있는 문제점을 안고 있다. 예컨대 화폐동맹의 일부 구성단위는 경기과열로 인해 긴축적인 통화정책이 요구되는 반면 여타 단위는 경기부양을 위한 통화 공급의 확대가 요구된다고 할 때, 화폐동맹 전체에 적용되는 통화정책은 두 지역의 평균치를 기준으로 하게 되어 결국 어느 지역도 만족시키지 못하고 거시경제 지표만 악화시키는 결과를 낳을 수 있는 것이다.[4] 따라서 먼델은 화폐동맹의 장점이 단점을 보완하기 위한 3가지 조건, 즉 경제의 구조적 유사성(Structural similarity), 시장의 유연성(Market flexibility), 재정의 중앙집권화(Fiscal centralism)를 제시하고 있다. 즉, 최적통화지역 이론은 무역의존도가 높고, 경제구조 및 경기순환주기가 유사하며,[5] 노동력을 포함한

---

3   서양원, 「화폐통합이론과 남북한에의 적용」, 『통일연구』 제12권 제1호(2008), 105쪽.
4   Kenen, Peter B. and Ellen E. Meadev, *Regional Monetary Integration*, Cambridge and NewYork : Cambridge University Press, 2008, Ch. 2.
5   배병인, 「화폐통합의 정치적 동인 : 유럽의 경험과 동아시아에의 함의」, 『한국과 국제정치』 제27권 제4

생산요소의 이동성이 높고 동일한 재정 및 통화정책을 사용할 수 있을 정도로 금융제도가 발달된 국가 간 화폐동맹 구성이 바람직하다는 것을 골자로 한다.

알레시나와 바로Alesina and Barro[6]는 Mundell(1961)의 모형을 일반균형의 모형으로 체계화하여 화폐통합의 편익과 비용을 분석하였다. 화폐통합은 국제교역에 따르는 거래비용을 감소시켜 무역규모와 생산량을 증가시키고 증가된 생산량은 소비를 증가시켜 경제적 편익을 증가시킨다. 반면 화폐통합은 화폐통합 당사국의 통화정책의 독자성을 상실시키고 이는 경기변동에 대한 적절한 정책대응을 곤란하게 하여 경제적 비용을 불러온다. 특히 재량적 통화정책의 운용으로 인플레이션 편의가 크고, 해당 앵커국가와 낮은 경기동조화를 보일 때 통화정책의 독자성 상실에 의한 비용이 크게 나타난다.[7] 즉, Alesina and Barro(2002)의 화폐통합 모형에서 화폐통합의 가장 중요한 편익은 무역창출효과와 그에 따른 산출량, 소비의 증가이다. 반면 화폐통합의 가장 중요한 비용은 통화정책의 독자성 상실에 의한 경제충격에 대한 경기안정화 수단 부재와 이에 따른 경기변동의 확대이다.[8]

먼델Mundell(1961)은 최적통화지역(OCA) 이론이 성공적으로 적용될 수 있는 지역으로 식민지국가와 피식민지국가의 관계, 끊임없이 긴밀하게 상호작용을 통해 발전해 온 서구유럽 등을 꼽았다. 유라시아경제연합 회원 국가들은 구소련시기에 동일한 역사와 문화를 공유했던 만큼 OCA 이론이 잘 적용될 수 있는 여건을 갖췄다고 해석할 수 있을 것이다. OCA이론에 기초한 EU의 화폐통합 과정에 대한 연구와 이를 유라시아경제연합의 화폐통합에 적용해 봄으로써 향후 유라시아경제연합의 화폐통합의 가능성을 엿볼 수 있다. 또한 Masson과

호. 2011년(겨울) 통권 75호, 2011, 101쪽.

[6] Alesina, A., Barro, R. J., and Tenreyro, S., "Optimal Currency Areas", *NBER Working Paper* No.9072, National Bureauof Economic Research, 2002.

[7] 신관호・왕윤종・이종화, 『동아시아 화폐통합의 비용, 편익분석과 정치경제적 함의』(대외경제정책연구원, 2003), 38쪽.

[8] Ibid., p.52.

Pattillo[9]은 화폐통합을 하는 경우 한 국가가 주도적인 역할을 할 때 화폐통합은 비대칭적인 형태를 취하면서 주도적인 역할을 하는 국가 중심으로 진행될 것이라고 주장했다. 유라시아경제연합의 경우 러시아가 화폐통합에서 주도적인 역할을 해 나갈 경우 화폐통합이 예상보다 신속히 진행될 수 있다는 점도 배제할 수 없다.

한편, 그로웨De Grauwe[10]는 독일통일의 사례와 유럽연합(EU)의 사례를 들면서 성공적인 화폐통합을 위해 제시되어온 조건들이 화폐통합 이전에 반드시 갖춰질 필요는 없다고 주장했다. 그는 동서독 화폐통합의 경우 노동과 자본의 이동성, 임금과 가격의 신축성, 체제차이에서 오는 경제충격 최소화 등 성공적인 화폐통합조건들이 사전에 조성되지 않았지만 화폐통일을 계기로 빠른 속도로 정비되었으며 통일 후 성공적인 화폐통합조건들이 충족되었다고 제시했다.[11]

그런데 최적통화지역 이론은 화폐동맹의 경제적 효과에 대해서만 주목할 뿐, 역사적으로 실재하는 화폐동맹이 어떠한 조건하에서 탄생하였는지를 설명하지 못하는 근본적인 한계를 안고 있다. 이른바 최적통화지역의 내생성(endogeneity) 문제와 관련된 것으로서, 최적통화지역 이론이 제시하는 기준이 화폐동맹 출범의 기초가 되는 것이 아니라 오히려 화폐동맹 구성 이후에 사후적으로 충족되는 경향이 나타난다는 데 기인한다. 유럽화폐동맹(EMU)의 경우가 대표적인 사례인데, 유럽화폐동맹은 최적통화지역의 기준을 충족하지 못한 채 출범하였으나 사후적으로 그 조건을 충족시키는 양상을 보여 왔다(Bayoumi and Eichengreen, 1992; Frankel and Rose, 1997, 1998). 결국 최적통화지역 이론은 화폐동맹이 구성되는 조건을 적시하지 못하는 데 근본적인 한계를 안고 있다.[12]

---

9   Masson, P. and Pattillo C., "Monetary Union in West Africa", *International Monetary Fund Occasional Paper* 204, Washington DC, 2001.
10 De Grauwe, P., *The Economics of Monetary Integration*, 3rd ed., Oxford University Press, 1997.
11 서양원, 앞의 논문, 108쪽.

유럽에서의 화폐통합이 주는 시사점과 관련해서는 동아시아지역 화폐통합 논의를 중심으로 많은 연구들이 진행되고 있다. 이에 대한 전반적인 논의는 문우식·윤덕룡·이영섭,[13] Eichengreen and Bayoumi,[14] Kwan[15] 등이 대표적이다. 유럽의 화폐통합 방식을 남북한 화폐통합에 적용한 연구로는 장봉규,[16] 이영섭,[17] 서양원[18] 등이 있다. 구소련 국가들간의 화폐통합과 관련된 연구는 Chaplygin,[19] Chaplygin·Hallett·Richter[20] 등이 있으며 Chaplygin은 앞선 각각의 논문에서 러시아와 벨라루스의 화폐통합 문제, 그리고 이후에는 러시아, 카자흐스탄, 벨라루스, 우크라이나 4개국의 화폐통합의 가능성을 검토한 바 있다. 특히, Chaplygin·Hallett·Richter(2006)에서 러시아, 카자흐스탄, 벨라루스, 우크라이나 4개국의 화폐통합에 대한 연구는 최적통화지역 이론 중 가격 및 산출에 이전되는 수요, 공급 및 통화 충격의 비대칭성을 중심으로 화폐통합의 효과를 VAR(벡터자기회귀모형)으로 추정하였다. 그 결과 구소련권 4개국의 화폐통합은 이익보다 비용이 더 크며 각국이 부담할 비용과 충격은 단기 또는 장기간에 따라 상이할 것으로 보았다. 본 논문에서는 화폐통합의 경제적

---

[12] 배병인, 앞의 논문, 101~102쪽.
[13] 문우식·윤덕룡·이영섭, 「아시아 위기 및 유로화 출범에 대비한 동아시아 통화·금융협력」, 한국은행 『경제분석』 Vol.6 No.2(2000).
[14] Eichengreen, B. and Bayoumi, T., "Is Asia an Optimum Currency Area? Can It Become One?: Regional, Global, and Historical Perspectives on Asian Monetary Relations, in: Collignon, S., Pisani-Ferry, J. and Park, Y. C. (eds), *Exchange Rate Policies in Emerging Asian Countries*, London: Routledge, 1999.
[15] Kwan, C.H., *The Theory of Optimum Currency Areas and the Possibility of Forming a Yen Bloc in Asia*, Nomura Research Institute, mimeo, 1998.
[16] 장봉규, 「남북한 통화통합의 과제」, 한국국민경제학회 『경제학논집』 제10권 제2호(2001).
[17] 이영섭, 「유로의 도입과정과 남북한의 점진적 화폐통합: 통화경쟁논의를 중심으로」, 『EU학 연구』 7권 1호(2002).
[18] 서양원, 앞의 논문.
[19] Chaplygin V., "Russian and Belarus Monetary Union: Phantom or Reality?", *Intereconomics* January/February, 2004.
[20] Chaplygin V., Hallet A.H. and Richter C., "Monetary integration in the ex-Soviet Union: A union of four?", *Economics of Transition* Volume14(1) (2006).

효과[21]를 검증하기 보다는 유럽연합의 화폐통합 사례를 통해 유라시아경제연합의 화폐통합 가능성과 향후 과제를 살펴보고자 한다. 즉, 먼델의 최적통화지역 이론에서 제시한 화폐통합의 기준들 중 중요한 개별 요소들 각각에 대해 최근의 유라시아경제연합의 상황을 보다 구체적으로 살펴보고 정치적 제약요인까지 함께 고려하여 유라시아경제연합의 화폐통합 가능성에 대해 종합적으로 평가함으로써 차별화 하고자 한다. 또한 본 논문은 유라시아경제연합 화폐통합에 대한 논의를 국내에 처음으로 제기한다는데 그 의의가 있다.

3. 유럽 화폐통합의 추진과정과 시사점

1) 유럽 화폐통합의 추진과정

EU의 화폐통합과정은 동서독의 급진적인 접근법과 달리 점진적인 접근법을 따랐다.[22] 유럽화폐통합의 이론적인 기반은 먼델의 OCA 이론에 근거를 두고 있다. 유럽은 유럽통화제도(EMS : European Monetary System), 유럽공동통화(ECU

---

[21] OCA의 내생성 이론에 따르면 소득의 상관관계와 무역확대는 서로 양의 상관관계를 가지며, 화폐통합은 환율변동으로 인한 비용을 제거할 뿐만 아니라 무역 비용을 감소시켜 상호 무역을 증대시키고 경제적, 금융적 통합 및 경기순환의 동시성을 강화시킨다. 반면 크루그먼과 같은 특화론의 주장에 따르면, OCA 국가들의 통합이 진전되어 상호 개방도가 증가되면 각 국가들은 비교우위를 가지는 재화와 서비스의 생산에 특화하게 되고 그 결과 각 국가의 생산의 다각화가 감소되면서 공급 충격에 더 취약해지게 되며, OCA 국가들의 소득의 상관관계는 감소하게 된다. 즉 OCA를 구성하는 국가들이 초기에는 OCA 참여국으로서의 기준을 충족시켰다고 할지라도 시간이 경과함에 따라 OCA의 기준을 충족시키지 못하게 되는 'OCA 패러독스'가 생기는 것이다. 김은경, 「최적통화지역이론에 대한 검토 : 특화 vs. 내생성」, 『국제지역연구』 제8권 2호(2004), 13~14쪽.
[22] 화폐통합을 논의할 때 급진적인 방식과 점진적인 방식을 비교 분석해 볼 수 있다. 급진적인 방식의 대표적인 모델은 동서독 화폐통합으로 1989년 11월 베를린장벽이 무너지면서 전격적으로 통합논의가 진행, 1990년 7월 화폐통합을 이룬 사례이다. 점진적인 방식의 대표적인 모델은 EU 모델의 단일화폐 창설과 관리방식으로 2차 세계대전 이후 석탄공동체를 시작으로 50여년의 논의와 협상 끝에 이루어진 경우이다(서양원, 앞의 논문, 111쪽). 이들 두 개의 화폐통합 방식 중 유라시아경제연합에서 화폐통합은 EU 모델을 염두 해 두고 추진될 가능성이 높아 이를 중심으로 논의를 전개하고자 한다.

: European Currency Unit)를 만들면서 마침내 단일화폐인 유로를 만들고 이를 단일 중앙은행인 유럽중앙은행(ECB : European Central Bank)이 통제하면서 화폐통합을 매듭지었다.

이 과정을 보다 자세히 살펴보면, 유럽연합은 1969년 12월 헤이그 정상회담에서 유럽화폐동맹을 만들기로 합의하고 경제화폐동맹 창설을 위한 특별위원회를 구성했다. 이 위원회는 1970년 EC집행위원회와 이사회에 화폐통합의 청사진을 제시한 소위 '베르너Werner 보고서'를 제출하였다.[23]

이 보고서의 제안 이후 곧 이어진 미국의 금태환 포기 선언과 1차 석유파동과 같은 대외경제상황의 악화로 전후 고속성장의 호황기가 끝나게 되어, 비록 그 핵심적 사안이 실현되지는 못하였다. 그러나 이 보고서는 화폐동맹 형성의 로드맵을 제시함으로써 그 뒤에 이어진 스네이크 체제(snake system)와 유럽통화제도(EMS)와 같은 화폐협력의 형태로 계승되었다.

EU 9개국 정상들은 1978년 유럽통화제도(EMS)를 1979년부터 작동하기로 합의했다. EMS는 ECU의 창출과 기능, 환율조정기구(ERM : Exchange Rate Mechanism), 신용공여장치(Credit Facilities)라는 세 가지 핵심요소로 구성되어 있다. EMS는 90년대 초반 유럽이 외환위기를 겪는 과정에서 한계를 드러냈다. 이 위기는 유럽경제에서 안정성을 유지하려면 화폐통합이 불가피하다는 시사점을 던져주었다. EU국가들간 화폐통합이 지지부진하자 화폐통합이 여건이 성숙되는 대로 점진적으로 화폐통합을 하자는 경제적인 접근법이 퇴보하고 화폐통합 일정을 정해 놓고 강하게 밀어 부쳐야 한다는 통화론적인 접근법이 힘을 얻었다. EC집행위원장이었던 들로르는 1989년 3단계 화폐통합방안을 내놓으면서 1990년 7월부터 화폐통합을 위한 1단계 작업에 들어가자고 제안했다. 결국 1991년 12월 네덜란드의 마스트리히트Maastricht에서 열린 EU정상회의에서 '유럽연합에

---

[23] 당시 룩셈부르크 총리였던 피에르 베르너(Pierre Werner)를 의장으로 하는 EMU 특별위원회에 1970년 10월에 최종 제출된 보고서로 1971년부터 10년의 이행 기간 동안 3단계로 구성된 화폐통합 방안을 제시하였다. 보다 자세한 내용은 KIEP의 연구보고서 김흥종 외(2010)을 참고하라.

관한 조약'(Treaty on European Union)으로 나타났고 이듬해 9월 회원국 정상들이 참석한 가운데 정식으로 조인되었다.

마스트리히트 조약으로 불리는 이 조약은 화폐통합을 3단계에 걸쳐 추진하며 화폐동맹에 가입할 수 있는 국가는 3단계에서 '수렴조건'을 갖춰야 한다는 내용을 담고 있다. 이는 물가, 금리, 환율, 재정적자 등에 걸친 매우 엄격한 기준으로 EMU 참여 희망국이 EURO 통화가치를 안정시키고 EU 경제의 혼란을 방지하기 위해 만족시켜야 할 최소한의 조건이다. 표1의 EMU 3단계 가입에 관한 경제수렴 기준 중 첫 번째부터 세 번째까지의 조건은 환율의 안정성을 유지하기 위해 필요한 조건으로, 그 달성여부가 자국은 물론 다른 나라의 경제실적과 연관되어 있는 상대적 기준이다. 네 번째의 재정적자 기준과 다섯 번째의 정부부채 기준은 동 기준의 충족 여부가 전적으로 자국의 재정적자와 정부부채 규모에 달려있는 절대적 기준으로, 각국의 재정건전화 노력이 그대로 반영됨으로 EU 회원국들이 가장 많은 신경을 쓰고 어렵게 생각하는 기준이다.

〈표 1〉 EMU 3단계 가입에 관한 경제수렴 기준의 내용

항목	기준의 성격	경제수렴 기준의 내용
① 물가상승률	상대적 기준	과거 1년 이상, 소비자 물가상승률이 가장 낮은 역내 3개국 평균보다 1.5% 포인트 이상 높지 않아야 함
② 금리수준의 안정	상대적 기준	과거 1년 이상, 평균 장기(명목)금리가 물가상승률이 가장 낮은 역내 3개국 평균 이자율보다 2% 포인트 이상 높지 않아야 함
③ 환율의 안정	상대적 기준, 가입 이후에는 불필요	최소 2년 이상, 해당국 환율이 유럽통화제도(EMS)의 정상 환율변동폭 (2.25%)을 초과하지 않아야 함
④ 재정적자	절대적 기준, 가입 이후에도 지속되어야 함	당해 년도 재정적자 규모가 GDP의 3%를 초과하지 않고, 재정적자 누계액이 GDP의 60%를 초과하지 않을 것
⑤ 공공부채	절대적 기준	공공부문의 총부채액이 GDP의 60% 이내이어야 하나, 부채액이 상당히 만족스러운 속도로 계속 감소하여 기준치에 접근하고 있으며, 동 비율이 일시적으로 초과하더라도 허용

출처 : 김익수, 「EU 화폐통합의 진전현황과 국제경제적 파급효과」, 『경영논총』 42권(1998), 179~180쪽.

유럽이사회는 1998년 유럽중앙은행(ECB)을 만들어 유럽통화기구(EMI)의 업무와 각 회원국의 통화주권을 인수해 단일통화 정책을 수립하고 집행하는 업무를 시작하기로 합의했다. 이와 함께 2002년 1월 1일 이전 가능한 빠른 시기에 단일화폐인 유로지폐와 주화를 유통시키고, 그 후 6개월 이내에 각 회원국 내에서 옛날 통화를 회수하여 2002년 6월말 이전에 화폐통합을 완료한다는 것이다.[24] 이 같은 화폐동맹을 추진하는 한편, 유럽 단일시장 창출과 이에 따른 성장기회를 제시하며 EU 가입 회원국을 확대해왔다. 처음에는 프랑스, 독일, 이탈리아, 네덜란드, 벨기에, 룩셈부르크 등 6개국이 시작한 이후 2015년 현재 EU 회원국은 28개국으로 확대되었으며 이중 유로를 국가통화로 도입하여 사용하는 유로존 가입 국가는 19개국이다.

2) 유라시아경제연합 화폐통합에의 시사점

지금까지 유럽에서 단일통화가 도입되는 과정을 통해 유라시아경제연합의 화폐통합을 위한 다음과 같은 몇 가지 시사점을 도출해 볼 수 있다.

첫째, 기존의 화폐에서 새로운 화폐로의 전환문제는 시장에 맡겨서 쉽게 해결될 수 있는 것이 아니다. 유럽의 경우 처음에는 경제론자들의 주장이 받아들여져 여건의 성숙을 전제로 고정환율제도 및 화폐동맹으로 이행하고자 하였으나 통합과정이 지지부진하자 나중에는 명확한 일정을 정하고 그에 맞추어 추진해왔다. 즉, 새로운 화폐로의 전환문제를 해결하기 위해서는 집단행동

---

[24] 유럽연합(EU)의 초국적 화폐의 실현방법에 관해서는 첫째, 초국적 화폐는 국제결제에만 사용하고, 각국 통화와 합성시켜 바스켓통화로 운용해야 한다는 B.Schmittt의 구상, 둘째, 초국적 중앙은행이 초국적 화폐를 법화로 발행, 대내외 결제기능을 모두 수행하도록 하고, 각국 화폐와 초국화폐간의 경쟁을 통해, 자연스럽게 단일 통화를 선택하자는 영국의 하드 ECU구상, 셋째, 이행초기에는 병행통화(parallel currency) 방식을 쓰다가, 일정기간이 경과하면, 초국적 법화를 창출하여 유통시키고, 국민적 화폐를 회수해야 한다는 M. Aglietta 구상 등의 세 가지 방식 있는데, 마스트리히트 조약에서는 세 번째 아글리에따 방식을 채택하였다(김익수, 「EU 화폐통합의 진전현황과 국제경제적 파급효과」, 『경영논총』 42권(1998), 172쪽).

이 필요한데 마스트리히트 조약에서 명확한 일정을 정하고 추진해 간 것은 이러한 해결방법을 취한 것이었다고 볼 수 있다.[25] 따라서 현재 유라시아 국가가 처한 상황상 점진적으로 화폐통합을 추진한다고 하더라도 여건성숙이 예상과 달리 지지부진할 때는 적절하게 빅뱅접근을 하는 것이 화폐통합의 모멘텀을 형성하는데 바람직할 수도 있다고 판단된다.

둘째, 새로운 통화가 도입되는 과정에서는 빅뱅접근을 하든 점진적 접근을 하던 두 개의 통화가 동시 통용되는 병행통화기간이 수반된다. 이러한 유예기간은 기존의 화폐를 새로운 화폐로 교체하기 위해 불가피한 것인데, 구체적인 일정제시 및 병행통화의 선택에 따라 기간 및 비용이 감소될 수 있다. 또한 이행 과정을 원활하게 하기 위해서는 시장에 확신을 줄 수 있는 노력이 수반되어야 한다. 유럽에서 1999년 화폐통합이 시작됨과 동시에 중앙은행 화폐시장 및 외환시장개입, 정부의 채권 표시 단위 등 일부 가능한 분야에서 새로운 화폐를 즉시 도입한 것은 이러한 노력의 일환이라고 볼 수 있다.[26] 따라서 유라시아경제연합이 단일통화 도입이 결정되면 단일통화로의 이행 기간 동안 발생할 사회경제적 비용을 최소할 수 있도록 사전에 충분한 준비와 연구가 필요하다.

셋째, EU는 신규회원국이 당장 경제발전에 뒤쳐져 있다 하더라도 경제통합이 추진되면서 그 간격이 차츰 줄어들 것으로 보는 한편, 다양한 프로그램을 마련, 지원해 주고 있다. 실제로 EU는 구 사회주의권에 있었던 동유럽 국가들이 EU에 가입할 수 있도록 재정적으로 지원하는 한편, 구조조정작업에 컨설팅의 도움을 주어왔다. 먼델이 제시한 OCA이론의 전제조건들이 사후적으로 충족될 수 있음을 보여주는 사례다. 따라서 리하체프 러시아 경제개발부 차관이 밝혔듯이 유라시아경제연합국의 모든 참여 국가가 동시에 화폐동맹에 가

---

[25] 이영섭, 앞의 논문, 139쪽.
[26] 위의 논문, 139쪽.

입할 필요는 없으며 각국의 준비 정도와 사정에 따라 점진적으로 확대해 가는 것도 가능하다.27

4. 유라시아경제연합 화폐통합의 제약요인

1) 경제적 요인

먼델(1961)의 최적통화지역 이론에 따르면, 화폐동맹의 장점이 단점을 보완하기 위한 3가지 조건, 즉 구조적 유사성(Structural similarity), 시장의 유연성(Market flexibility), 재정의 중앙집권화(Fiscal centralism)을 제시하고 있다. 이러한 관점에서 유라시아경제연합 화폐통합의 경제적 제약 요인을 살펴보면 다음과 같다.

첫째, 경제의 구조적 유사성(Structural similarity)의 측면에서 유라시아경제연합 회원국들의 통화지역은 매우 상이하다. 러시아와 카자흐스탄은 동일한 석유 수출국이지만 다른 측면에서는 매우 상이한 경제구조를 갖고 있다. 즉, 카자흐스탄은 러시아에 비해 제조업이 취약하지만, 농업 및 서비스 비중은 더 높다. 석유 수입국들인 벨라루스, 아르메니아, 키르기스스탄은 경제구조 면에서, 그리고 수출입 품목 면에서 러시아와 카자흐스탄뿐만 아니라 상호 국가 간에도 상당한 차이를 보인다. 즉, 아르메니아와 키르기스스탄은 농산물을 주로 생산하지만 벨라루스는 기계장비, 석유화학제품 등 제조업 생산이 훨씬 높은 산업 구조를 갖고 있다. 또한 수출입 구조에서도 러시아 외 유라시아연합 국가들에게 러시아가 주요 수출입 파트너로서 역할을 하지만 러시아는 이들 국가와 무역거래 비중이 낮은 편이다. 즉, 유라시아경제연합은 러시아에 의존적

---

27 "Валютный союз ЕАЭС поначалу может включить не все страны", http://www.mk.ru/politics/2015/03/20/valyutnyy-soyuz-eaes-ponachalu-mozhet-vklyuchit-ne-vse-strany.html (검색일: 2015.4.18).

인 일방적 무역 구조가 형성되어 있다. 화폐동맹 회원국 간에 산업특화가 균일하게 이루어져 있다면, 비대칭 충격이 있더라도 모든 국가가 동일하게 충격을 받기 때문에, 동일한 통화정책으로 대응을 할 수 있다. 반면에 특화의 정도가 다를 경우에는 외부충격에 대한 반응이 서로 다를 수밖에 없으므로 독자적인 통화정책의 필요성이 증가한다.[28] 따라서 유라시아경제연합 회원국 경제의 구조적 유사성의 측면에서 화폐통합의 가능성은 매우 낮다.

〈표 2〉 유라시아경제연합 국가들의 경제구조(2014년)

	러시아	카자흐스탄	벨라루스	아르메니아	키르기스스탄
농업	4%	4.9%	7.3%	21.9%	19.3%
공업	36.3%	29.5%	37%	31.5%	31.1%
서비스	59.7%	65.6%	55.7%	46.6%	49.6%

출처: CIA, the World Factbook 참고하여 저자 정리

〈표 3〉 유라시아경제연합 국가들의 주요 무역품목 및 무역상대국(2013년)

	주요 수출품	주요 수출국	주요 수입품	주요 수입국
러시아	석유 및 석유제품, 천연가스, 금속, 목재	네덜란드 10.7%, 독일 8.2%, 중국 6.8%, 이탈리아 5.5%	기계, 자동차, 의약품, 합성수지	중국 16.5%, 독일 12.5%, 우크라이나 5.2%, 벨라루스 4.9%
카자흐스탄	석유 및 석유제품, 천연가스, 철강	중국 22.7%, 프랑스 9.7%, 러시아 8%	기계장비, 금속제품, 식료품	중국 30.6%, 러시아 20.5%, 우크라이나 6.8%
벨라루스	기계장비, 광물, 화학제품	러시아 45.3%, 우크라이나 11.3%, 네덜란드 9%	광물, 기계장비, 화학제품	러시아 53.2%, 독일 7.1%, 중국 6.6%
아르메니아	선철, 구리, 비철금속	러시아 22.6%, 불가리아 10.3%, 벨기에 8.9%	천연가스, 석유, 식료품	러시아 24.8%, 중국 8.6%, 독일 6.3%

---

28 김홍종·강유덕·이철원·이현진·오태현, 『유로존 10년의 평가와 향후 과제』(KIEP 연구보고서 10-15, 2010), 67쪽.

| 키르기스스탄 | 금, 면화 | 카자흐스탄 : 28.2%
우즈베키스탄 : 28%
러시아 11.1% | 석유가스, 기계장비,
화학제품 | 중국 51.9%,
러시아 21.2%
카자흐스탄 7.8% |

출처: CIA, the World Factbook 참고하여 저자 정리

    또한 화폐동맹의 준비 상태는 회원국 국가들에서 비즈니스 사이클이 얼마나 동기화 되어 있는가와 직접적으로 관련되어 있다. 즉, 화폐동맹 국가의 준비 정도는 GDP에서 대외 교역의 비중, 대출 총액에서 민간 부문의 대출 비중, GDP 대비 M2 비율, 양국 환율의 변동성, 통화공급 증가속도와 소비자물가 상승의 상관관계 등과 같은 거시경제적 지표를 통해 동기화 정도로 판단할 수 있다. 이러한 지표를 통해 평가한다면, CIS 회원국 중 러시아 경제와 가장 동기화되어 있는 국가는 아르메니아, 벨라루스, 카자흐스탄이 아니라, 몰도바와 우크라이나이다. 이것이 이상하게 보일지 모르겠지만, 실제로 2009년 글로벌 금융위기 때 CIS 회원국 중 러시아와 우크라이나의 경제성장률이 가장 심하게 하락하였고 벨라루스와 카자흐스탄은 약간의 플러스(+) 성장률을 보였다. 또한 2014년 러시아의 루블화 변동은 CIS 국가뿐만 아니라 모든 개발도상국 중에서 우크라이나 그리브나 변동과 거의 유사하였다.[29]

    둘째, 시장의 유연성(Market flexibility) 측면에서 공동통화지역에 가입은 가장 중요한 시장 중의 하나인 외환시장이 경제적 충격을 조정하기 위한 메커니즘으로 더 이상 작용하지 않는다는 것이다. 하지만 다른 시장에서의 충분한 유연성이 이러한 단점을 상쇄할 수 있어야 한다. 자유로운 노동이동, 금융의 접근 용이성, 창업에 유리한 여건 등은 화폐동맹 국가 간 조정의 자원 경로를 제공하여 자원의 흐름을 원활하게 해야 한다.

    먼델에 따르면, 국가들 간에 생산요소시장이 통합되어 있어 자유로운 생산

---

[29] Кнобель, А., "Телега впереди лошади : может ли ЕАЭС стать валютным союзом?" http://daily.rbc.ru/opinions/economics/25/03/2015/551163d79a794790e832f4bb (검색일 : 2015.5.3)

요소의 이동이 가능하다면, 비대칭 충격에 대해 명목환율의 조정을 통해 대응할 필요성은 적어지게 된다. 가령, 임금이 신축적이지 못한 상태에서 비대칭 충격이 발생할 경우, 수익률 유지를 위해서는 고용감소가 이루어질 수밖에 없으며, 이는 유효수요를 감소시켜, 경기성장에 부정적인 영향을 끼치게 된다. 하지만 지역 간에 노동이동이 이루어지는 경우 비대칭 충격을 상당 부분 해소될 수 있다. 즉, 경기침체를 겪고 있는 국가의 유휴노동력이 노동수요가 높은 지역으로 이동하게 될 경우 노동력 유입지역의 임금이 상승하여 생산비용이 증가하게 된다. 고용감소가 이루어진 지역의 생산비용은 감소하게 되므로 생산과 고용이 다시 활발해져 비대칭 충격으로 인한 경기침체에서 벗어날 수 있는 여건이 형성되는 것이다.

유라시아경제연합 출범 이전에도 회원국 간에는 구소련 시기 공통의 언어와 문화를 공유한 경험으로 인해 노동이동성이 비교적 높았고 유라시아경제연합의 출범은 회원국들 간에 자유로운 노동이동을 보장하고 있다. 하지만 러시아연방 이민청에 따르면, 2015년 1월 러시아로 입국한 이주자 수가 전년 동월 대비 70% 감소하였다. 왜냐하면, 이민법의 변경으로 인해 구소련권 국민들도 국내용 여권이 아닌 해외용 여권을 소지해야 하고, 유료특별허가증(патент)을 발급받아야 하며, 러시아어, 역사 및 문화 시험을 통과해야 하는 등 이주자들의 입국 조건이 까다로워졌기 때문이다. 또한 글로벌 유가하락에 따른 러시아 루블화 가치 하락으로 이주노동자들이 벌어들인 임금을 본국으로 송금하는 돈의 가치가 기존 대비 최소 2배 이상 하락하여 이주노동자들에게 불리해졌기 때문이다.[30]

이러한 현상은 이주노동자의 주요 송출국인 벨라루스, 아르메니아, 키르기스스탄의 경제가 이주노동자의 송금액에 큰 영향을 받고 있고 이주노동자 유

---

[30] 변현섭·김영진, 「러시아 내 이주노동자 문제와 정책적 과제 : CIS 국가 간의 노동이주를 중심으로」, 『아태연구』 제22권 제1호(2015), 31쪽.

입국인 러시아와 카자흐스탄의 경제는 에너지 의존도가 높아 유가 하락의 영향력이 크게 작용하여 나타난 것으로 유라시아경제연합 국가들은 외부 충격에 상호 영향을 주고받는 취약성을 보여주는 것이다. 따라서 노동이동의 자유가 화폐통합의 긍정적인 요소로 작동하지 못하고 있다.

또한 시장의 유연성을 측정하는 대표적인 방법이 존재하는 것은 아니지만 세계은행이 발표하는 비즈니스 유연성 순위(Ease-of-doing-business ranking)가 개략적인 지표가 될 수 있다. 2014년 말 발표된 세계은행의 자료에 따르면, 유로존 국가들 중에는 핀란드가 189개국 중 9위로 가장 상위에 위치하고 있고, 이탈리아 56위, 그리스가 61위로 최하위권에 있다. 따라서 많은 경제학자들은 유로존의 장기적인 성공의 핵심 요인으로서 노동시장, 금융시장 및 관료주의 등의 구조개혁을 들고 있다.

이러한 시장의 유연성 측면에서 유라시아경제연합의 화폐통합은 더욱 큰 문제점을 안고 있다. 소국인 아르메니아가 45위로 가장 높은 순위를 차지하고 있고 그 다음으로 벨로루시가 57위, 중심 국가인 러시아는 62위, 카자흐스탄은 77위, 키르기스스탄은 102위를 차지하고 있다. 유라시아경제연합 국가들 간의 시장 유연성에서 상당한 격차를 보이고 있을 뿐만 아니라 전반적으로 유연성 자체가 낮은 문제점을 안고 있다.

셋째, 재정의 중앙집권화 정도는 화폐동맹 성패에 기여하는 중요한 요소이다. 실제 화폐동맹의 회원국들은 구조적으로 동일하지 않고 그래서 어떤 경제적 충격이 화폐동맹국의 일부에게 다른 국가보다 더 강하게 영향을 미칠 수 있다. 충격에 약한 국가는 신속한 조정을 위해 통화의 평가절하에 의지할 수 없고, 중앙 당국으로부터 재정 지원만이 도움이 될 수 있다. 또한 재정통합도가 높은 통화동맹은 일시적인 교란을 겪고 있는 국가에 재원을 이전해 줌으로서 비대칭충격을 완화시킬 수 있다. 연방국가에 갖춰진 이러한 재정이전 제도는 높은 수준의 위기분담에 대한 합의가 필요하다는 점에서 높은 수준의 정치적 합의를 요구한다.[31]

유라시아경제연합의 회원국인 러시아, 카자흐스탄, 벨라루스, 아르메니아, 키르기스스탄은 공동의 통화를 사용한 소비에트 시대에 그들은 공동의 재정시스템을 갖고 있었다. 그러나 이 시스템은 더 이상 존재하지 않으며 이것은 유라시아경제연합 내에서 성공적인 화폐동맹을 위한 전망을 상당히 감소시킨다. 또한 러시아와 카자흐스탄을 제외한 나머지 회원국들은 3대 국제신용평가기관인 S&P, Fitch, Moody's 모두로부터 국가신용등급을 다 받은 국가가 없는데 이는 이들 국가의 재정시스템이 그 만큼 열악하고 불안정하다는 것을 의미한다. 이러한 상황에서 단일화폐의 사용은 러시아에게 재정적으로 큰 부담으로 작용할 것이다. 2012년 6월 상트-페테르부르그 국제경제포럼에서 러시아 전 재무부 장관 쿠드린은 메드베데프 러시아 총리가 제안한 유라시아경제연합에 단일화폐 도입 가능성에 대해서 향후 10년간 러시아에게 좋은 아이디어가 아니라는 부정적인 평가를 내린바 있다. 화폐동맹은 지출과 관련된 엄격한 금융정책과 재정제약을 수반하는데 유라시아경제연합 회원국들에게 이러한 원칙을 강요할 때마다 갈등이 생길 수밖에 없다. 또한 러시아의 재정이 유가의 의존도가 매우 높기 때문에 러시아 자체도 화폐동맹의 준비가 되어 있지 않으며 유가에 대한 의존성을 극복하는 것이 먼저이며 이러한 리스크를 다른 회원국들에게 이전시켜서는 안 된다고 지적한 바 있다.[32]

2) 정치적 요인

EU의 경험에서 알 수 있듯이 화폐통합을 포함한 경제통합의 과정은 경제적인 과정일 뿐만 아니라 정치, 사회적 통합과정이며 정책적 노력의 산물이다.

---

[31] 김홍종・강유덕・이철원・이현진・오태현, 앞의 논문, 68쪽.
[32] "А.Кудрин раскритиковал идею Д.Медведева о создании валютного союза", http://top.rbc.ru/economics/22/06/2012/656312.shtml (검색일: 2015. 5.24)

화폐통합으로의 전환을 위해서는 해당 국가들의 정치적 협조 및 제도적 지원이 필수적이다. Bayoumi, Eichengreen, and Mauro[33]는 무엇보다도 확고한 정치적 협력이 지역 화폐통합의 중요한 요소임을 강조하였다.

유라시아경제연합은 2015년 1월 1일 공식적으로 출범한 신생 경제 블록이지만 이미 2025년까지 금융시장을 규제하는 다기능적 기관을 설립하는데 합의한 상태이다. 이를 두고 러시아는 유라시아 중앙은행의 설립과 단일통화 도입을 목표로 하고 있고, 카자흐스탄, 벨라루스는 단순히 금융시장을 규제하는 법안의 조화라고 그 의미를 축소하고 있다.

단일통화 도입은 2003년에 나자르바예프 카자흐스탄 대통령이 이미 제안한 바 있다. 단일통화는 관세동맹국인 러시아, 벨라루스, 카자흐스탄의 초국적 통화가 되어야 함을 강조하면서 그 명칭을 알틴Altyn으로 제안하기도 했다.[34]

하지만, 현재 카자흐스탄은 단일통화도입에 부정적이다. 2015년 4월 22일 카자흐스탄 경제부 차관 티무르 작시리코프은 "카자흐스탄은 유라시아경제연합의 틀에서 단일통화 도입 가능성의 배제에 관한 명확하고 일관적인 태도를 취하고 있다. 이 문제를 우리는 논의하지 않을 것이며 이것은 어떠한 의사일정의 주제가 아니다"라고 브리핑을 통해 카자흐스탄의 공식적인 입장을 내놓았다. 그러면서 작시리코프 차관은 화폐동맹의 창설 및 단일통화의 도입 규정은 유라시아경제연합에 관한 합의서에 명시되어 있지 않으며 그러한 작업은 이루어지지 않을 것임을 확인하였다. 또한 유라시아경제연합의 틀에서 2025년까지 금융시장 규제 분야에서 법안의 조화 문제만을 논의할 계획이며 화폐 또는 화폐동맹에 관한 어떠한 것도 이야기되지 않을 것임을 강조하였다.[35]

---

[33] Bayoumi T., Eichengreen B., and Mauro P. "On Regional Monetary Arrangements for ASEAN", *Journal of the Japanese and International Economics* 14, 2000.

[34] "Валютный союз ЕАЭС и дедолларизация, - Виктория Панфилова", http://www.centrasia.ru/newsA.php?st=1427991000 (검색일 : 2015.4.23)

[35] "Казахстан исключает возможность введения единой валюты в Евразийском союзе", http://news.tut.by/economics/444901.html (검색일 : 2015.4.23)

알렉산드르 루카셴코 벨라루스 대통령은 2015년 4월 2일 블룸버그와의 인터뷰에서 화폐동맹 또는 단일통화 도입 문제는 유라시아경제연합의 의제에서 가장 마지막 문제로 현 시점에서 논의할 대상이 아니라고 부정적 의견을 보였다. "아스타나 3자회담에서 단일통화 문제를 논의했을 때도 푸틴 대통령이 보다 깊은 경제적 협력을 위해서는 단일통화 문제를 언젠가 제기해야 한다고 이야기 했다. 물론, 유럽연합에서 유로가 나왔기 때문에, 단일통화 문제를 제기할 수 있으나 이것은 현재의 문제가 아니다"라고 강조하였다.[36] 루카셴코 대통령은 전문가들 간에 이 문제에 대한 논의는 가능하겠지만 유라시아경제연합이 해결해야 할 문제와 도전과제들이 산적해 있기 때문에 단일통화 도입은 시기를 특정할 수 없는 아주 먼 장래의 문제이며 그때까지 유라시아경제연합이 존재할 수 있을지도 모른다며 사실상 반대 입장을 피력하였다. 따라서 유라시아경제연합 정상들 간에도 화폐통합에 대한 이해나 합의가 이루어지지 않은 상태이다.

러시아 내에서도 이견이 존재하는 것처럼 보인다. 푸틴 대통령의 지시와는 달리, 이고르 슈발로프 제1부총리는 화폐동맹의 문제는 전문가들 차원에서 논의 중이며 이와 관련된 많은 문제들이 있기 때문에 서둘러서는 안 된다는 입장이다.[37]

이러한 단일통화 도입에 대한 유라시아경제연합 주요 회원국들의 부정적인 입장은 피지배적 경험에 기초한 구소련으로의 회귀 가능성에 대한 정치적 불신에 기인하고 있다. 즉, 러시아를 제외한 카자흐스탄, 벨라루스 등 주요 회원국들은 경제적인 측면의 협력은 가능하지만 화폐통합으로 인한 경제적 주권인 통화정책의 상실과 정치적 통합체로 발전하는 것에 대해서는 거부감을 갖

---

[36] "Лукашенко сомневается в актуальности вопроса о единой валюте в ЕАЭС", http://ria.ru/economy/20150402/1056092896.html (검색일: 2015.4.23)

[37] "Шувалов: создание валютного союза в рамках ЕАЭС обсуждается пока на уровне экспертов", http://www.banki.ru/news/lenta/?id=7866566 (검색일: 2015.4.24)

고 있다.

하지만, 1998년 외환위기와 2007년 미국의 서브프라임 모기지 사태와 2008년 9월의 리먼브라더스의 파산을 기점으로 한 글로벌 금융위기, 2014년 우크라이나 사태에 따른 경제위기를 겪으면서 달러화 중심의 국제 통화 질서를 벗어나 역내 국가들 간 금융통화협력의 필요성에 대한 공감대가 형성되어 있다는 점에서 화폐통합에 대한 정치적 결단의 가능성도 높다. 실제로 푸틴 대통령이 2015년 3월 아스타나에서 화폐동맹 창설을 제안하면서 "서로 어깨를 맞대야 외부의 금융, 경제 위협에 대응하고 공동의 시장을 보호하기 더 쉽다"고 주장했다. 그리고 2009년에 나자르바예프 카자흐스탄 대통령은 글로벌 금융위기에 대처하는 가장 효율적인 수단으로서 구소련권 내 초국적 통화 창출을 주장하였다. 벨라루스는 1999년 12월에 러시아와 국가연합(Union State) 창설 조약을 체결하고 통화 단일화 및 국가연합 대통령 선출 문제까지도 검토하기도 했다.

유럽화폐통합의 경험이 보여주듯이 국제적, 지역적 차원에서 전개되는 정치적 역학관계가 화폐통합의 장애요인이 아니라, 오히려 이를 진전시키는 정치적 소재로 작용할 수 있다. 유럽화폐통합을 추동한 일차적 요인이 달러화 중심의 국제통화질서가 야기한 경제적 교란에 있었다면, 국제통화질서의 수정이라는 공통의 이해관계 속에서 전개된 유럽 국가들 상호 간의 정치적 갈등과 경쟁이 화폐통합의 제도적 진화과정을 결정하는 요인이었다. 패권적 국제통화질서로부터의 독립이라는 공통의 이해관계가 통화협력이라는 경로로부터의 이탈을 불가능하게 하는 상황 속에서, 개별 국가의 이해관계 차이에 따른 정치적 갈등은 통화협력의 제도적 형태를 개혁하는 것으로 나타날 수밖에 없었던 것이다. 국제통화질서의 수정에 대한 공동의 목표가 뚜렷한 이상, 역내 국가들 간 정치적 갈등구조는 통화협력의 장애물이 아니라 그 진화의 소재가 되는 것이다.[38] 또한 유럽연합의 의사결정과정이 힘의 논리에 따라 독일과 프랑스와 같은 통합 주도국간의 최소공배수에 의존하였고 여타 참여국은 협박과

회유의 과정을 통해 통합에 동참하였던[39] 것처럼 러시아 주도의 유라시아경제 연합과 화폐통합 역시 러시아의 의지와 정책 추동력이 중요하게 작용할 것이다. 이를 위해서는 러시아의 경제 회복과 안정이 필수적이다.

5. 결론 : 유라시아경제연합 화폐통합의 과제

푸틴 대통령의 유라시아경제연합에서 화폐동맹 제안은 구소련 국가들 사이에 화폐동맹을 형성하고자 하는 첫 번째 시도가 아니다. 1991년 소련이 해체되었을 때, 15개 모든 소련의 공화국들은 소비에트의 루블을 자신들의 통화로 계속 사용하였다. 소련의 중앙은행이었던 고스방크Gosbank의 각 지역의 지점이 새로 독립한 국가들의 중앙은행이 되었다. 러시아의 중앙은행이 제1인자로서 화폐를 발행하는 독점권을 갖고 있었지만 전반적으로 통화량을 적절히 통제하는데 실패하였다. 그 결과는 극심한 혼란이었다. 효과적인 통화정책의 부재로 인플레이션이 루블 지역 전체로 급속히 확산되었다. 개별 회원국들의 중앙은행이 지역의 이익을 위한 시스템으로 승부를 겨루면서 상황은 더욱 악화되었다. 전체 프로젝트는 빠르게 붕괴되었고 에스토니아, 라트비아, 리투아니아가 가장 먼저 루블을 포기하고 자신들의 통화를 도입하였다. 전쟁으로 인해 1995년까지 루블 체제를 유지한 타지키스탄을 제외하고 1993년 말까지 구소련 공화국 모두가 루블을 포기하였다. 실패한 통화실험은 경제적 혼란을 야기하였고 옐친 통치 기간 동안 내내 계속 되었고 민주주의 전망도 위태롭게 하

---

[38] 물론 상반된 주장도 존재한다. 동아시아의 통화협력과 관련된 많은 연구들은 최적통화지역 이론의 관점에서 동아시아의 통화연합을 위한 경제적 조건이 성숙해 있음에도 불구하고 동아시아의 화폐통합의 가능성이 희박한 것은 정치적 조건의 미성숙, 특히 식민지 지배의 경험에 기초한 역사적 갈등과 역내 정치적 역학구조, 그리고 불개입주의 원칙에 따른 제도적 결핍 등의 문제가 화폐통합에 대한 정치적 지지의 창출을 가로막고 있기 때문이라는 것이다. 배병인, 앞의 논문, 113~114쪽.

[39] 신관호·왕윤종·이종화, 앞의 논문, 102쪽.

였다. 따라서 유라시아화폐동맹에 대한 회의론자들은 1990년대 루블 지역으로부터의 사례를 통해 이 모든 것을 푸틴이 거의 가망 없는 아이디어를 추진하려고 하는 것처럼 보인다고 비판한다.[40]

사실, 전문가 그룹에서는 유라시아경제연합의 화폐통합에 대해서 회의적인 시각이 주류를 이루고 있다. 유라시아의 화폐통합이 유럽과 같은 과정을 거치게 될 것이라고 전망하는 것은 현 시점에서 의미가 없을 수 있다. 유라시아경제연합의 화폐통합에 대한 논의는 아직 시작에 불과하다. 유럽의 화폐통합도 수많은 갈등과 좌절이 반복된 진화적 과정이 있었다는 점을 상기할 때 유라시아경제연합에서 화폐통합에 대한 정치적 합의를 도출하기란 그리 쉬운 일이 아닐 것이다. 화폐통합은 단기간에 이루어질 수 있는 성격의 것이 아니며 점진적인 통합과정을 거쳐서 성사되는 것이 합리적이라고 할 수 있다. 특히 통합과정에서 서로 다른 국가들 간 이해관계를 조정해야 하는 필요성 때문에 각 단계별로 조정과 설득의 시간이 소요될 것이다. 또한 화폐통합을 위한 최종 단계에 이르기 위해서는 거시경제적 성과에 대하여 일정한 수렴이 요구되는데 마스트리히트 조약에서와 같이 경제적 수렴조건의 종류와 기준에 대해 모든 참가국이 동의할 수 있어야 한다. 유럽의 경우 1990년대 초반만 해도 재정적자, 이자율, 인플레이션 등에 대해 많은 격차가 존재하였고, 이러한 경제적 격차를 과연 줄일 수 있을 지에 대해 회의론이 제기되었다는 점을 상기할 필요가 있다.[41]

본문에서 분석하였듯이 OCA이론에 따르면, 화폐동맹의 단점을 보완하기 위해 구조적 유사성, 시장의 유연성, 재정의 중앙집권화가 필요하다. 그러나 이러한 기준에서 EEU의 수준은 낮은 것으로 나타나고 있다. 즉 OCA이론에

---

[40] Ed Dolan, "Does Putin's Proposed Eurasian Currency Union Make Sense?" http://www.economonitor.com/dolanecon/2015/03/23/does-putins-proposed-eurasian-currency-union-make-sense/ (검색일 : 2015.4.12)

[41] 신관호・왕윤종・이종화, 앞의 논문, 129쪽.

입각한 경제적 조건이 충족되기 어려운 환경인 것이다. 아울러 정치적 환경도 EEU 회원국의 각 입장이 부정적인 것으로 나타나고 있다. 하지만 현 EU가 유로화를 쓰게 되면서부터 발생하게 된 난제는 바로 통화정책(ECB)과 재정정책(EU 회원국)의 불일치에서 기인한다. 전자가 경제적 부분이라고 한다면, 후자는 정치적 부분이다. EU의 경우는, 현재 그리스 사태에서도 보다시피, 경제적 문제를 정치적 과정을 통해 해결하려는 시도를 하고 있다. 물론 EEU가 현재 EU의 통합 수준에는 미치지 못하지만, EU 역시 역사적 굴곡 과정에서 여러 정치적 타협이 존재했었다. 따라서 EEU 화폐통합은 당분간은 불가능하겠지만 향후 논의 및 협상을 통해 점진적으로 당면한 과제들을 해결해 나가야 한다.

유럽의 경험을 근거로 볼 때 통합은 항상 참여하는 국가들 간의 이해관계에 충돌을 야기했으나, 개별국가의 이해관계를 뛰어넘는 지역공동의 이득을 창출할 수 있는가 여부가 통합의 성패를 결정하게 된다. 따라서 공동의 이득을 창출하기 위한 노력이 우선되어야 할 것이다.[42]

현 시점에서 유라시아경제연합 국가들의 화폐통합의 필요성은 국가별로 서로 다르나 역내 환율안정을 도모하고 점차 증가하고 있는 역내 교역을 안정적으로 확대하여 장기적으로 경제통합의 기초를 삼을 수 있다는 점에서 필요성이 인정되는 것은 사실이다. 역내 교역비중이 지속적으로 증가할 경우 역내 환율안정의 필요성은 더욱 커지며 또한 화폐교환비용을 줄이기 위해서 단일통화를 채택하려는 동기가 커질 것으로 보인다. 그러나 이러한 경제적 동기보다는 유라시아경제연합 화폐통합의 실현 가능성은 결국 정치적 의지에 달려 있으며 이러한 정치적 의지는 참여국들이 어떠한 공통의 목표를 도출하며 이 목표에 공감하는지의 여부, 그리고 이를 실현하기 위한 정치적 의지가 얼마나 강한지에 달려 있다.

최적통화지역(OCA)에 기초한 경제조건의 수렴에 주안점을 두고 각국이 경

---

[42] 위의 논문, 134쪽.

제정책을 추진하되 유라시아경제연합 국가 중 키르기스스탄을 제외한 모든 국가가 강력한 대통령의 리더십에 의해 움직이는 국가라는 점을 고려할 때, 화폐통합에 대한 정치적인 의지나 결단이 필요한 시점이다. 유로화의 도입 역사에서 보듯이 유로화 도입의 결정적인 계기는 90년 독일 통일과정에서 협상의 산물로 경제적 동기보다는 정치적 이유가 더 크게 작용하였다는 점을 상기할 필요가 있다.[43] 또한 최근 유로화 시스템의 위기는 유로존의 규모가 너무 방대해지면서 회원국간 경제적 격차가 커지고 무역불균형이 심해지면서 발생했다는 점에서 5개국인 EEU와는 상황이 다르다는 점을 러시아는 적극적으로 회원국들을 설득할 필요가 있다.

그리고 단일통화 도입에 앞서 몇 가지 협정들이 먼저 이행되어야 한다. 2015년 말까지 상품 시장에 존재하는 모든 장애요인(비관세장벽)들이 제거되어야 한다. 2016년부터 의료제조 및 의약품의 단일시장 설립이 예정되어 있다. 2019년에 에너지 시장의 모든 문제가 해결될 예정이다. 2025년부터는 석유 및 가스 단일 시장이 형성될 것이다. 금융서비스시장의 설립이 유라시아경제연합의 마지막 완성 단계가 될 것이다. 2025년에 금융시장을 규제하는 다기능적 기관 설립이 예정되어 있다. 이러한 단계가 완료된 이후에야 단일통화 도입이 가능하다. 따라서 현재 고려될 수 있는 화폐통합의 대안은 당장 협력의 필요성이 제기되는 분야를 중심으로 금융협력을 추진해나가는 것이다.

예를 들어, 화폐동맹 설립에 앞서 달러, 유로 등 제3국의 통화 결제를 감소시키고 유라시아경제연합 회원국 간 국가통화의 결제 비중을 높이는 등 몇 가지 과제를 실행하여야 한다. 유라시아경제연합 회원국 기업들이 국가통화로

---

[43] 독일 통일이 없었다면 유로화 탄생이 훨씬 뒤로 미뤄졌을 가능성이 높다. 왜냐하면 1871년 비스마르크의 프로이센 이후 두 번째로 등장한 통일 독일에 대해 유럽 각국에서는 통일 후 더 강대해질 독일이 유럽통합의 틀을 깨지 않을까하는 우려가 커졌다. 이에 대해 당시 서독의 헬무트 콜 총리는 통일 독일이 계속 '유럽의 틀' 안에서 유럽통합에 적극적일 것임을 입증하는 증표로 마르크화를 포기하고 유로화 출범에 합의하였다.

결제하는데 법적 장애요인은 없다. 따라서 상호 결제에서 국가통화 사용을 확대하기 위해서는 무엇보다도 통화 리스크를 감소시키고 통화의 유동성을 높이고 정부 및 기업들의 국가통화 결제 수요를 증가시키고, 국가통화로 결제시 거래비용을 줄이기 위한 체계적 작업이 요구된다.

현재 유라시아경제연합 회원국의 기업들이 상호 결제에 사용하는 주요 국가통화는 러시아 루블이다. 상호 결제에서 루블의 비중은 50~60%이다. 상호 결제에서 2위와 3위를 차지하고 있는 달러와 유로의 점진적 교체가 화폐통합의 과제이다. 이를 위해 러시아는 루블화가 국제결제통화로서 기능할 수 있도록 통화가치의 안정화와 국제적 신뢰를 받을 수 있는 조건을 만들어 가야 한다. 유라시아경제연합 국가들 간 대외교역에서 수출업자들이 자국의 국가통화로 결제하도록 하는 관례를 만드는 것도 실질적인 조치가 될 수 있다. 또한, 유라시아경제연합 회원국 간 국가지불시스템의 호환성을 보장하고 공동의 결제 인프라를 구축하여야 한다.

최근 문제화 되고 있는 유로존의 위기는 재정 통합이 미미한 통화동맹이라는 유로의 태생적 한계 때문이다는 지적이 많다. 개별 국가의 고유 권한인 통화정책은 유럽중앙은행(ECB)이라는 초국가적 기구에 이양되었지만 조세와 재정 지출 등의 재정정책은 유로존 회원국이 권한을 행사해 왔다. 유럽 차원에서는 회원국의 재정정책에 대해 느슨한 감독만 가능하다. 마찬가지로 유로존 내 불균형(Euro zone imbalance) 조정 메커니즘이 없다. 이러한 문제점을 개선하기 위해 유로존은 은행감독과 정리 등의 국가 핵심 권한을 유럽 차원으로 이양하는 은행동맹(banking union)에 합의하였다. 자산 규모가 300억 유로 이상의 금융기관은 유로존 단일감독기구의 직접적인 감독을 받는다. 유로존 회원국 금융기관의 정리도 단일기구가 맡게 되었다. 유로존은 아울러 5,000억 유로 규모의 상설 구제금융기구인 유럽안정메커니즘(ESM)도 구축하였다. 유로존은 은행동맹에서 더 나아가 2025년까지 경제통화동맹을 완성하자는데 의견의 일치를 보았다. 이 계획에는 유로존의 재무부 설립이 포함되어 있다.[44] 아직 먼

장래의 일이지만 유로존과 같은 실패와 위기를 최소화하기 위해서는 유라시아경제연합의 화폐통합 과정에서 통화정책뿐만 아니라 재정정책까지도 협력하고 통합할 수 있는 안을 미리 준비하여야 한다.

유라시아경제연합 국가 간의 화폐통합을 위해서는 가장 중요한 과제인 화폐교환비율의 결정이다. 따라서 본 논문에서 다루지 못했던 EU와 동서독의 화폐통합사례를 통한 추가적인 연구를 과제로 남기고자 한다. 또한 유라시아경제연합의 화폐통합에 따른 무역 및 성장에 미치는 경제적 효과 분석,[45] 그리고 경제적 문제 이외에 화폐동맹에 부수될 수 있는 정치적, 사회적 쟁점들 역시 앞으로 논의되어야 할 과제이다.

참고문헌

김은경, 「최적통화지역이론에 대한 검토: 특화 vs. 내생성」, 『국제지역연구』 제8권 2호, 2004.
김익수, 「EU 화폐통합의 진전현황과 국제경제적 파급효과」, 『경영논총』 42권, 1998.
김흥종・강유덕・이철원・이현진・오태현, 『유로존 10년의 평가와 향후 과제』, KIEP 연구보고서 10-15, 2010.
문우식・윤덕룡・이영섭, 「아시아 위기 및 유로화 출범에 대비한 동아시아 통화・금융협력」, 한국은행 『경제분석』 Vol.6 No.2, 2000.
배병인, 「화폐통합의 정치적 동인: 유럽의 경험과 동아시아의 함의」, 『한국과 국제정치』 제27권 제4호 2011년(겨울) 통권 75호, 2011.
변현섭・김영진, 「러시아 내 이주노동자 문제와 정책적 과제: CIS 국가 간의 노동이주를 중심으로」, 『아태연구』 제22권 제1호, 2015.
서양원, 「화폐통합이론과 남북한에의 적용」, 『통일연구』 제12권 제1호, 2008.

---

[44] 안병억, 「그리스 비극 격은 유로존 2025년엔 경제통화동맹 격상」, 『중앙일보』, 2015년 7월 11일.
[45] Alesina, Barro and Tenreyro(2002), Rose and Engel(2002) 등은 화폐통합이 무역에 긍정적인 효과를 갖는다고 주장한다. 하지만 Thom and Walsh(2002)처럼 화폐통합이 무역에 영향을 미치지 않는다고 주장하는 연구도 있다.

신관호・왕윤종・이종화,『동아시아 화폐통합의 비용, 편익분석과 정치경제적 함의』, 대외경제정책연구원, 2003.

장봉규,「남북한 통화통합의 과제」, 한국국민경제학회『경제학논집』제10권 제2호, 2001.

이영섭,「유로의 도입과정과 남북한의 점진적 화폐통합: 통화경쟁논의를 중심으로」,『EU학 연구』7권 1호, 2002.

안병억,「그리스 비극 격은 유로존 2025년엔 경제통화동맹 격상」,『중앙일보』2015년 7월 11일.

Alesina, A., Barro, R. J., and Tenreyro, S., "Optimal Currency Areas", *NBER Working Paper* No.9072, National Bureauof Economic Research, 2002.

Bayoumi T., Eichengreen B., and Mauro P., "On Regional Monetary Arrangements for ASEAN", *Journal of the Japanese and International Economics* 14, 2000.

Chaplygin V., Hallet A.H. and Richter C., "Monetary integration in the ex-Soviet Union: A union of four?", *Economics of Transition* Volume14(1), 2006.

Chaplygin V., "Russian and Belarus Monetary Union: Phantom or Reality?", *Intereconomics* January/February, 2004.

De Grauwe, P., *The Economics of Monetary Integration*, 3^{rd}ed., Oxford University Press, 1997.

Eichengreen, B. and Bayoumi, T., "Is Asia an Optimum Currency Area? Can It Become One?: Regional, Global, and Historical Perspectives on Asian Monetary Relations, in: Collignon, S., Pisani-Ferry, J. and Park, Y. C. (eds), *Exchange Rate Policies in Emerging Asian Countries*, London: Routledge, 1999.

Frankel, Jeffrey A. and Andrew K. Rose, "Is EMU More Justifiable Ex Post than Ex Ante?", *European Economic Review* Vol.41, No.3, 1997.

_____, "The Endogeneity of the Optimum Currency Area Criteria", *Economic Journal* Vol.108, No.449, 1998.

Masson, P. and Pattillo C., "Monetary Union in West Africa", *International Monetary Fund Occasional Paper* 204, Washington DC, 2001.

Kenen, Peter B. and Ellen E. Meade., *Regional Monetary Integration*, Cambridge and NewYork: Cambridge University Press, 2008.

Kwan, C.H., *The Theory of Optimum Currency Areas and the Possibility of Forming a Yen Bloc in Asia*, Nomura Research Institute, mimeo, 1998.

Mundell, R., "A Theory of Optimal Currency Area", *American Economic Review* 51(4), 1961.

Rose, A.K. & Engel, C., "Currency Union and International Integration", *Journal of Money, Credit, and Banking* 34, 2002.

Thom, R. & Walsh, B., "The Effect of a Currency Union on Trade : Lessons from the Irish Experience", *European Economic Review* 46, 2002.

CIA, the World Factbook https://www.cia.gov/library/publications/the-world-factbook/ (검색일 : 2015. 5.10)

Ed Dolan, "Does Putin's Proposed Eurasian Currency Union Make Sense?" http://www.econo monitor.com/dolanecon/2015/03/23/does-putins-proposed-eurasian-currency-union-m ake-sense/ (검색일 : 2015.4.12)

"Валютный союз ЕАЭС поначалу может включить не все страны", http://www. mk.ru/politics/2015/03/20/valyutnyy-soyuz-eaes-ponachalu-mozhet-vklyuchit-ne-vse-st rany.html (검색일 : 2015.4.18)

"Валютный союз ЕАЭС и дедоларизация", http://www.centrasia.ru/newsA.php?st= 1427991000 (검색일 : 2015.4.23)

"Казахстан исключает возможность введения единой валюты в Евразийском союзе", http://news.tut.by/economics/444901.html (검색일 : 2015.4.23)

"Кудрин раскритиковал идею Д.Медведева о создании валютного союза", http://top.rbc.ru/economics/22/06/2012/656312.shtml (검색일 : 2015.5.24)

"Лукашенко сомневается в актуальности вопроса о единой валюте в ЕАЭС", http://ria.ru/economy/20150402/1056092896.html (검색일 : 2015.4.23)

Кнобель, А., "Телега впереди лошади : может ли ЕАЭС стать валютным союзом?" http://daily.rbc.ru/opinions/economics/25/03/2015/551163d79a794790e832f4bb (검색일 : 2015.5.3)

"Шувалов : создание валютного союза в рамках ЕАЭС обсуждается пока на уровне экспертов", http://www.banki.ru/news/lenta/?id=7866566 (검색일 : 2015.4.24)

제6장 유라시아경제연합 구축과 러시아 에너지전략*

김상원

1. 서론

2011년 10월 당시 수상이었던 푸틴의 「유라시아의 새로운 통합 프로젝트 - 오늘 태어난 미래」라는 기고문이 『이즈베스찌야Известия』에 실리면서 유라시아 대륙에 긴장을 불러일으켰다. 그는 이전에도 "1991년 소비에트 연방의 붕괴는 20세기 최대의 지정학적 비극이다"라고 발언한 적이 있기 때문에 서방에서는 이 기고문이 소련의 부활을 선언한 것이라고 간주하였다.[2] 서방은 푸틴이 주장하는 새로운 통합 프로젝트인 '유라시아경제연합'은 과거 소비에트 연방과 같은 러시아 중심의 연합이라고 생각할 수밖에 없다고 하였다. 이유는

---

* 본 논문은 2015년 12월 『슬라브학보』 30권 4호에 게재했던 「유라시아 경제연합 구축과 러시아 에너지전략」을 수정 보완한 것임.

[1] Новый интеграционный проект для Евразии — будущее, которое рождается сегодня
http://izvestia.ru/news/502761#ixzz3riM7oQgs (검색일: 2015.9.21)

[2] Back to the USSR? Putin raises fears of return to Cold War days with plans for 'Eurasian Union' of former Soviet states
http://www.dailymail.co.uk/news/article-2045186/Vladimir-Putin-Eurasian-Union-plans-raise-fears-return-Cold-War-days.html (검색일: 2015.9.23)

이 기고문이 게재된 신문이 과거 소련 정부의 기관지였기 때문이다.

푸틴은 러시아가 강력한 초국가적 통합 모델을 유라시아 지역 국가들에게 제안함으로서 다극화된 국제사회에서 하나의 축이 됨과 동시에 유럽과 아시아 및 태평양 지역을 하나로 묶을 수 있는 역할을 수행할 수 있는 효과적인 연결 고리가 될 것이라고 주장하였다. 즉 러시아가 주도하는 관세동맹을 구소련 지역으로 확대 발전시켜 대서양에서 태평양까지를 연결하여 새로운 경제권인 유라시아경제연합을 구축하는 것이다. 유라시아경제연합은 유럽연합을 롤 모델로 통합 화폐 및 중앙은행 도입과 참가국들의 생산 잠재력 제고 그리고 수송·물류 및 인프라 잠재력을 결집함으로서 큰 성과를 얻을 수 있다고 강조하였다. 마지막으로 참가국들의 정치적 주권은 유지되며, 향후 유럽연합 및 아시아 국가들과도 균형 잡힌 경제통합 구축이 목표라고 밝히고 있다.

그러나 유라시아경제연합에 대한 서방의 시각은 소련의 재건을 노리는 푸틴의 제국주의적 야망일 수 있다는 우려를 지속적으로 표명하였다. 이때마다 푸틴은 이러한 시각에 대해 명확하게 부정하였다. 그리고 유라시아경제연합은 유럽을 확대하는 정책의 일환으로 추진되는 것이며, 자유와 민주주의, 시장원리 등 글로벌 공통의 원칙에 입각한 것이라고 주장하였다. 또한 경제의 개방도 적극 추진하여 세계경제와의 적극적인 통합도 추진할 것이라고 강조했다. 또한 유럽연합은 이미 소련이 실시했던 통합보다 더 심화한 형태를 보이고 있다고 지적하기도 하였다.

하지만 소련 해체를 안타까워하는 푸틴이 구소련 국가들에 대한 영향력을 회복하고 밀접한 관계 설정을 시도하는 것은 분명히 러시아의 경제적 이익을 확보하기 위함이다. 즉 유라시아 지역의 거대한 경제권 형성을 러시아가 주도하면 유럽과 아시아의 경제를 직접 연결시키는 역할도 수행하게 되며, WTO와 큰 갈등 없이 경제적 이익을 취할 수 있다.

푸틴은 독립국가연합 지역 내에서 협력은 러시아에게 무조건적인 우선 과제라고 주장하고 있다. 그리고 유라시아경제연합은 이 지역에서 국가 간 경제

활동의 효율성을 높이고, 국제적 권위와 위상을 높여 나갈 것이라고 말하고 있다. 역내 국가의 경제구조 불균형과 세계경제 환경 악화 등 많은 불안정 요인이 있다는 것도 인정하면서, 신중하게 정책을 수립하여 협력을 수행함으로서 국제사회에서 또 다른 하나의 축이 될 수 있다는 의지를 표명하고 있다.

그 동안 푸틴은 목표 달성을 위해 계획을 세우고 추진하면서 자신의 생각을 실현해왔다. 유라시아경제연합 추진이 선거에서 목적을 달성하기 위한 시나리오의 일부라는 의견도 있다. 그러나 유라시아경제연합 추진 과정은 실제로 구소련 국가들을 자극하고 있으며, 이는 현재도 진행 중이다. 실제로 유라시아경제연합이 푸틴이 주장한 수준까지 발전할지는 미지수이지만, 최소한 러시아와 연대를 맺고 있는 국가들은 러시아에 동조할 것이다. 따라서 향후 발전 성과는 푸틴의 역량에 달려 있다고 할 수 있다.

이러한 측면에서 유라시아경제연합의 추진 동력에 대한 분석은 매우 중요하다고 할 수 있다. 지금까지의 연구는 주로 유라시아경제연합의 실현 가능성 문제와 운영 시스템에 대한 분석 및 평가로 진행되어 왔다.[3] 기존의 연구와 차별성을 가지기 위해 본고는 유라시아경제연합 추진 주체인 러시아의 정책 변화를 에너지 전략의 변화를 통해서 살펴보고자 한다.

이에 본고는 우선 러시아의 유라시아경제연합의 구상과 현 주소를 분석해 본다. 이유는 유가 상승을 통해 호황을 누리던 러시아가 글로벌 경제 불황과 우크라이나 사태 등 최근 경제에 악재가 겹치면서 그 기반이 흔들리고 있다는 우려가 있기 때문이다. 이 경우 푸틴이 구상하는 유라시아경제연합은 장애를 극복하기 어려울 수도 있다. 따라서 에너지 경제를 기반으로 성장한 경제력을

---

[3] 강봉구, 「유라시아경제연합(EEU)과 EU」, 『슬라브 연구』 30권 4호, 2014.
김병호, 「유라시아연합의 정체성과 실현가능성」, 『러시아연구』 22권 1호, 2012.
김영진, 「독립국가연합(CIS) 유라시아경제연합(EEU) 출범」, 『CHINDIA Plus』 102권, 2015.
변현섭, 「유라시아경제연합의 화폐통합 가능성 평가와 과제」, 『슬라브 연구』 31권 3호, 2015.
이상준, 「유라시아 경제연합의 원심력과 구심력」, 『러시아연구』 24권 2호, 2014.

바탕으로 추진하고 있는 유라시아경제연합의 전망을 지금 현재 가장 큰 타격을 주고 있는 우크라이나 사태를 통해서 분석해 본다. 다음으로는 유라시아경제연합의 새로운 추진 동력을 확보하기 위해 새롭게 제시한 에너지 전략의 변화 즉 러시아 에너지전략 2035를 살펴봄으로서 가능성을 타진해 본다. 마지막으로 유라시아경제연합의 경쟁상대로 등장한 중국과 중국의 일대일로 정책의 한 축인 실크로드 경제벨트와의 협력 가능성을 살펴봄으로서 향후 전망을 해 본다.

2. 유라시아 통합 추진

1) 푸틴의 구상

푸틴 대통령은 2011년 10월 세 번째 대선 출마 선언 표명과 2014년 발다이 클럽 회의 연설에서 러시아 대외정책의 주요 과제 중 하나로 유라시아 통합의 추진의 중요성을 강조하였다.[4] 현재 러시아는 우크라이나 문제로 인하여 서방과의 관계가 악화되어 유라시아 통합 추진 계획에 차질을 빚고 있다. 그럼에도 불구하고 러시아는 영향력 확대를 위해 지속적으로 독립국가연합 국가들에 대한 외교를 적극적으로 추진하고 있다.[5] 즉 유라시아경제연합 구축을 위해 러시아를 중심으로 독립국가연합 국가들과의 정치적 및 경제적 연대 강화

---

[4] Full transcript of President Putin's speech to the Valdai International Discussion Club
http://wakeupfromyourslumber.com/full-transcript-of-president-putins-speech-to-the-valdai-international-discussion-club/ (검색일 : 2015.9.25)

[5] Армения вступила в Евразийский экономический союз
http://www.rbc.ru/politics/02/01/2015/54a6416d9a794732f47760a2 (검색일 : 2015.9.25).
Кыргызстан официально вступил в Евразийский экономический союз
http://gordonua.com/news/worldnews/Kyrgyzstan-oficialno-vstupil-v-Evraziyskiy-ekonomicheskiy-soyuz-93779.html (검색일 : 2015.9.25)

를 추진하는 것이다. 우크라이나 사태는 러시아의 유라시아 통합 추진을 더욱 자극하는 계기가 되었다. 푸틴 대통령은 2014년 3월 우크라이나 사태에 대한 서방의 개입은 러시아의 유라시아 통합에 반대하는 행위라고 생각한다고 발언하였다.[6]

따라서 푸틴은 2014년 5월 카자흐스탄의 아스타나에서 개최 된 유라시아 경제위원회에서 벨로루시 및 카자흐스탄과 함께 유라시아경제연합 결성에 합의하였고, 이 기구를 2015년 1월 1일부터 출범시켰다. 이 합의의 내용은 러시아와 벨로루시 그리고 카자흐스탄 간의 경제 통합을 더욱 가속화하기 위해, 자유무역지대 설립, 금융 협력, 상품, 서비스, 자본 및 노동의 이동 자유를 보장하고 있다.[7] 러시아는 유라시아경제연합을 통해 국가의 주권을 안정적으로 유지하면서 경제협력을 보다 강력하게 할 수 있다고 주장하였다. 유라시아경제연합의 계획은 2016년 1월부터 시장을 단일화하고, 2019년까지 공동 전력 시장 창설, 2025년까지 공동의 금융 조정기구를 설치, 반독점, 공동의 외환 및 금융 정책 수립, 공동 에너지 시장을 창설하는 것이 목표이다.

그러나 일부 전문가들은 러시아, 벨로루시 그리고 카자흐스탄 3국 간 장기적인 협력 관계의 강화에 대해서는 의문을 제기하기도 하였다. 다양한 분야에서의 공동시장 창설과 유라시아경제연합 내에서 상품의 자유로운 이동을 위해서 각각 다른 법과 규제를 일치시키는 것이 필요한데, 이를 해결하기란 쉽지 않기 때문이다. 또한 유라시아경제연합 구축에 대한 각 국의 입장이 반드시 일치하지 않고 있는 것도 문제이다. 이러한 어려움에도 불구하고 러시아가 유라시아경제연합에 대한 지속적인 노력을 기울이는 이유는 통합 강화를 통해 새로운

---

[6] Philipp Casula, "The Road to Crimea : Putin's Foreign Policy Between Reason of State, Sovereignty and Bio-Politics", *Russian Analytical Digest* No.148, 2014, pp.3~4.
[7] Olga Samofalova, Historic agreement makes Eurasian Union a reality
http://rbth.com/business/2014/06/02/historic_agreement_makes_eurasian_union_a_reality_37113.html (검색일 : 2015.9.3)

구성원을 확대하고 서구에 대항 할 수 있는 러시아의 영향력 확대를 도모하려는 의도가 있다. 이와 같은 러시아의 입장에 대해 벨로루시와 카자흐스탄은 경계감을 가지고 있다. 벨로루시는 에너지 공급을 포함해 경제적으로 러시아에 크게 의존하고 있다. 러시아에 대한 의존성 때문에 벨로루시는 대외전략에서 선택의 폭이 좁아져 유럽연합과의 다양한 관계를 발전시킬 수 있는 계기를 잃어버리고 있다고 생각하고 있다. 실질적으로 벨로루시는 유라시아경제연합에 참여하여 얻는 경제적 이익에 대해 의문을 가지고 있다.[8] 카자흐스탄은 1994년 처음으로 유라시아경제연합에 대한 구상을 제시하였다. 유라시아경제연합의 필요성에 대해서도 자주 언급하고 적극적으로 참여는 하고 있지만, 러시아 주도의 통합 강화 움직임에 대해 전적으로 지지하는 것은 아니다. 카자흐스탄은 2014년 1월에 발표한 '2014년부터 2020년까지 카자흐스탄의 대외정책 개념'에서 카자흐스탄의 경제 발전 다각화 및 다양성 추진과 국익을 확보하는 것으로 규정하면서, 더욱 다양한 국가들과의 경제 협력을 추진한다고 제시하고 있다.[9] 2014년 1월 22일 다보스 포럼에서 나자르바예프 대통령은 호제 마누엘 바호주 EU 집행 위원장과 회담을 통해 카자흐스탄과 EU와의 파트너십 협력 협정 체결이 중요하다고 강조하기도 했다.[10]

따라서 러시아는 경제적 통합 추진 이외에도 군사 분야 협력도 유라시아 통합을 위한 중요한 요소로 간주하고 집단안보조약기구(Организация Договора о коллективной безопасности : ОДКБ)의 군사 협력 강화를 계속 도모하고 있다. 2014년 6월 모스크바에서 집단안보조약기구 국방장관 회의에서 우크라이나 정세를 고려한 군사 협력 강화의 문제가 검토되었다. 이 회의에서 집단안

---

[8] Matthew Frear, "Belarusian Perspectives on Eurasian Economic Integration", *Russian Analytical Digest* No.146, 2014, pp.10~12.

[9] Aida Abzhaparova, "Kazakhstan and Its Practices of Integration : (Re) Considering the Case of the Eurasian Economic Union", *Russian Analytical Digest* No.146, 2014, p.15.

[10] George Voloshin, "Kazakhstan Looking to the West to Ease Dependence on Russia", *Eurasia Daily Monitor* Vol.11, Issue 22, 2014. p.6.

보조약기구의 군사 조직 강화 방안으로 회원국에 대한 외부 위협이 발생할 경우, 회원국 간 상호 지원 문제와 집단안보조약 기구 테두리 내에서 공동 작전 계획이 승인되기도 하였다.

그리고 러시아는 유라시아경제연합을 지속적으로 추진하기 위해 에너지 산업의 수출을 주요 축으로 설정한 정책을 운영하여 안정적인 수입을 지속적으로 확보하기 위한 전략으로 재설정하기 시작했다. 또한 우크라이나 사태를 계기로 서구와의 대립 속에서 외교적으로 고립 심화를 겪으면서 러시아는 외교의 파트너로서 중국의 중요성을 다시 인식하기 시작하였다. 이와 동시에 유라시아경제연합 구상을 러시아 극동 지역의 발전을 중심으로 동아시아 국가와의 관계 강화 방안을 모색하기 시작했다.

2) 우크라이나 사태

최근 러시아의 유라시아경제연합 추진에 가장 큰 문제는 우크라이나 사태이다. 경제연합 추진을 위해서는 경제성장이 원동력이 될 수 있는데, 가장 핵심인 GDP 성장이 우크라이나 사태를 겪으면서 뒷걸음질을 치고 있다. 2015년 러시아 경제 성장률을 -3.9~-4.4% 수준으로 전망하고 있다. 2016년은 -0.5~-1.0% 수준으로 평가하고 있어 2016년에도 침체가 지속될 것으로 전망된다. World Bank와 IMF는 2015년 러시아의 경제성장률을 -3.8%, 2016년은 -0.6%로 전망하고 있다. 실질적으로 러시아나 국제금융기구 모두 성장에 대해 낙관적이지 않다.

〈표 1〉 러시아 경제성장율 추이 (단위 : %)

	2013년				2014년				2015년		
	1/4	2/4	3/4	4/4	1/4	2/4	3/4	4/4	1/4	2/4	3/4
전년 동기대비	0.8	1.0	1.3	2.0	0.9	0.8	0.7	-0.5	-3.1	-5.5	-0.4

| 전기 대비 | -0.1 | 0.4 | 0.9 | 0.6 | -0.5 | 0.0 | 0.0 | -0.2 | -2.2 | -2.4 | -0.5 |

출처: Росстат, Российский статистический ежегодник, 2014, М., 2015.
http://www.gks.ru/wps/wcm/connect/rosstat_main/rosstat/ru/statistics/accounts/#

    2013년에 1.3% 성장을 통해 완만한 회복을 기대하고 있었지만, 경기 후퇴가 아닌 퇴보 경향마저 나타났다. 2008년 글로벌 금융위기를 예상보다는 양호하게 극복한 러시아 경제는 2013년 결과를 긍정적으로 예측하였다. 이유는 당초 예상을 크게 밑도는 성장에 그쳤지만 그 주요 요인이 주력 수출 시장인 유럽 시장의 장기 경제 부진에 따른 경상 수지 악화와 치열한 자본 유출로 루블 인하 압력이 있었기 때문에 외부 문제가 더 크다고 평가했었다. 하지만 지속적인 경제 발전을 위한 경제구조 개혁이 늦어져 생산성이 향상이 이루어지지 않았고, 기업의 수익 폭 축소 때문에 체감 경기가 둔화되고 민간 부문 투자가 정체되는 등 내부적인 문제도 있었다. 또한 경제 성장의 원동력이었던 최종 소비도 실질 임금 상승률 축소로 GDP 성장에 악 영향을 미쳤다. 그리고 경제는 루블화 가치 폭락으로 투자가 정체되어 소비마저도 둔화되는 악순환이 지속되었다.

    그러나 2014년 경제 성장 전망은 플러스 성장이 예측되기도 하였다. 2% 이상으로 예측 된 배경에는 세계 경제, 특히 유럽과 신흥국의 경제 회복에 따른 러시아 국내 투자의 회복에 대한 기대가 있었다. 그러나 실제로는 러시아 경제에 큰 영향을 지닌 유럽연합 국가들의 경제가 장기 부채 문제로 인해 좀처럼 회복되지 못하면서 러시아에 타격을 주었다. 체감 경기가 회복되지 않는 상태에서 외부 시장의 긍정적인 영향이 미치지 못하면서 경제 침체는 지속되었다. 이러한 경제 상황을 더욱 악화시킨 것은 우크라이나 사태를 둘러싼 지정학적 긴장과 이로 인한 시장의 변화와 불안이다.

    러시아의 주식 시장과 외환 시장이 정치적 불안에 의해 충격을 받은 상황에서 서방에 의한 대對러시아 경제 제재가 이루어지면서 러시아에서 자본 유출이 가속화되어 소비 및 투자가 더욱 침체되었다.[11] 루블화 약세로 인하여 수입이 감소 추세에 있던 가운데 2014년 3월 첫 번째 경제 제재가 발표되면서 수입 대체 실시를 위한 국내 생산이 완만하게 확대되고 최종 소비가 뒷받침해주어서 플러스 경제 성장을 간신히 이룩하였다. 그러나 지정학적 불안 때문에 러시아에서 자본 유출은 지속되었고, 서방의 경제 제재에 의한 루블 약세와 인플레이션은 경제에 악영향을 미쳤다. 따라서 가계의 채무 부담이 확대되고 실질 임금의 성장도 억제되어 최종 소비의 성장은 기대하기 어려웠다.

가장 큰 타격을 받은 것은 투자 부문이었다. 러시아 경제의 구조적 문제로 인해 생산성이 늘어나지 않았고, 수익 폭이 장기적으로 축소되어 소비 둔화가 지속되었다. 그리고 정치 불안과 경제 제재에 의해 경제 전망이 더욱 불투명하여 외국인 및 국내 투자 비율은 큰 폭으로 떨어졌다. 특히 경제 제재에 의해 국외 자본 시장에서의 자금 조달이 어려워지자 기업들은 성장이 기대되는 분야에서 조차 투자 계획 연기와 축소를 실시하였다.

〈표 2〉 경상 수지 및 고정자본투자 (단위: 억 달러, %)

	2013년	2014년				2015년		
		1/4	2/4	3/4	4/4	1//4	2/4	3/4
경상수지	348	258	121	62	143	287	158	54
무역수지	1,819	505	517	453	423	443	430	282
서비스수지	-583	-111	-144	-186	-112	-84	-97	-121
자본수지	-4	-2	-1	100	-318	0	-2	0
산업생산 성장율	0.4	1.1	1.8	1.5	2.1	-0.4	-4.9	-4.2
고정자본증가율	-0.2	-5.3	-1.4	-2.4	-3.0	-3.6	-6.7	-6.8

출처: Росстат, Россий ский статистический ежегодник. 2014, М., 2015.
http://www.gks.ru/wps/wcm/connect/rosstat_main/rosstat/ru/statistics/accounts/#

11 США ввели секторальные санкции против РФ, ЕС ограничился подготовкой
http://ria.ru/economy/20140717/1016306947.html (검색일 : 2015.9.30)
Жюльен Веркей, Россий ская экономика и санкции. Оценка последствий украинского конфликта, Обсерво, М., 2014. 참조.

가장 큰 영향을 미친 것은 국제 유가의 하락이다. 2014년 11월 석유수출국 기구(OPEC) 총회에서 감산이 보류 된 것으로 유가는 하락하였고, 이 영향으로 루블화는 급락했다. 러시아 중앙은행은 12월 12일 기준 금리를 10.5%로 인상했지만 루블의 하락을 막지 못했다. 12월 16일에 정책 금리를 다시 17%까지 인상하고 대대적인 외환시장 개입을 실시할 수밖에 없었다.[12] 유라시아경제연합을 추진하던 러시아 경제는 구조적 문제와 함께 우크라이나 사태로 인한 경제 제재와 국제 유가 하락에 의해 초래된 루블 하락으로 사용할 수 있는 통화 정책의 여지가 급속히 축소되어 갔다.

　　러시아의 유라시아경제연합 추진의 또 다른 목표는 군사적 협력 및 강화이다. 그러나 서방의 제재는 군수 산업과 연관된 기업의 자금 조달을 제한하고, 방위산업 기술에 대한 러시아 수출도 금지되었다.[13] 이 제재는 서방의 고급 방위산업 기술 도입을 통하여 러시아 방위산업 및 기술의 향상을 도모함으로써 혁신 주도형 경제 현대화를 목표로 하고 있었던 러시아 정부에게 자금 조달 및 기술 도입 등 양면에 타격을 주었다. 따라서 러시아 정부는 2012년부터 본격적으로 추진해오던 방위산업 기술 개발 및 제도 개혁을 유지하기 위해 방위산업 위원회를 대통령 직속으로 변경하여 방위산업 정책의 운영 체제를 강화하였다.[14]

---

[12] *Банк России*, О ключевой ставке Банка России и других мерах Банка России, Банк России Пресс-служба, М., 2014. 참조.

[13] European Commission, *Commission Guidance note on the implementation of certain provisions of Regulation*, No 833/2014, Brussels : EC, 2015, 참조.

[14] *Центр анализа стратегий и технологий* , Государственные программы вооружения Российской Федерации : проблемы исполнения и потенциал оптимизации, М., 2015., с. 9.

3. 러시아 에너지 전략

1) 러시아 에너지전략 변화의 배경

러시아 에너지전략 변화의 가장 중요한 요인은 국제유가의 하락이다. 2014년 후반기 러시아 경제에 강한 영향을 미친 국제유가의 하락은 푸틴과 러시아 정부에게 예기치 않은 돌발적인 사건이었다. 국제유가의 하락으로 인한 러시아 경제의 상황은 점점 더 심각해지고 있다. 이 상황은 발다이 포럼 연설과 대통령 교서에서 서구의 동진이 러시아의 안전을 전면적으로 위협하고 있다는 의견을 피력하면서 더욱 악화되었다.

석유 가격은 2014년 6월 1배럴 당 115달러를 정점으로 떨어지기 시작했다. 가을에 접어들면서 90달러에서 70달러로 매달 하락세를 보였다. OPEC 총회에서 사우디아라비아의 석유 감산에 대한 강경한 대처로 석유 감산은 하지 않겠다는 결정이 나오자 60달러 대로 급락했으며, 연말에는 50달러 대로 떨어진 뒤 2015년에는 40달러 선에서 등락을 거듭하고 있다.

국제유가 하락의 요인으로는 우선 셰일가스 생산으로 국제 에너지 시장에서 OPEC과 가격 경쟁을 시작한 미국의 등장이다. 이와 연관하여 서아프리카의 미국에 대한 수출량 감소로 이 물량이 아시아 등 여타 시장으로 공급되는 것과 이라크와 리비아의 산유량 증가로 인해 물동량이 증가하기 시작했다. 다음으로는 신흥국 경제의 저성장 지속으로 인한 수요 둔화이다. 특히 신흥국의 경제성장 저하는 에너지 시장의 공급 과잉을 촉진시키는 요인이 되었다. 마지막으로는 양적완화 종료와 함께 시작된 달러화 강세이다. 기축통화인 달러화 강세는 다른 국가들의 화폐 및 모든 재화들의 상대적인 가격 하락을 불러 온 것이다.

석유와 천연 가스는 러시아 최대의 수출품이며, 정부 예산의 절반 이상을 차지하는 국가 최대의 자금원이다. 따라서 에너지 가격이 하락하면 러시아 경제는 혼란에 빠진다. 이러한 현상은 국제유가의 변화에 따른 러시아의 루블화의 변화 추이를 보면 쉽게 알 수 있다(표 3) 참조). 환율의 변화 이외에도 GDP 와 국제유가의 추이를 비교해도 양 지수가 밀접하게 연동하고 있는 것을 알 수 있다. 푸틴 정권이 탄생 한 2000년부터 2010년까지 푸틴 제1기, 제2기 시대는 석유 가격의 급등에 따라 7~10 %의 높은 성장을 유지할 수 있었다. 그러나 2008~2009년 발생한 글로벌 금융위기 이후 국제유가의 급락으로 인한 GDP 하락을 피할 수 없었다. 그 후 잠시 국제유가는 회복세를 보였지만 조금씩 내려 2014 년 가을 이후 유가는 급락하여 러시아 경제에 악 영향을 미치고 있다.

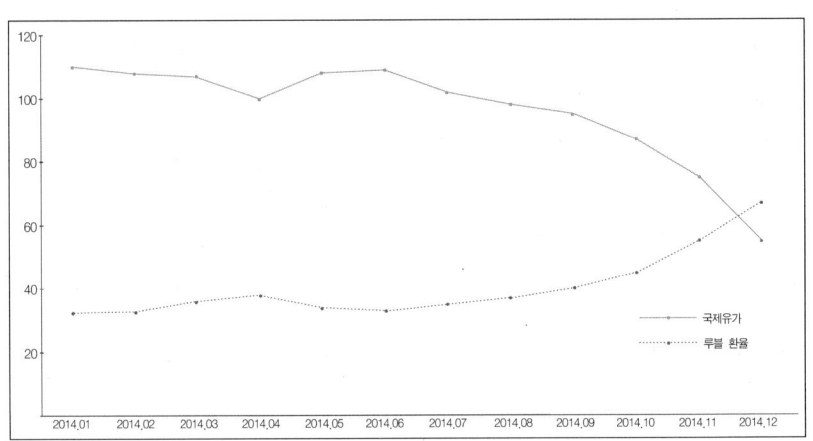

〈표 3〉 국제 유가와 루블화 변화 추이 (단위 : 달러)

출처 : Банк России, Статистического бюллетеня Банка России, М., 2014년 각 월호. 참조.

2014~2015년도 예산은 국제유가가 1배럴당 95~100달러를 전제로 계획되었으며, 95달러 이하로 하락하면 세입 결손이 발생하는 구조였다. 일반적으로 러시아 재정은 국제유가가 1달러 하락하면 세입 결손이 20억 달러 발생하는 것으로 알려져 있다. 국제유가가 60달러대로 하락하면 재정 위기는 불가피하다. 50~40달러 대에서 국제유가가 형성되면 러시아 경제에 큰 충격을 줄 가능성이 높다.[15]

정부 예산의 대폭 축소에 따른 국내 총생산의 하락도 불가피한 상황에서 2015년도 및 향후에도 마이너스 성장이 될 가능성이 크다. 따라서 러시아는 경제 성장 도모를 위해 대폭적인 세출 결손이 발생할 수 있는 대규모 프로젝트를 수행할 여력이 없다. 따라서 에너지전략의 수정을 통해 극동 및 시베리아지역 에너지 개발 계획이 전면적인 재검토를 할 수밖에 없는 상황이다.

국제유가는 소련 시기부터 소련 및 러시아 경제에 큰 영향력을 미쳤고, 푸틴정부가 들어서면서 부터는 국가의 향방을 결정하는 요소로서 더욱 강화되었다. 지난 몇 년 동안 국제유가가 1배럴 당 100달러 이상의 고유가를 유지하면서 막대한 석유·가스 판매 대금이 러시아 정부를 풍족하게 해주었다. 풍부한 외환 보유고를 기반으로 러시아 정부는 경제 성장을 지원하고 국민들에게 경제적 풍요로움 제공과 국제 위상 강화라는 기회를 가질 수 있었다.

지금과 같은 국제유가의 하락세가 지속되어 장기화되면, 러시아는 더 이상 2000년대 보여주었던 경제성장의 모습을 보여줄 수 없다. 고유가 시대는 과거의 일이기에 지금까지와는 다른 에너지 정책 및 전략 수립이 필요하다. 따라서 러시아에게 새로운 시대를 준비하기 위한 매우 중요한 시기가 도래한 것이다. 국제유가의 하락도 서방의 경제 제재도 모두 예상하기 어려웠던 일이다. 세계 경제가 글로벌화 되면서 강대국 간의 국가 이익을 극대화하려는 시도로 인하여 지엽적 또는 더 확대적인 차원에서 갈등이 발생하는 상황에서 보면 당연한 결과라고 할 수 있다.

두 번째 영향은 유럽연합의 러시아 에너지전략에 대응으로 나온 유럽연합의 에너지동맹 구축에 대한 논의이다. 유럽연합의 에너지동맹 구축 논의는 2014년 4월 우크라이나 사태가 진행되는 상황에서 도널드 투스크Donald Franciszek Tusk 폴란드 총리의 에너지동맹 구축 제안으로 시작되었다.[16]

---

[15] Потери России от падения цены на нефть на 1 доллар обходятся в $ 2 млрд http://argumentua.com/novosti/poteri-rossii-ot-padeniya-tseny-na-neft-na-1-dollar-obkhodyatsya-v-2-mlrd (검색일 : 2015.9.30)

유럽은 가스소비의 약 25%를 러시아산(産) 가스에 의존하고 있다. 또한 러시아로부터 수입하는 가스의 약 53%가 우크라이나의 영토를 관통하는 드루쥐바(Дружба) 라인을 통해 공급되어 서유럽과 동유럽 국가들은 러시아와 우크라이나 간 분쟁이 발생할 때마다 영향을 받을 수밖에 없다. 유럽은 세계 1위의 에너지 수입국으로 한 해에 약 4,000억 유로를 에너지 수입에 사용하고 있다.[17] 이미 유럽연합은 2006년과 2009년에 러시아와 우크라이나 사이에 벌어진 분쟁 때문에 피해를 보았고, 이후 안정적인 에너지 안보 구축을 위해 노력해 왔다. 이번 우크라이나 사태로 유럽은 다시 에너지 안보 문제가 대두되었고, 이를 회피하고자하는 움직임의 하나로 에너지 동맹이 제기된 것이다.

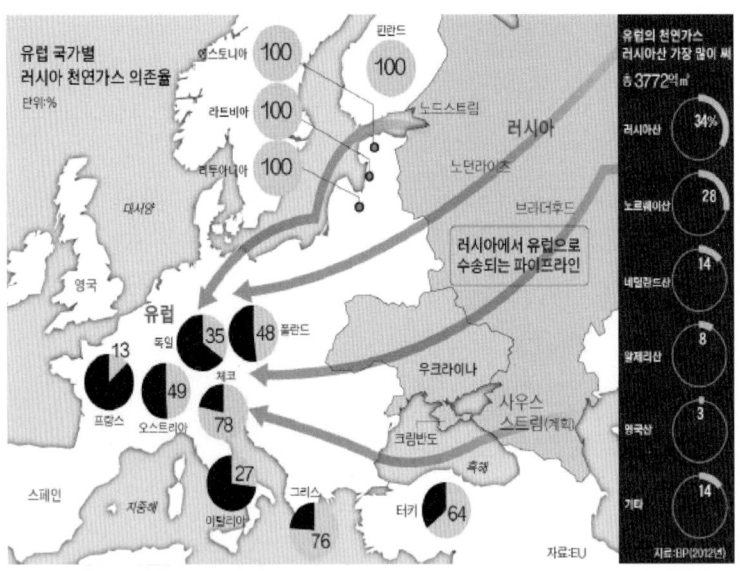

〈그림 1〉 유럽 국가별 러시아 천연가스 의존율
출처 : 중앙일보 : 유럽, 러시아 가스 끊고 싶은데 … 올겨울이 걱정 2014.03.31.
http://news.joins.com/article/14303885

[16] Николай Кавешников, "Энергетический союз ЕС как ответ на россий ский вызов", Институт Европы РАН, М., 2015., с. 2.

[17] Зависимость стран Евросоюза от импорта энергоносителей составляет 53% и стоит 400 млрд евро ежегодно.
http://www.ukrinform.ru/rubric-lastnews/1819944-zavisimost_stran_es_ot_importnih_energonositeley_stoit_im_400_mlrd_evro_v_god_1718797.html (검색일 : 2015.9.30)

투스크 폴란드 총리는 이러한 상황을 감안하여 우크라이나 동부지역의 지정학적 불안정성이 지속된다면 유럽연합의 에너지 수급에 문제가 발생할 수밖에 없기 때문에 유럽연합은 에너지 구매를 위한 단일 기구 설립이 필요하다고 주장하였다. 이 기구는 유럽연합이 사용할 가스 구입을 위한 단일창구 역할과 문제 발생 시 협력을 조율하는 역할을 할 것이다. 또한 안정적인 에너지 사용을 위해 저장 및 수송 문제 해결을 위해 수송인프라 확보 및 새로운 수송망 건설을 추진한다.

세 번째, 전술한 유가하락과 유럽 시장의 변화 이외에도 다양한 변화 요인이 있다. 그 중 중요한 요인은 서방의 경제 제재이다. 기존 탄전의 생산량 감소로 인한 신규 탄전의 개발 필요성이 대두되는 상황에서 러시아는 셰일가스·석유 개발과 북극 자원 개발에 많은 노력을 기울이고 있었다. 그러나 서방의 경제 제재로 인해 서구 메이저와 셰일가스·석유 개발, 심해 개발 기술과 장비 협력을 추진하던 러시아는 큰 장벽에 부딪히고 말았다. 따라서 러시아는 이 부분에 대해 중국과의 협력을 증대시키기 위해 노력하고 있다. 하지만 러시아와 미국이 아시아·태평양 지역으로 전략의 축을 옮기는 사이에 중국은 중앙아시아와 중국 서부를 연결하는 에너지 및 교통망과 인프라 구축을 통해 새로운 발전의 전기를 도모하고 있다. 즉 2015년 4월 아시아인프라투자은행(AIIB) 출범으로 이어지는 일대일로 정책의 대두이다. 이 결과 러시아는 이러한 문제를 해결하기 위한 새로운 돌파구가 필요한 시점이라고 할 수 있다.

2) 러시아 에너지전략 2035

러시아 "에너지전략 2035"는 2009년 11월 13일에 승인된 러시아 에너지전략 2030을 개정한 것으로 초안은 2014년 1월 24일 이미 발표되었다. 하지만 우크라이나 사태로 인한 러시아에 대한 경제 제재 그리고 국제유가의 하락으로 전략 수정이 불가피하였다. 서방의 러시아 에너지 산업에 대한 제재는 주요 에너지 기업의 자금 조달을 제한하고, 심해 지역 개발, 북극 개발 및 셰일층 개발에 필요한 기술 및 서비스의 새로운 러시아 수출을 금지하는 것이었다. 러시아의 기존 에너지 생산지역은 점차 생산 능력 감소로 생산량 유지 및 확대를 도모할 필요가 있다. 또한 이를 위한 자금 조달 및 기술 도입도 시급한 실정이다. 따라서 서방이 이러한 러시아의 행동을 제한하는 것은 에너지 자원 수출에 의존하는 러시아 경제에 있어서 장기적으로 큰 타격이 된다. 이 위험을 극복하기 위해 러시아 정부는 예상된 제재 강화에 앞서 6월 상트 뻬쩨르부르크 국제경제포럼과 세계석유회의(World Petroleum Council)를 중심으로 서방의 메이저 기업과 기존 계약 검토 및 협력 강화를 서둘렀다.[18]

그리고 2015년 3월 18일 러시아 정부는 러시아 에너지전략 2035에 대한 검토 회의에서 몇 가지의 주안점을 제시하였다.[19] 우선 100% 에너지 안보를 확보하고 산업, 농업, 공공부문, 가계 등의 수요를 안정적으로 충족시킬 수 있도록 한다. 그 일환으로 북부 및 동부 여러 지역에서 에너지 생산을 확대하고 또한 칼리닌그라드 주와 크림 지역의 에너지 부문을 개발한다. 둘째, 에너지 소비 효율성을 높인다. 석유, 가스, 석탄의 정제 및 가공 성능을 향상시키고, 핵연료 사용 기간 연장을 실용화한다. GDP 대비 에너지 소비 비율은 여전히 선진국에 비해 매우 높은 편이다. 이를 시급히 개선할 필요가 있다. 셋째, 에너지 부문은 현대적인 장비, 신기술·소재에 대한 수요를 창출한다. 따라서 2035년까지 에너지 부문에 사용되는 시설 및 기술 등에서 외산 제품의 비율을 10% 이하로 낮춘다. 넷째, 현재 글로벌 시장에서 에너지 수요가 급변하는 상황이다. 그럼에도 불구하고 러시아는 세계 에너지 강국으로서의 지위를 유지

---

[18] «Роснефть» подписала 58 соглашений на Петербургском международном экономическом форуме
http://www.rosneft.ru/news/today/22062015.html (검색일: 2015. 10. 02)
[19] Медведев: ТЭК должен на 100% обеспечивать безопасность страны
http://regnum.ru/news/1906484.html (검색일: 2015. 10. 02)

할 필요가 있다. 따라서 유연한 수출 정책, 수출 구조의 확대, 비용 절감, 교통 인프라의 발전이 필요하다. 다섯째, 유럽의 에너지 수요를 포기한다는 것은 아니며, 현저한 소비시장으로서의 발전 모습을 보여주는 아시아 및 태평양 시장에 특히 주력할 필요가 있다. 따라서 에너지 부문의 투자 환경을 개선하고 러시아 에너지 시장이 국내외 투자자들에게 매력 있는 대상이 될 수 있도록 노력할 필요가 있다.[20] 즉 에너지 안보, 에너지 효율성 향상, 에너지 수출시장 다변화, 동시베리아 및 극동 지역의 에너지 인프라 확충이 주요 목표라고 할 수 있다.

구체적으로 보면 2009년에 준비되었던 에너지전략 2030의 내용에서는 2030년 시점에 달성하는 목표로서 아시아 및 태평양 지역으로의 에너지 수출 비율을 26~27%, 이 중 천연 가스는 19~20%로 확대 하는 것이었다. 새로운 전략은 2035은 2035년까지 전체 에너지 수출의 34%, 특히 천연가스는 31%까지 이 지역으로 수출을 더욱 확대시키는 것을 목표로 하고 있다. 그리고 유럽으로의 수출 전략에 있어서도 유럽의 수요 동향 전망에 따라 당분간은 수출량을 증대시켜 중장기적으로는 적정 규모를 유지 및 유럽과의 안정적 관계 구축 노력을 한다.

석유 부문의 경우 2035년까지 국내 및 글로벌 시장 수요 충족을 위해 연간 5억2,500만 톤 수준의 석유생산량을 유지한다. 석유 수출은 2014년 2억3,100만 톤 수출보다 약 4천만 톤을 증대시켜 2035년까지 약 2억7,400만 톤으로 증대시킨다. 주요 수출 지역으로 아시아 및 태평양 지역으로의 수출을 두 배 증가를 목표로 약 1억1,000만 톤 수출을 달성한다. 이를 달성하기 위해 선진기술을 적극적으로 도입하여 시설 현대화 및 석유산업 발전을 촉진시킨다. 원유 회수율은 2014년 28%에서 2035년에 40%까지 늘리고, 고품질 친환경 자동차 용

---

[20] *Министерство энергетики Российской Федерации*, Энергетической стратегии России на период до 2030 года, М., 2015., c.31~35.

연료 생산을 위해 정제 능력을 2014년의 72%에서 2035년 90%까지 늘린다.

천연가스 부문의 경우 동시베리아, 극동, 대륙붕 등 신규 천연가스 생산지를 개발하여 연간 생산량을 2035년까지 2014년 보다 약 40% 증대된 885Bcm을 달성한다. 천연가스 총 수출은 2035년까지 36%로 확대한다. 총 수출량에서 아시아 및 태평양 지역이 차지하는 비중은 2014년 보다 약 9배 증대된 128Bcm으로 상정하고 있다. 특이한 점은 LNG 생산에 집중하여 5배 이상으로 늘려 74Bcm을 달성하고, 전체 천연가스 수출에서 LNG 수출 비중을 23%로 늘린다. 장기적인 측면에서 비전통 가스, 심해 시추, 가스정제, 가스화학 부문 등 기술력 축적 및 향상에 집중한다. 단일가스공급시스템(Единая система газоснабжения) 구축하고, 특히 시베리아 및 극동지역과 중국 수출용인 시베리아 힘(Сила Сибири)가스 파이프라인 사업 추진을 통해 러시아 서부지역과 동부지역 가스수송망 연결을 강화한다.

이상에서 살펴 본 바, 러시아가 몇 번에 걸친 수정이 있었지만, 최종적으로 기존의 에너지전략 2030을 2035로 업그레이드를 실시한 주된 이유는 2014년 우크라이나 사태 이후 국제적 고립 상황에 놓여 있는 러시아가 이를 극복하기 위한 방안 및 유라시아경제연합의 구축을 지속적으로 추진하기 위함이다. 그 중심에는 중국을 중심으로 한 아시아 및 태평양 지역 국가와의 협력 확대에 있다.

4. 러시아의 유라시아 전략과 중국

1) 중국과의 새로운 협력 관계

독립국가연합이 탄생한지 약 20주년이 되는 시기에 러시아는 정치와 경제의 혼란에서 벗어나 어느 정도 회복되고 있는 상황이었다. 이 상황에서 러시아는 이전 소련을 상기시키는 유럽연합과 같은 지역통합을 추진하기 시작했다. 푸틴이 제안한 유라시아경제연합은 이 틀을 이용하여 단일 경제권을 창설하여 러시아 경제와 연계하여 경제 발전을 도모하는 것이다. 2011년 통합 러시아당 7차 전당대회에서 푸틴은 "현재 11위권의 경제 규모를 확대시켜 향후 5년 안에 세계 5위 경제 대국으로 만드는 것을 목표로 한다."라고 표명하였다.[21] 그리고 유라시아경제연합을 추진하는 것은 친親서방 노선을 취하는 우크라이나 같은 독립국가연합 국가를 다시 러시아 쪽으로 전환시키고자 하는 의도도 있다.

그러나 유라시아 지역 연합을 추진하던 러시아에게 첫 번째 걸림돌은 우크라이나 사태였다. 이를 극복하기 위한 내부적인 전략 수립이 러시아 에너지전략 2035로 구체화되었다면, 대외전략은 서방과의 대립 속에서 외교적 고립을 탈피하기 위해 중국의 중요성이 부각되었다. 2008년 극동지역 개발 프로그램을 제시하면서 푸틴 대통령은 이전부터 러시아 극동지역의 발전을 중시하면서 아시아 및 태평양 지역 국가와의 관계 강화를 지속적으로 모색해 왔다.[22] 그리고 우크라이나 사태는 러시아의 관심을 아시아 및 태평양 지역으로 방향을 전환시키는 중요한 요인이 되었다.

푸틴은 세 번째 대통령이 되기 직전 마지막 총리 시기인 2011년 10월 11일 첫 해외 순방으로 중국을 선택하였고, 이는 유라시아경제연합을 구축하기 위한 목적이었다.[23] 즉 푸틴은 강한 러시아의 부활을 위해 이전 소련지역에서 새로운 경제권을 구축하고 유럽연합과의 자유무역체제를 통해 국익을 증진시키는 동시에 성장하는 아시아 및 태평양 지역과의 연계로 그 경제의 원동력을

---

[21] Программное обращение Партии, Утверждена XII Съездом Всероссийской политической партии «ЕДИНАЯ РОССИЯ» 24.09.2011
[22] Rensselaer Lee, "The Russian Far East : Opportunities and Challenges", *Orbis* Vol.57, Issue 2, Spring 2013, pp.314~324.
[23] Чего хочет Путин от Китая
http://inosmi.ru/fareast/20111012/175885366.html (검색일 : 2015.10. 02)

찾아야했다. 또한 현재 세계 제2위의 경제 대국인 중국과 경제 협력을 강화하는 것이 러시아 경제 발전의 전략적 과제일 수밖에 없다.

당시 푸틴 총리는 원자바오 총리와의 회담에서 자원・에너지 분야의 인프라 정비에 관련 상호 투자, 러시아와 중국 양국 기업의 무역 및 광물 자원 개발 등 16건, 총액 70억 달러 이상의 사업 협력에 서명했다. 또한 러시아와 중국 양국은 공동으로 30억~40억 달러 규모의 투자 펀드를 설립하고 對러시아 투자를 확대하기로 합의했다.[24]

가장 핵심이었던 중국으로의 천연가스 장기 공급에 관한 협상은 가격에서 타협이 되지 않아서 최종 합의에는 이르지 못했지만, 러시아와 중국 간 합의된 경제 협력은 양국에게 매우 큰 영향을 주었다. 중국은 세계 최대의 에너지 소비국으로 자원 확보가 지상 과제이었으며, 자원 대국 러시아는 새로운 경제 발전을 위해 중국의 투자를 이끌어내는 것이 필수적이었다. 이 점에서 양국 간 전략적 의의가 동시에 나타난 것이다.

그리고 우크라이나 사태 이후 2014년 5월 처음으로 푸틴 대통령은 중국을 공식 방문하고 러시아와 중국 관계의 밀접한 협력을 시도했다.[25] 이 방문의 가장 큰 성과는 경제면에서 발생하였다. 가즈프롬과 중국석유천연가스집단공사(CNPC)는 러시아의 천연가스 파이프라인을 이용하여 중국에 장기 공급 계약을 체결했다. 이 계약에 따라 가즈프롬은 2018년 이후 공급을 시작해서 연간 380억m³의 천연가스를 30년간 총 4,000억 달러 규모로 공급하게 된다. 이에 따라 동시베리아의 유력한 신규 천연가스전 개발이 본격화 될 수 있다. 이후 11월 아시아태평양경제협력체(APEC) 정상 회의에서는 러시아는 다시 중국과

---

[24] Визит Владимира Путина в Китай
http://actualcomment.ru/vizit_vladimira_putina_v_kitay.html (검색일 : 2015. 10. 02)

[25] Визит В.Путина в Шанхай открывает новый этап укрепления стратегического партнёрства РФ и КНР
http://riss.ru/analitycs/5688/ (검색일 : 2015. 10. 03)

서시베리아 천연가스전에서 중국의 신장 위구르 자치구에 연간 최대 300억m³의 천연가스를 공급하는 것도 합의하였다. 이와 함께 로스네프찌Роснефть와 중국석유천연가스집단공사는 로즈네프찌의 동시베리아 유전 개발 사업에 중국석유천연가스집단공사가 10% 지분 참여를 허용하는 기본 협정이 체결되어 러시아와 중국 간 에너지 협력이 더욱 심화되는 모습을 보였다.[26]

에너지 관계 이외에도 10월 리커창李克強 국무원 총리가 모스크바를 방문했을 때 러시아와 경제 협력 관계를 더욱 강화시키는 것을 확인함과 동시에 러시아 중앙은행과 중국 인민은행 간 통화 스와프 협정이 체결되었고, 11월 정상 회담에서도 위안화 무역 거래를 확대하기로 합의하는 등 러시아와 중국 간 경제 협력 관계는 금융 부문을 포함하여 더욱 확대 심화되고 있다.

또한 정상 회담에 맞춰 중국과 러시아 해군의 합동 훈련 '해상 협력 2014'이 실시되었고, 푸틴과 시진핑은 함께 개막식에 참석했다. 이것은 서방이 우크라이나 사태로 인해 경제 제재 및 러시아와의 군사 협력을 중단한 가운데 중국과 러시아 양국이 군사적 협력을 실시함으로 인하여 양국 연대의 강함을 보여주었다.[27]

서방의 제재에 대항하는 전략으로 푸틴 대통령은 정상 회담에 맞춰 개최된 아시아상호협력신뢰구축회의(CICA : Conference on Interaction and Confidence Building Measures in Asia)에도 참석했다. 이 회의에서는 다양한 국제기구와의 상호 협력 확대 문제가 거론되었고, 푸틴 대통령은 이 회의와 상하이협력기구(SCO)와의 연계에 대해 검토하도록 제안했다.[28] 이러한 협력을 통해 상하이협

---

[26] "Роснефть" и CNPC подписали рамочное соглашение о покупке 10% "Ванкорнефти" http://rosneft.ru/news/pressrelease/09112014.html (검색일 : 2015.10.03)

[27] Putin in Shanghai : A Strategic Partnership on Chinese Terms http://www.osw.waw.pl/en/publikacje/analyses/2014-05-21/putin-shanghai-a-strategic-partnership-chinese-terms (검색일 : 2015.10.03)

[28] Саммит Совещания по взаимодействию и мерам доверия в Азии http://kremlin.ru/events/president/news/21058 (검색일 : 2015.10.03)

력기구의 활동 범위의 확대를 도모하고, 유라시아경제연합 추진의 새로운 원동력 확보 및 서방과의 관계 악화를 해결하기 위한 시도였다고 볼 수 있다.

2) 중국의 실크로드 경제벨트 전략과 러시아의 협력

유라시아경제연합 창설을 중국의 중앙아시아 진출에 대한 러시아의 견제라는 견해도 있다. 실질적으로 중국은 중앙아시아 국가들 중에서 특히 카자흐스탄, 우즈베키스탄, 투르크메니스탄의 석유 및 천연가스 등의 자원 확보와 중앙아시아 지역을 중국 제품의 새로운 소비 시장으로 구축하려고 노력 중이다. 카자흐스탄의 경우 이미 중국과의 무역 규모가 러시아를 제치고 1위에 올라있다. 2008년 글로벌 금융위기가 발생하면서 서방의 금융기관은 카자흐스탄에서 투자자금을 상당수 인출하였지만, 중국은 100억 달러가 넘는 자금을 카자흐스탄에 다양한 경로를 통해 지원하였다. 물론 중국은 카자흐스탄의 석유 기업 인수 및 대형 플랜트 건설 등에 참여 할 수 있는 기회를 얻었다. 그러나 카자흐스탄에서도 중국에 대한 위협은 존재했다. 2009년부터 2010년까지 중국에 100만 헥타르의 토지 임대를 놓고 중국의 팽창주의에 대한 국민들의 시위가 일어나기도 했다.[29]

러시아에게 중앙아시아는 제정 러시아 시대부터 영향권에 있는 지역이기에 중국의 중앙아시아 진출을 위협적으로 보는 것은 무리가 없는 행동이다. 또한 인구가 상대적으로 적고, 국경을 접하고 있는 시베리아 및 극동지역에서는 중국의 위협에 대한 황화론은 오랜 역사를 가지고 있다.[30] 그러나 우크라이나

---

[29] Казахстан : Китай хочет арендовать землю под сельскохозяй ственные нужды http://russian.eurasianet.org/node/30962 (검색일 : 2015.10.03)

[30] Гузей Яна Сергеевна, Желтая опасность, диссертация на соискание ученой степени кандидата исторических наук, Европей ский университет в Санкт-Петербурге, Иркутский государственный университетСанкт-Петербург - 2014, 참조.

사태로 인한 서방의 러시아 경제재제가 심해지면서 러시아는 중국과의 관계 변화를 시도하였다. 2014년 11월 세르게이 쇼이구 국방 장관은 중국 방문을 통해 복잡한 국제 정세 속에서 러시아와 중국 간의 전략적 협력 강화가 유라시아 지역 전체의 평화와 안정에 기여할 것이라는 데 인식을 공유하였다. 하지만 러시아와 중국의 전략적 협력이 반드시 러시아의 의도대로 진행되는 것은 아니었다. 우크라이나 문제를 둘러싸고 중국은 러시아를 명확히 지지하고 있지는 않다. 즉 중국의 입장은 서방의 대對러시아 제재에는 반대하지만, 러시아가 우크라이나와의 국경을 넘어 개입하는 사안에 대해서는 우려를 갖고 있다. 중국 정부의 대응 방안은 조용함과 절제라고 할 수 있다.

지난 10년간 러시아와 중국은 협력 파트너 보다는 경쟁자였다. 그러나 현재 러시아와 중국은 양국 간 지역 경제 개발 프로젝트 수행을 통해 새로운 협력을 모색하고 있다. 그 결과 중국과 러시아의 관계는 변화하고 있다. 러시아 중국 각각이 생각하는 지역 경제 개발 프로젝트는 유라시아경제연합과 실크로드 경제벨트이다. 비슷한 시기에 양 프로젝트는 실행 및 구체화가 진행되었고, 처음부터 협력에 긍정적인 모습을 보여주지는 못했다. 하지만 서로의 필요에 의해 현재는 협력의 방향을 모색하고 있다.

2015년 7월 러시아의 우파Уфа에서 상하이협력기구 정상 회담이 진행되었다.[31] 푸틴과 시진핑은 중국이 계획하고 있는 중앙아시아 지역에 건설하는 수십억 달러 규모의 도로, 철도, 파이프라인 네트워크 건설과 아르메니아, 벨로루시, 카자흐스탄, 키르기즈 공화국, 러시아가 참여하고 있는 유라시아경제연합과의 협력을 도출하기 위한 방법을 논의했다. 즉 양국이 추진하고 있는 프로젝트의 성공적 협력을 위한 상하이협력기구의 역할 모색을 위한 노력이 진행 중이라고 할 수 있다.

---

[31] В Уфе завершились встречи БРИКС и Шанхайской организации http://www.svoboda.org/content/article/27120954.html (검색일 : 2015.10.03)

유라시아경제연합과 실크로드 경제벨트 간의 협력 실현을 위한 양국 간의 노력은 지속되고 있다. 푸틴과 시진핑은 2013년 말에 러시아 주도의 유라시아 경제연합과 중국의 실크로드 경제벨트 간의 협력에 지속적으로 노력하기로 합의하였다.[32] 이 경제협력의 성공적 이행을 위해 중국은 중앙아시아에 이미 500억 달러 이상을 투자하고 있다. 유라시아경제연합은 관세동맹의 기반 하에 추진되고 있다. 따라서 중국은 유럽까지의 수출에 소요되는 운송비용을 크게 줄일 수 있다. 이는 중국에서 수출된 제품이 하나의 통합된 관세 구역을 통과하기 때문이다. 이 계획은 지정학적 논리가 작용하기 보다는 상업적으로 강력한 논리가 존재한다.

특히 러시아와 중국의 협력 강화로 상하이협력기구가 주목을 받고 있다. 특이한 점은 2015년 7월 러시아 우파에서 개최된 상하이협력기구 정상 회담에서 인도와 파키스탄 가입을 승인한 것이다.[33] 러시아는 이란에 대한 유엔의 경제 제재가 해제 된 이후 이란의 정규 회원 가입을 제안하기도 하였다. 상하이협력기구는 중국과 러시아의 파트너십을 통해 다시 활력을 되찾고 있다.

이 회담 이후 중국과 러시아는 경제 협력 계획과 상하이협력기구를 대대적으로 홍보하기 시작했다. 양국은 경제통합 계획이 유라시아 대륙 전체의 협력과 번영을 이룩할 수 있는 청사진이라고 생각하고 있다. 또한 유라시아경제연합과 실크로드 경제벨트 구상으로 중앙아시아에서 영향력을 둘러싼 줄다리기를 하고 있지만, 외부 및 내부의 다양한 환경 변화로 인하여 상황은 변하고 있다.

푸틴은 현재 서방의 견제로 인하여 유럽 대륙에서 고립되어 가고 있다고 생각하고 있다. 그리고 러시아 경제는 경제 제재와 석유 가격의 하락에 의해

---

[32] Российский совет по международным делам, Российско-Китайский Диалог: Модель 2015, М., 2015., с.11~12.
[33] Путин объявил о присоединении к ШОС Индии и Пакистана http://www.rbc.ru/rbcfreenews/559f89d69a79472d98acef42 (검색일: 2015.10.03)

약화하고 있다. 그 결과 러시아는 중국과의 관계를 강화하려고하고 있는 것이다. 러시아의 동진 전략은 아시아 및 태평양 국가들과의 에너지 거래에서 뚜렷한 징후를 보이고 있다. 이미 2014년 러시아는 중국과 4조 달러에 달하는 천연가스 거래에 대한 합의를 성사시켰다. 그리고 2015년에 러시아는 중국 주도의 실크로드 경제벨트 건설의 주요 다자개발금융기구인 아시아인프라투자은행에 참여했다. 그리고 러시아는 이 회담에서 상하이협력기구에서 새로운 개발은행인 상하이 협력기구 개발은행(Банк развития Шанхайской организации сотрудничества) 창설을 제안하였다.[34] 러시아는 자국의 영향력 지역에서 중국의 부상을 두려워 초기에는 부정적이었지만, 현재는 더 적극적인 자세를 견지하고 있다.

그리고 이러한 변화하는 상황에서 러시아는 중앙아시아와 다른 독립국가연합 지역에서 자국의 입지를 재고하기 위해 노력 중이다. 현재의 유라시아경제연합의 모습은 러시아가 처음부터 구상했던 성공적인 것은 아니다. 즉 이 지역에서 더 확대된 경제발전을 가능하게하고, 시너지 효과를 통해 새로운 이익 창출을 통해 질적인 발전단계로의 진입을 가능하게 하는 것이다. 이는 대부분의 독립국가연합 국가의 참여와 이 과정에서 러시아의 영향력 확대이다. 그러나 유라시아경제연합은 2015년 1월 발족했지만, 벨로루시, 카자흐스탄, 러시아 간의 무역 분쟁이 발생하면서 협력 관계는 손상을 입었다. 그리고 러시아는 회원국에 제안했던 경기 부양책을 충분히 실행하지 못하고 있다. 러시아 정부는 인프라 건설을 비롯한 다양한 분야에서 중국의 투자와 경쟁하는 것은 불가능하고, 따라 잡기가 쉽지 못함을 인지하고 있다.

유라시아 대륙 통합에 대한 러시아의 또 다른 구상은 중앙아시아 지역에서 지역안보를 담당할 수 있는 영향력을 유지하는 것이다. 중앙아시아 지역에 군

---

[34] Банк развития ШОС могут создать на базе ЕАБР
http://infoshos.ru/ru/?idn=14418 (검색일 : 2015.10.03)

사 기지 건설을 기반으로 만들어진 군사 동맹이 2002년에 체결 된 구소련 지역의 안보 협력체인 집단안보조약기구이다. 현재 러시아는 이 기구를 통해 중앙아시아 지역에서 영향력을 유지하고 있다. 그리고 집단안보조약기구의 형태에 대해서는 중국과 중앙아시아 국가 모두 큰 이견 없이 안정적인 상태를 유지하고 있다. 중국은 외국에 군대를 주둔시키는 것에 대한 다양한 경험이 부족한 상황이며, 중앙아시아 국가들은 러시아 군사력에 대한 의존과 존재에 큰 부담감이 없다. 따라서 러시아와 중국이 추진하고 있는 경제협력의 틀은 중국이 자금을 공급하는 은행의 역할을 수행하고, 러시아는 군사력을 제공하는 방향으로 진전될 가능성이 있다.

아직까지는 러시아와 중국이 추진하고 있는 경제협력을 통한 지역통합에 대한 합의가 이루어지기까지는 장애물이 존재하고 있다. 러시아 내부에서 중국에 대한 생각이 통일되지 않고 찬성과 반대가 공존하고 있는 것이다.[35] 즉 현실적으로 러시아 경제에 중국은 필요한 존재라는 것이다. 현재 러시아는 중국과 경제 부문에서 경쟁하기가 쉽지 않으며, 오히려 중국의 對러시아 투자가 필요하다는 것이다. 그러나 러시아의 안보와 관련해서는 다른 의견이 존재한다. 중국의 영향력 확대는 자연스럽게 러시아의 영향력을 약화를 가져온다는 것이다. 하지만 현재는 현실주의적인 주장이 더 설득력을 가지고 중국과의 협력을 강화시키고 있다.

5. 결론

유라시아경제연합에 대한 향후 전망은 러시아 전문가들도 낙관론과 비관론

---

[35] Россия и Китай - диалог с петлей на шее
http://ru.krymr.com/content/article/26965954.html (검색일 : 2015.10.03)

이 상존한다. 낙관적인 전망의 이유는 유라시아경제연합은 새로운 형태의 통합이라는 시작이라는 것이다. 이 협력은 향후 경제적 연합을 넘어서 정치적, 군사적 연합이 될 가능성도 있다. 러시아가 우크라이나 사태를 극복하고, 현재 추진하고 있는 아시아 및 태평양 지역으로의 새로운 러시아 에너지전략 2035가 성공한다면, 유라시아경제연합의 기초가 될 수 있는 실질적인 유라시아 의회 구성과 운영이 가능할 것이다.

반면 비관적인 견해의 이유는 유라시아경제연합의 성격을 경제협력에서 정치적 연합으로 전환을 시도할 경우 카자흐스탄과 벨로루시가 반대하기 때문이라는 것이다. 그리고 우크라이나 사태에서 알 수 있듯이 우크라이나의 경우 유라시아경제연합의 회원이 되기는 쉽지 않은 상황이다. 우크라이나 내에서는 러시아에 흡수되는 것에 대한 반발이 강하다. 키르키즈 공화국이 참여하고 있고, 타지키스탄의 참여도 논의되고 있지만, 이 부분에 대해서는 러시아가 큰 부담을 가지고 있다.

이외에도 유라시아경제연합의 실현 가능성을 완전히 부정하지는 않지만, 이 기구가 완벽하게 실현되기 위해서는 몇 가지 조건이 필요하다. 독립국가연합 체제에서 통합 확대는 러시아가 경제적으로나 정치적으로 다른 국가들에 비해 상대적으로 너무 강하기 때문에 쉬운 일은 아니다. 따라서 동등한 입장에서 서로 주고받는 형태로 시도되는 통합은 어려울 것이고, 러시아가 상대적으로 더 부담하는 형태가 아니면 성공하기 쉽지 않다. 유라시아경제연합의 향후의 전망은 현재 참여하고 있는 핵심 국가인 러시아, 벨로루시, 카자흐스탄 3개국이 어렵게 만든 현재 상황이 붕괴되기 전에 가입에 대한 기준에 어느 정도 부합할 수 있는지에 달려있다.

유라시아경제연합이 세계 경제에서 중요한 지위를 점하기 위해서는 더 많은 회원국의 확대가 필요하다. 하지만 이러한 행위는 유럽연합의 동진과 충돌할 수밖에 없다. 이미 유럽연합은 2009년 동방파트너십을 승인했고, 이 파트너십에는 아르메니아, 아제르바이잔, 벨로루시, 조지야, 몰도바, 우크라이나가 포함되어 있다. 유럽연합의 동진도 러시아의 유라시아경제연합 구상도 그 배경에는 석유와 천연 가스의 쟁탈전이라는 측면이 있고 서로에게 그 영향력을 확대하기 위한 의도가 있다.

특히 유라시아경제연합이 푸틴의 주장하는 국제관계에서 새로운 극으로서 위상을 나타내기 위해서는 지리적으로나 경제적으로도 중요한 위치에 있는 우크라이나의 의중이 가장 중요하다고 할 수 있다. 독립 이후 우크라이나는 유럽연합 EU가입을 지향했고, 2010년 친러파 대통령이 당선된 이후 다시 러시아와 연대했지만, 결국 러시아와의 갈등이 폭발하였다.

현재 국제사회는 여러 지역에서 통합과 연대가 지속적으로 이루어지면서 합종연횡이 벌어지고 있다. 특히 중국을 중심으로 하는 상하이협력기구, ASEAN, 환태평양경제동반자협정(TPP) 등 아시아·태평양 지역에서의 지역통합과 경제 제휴는 향후 세계 경제의 향방 및 러시아가 추진하는 유라시아경제연합에 큰 영향을 줄 것이다.

따라서 러시아가 추진하는 유라시아경제연합이 기존의 유럽연합 또는 중국 중심의 경제 의존을 벗어나 관세동맹과 공동경제공간을 형성 할 수 있는지? 그 해답이 아시아 및 태평양 국가 및 러시아 극동지역 개발 등이 될 수 있을지 관심을 가지고 지켜볼 필요가 있다. 따라서 이 지역에서의 다양한 경제협력협정은 유럽과 아시아의 효과적인 결절점이 될 것이다.

참고문헌

강봉구, 「유라시아경제연합(EEU)과 EU」, 『슬라브 연구』 30권 4호, 2014.
_____, 「우크라이나 위기와 미국-러시아 관계: 대외정체성 대립의 장기화」, 『슬라브학보』 30권 3호, 2015.
김병호, 「유라시아연합의 정체성과 실현가능성」, 『러시아연구』 22권 1호, 2012.

김영진, 「독립국가연합(CIS) 유라시아경제연합(EEU) 출범」, 『CHINDIA Plus』 102권, 2015.

변현섭, 「유라시아경제연합의 화폐통합 가능성 평가와 과제」, 『슬라브 연구』 31권 3호, 2015.

이대식, 「EU의 脫러시아 가스 정책의 한계와 가능성」, 『슬라브학보』 30권 3호, 2015.

이상준, 「유라시아 경제연합의 원심력과 구심력」, 『러시아연구』 24권 2호, 2014.

Aida Abzhaparova, "Kazakhstan and Its Practices of Integration : (Re) Considering the Case of the Eurasian Economic Union", *Russian Analytical Digest* No.146, 2014.

European Commission, *Commission Guidance note on the implementation of certain provisions of Regulation* No 833/2014, Brussels : EC, 2015ю.

George Voloshin, "Kazakhstan Looking to the West to Ease Dependence on Russia", *Eurasia Daily Monitor* Vol.11, Issue 22, 2014.

Matthew Frear, "Belarusian Perspectives on Eurasian Economic Integration", *Russian Analytical Digest* No.146, 2014.

Philipp Casula, "The Road to Crimea : Putin's Foreign Policy Between Reason of State, Sovereignty and Bio-Politics", *Russian Analytical Digest* No.148, 2014.

Rensselaer Lee, "The Russian Far East : Opportunities and Challenges", *Orbis* Vol.57, Issue 2, Spring 2013.

Банк России, О ключевой ставке Банка России и других мерах Банка России, Банк России, М., 2014.

Банк России, Статистического бюллетеня Банка России, Банк России, М., 2014.

Гузей Яна Сергеевна, Желтая опасность, диссертация на соискание ученой степени кандидата исторических наук, Европейский университет в Санкт-Петербурге, Иркутский государственный университет, Санкт- Петербург – 2014.

Жюльен Веркей, Российская экономика и санкции. Оценка последствий украинского конфликта, Обсерво, М., 2014.

Министерство энергетики Российской Федерации, Энергетической стратегии России на период до 2030 года, М., 2015

Николай Кавешников, Энергетический союз ЕС как ответ на российский вызов, Институт Европы РАН, М., 2015

Программное обращение Партии, Утверждена XII Съездом Всероссийской политической партии «ЕДИНАЯ РОССИЯ» 24.09.2011

Российский совет по международным делам, Российско-Китайский Диалог

: Модель 2015, М., 2015.

Росстат, Российский статистический ежегодник. 2014, М., 2015.

Центр анализа стратегий и технологий, Государственные программы вооружения Российской Федерации: проблемы исполнения и потенциал оптимизации, М., 2015

중앙일보: 유럽, 러시아 가스 끊고 싶은데 ⋯ 올겨울이 걱정 2014.03.31.
http://news.joins.com/article/14303885

Back to the USSR? Putin raises fears of return to Cold War days with plans for 'Eurasian Union' of former Soviet states
http://www.dailymail.co.uk/news/article-2045186/Vladimir-Putin-Eurasian-Union-plans-raise-fears-return-Cold-War-days.html(검색일: 2015.9.23).

Full transcript of President Putin's speech to the Valdai International Discussion Club
http://wakeupfromyourslumber.com/full-transcript-of-president-putins-speech-to-the-valdai-international-discussion-club/ (검색일: 2015.9.25).

Putin in Shanghai: A Strategic Partnership on Chinese Terms http://www.osw.waw.pl/en/publikacje/analyses/2014-05-21/putin-shanghai-a-strategic-partnership-chinese-terms (검색일: 2015.10.03)

Olga Samofalova, Historic agreement makes Eurasian Union a reality
http://rbth.com/business/2014/06/02/historic_agreement_makes_eurasian_union_a_reality_37113.html (검색일: 2015.9.25).

Армения вступила в Евразийский экономический союз
http://www.rbc.ru/politics/02/01/2015/54a6416d9a794732f47760a2 (검색일: 2015.9.25).

Визит Владимира Путина в Китай
http://actualcomment.ru/vizit_vladimira_putina_v_kitay.html (검색일: 2015.10.02)

Визит В.Путина в Шанхай открывает новый этап укрепления стратегического партнёрства РФ и КНР
http://riss.ru/analitycs/5688/ (검색일: 2015.10.03)

В Уфе завершились встречи БРИКС и Шанхайской организации
http://www.svoboda.org/content/article/27120954.html (검색일: 2015.10.03)

Зависимость стран Евросоюза от импорта энергоносителей составляет 53% и стоит 400 млрд евро ежегодно.
http://www.ukrinform.ru/rubric-lastnews/1819944-zavisimost_stran_es_ot_importnih_

energonositeley_stoit_im_400_mlrd_evro_v_god_1718797.html (검색일 : 2015.9.30).

Казахстан : Китай хочет арендовать землю под сельскохозяйственные нужды
http://russian.eurasianet.org/node/30962 (검색일 : 2015.10.03)

Кыргызстан официально вступил в Евразийский экономический союз
http://gordonua.com/news/worldnews/Kyrgyzstan-oficialno-vstupil-v-Evraziyskiy-ekonomicheskiy-soyuz-93779.html (검색일 : 2015.9.25).

Медведев : ТЭК должен на 100% обеспечивать безопасность страны
http://regnum.ru/news/1906484.html (검색일 : 2015.10.02)

Новый интеграционный проект для Евразии－будущее, которое рождается сегодня
http://izvestia.ru/news/502761#ixzz3riM7oQgs (검색일 : 2015.9.21).

Потери России от падения цены на нефть на 1 доллар обходятся в $ 2 млрд
http://argumentua.com/novosti/poteri-rossii-ot-padeniya-tseny-na-neft-na-1-dollar-obkhodyatsya-v-2-mlrd (검색일 : 2015.9.30).

Путин объявил о присоединении к ШОС Индии и Пакистана
http://www.rbc.ru/rbcfreenews/559f89d69a79472d98acef42 (검색일 : 2015.10.03)

Россия и Китай－диалог с петлей на шее
http://ru.krymr.com/content/article/26965954.html (검색일 : 2015.10.03)

«Роснефть» подписала 58 соглашений на Петербургском международном экономическом форуме
http://www.rosneft.ru/news/today/22062015.html (검색일 : 2015.10.02)

"Роснефть" и CNPC подписали рамочное соглашение о покупке 10% "Ванкорнефти"
http://rosneft.ru/news/pressrelease/09112014.html (검색일 : 2015.10.03)

Саммит Совещания по взаимодействию и мерам доверия в Азии
http://kremlin.ru/events/president/news/21058 (검색일 : 2015.10.03)

США ввели секторальные санкции против РФ, ЕС ограничился подготовкой
http://ria.ru/economy/20140717/1016306947.html (검색일 : 2015.9.30)

Чего хочет Путин от Китая
http://inosmi.ru/fareast/20111012/175885366.html (검색일 : 2015.10.02)

제3부

우크라이나 사태 이후 러시아의 신동방 정책과 극동개발

제7장 러시아-중국 간 에너지 협력의 정치·경제적 의미_ 윤익중·이성규

제8장 러시아 극동지역개발 전략으로서
　　　　선도개발구역 설립의 의미와 전망_ 변현섭

제9장 러시아 블라디보스토크 자유항 제도 도입의
　　　　전략적 의미와 협력 방안_ 변현섭

제7장 러시아-중국 간 에너지 협력의 정치·경제적 의미*

- 우크라이나 사태 전후를 중심으로 -

윤익중 · 이성규

1. 서론

푸틴-시진핑 체제에서의 러시아와 중국의 전략적 동반자관계 발전은 다방면에서 사상 최고의 새로운 차원의 밀월관계 발전으로 국제사회에서 평가되어지고 있다. 에너지 부문에서의 양국 간 협력과 관계발전도 예외가 아니다. 2014년 5월 러시아와 중국 간에 체결되었던 가스 계약은 양국 간 '신 밀월관계'의 상징으로 평가되어진다. 지난 20 여년 이상 동북아 지역 내 에너지 생산국과 소비국 간의 에너지 협력에 관한 수많은 구상과 논의가 여태껏 실효성 있는 가시적인 성과를 도출해 내지 못하고 있는 가운데에, 러시아와 중국은 푸틴-시진핑 체제에서 지속적으로 양자 간 에너지 협력에 있어 커다란 성과를 도출하고 있는 것이다.

2014년 3월 러시아의 크림반도 합병 이후 불거진 우크라이나 사태 직후인 동년 5월 20~21일 중국 상하이에서 러시아와 중국의 Gazprom과 CNPC는 2004년 이후 10 여 년 동안 협상되어져왔던 시베리아 동부노선의 가스공급

---

* 본 논문은 슬라브학보 제30권 제4호(2015)에 게재된 것임을 밝힙니다.

계약을 체결하였다. 이것은 마침내 양국 간 에너지 가스부문에서의 빅딜Big Deal이 성사되었음을 의미하는 것이며, 동시에 본격적인 양국 간 가스 협력이 확대되어지는 결정적인 계기를 마련한 것으로 평가되어진다. 연이어 2014년 11월 9일 중국 베이징 APEC 정상회담에서 Gazprom과 CNPC는 시베리아 서부노선(알타이 노선) 협력을 위한 협정서를 체결하였다. 이후, 현재(2015년 10월)까지 시베리아 서부노선에 대한 양국 간 가스 계약 협상은 여전히 진행 중에 있다. 사실, 푸틴 러시아 대통령은 지난 2015년 9월 초 베이징에서 개최되었던 중국 전승절 기념행사 참석 후 열렸던 양국 정상회의에서 시베리아 서부노선 가스 계약 체결을 희망하였으나, 예상 외로 양국 정상회의에서 이 부문에 대한 언급이 없었다.

그럼에도 불구하고, 전반적으로 우크라이나 사태 이후 양국의 가스 협력은 규모와 속도 면에서 전례가 없는 것으로서 세계 에너지시장(특히, 가스시장)에 매우 큰 영향을 끼치고 있다. 동시에 양국의 가스 협력은 러시아 사할린가스의 남·북·러 가스 3각 협력사업과 일본의 러시아 가스 확보사업 등 동북아 지역 한·중·일 에너지(가스) 협력구도 형성과 한국정부의 가스정책에 시사하는 점이 매우 크다.

주지하다시피, 2000년대 중반에 미국의 셰일자원 개발 붐, 2006년 초와 2009년 초 러시아-우크라이나 간 가스 분쟁, 2008년 이후 세계 금융 위기, 2011년 후쿠시마 원전사고, 그리고 2014년 우크라이나 크림사태 등 에너지와 연관된 일련의 변화들은 국제 에너지시장을 그 이전에 생산국(판매국) 중심의 시장에서 소비국(구매국) 중심의 시장으로 변화시켰다. 동시에 이러한 국제 에너지 시장의 변화는 기존의 전통적 가스 생산국(특히, 러시아와 카타르)들이 국제 에너지시장에서 차지하는 위상을 크게 위축시키는 한편 이들 국가의 아시아·태평양(이하 아·태) 에너지시장으로의 진출을 촉진시켰다. 이것은 동북아지역 내 에너지 생산국과 소비국 그리고 에너지 소비국들 간의 협력과 경쟁구도에 큰 영향을 끼치는 것이며, 나아가 역내 각 국가들의 에너지 전략의 변화

를 야기하는 것이었다.[1]

러시아의 입장에서 보면, 2012년 5월 푸틴 재취임 이후 러시아는 여러 가지 대·내외적인 요인으로 인하여 기존의 '유럽Europe' 지향적'이던 에너지 협력의 방향을 '아시아Asia' 지향적으로 급속히 전환하고 있다. 2014년 5월 러시아와 중국 간 가스 계약 체결과 양국 간 에너지 협력은 이러한 푸틴집권 3기 러시아의 에너지 협력 방향에 대한 방점을 아시아로 찍는 것이었다. 동시에 러시아의 이러한 에너지정책의 변화는 푸틴정부의 '신동방정책'을 통한 극동지역 개발과도 깊은 연관이 있다.

중국의 입장에서 보면, 2013년 3월 시진핑이 중국 국가주석으로 취임한 이후 중국외교에 있어 러시아의 중요성이 더욱더 강조되어지고 있다. 러시아 에너지확보의 중요성은 시진핑 체제에서 중국의 '일대일로' 전략과 '동북부·서북부 국내개발전략' 등과 지속적으로 깊이 연계되어 있다. 물론, 양국은 러시아의 크림반도 병합 직후인 2014년 5월 러시아의 동부시베리아 가스 계약을 체결하는 등 양국 간 에너지 협력을 여전히 대 서방 단결의 도구로써 활용하는 양상을 나타내고 있음은 주지의 사실이다.[2]

러시아와 중국 간 에너지 협력에 대한 연구는 국내외에서 2000년 대 이후 활발히 진행되어오고 있다.[3] 그러나, 2014년 우크라이나 사태 이후 가스부문

---

[1] 이성규·윤익중, 「유라시아 이니셔티브와 푸틴의 신동방정책 : 권역별 에너지협력을 중심으로」, 『동서연구』 제26권 3호(2014), 160쪽.

[2] 그러나, 2015년 9월 초 중국 전승절 기념행사 동안 러시아와 중국은 서부시베리아 노선에 대한 계약에 합의할 것으로 예상되었으나, 양국 간 회담에서 이 부문에 대한 언급이 없었다.

[3] 다음을 참조할 것. 조정원, 「러중 에너지 관계 변화의 정치경제 : 천연가스를 중심으로」, 『슬라브학보』 제27권 3호(2012), 279~312쪽; 조정원, 「러·중 에너지 관계의 변화 : 협력과 갈등, 경쟁」, 『슬라브학보』 제26권 3호(2011), 123~153쪽; 김상원, 「러시아의 에너지전략 변화와 러·중 에너지 협력」, 『한국동북아논총』 제16권 제4호(2011), 55~78쪽; 안세현, 「한국·러시아·중국 에너지 동맹 : 잠재력과 문제점」, 『국제관계연구』 제15권 제1호(2010), 105~135쪽; 성원용, 「푸틴시대 러시아의 대 중국 경제관계 : 에너지와 교통물류 협력을 중심으로」, 『비교경제연구』 제16권 제1호(2009), 243~289쪽; 이용권·이성규, 「러시아와 중국의 관계발전 심화요인 분석 : 에너지 자원협력을 중심으로」, 『국제정치논총』 제46집 2호(2006), 215~237쪽; 윤익중, 「러시아-중국의 동반자관계 발전과 에너지 협력 : 메드베데프 시대를 중심으로」, 『시베리아 극동연구』 제5호(2009), 35~76쪽; 박병인, 「중·러 에너지협력의 조건과 전망 : 동북아국가간 에너지협력의 맥락에서」, 『중국학연구』 제35집(2006), 363~388쪽; K-W Paik, *Sino-Russian*

을 중심으로 양국 간 에너지 협력에 대하여 구체적이고 심도 있게 분석한 논문은 아직까지 거의 않다. 더구나, 대부분의 기존연구는 가스의 중요성이 증가함에 따른 양국이 에너지 수급과 공급의 에너지 안보적인 차원에서 미치는 영향에 대한 단편적인 분석이 대부분이다. 특히, 양국 간 가스 협력을 대내·외 요인을 중심으로 다각적으로 분석하며 그것들이 어떠한 상관관계가 있는지에 대한 분석을 시도한 논문은 거의 없다.[4] 더불어, 그 동안 러시아-중국 관계에 대한 논문은 많았지만, 최근 푸틴-시진핑 체제 하 양국관계를 에너지 중심으로 본격적으로 분석한 논문도 찾아보기 쉽지 않다.[5]

물론, 푸틴-시진핑 체제에서의 양국 간 가스 협력과 국내외 요소와의 상관관계를 본 논문에서 실증적으로 분석하기에는 여러 가지 한계가 있다. 그럼에도 불구하고, 본 논문에서는 러시아 푸틴 대통령 집권3기와 중국 시진핑 체제 출범 이후 양국 간 에너지부문(특히, 가스)에 있어서의 협력을 2014년 5월 동부 시베리아 가스노선 계약체결을 중심으로 다각적인 양국의 국내·외 요인을 분석하며 그것들의 정치·경제적 의미와 한계 등을 고찰하고자 한다. 본 논문 연구범위의 초점은 우크라이나 사태가 본격화 되었던 2014년 3월부터 (러시아의 크림 반도 합병 이후) 러시아-중국 간 신 밀월관계를 전 세계에 과시하였던 2015년 9월 초 중국의 전승절 기념행사까지로 한정한다. 한편, 본 논문에서는 주로 '문헌 조사방법' 등을 적용하여 양국 간 가스 협력발전에 관한 다양한 국내외 문헌과 자료 등을 다양한 각도에서 심층적으로 분석한다.

Oil and Gas Co-operation : Entering into a New Era of Strategic Partnership?, Working Paper WPM-59, Oxford : Oxford Institute for Energy Studies, 2015.

4 일반적으로 대외변수가 러-중간 가스협상 타결에 중요한 변수로 작용하였다는 견해가 대부분이다. 북미 LNG의 대아시아 공급, 서방의 대러시아 경제 제재, 그리고 남북관계 경색에 따른 남·북·러 가스관 사업 추진의 난항 등이 러시아가 러-중 간 가스 계약 체결을 서두르게 하는 주요한 변수로 작용했다는 것이다. 이런 대외변수가 작용하지 않았다면 러시아는 충분한 시간을 갖고 자신이 원하는 가격 수준을 얻기 위해 중국과 가격협상에 벌였을 가능성이 있다. 그러나, 본 논문에서는 이러한 외적 변수도 중요한 요인이지만, 동시에 국내요인도 중요한 요인으로 작용하였다고 주장한다.

5 예를 들면, 박병인, 「협력의 신단계로 진입하는 러중관계 : 파장과 대응」, 『한반도포커스』 제28호(2014), 9~15쪽.

본 논문에서는 우크라이나 사태 이후 양국 간 가스 협력이 지속적으로 발전하고 있지만 그 협력의 가시적 성과는 향후 좀 더 지켜보아야 할 필요가 있다고 주장한다. 일부 전문가들이 주장하는 양국 가스 협력의 부정적인 요인에 좀 더 초점을 맞추어 분석하고 이해하는 것이 현실적이다. 왜냐하면 양국 간 협력은 사상 최고의 수준이지만, 그 가시적 성과(가스부문)를 도출하기에는 여러 가지 대내외 변수가 있어 양국의 가스 협력이 예정대로 진행되어질 지에 대한 의문부호가 여전히 남아있기 때문이다. 동시에, 본 논문에서는 양국의 가스 협력 확대가 '양자(bilateral)' 간 차원에서 뿐 만 아니라, 동북아 '지역(regional)' 에너지 협력 차원에서 긍정적인 결과로서 역할을 해야 한다고 주장한다. 왜냐하면, 러시아-중국 가스 협력이 무엇보다도 유라시아Eurasia 지역 전체의 에너지 협력을 증대시킬 수 있는 양자 간 협력의 핵심적인 요소이기 때문이다. 유라시아 및 동북아 지역의 다자간 에너지 협력체의 설립은 현재 역내 상황을 볼 때 러시아와 중국을 중심으로 형성되어질 가능성이 크다.

2. 러시아-중국 간 에너지 협력의 대·내외 요인

러·중 에너지 협력은 1990년대 들어 중국 경제의 고도 성장세에 따른 에너지 수요 및 해외에너지 의존도의 급속한 증가와 러시아의 동시베리아 및 극동지역 내 미개발 자원개발의 필요성 등이 맞물려서 이루어지기 시작하였다. 2000년대 들어 중국의 경우 에너지 수입선 및 수입방법(선박수송과 파이프라인 수송)의 다변화, 러시아의 경우 에너지 수출선 및 수출방법(석유·가스 가공제품, PNG/LNG 등)의 다변화가 중요해지면서 양국의 에너지 협력이 본격적으로 시작되었다.

경제·에너지 측면에서의 대외요인들은 대부분 러시아의 가스 생산과 수출에 부정적인 영향을 미치고 있는 반면, 정치·외교적 측면에서의 대외요인들은 양국 간 에너지 협력에 긍정적인 영향을 미치고 있다. 양국 간 에너지 협력에 영향을 끼친 요인들을 분석하면 대략 다음과 같다.

1) 대외요인

(1) **경제·에너지 측면**

첫째, 무엇보다도 국제 석유시장에서 '저유가' 상황이 러시아 및 중국의 경제·에너지 측면에서 현재 가장 큰 영향을 미치고 있는 대외요인이다. 저유가로 인해서 러시아는 경제위기와 심각한 재정적자 상황에 처해 있다. 이것은 러시아가 외화자금 확보를 위해 가스 수출을 일정 수준으로 유지해야 하는 것을 의미한다. 한편, 중국은 상대적으로 적은 비용으로 에너지를 수입할 수 있어서 가스 매입을 증대시킬 수 있게 되었다. 즉, 북미 '셰일혁명'[6]으로 인한 저유가 상황은 양국 간 에너지 협력을 가속화시키는 데에 큰 영향을 끼쳤다. 유가하락은 중국과 신흥국가들의 경제성장세 둔화, 석유시장의 공급과잉 지속, 달러화 강세 등에 기인한다. 물론, 미국의 석유시추 리그 수 감소와 중동 정세불안 등이 유가반등 요인으로 작용하지만, 그 영향이 아직까지(2015년 하반기) 유가 하락세를 반전시킬 정도는 되지 않고 있다.[7] 더불어, 저유가 요인으로 인하여 중동, 호주, 동남아 LNG 공급자(인도네시아, 말레이시아)가 주된 공급자였던 동북아 가스시장에 미국 LNG, 중앙아 PNG, 그리고 이란 LNG 등이 새로운 강력한 경쟁자로 등장하고 있다. 반면, 그동안 대 중국 PNG 수출과 대 아·태 지역 LNG 수출을 증대시키려는 야심찬 계획(동부가스프로그램)을 수립·추진하던 러시아는 자국의 잠재적 수출시장을 상당 부분 상실하게 되었다. 예를

---

6 다음을 참조할 것. 김연규, 「글로벌 셰일혁명과 동아시아 에너지 시장: 지정학 변화」, 『세계정치』 21권(2014), 85~132쪽.
7 국제 유가변동에 대한 내용은 다음을 참조할 것. 이달석·오세신, 『2015년도 하반기 국제 원유시황 및 유가 전망』(에너지경제연구원: 2015).

들어, 한국과 일본은 2013~2015년 동안 자국 중·장기에 필요한 신규 LNG 공급물량의 대부분을 미국과의 장기 LNG 도입계약체결을 통해 해결하게 되었다. 저유가 요인은 중국도 서기동수 가스관의 공급원으로 러시아 가스가 아닌 중앙아 가스를 먼저 선택하는 결과를 초래하였다.[8]

둘째, 러시아의 전통적 가스 수출시장인 '유럽과 서방'에서의 변화 요인이다. 특히, 우크라이나 사태 이후 '유럽의 가스수요 정체 및 감소', 'EU 차원의 기후변화 대응과 재생에너지 비중 확대정책', 'EU의 대 러시아 가스의존도 감소전략'과 '서방의 대 러시아 경제·에너지 분야 제재' 등은 양국 간 에너지 협력을 가속화시키는 주요 대외 요인으로 작용하였다. 이러한 요인들은 향후 러시아의 대 유럽 가스수출을 감소시키며, 동시에 가스 생산증대를 저해하는 요인으로 작용하고 있다. 이에 따라, 러시아 가스개발·생산에 부정적인 영향을 미치는 요인들은 러시아의 대중국 가스수출을 지연시킬 가능성이 있지만, 대유럽 가스수출을 감소시키는 요인은 러시아로 하여금 대 중국 가스공급을 빠르게 추진할 수 있게 하고 있다. 일반적으로 EU 가스시장은 현재 정체상태이어서 향후 커다란 수요증가를 기대할 수 없으며, 정책적인 측면에서도 EU는 회원국 전체의 재생에너지 비중을 2030년까지 약 27%로 증대시키는 것을 목표로 설정하고 있다. 독일을 비롯한 서유럽 국가정부의 재생에너지 비중 증대는 특히 발전부문에서 가스소비를 크게 감소시킬 것이다. 또한, EU와 미국의 대 러시아 경제·에너지부문에 대한 제재는 특히, 러시아 신규 매장지개발을 매우 어렵게 하고 있다. 러시아의 석유·가스 기업들은 저유가 상황 지속으로 심각한 자금난을 겪고 있기 때문이다.

셋째, 중동 '이란 가스'의 등장 요인이다. 지난 2015년 7월 중순 이란 핵협상 타결은 경제·에너지 측면에서 러시아와 중국 간 에너지 협력의 새로운

---

[8] 투르크메니스탄은 자국의 유망 가스전 개발과 중국과 자국을 연결하는 가스관 건설·운영에 중국기업을 참여시켰지만, 러시아는 중국기업에게 단순한 지분참여만을 허용하하였다. 그래서 중국 기업은 투르크메니스탄 가스를 안정적이며, 저렴하고, 그리고 대규모로 도입할 수 있었다.

주요 요인으로 작용하고 있다.[9] 무엇보다 중·장기적인 측면에서 이란 LNG의 대 동북아 시장진출이 가시화될 전망이다.[10] 앞으로 이란 LNG는 동북아 시장에서 개발비용과 수송비에 있어서 강력한 경쟁력을 가질 것으로 예상되기 때문에, 러시아 가스(PNG와 LNG)와 미국 LNG에 매우 위협적인 경쟁자로 등장하게 될 가능성이 매우 크다. 이러한 상황은 러시아와 중국이 에너지 협력을 가속화하는 외적 요인이 될 것이다.

(2) 정치·외교적 측면

정치·외교적인 측면에서의 양국 간 에너지 협력은 매우 큰 영향과 의미가 있다. 왜냐하면, 에너지자원은 다른 어떤 다른 재화보다도 정치·외교적인 측면의 영향을 많이 받기 때문이다.

첫째, 미국 오바마 행정부의 '아시아 중시정책(pivot to Asia)'과 '대 중국 견제 전략(containment policy of China)' 요인이다.[11] 즉, 동북아 지역에서 미국과 중국의 경쟁구도 등은 푸틴-시진핑 체제에서 양국이 정치·외교적인 측면에서 더욱 협력을 가속화하는 결정적인 요소로 작용하고 있다. 이러한 상황에서, 집권3기의 푸틴 행정부는 이전의 유럽중심 외교전략에서 아시아 중심 외교전략으로 전환하면서 중국과의 경제협력이 더욱 더 절실해졌고, 중국 역시 동중국해, 남중국해의 영유권 문제를 놓고 미국과 일본, 필리핀 등으로부터 '포위공격'을 받고 있는 상황이라 동지역에서 러시아와 군사안보 협력이 필요한 상황이다. 일반적으로 중국외교에 있어 가장 중요한 이슈는 '에너지 자원 확보', 그리고

---

[9] 이란 핵협상 타결에 관한 것은 다음을 참조할 것. 인남식, 「이란 핵협상 타결의 함의와 전망」, 『주요국제문제분석』 2015-19(2015-07-24), 1~22쪽.

[10] 이란의 가스 확인매장량은 2014년 말 34Bcm(billion cubic meters)로 러시아 32.6Bcm를 상회한다. BP(June 2015), "BP Statistical Review of World Energy".

[11] 다음을 참조할 것. Matteo Dian, "The Pivot to Asia, Air-Sea Battle and contested commons in the Asia Pacific region", *The Pacific review* vol. 28, no. 2, 2015, pp. 237~257; 송기돈, 「미국의 아시아 중시(Pivot-to-Asia) 외교정책의 정책기조와 분석적 쟁점 고찰」, 『한국동북아논총』 제18권 제3호(2013), 137~161쪽.

'다극체제 형성' 등으로 함축되어질 수 있다. 따라서, 중국의 대 러시아 정책의 중요한 축은 에너지자원 협력과 미국의 일방주의 견제이다.[12] 또한, 러시아의 대 중국 정책의 한 축도 에너지자원이며 러시아는 동북아 지역에서 자국이 상당부분 적극적으로 참여하는 역할을 할 수 있는 새로운 동북아 지역질서를 중국의 협조를 통하여 형성하려고 있다.

둘째, 중국 시진핑 정부의 '해상 실크로드 전략'[13]은 양국 간 에너지 협력을 가속화시키는 주요 대외요인으로 작용하고 있다. 중국정부는 러시아와의 관계발전과 협력에 보다 무게를 두는 정책을 이미 오래 전부터 실행하여 오고 있으며, 중국외교에 있어 러시아의 중요성은 지속적으로 증가되어지고 있다. 특히, 중국외교가 미국 중심에서 주변국 중심으로 전환하는 과정에서 그리고 미국의 일방주의를 견제하는 입장에서 또한 상호보완적인 경제적 실리 등을 추구하는 과정에서 중국외교에 있어 러시아는 매우 중요한 국가로 간주되어진다. 이러한 상황은 현 시진핑 체제에서 새로운 차원에서 보다 가속화되어지고 있다. 이에 따라, 중국의 해상 실크로드 전략 실행에 있어 러시아의 협조가 필수적이며 러시아 산 가스와 원유의 공급확보가 필요하다.

셋째, 유럽·서방국가들의 '러시아 고립화 전략'[14]이 러시아와 중국 간 에너지 협력에의 주요 요인으로 작용하고 있는 점이다. 즉, 우크라이나 크림사태 이후 서방의 대 러시아 제재에 있어 양국은 서방에 공동으로 대항하며 협력하고 있으며, 특히 지난 2014년 3월 러시아의 크리미아 합병 직후인 동년 5월에 지난 10 여 년간 진행되어져왔던 시베리아 동부노선 가스 계약이 체결되었다

---

[12] 중국정부의 러시아에 대한 외교전략 목표를 정리하면 대략 다음과 같다. 1) 미국 주도 국제질서 공동으로 대응; 2) 상호보완적인 경제적 협력 강화; 3) 에너지 자원의 공급확보; 4) 국제사회에서의 협력 (예; UN과 SCO 등).

[13] Lee Ji-yong, "Political and economic implications of China's new silk road strategy", *IFANS brief*, 2014 winter, pp.13~21.

[14] 유럽의 대 러시아 제재에 대한 사항은 다음을 참조할 것. Erik Jones and Andrew Whitworth, "The Unintended Consequences of European Sanctions on Russia", *Survival* vol.56, no.5, 2014, pp.21~29.

는 점은 경제 · 에너지 측면에서 뿐 만 아니라 정치 · 외교적인 측면에서 양국 간 협력을 극명하게 나타내는 것이었다. 물론, 양국 간 동부노선 가스 계약에 있어 가장 중요한 현실적인 요인은 가스공급 가격이었지만, 동시에 가스 계약 체결의 효과를 국제사회에 극대화시키면서 양국 간 사상 최고의 동반자관계 발전을 전 세계에 나타낼 수 있는 요인(방법과 시기) 등이 고려되어졌다.

2) 대내요인

(1) 러시아의 경제침체와 중국의 경제성장세 둔화

양국 에너지 협력의 러시아의 내적요인으로 '러시아 경제위기', '신규 매장지 개발 필요성 증대', '극동지역 경제개발 정책' 등이 있다. 일반적으로 이러한 요인들은 동시베리아 · 극동지역과 대륙붕 내 탄화수소 자원 개발 등을 촉진시켜 대중국 가스공급 프로젝트에 긍정적인 영향을 끼치고 있다.

주지하다시피, 저유가 상황으로 에너지자원의 수출 의존도가 높은 러시아 경제는 커다란 타격을 받고 있다. 이를 타개하기 위해서 러시아 정부는 안정적인 자원생산 및 수출증대를 이루어야 한다. 즉, 러시아 경제의 침체는 상당히 심각한 수준으로써 자국 내 주요 수출 품목인 가스를 대량 생산하여 인근 국가에 장기간 공급하여야 하는 상황에 직면하고 있다. 이러한 맥락에서, 러시아의 필요와 목적에 가장 잘 부합되는 국가가 중국이다. 중국은 세계 최대의 에너지 소비국으로 등장하고 있으며 러시아와는 인접국이다.

기존 러시아 서시베리아 매장지에서의 석유 · 가스 생산은 이미 빠르게 정체 · 감소하고 있다. 이에 따라, 러시아 정부와 에너지 기업들은 신규 매장지 개발에 대한 투자를 우선적으로 추진하고 있다. 그러나, 러시아 정부는 국제 금융 · 자본시장으로부터 자금도입이 여의치 않고, 외국인 투자마저 러시아의 자원민족주의 정책으로 크게 감소한 상황에서 신규 투자를 위한 재원 마련이 사실상 불가능한 상황이다. 이러한 상황에서 러시아는 중국 정부의 차관과 중국 국영기업의 투자를 기대하고 있다. 잘 알려져 있다시피, 러시아 정부의 재정상황은 자원수출에서 조세수입 감소, 신규 매장지에 대한 각종 세제혜택, 그리고 우크라이나 크림지역 및 동부지역에 대한 재정지출 증대 등으로 매우 어려운 상황에 처해 있다.

한편, 중국도 세계경제 위기 이후 최근 경제성장세가 둔화되어지고 있다. 이러한 중국의 경제성장 둔화는 양국 간 가스 협력을 가속화하는 대내요인으로 작용하고 있다. 보다 구체적으로 말하면, 시진핑 정부의 '중국의 동북3성(헤이룽장성, 지린성, 랴오닝성)의 경제개발 전략', '기후변화 대응 및 대기오염 문제 해결 위한 석탄소비 감축', '러시아 북극항로에 대한 관심증대' 등의 요인이 양국 간 에너지 협력을 가속화시키는 중국의 대내요인으로 작용하고 있다. 특히, 동북3성 지역은 중국 내 다른 성에 비해 가계소득 수준과 경제성장률이 낮으며, 에너지 소비 부분에서는 석탄과 석유의 비중이 여전히 매우 높다. 따라서, 동지역에서는 가스소비 시장이 발달되어 있지 않다.[15] 한편, 동북3성의 이러한 상황은 장기적으로 가스시장의 성장 잠재력이 크겠지만, 중·단기적으로는 러시아 가스에 대한 동지역의 가스 수요가 크지 않다는 것을 의미한다. 이에 따라, 러시아 동시베리아·극동지역에서 중국으로 공급되는 가스 물량은 초기단계에 동북3성과 베이징시를 포함한 징진지京津冀(베이징, 톈진, 허베이) 지역에 공급된다고 해도 시베리아 동부노선 계약 물량인 38Bcm보다 적을 수밖에 없을 것이다. 그러나, 위에서 언급한 요인들은 중국의 러시아 가스에 대한 수요를 증대시키겠지만, '중국 내 가스자원(비전통 가스 포함) 개발 촉진', '정부의 에너지 가격자유화 조치', '원자력 및 신재생에너지 비중 확대' 등이 러시아 가스를 포함해서 해외가스의 수입 증가세를 둔화시킬 수도 있다.

전반적으로 중국의 가스소비 증가율은 생산 증가율을 상회하고 있어 수입

---

[15] 2014년에 동북3성의 평균 경제성장률은 5.9%로 중국 전체 7.4%보다 낮고, 중국 전체에서 최하위권에 속해 있다. 중국 동북3성의 경제·에너지에 대한 자료는 김경인, 「중국 동북3성 경제·에너지 현황 및 정책 과제 참조」, 『세계에너지시장 인사이트』 제15-28(에너지경제연구원, 2015.7.24) 참조.

의존도를 계속 높이고 있다. 특히, 정부의 적극적인 환경보호 정책과 소득증가로 대도시를 중심으로 천연가스 소비가 빠르게 증가하고 있다. 그러나, 2014년 이후 중국의 가스 소비 증가율이 하락하기 시작하였다. 최근 5년 동안 중국의 가스소비 증가율은 14%였는데,[16] 2014년에는 8~9% 수준으로 하락했다. 2014년 가스생산은 132.9Bcm, 소비는 183.0Bcm이었다.[17] 중국정부는 '천연가스 발전 제12차 5개년 계획(2011~2015)'[18]에서 2015년 천연가스 소비량 목표치를 230Bcm으로 설정했는데, 실제 소비량은 190Bcm에 이를 것으로 전망되고 있다. 주요 원인은 중국 경제의 성장세 둔화, 석탄가격 대비 가스 상대가격 상승, 천연가스 개조 차량 증가세 둔화, 그리고 농촌 도시화 속도 둔화 등이다. 현재 중국 석탄시장은 초과 공급 상태에 있기 때문에 석탄가격은 낮게 유지되고 있는 반면, 가스가격은 정부의 가격 자유화 시책으로 빠른 속도로 상승하였다.[19] 정부의 가스가격 현실화 조치는 발전부문, 수송부문, 산업부문에서 석탄연료를 가스연료로 대체하는 활동을 위축시킬 것이다.

(2) 푸틴의 신동방정책과 시진핑의 일대일로 전략 그리고 양국의 지역개발정책

푸틴 집권3기의 신동방정책과 시진핑 정부의 일대일로 전략이 양국의 지역개발정책과 연결되어 양국 간 가스 협력의 주요한 대내요인으로 작용하고 있다. 사실, 푸틴-시진핑 체제에서 양국 간 동반자관계 발전의 주요 요인으로서 더욱 주목하여야 할 것은 양국정부가 자국의 국내 정치·경제의 발전을

---

[16] 중국 가스수요는 2003~2014년 동안 거의 5배 정도 증가했다. 그동안 발전부문에서 석탄에서 가스로의 연료 전환이 활발히 이루어졌고, 대기오염 문제가 심각해서 중국 정부 차원에서 대도시를 중심으로 석탄소비 감소 정책이 추진되었다. 중국 정부는 1차 에너지에서 석탄비중을 2012년에 65%에서 2030년에 30% 수준으로 낮추려고 한다. BP, "BP Statistical Review of World Energy", 2015.

[17] 중국 국가통계국 www.stats.gov.cn/tjsj/ (검색일: 2015년 10월 16일).

[18] 國家發展改革委(NDRC), 《天然氣發展十二五規劃》, 2012.12. 이것은 NDRC의 '국민경제 및 사회발전 제12차 5개년 계획'을 기본으로 해서 수립된 천연가스부문의 5개년 계획이다.

[19] 중국 NDRC는 2013년 7월 새로운 가스가격 조정방식을 도입하였다. NDRC 홈페이지 www.ndrc.org 참조할 것.

위하여 서로 협력을 강화하고 있다는 점이다.

이미 2009년 6월 러시아와 중국 양국 수뇌부는 러시아 극동지역개발 전략 및 중국 동북지역 진흥 전략을 유기적으로 공동 진행하는 데에 합의하여 양국은 협력을 더욱 강화하고 공동발전을 위해 노력하기로 하였다.[20] 특히, 양국은 접경국가로써 지리적 접근성을 바탕으로 국내개발전략을 수행함에 있어 서로 절대적으로 필요한 존재로 점점 더 부각되어지고 있다. 따라서, 푸틴의 대 동북아 정책은 러시아의 동시베리아 및 극동지역개발의 가시적인 결과와 연관해서 이해하여야 한다.

러시아 연방정부는 극동·시베리아 지역을 자립도가 높은 지역으로 변화시키려는 목적을 가지고 있다. 그 방법 중 하나가 에너지자원 관련 산업을 중심으로 사회간접자본에 연방정부 차원에서 투자하고 동북아 지역 경제권으로 동지역을 편입시키는 것이다. 이러한 러시아의 개발전략은 지역의 안정과 국가 통일성에 기초한 장기적인 국가전략의 실천적 의미를 갖는다. 극동·시베리아의 개발전략은 결국 동북아 국가들과의 관계발전의 속성을 내포하는 것이며, 이 과정에서 러시아와 동북아 국가들과의 관계는 단순히 경제협력에 머물지 않고 경제협력을 통해 정치적 협력으로까지 이어지는 것이다.

이러한 맥락에서, 러시아는 극동지역 개발계획을 위하여 인근 국가와의 협력이 절대적으로 필요하다. 이에 따라, 중국은 러시아 극동지역 개발계획에서 가장 국익이 서로 부합되는 중요한 인근 국가이다. 중국도 러시아의 극동지역 개발계획을 자국의 동북지역 발전과 연계하여 활용하는 전략을 수립하여 대규모 자원개발 사업뿐 아니라 교통 인프라 구축과 농산물 및 목재의 생산·가공, 건축자재 생산 분야에서 협력을 확대하고 있다. 러시아 극동지역 개발은 중국 시진핑 지도부의 동북부개발전략과 함께 전략적 이익을 공유할 수 있으

---

20 러시아정부는 지난 2009년 극동개발의 기본정책방향을 담은 '2025 극동바이칼 경제사회발전 전략'을 발표하였다.

며, 러시아 시베리아 지역개발은 중국의 서부대개발전략과 전략적 이익을 공유할 수 있다. 다시 말해, 시베리아 동부노선 가스 계약체결은 러시아의 극동지역개발과 중국의 동북부개발의 전략적 이익이 공유되며, 서부노선 가스 계약체결은 러시아의 시베리아 경제사회개발과 중국 서부대개발의 전략적 이익이 공유되는 러시아-중국 간 협력의 핵심사업이다.

시진핑 체제에서 중국의 일대일로 국가전략과 지방개발전략은 접경지역 국가인 러시아와의 협력을 전제로 하고 있다. 시진핑 체제에서 중국은 국가균형개발정책을 적극 추진하며 그 동안 발전에 소외되었던 동북부 그리고 서북부 지역개발에 박차를 가하고 있다.[21] 특히, 러시아는 중국이 필요로 하는 천연가스 등 에너지 자원을 가장 근거리에서 공급할 수 있는 국가이다. 따라서, 중국 정부는 외교적인 측면에서 러시아와의 협력발전 뿐 만 아니라 국내개발전략(서북부대개발전략, 동북부대개발전략 등)의 실행에 있어서도 러시아와의 협력이 점차 더욱 중요해지고 있다. 시진핑 정부는 러시아와의 관계에서 이러한 중국의 국내개발전략을 핵심이익으로 간주되며 양국 간 관계발전을 도모하고 있는 것이다. 양국 간 가스 협력도 물론 이러한 기본적인 전략 하에서 이루어지고 있는 것이다. 결론적으로 중국의 동북지역개발전략과 서부대개발전략은 러시아의 시베리아·극동지역개발정책과 밀접한 상호 연관이 있다.

---

[21] 중국 5세대 신지도부의 정치성향과 목표로서 중국공산당은 2020년까지를 '전략적 기회'의 시기로 본다. 즉, 국내적으로 내실을 키우는 기간이다. 이러한 맥락에서, 2015년 3월 시진핑 중국 국가주석이 '동북3성'(지린·헤이룽장·랴오닝성) 지역들에 주변국가와의 교류협력을 강화할 것을 주문하였다. 특히 시진핑은 주변국 및 지역과의 교류협력을 강화해야 한다며 심화개혁을 통해 구조적 장애를 극복하고 대외개방 수준을 전면적으로 높이는 한편 낡은 공업기지에 잠재해 있는 거대한 활력을 불러일으켜야 한다고 강조하였다(『조선일보』, 2015년 3월 10일).

3. 러시아-중국 간 가스 협력 추진과정과 내용

1990년 대 양국 간 에너지 협력은 주로 석유와 전력부문에서 먼저 이루어졌다. 2000년대 들어서 가스부문에서의 양국 간 협력이 추진되기 시작했다. 이러한 상황은 러시아 에너지를 주로 도입해야 하는 동북3성 지역과 베이징 지역의 에너지 소비구조가 석탄 중심으로 이루어져 있고, 러시아 동시베리아·극동지역에서도 잉여전력이 풍부해서 인근 중국으로 수출하기가 용이하였기 때문이다. 또 다른 이유는 러시아의 유전개발이 가스전개발보다 먼저 추진되어졌기 때문이기도 하다. 그러나 러시아 전력의 대중국 공급은 중국 내 전력가격이 상당히 낮게 형성되어 있는 관계로 소규모로 이루어졌으며, 원유 공급은 러시아와 중국 양국 모두 새로운 장거리 송유관을 필요로 하는 사업으로서 2000년대 후반부터 시작되었다.

양국은 오랫동안 지속적으로 정부와 기업 차원에서 매년 수차례에 걸쳐 고위급 회담과 실무회담을 개최하며 도입 가스 가격수준과 결정방식, 시점, 노선, 가스 공급원 등에 대해 논의했으나 합의점을 찾지 못했었다. 그러나, 2013년 국제에너지시장에서 유가가 치솟으며 2014년에 우크라이나 사태가 본격화되면서 양국 간 가스협상은 급속히 진행되었다. 최종적으로 러시아 푸틴 대통령의 전략적 결정에 따라 중국의 요구사항을 상당부분 수용하면서 Gazprom과 CNPC 간 가스공급계약이 마침내 2014년 5월 말 중국 상하이 러·중 정상회담에서 체결되었다. 양국 간 가스 협력이 마침내 구체적인 성과를 거두게 된 것이다. 다음 아래의 〈표 1〉은 양국 간 주요 가스협상 내역이다.

〈표 1〉 주요 러-중 간 천연가스 협상 내역 (2004.10~2014.05)

일시	내용
2004년 10월	푸틴 방중 기간 CNPC와 가즈프롬 전략적 협력 협정서 체결
2006년 3월	러-중 '가스공급 MOU 체결', 러시아 동부노선과 서부노선을 통해 2011년부터 30년간 매년 60~80Bcm의 가스를 중국에 공급하는 것에 합의

2009년 6월	러-중 정상회담에서 '천연가스협력 MOU' 체결. 같은 해 10월 양국은 2014년 또는 2015년부터 러시아가 중국에 연간 70Bcm의 천연가스 공급하는 것에 합의
2011년 10월	러-중 16차 총리회의에서 가격협상 결렬
2012년 6월	푸틴 방중 기간에 중-러 석유가스 회담 재개
2012년 12월	CNPC와 가즈프롬 '서부노선'에 관한 논의 진행
2013년 3월	시진핑 방러 기간에 CNPC와 가즈프롬 가스공급에 합의
2013년 10월	CNPC와 가즈프롬 간 가스공급에 관한 가격결정공식에 기본적인 합의
2014년 5월	러-중 '러-중 동부노선을 통한 가스공급계약' 체결, 러시아는 2018년부터 동부노선을 통해 30년간 중국에 가스를 공급하며 공급량은 매년 서서히 증대시켜 최종 연간 38Bcm으로 증대

자료 : 中國經濟網(2014.5.28), 박용덕·석주헌·이성규, 『중국 가스산업의 발전방향과 대중국 가스산업 진출 전략』(경제인문사회연구회 중국종합연구 협동연구총서, 2014), 32쪽.

1) 2014년 5월 가스 계약 체결 이전

러시아와 중국 간 파이프라인을 통한 가스도입 협상은 1990년대 초반부터 공식적으로 논의되기 시작하였다. 1994년 중국의 CNPC는 러시아 정부와 양국 간 석유 및 천연가스 파이프라인 건설을 위한 양해각서를 체결하였다. 1999년 양국은 러시아 이르크추크주에 위치해 있는 코빅타 가스전을 개발해서 이곳에서 생산되는 가스를 양국 간 가스관을 건설하여 중국으로 수송 및 공급하는 일명 '이르쿠츠크 PNG사업'에 합의하였다.[22] 그러나, 러시아 정부 측의 동 사업에 대한 승인 보류와 Gazprom의 2003년 통합가스공급시스템(UGSS : Unified Gas Supply System) 발표로 동 사업은 사실상 중단되었다.

2000년 대 중반부터 러시아 가스의 한국을 포함한 아·태지역으로의 가스공급 사업은 러시아 연방정부 차원의 에너지 자원개발을 통한 극동지역 경제개발과 Gazprom의 2007년 동부가스프로그램(Eastern Gas Program)[23] 추진으로

---

[22] 동사업은 2001년 1월부터 2003년 11월까지 타당성 조사에서 러시아 코빅타 가스전-중국-서해-평택(4,000km)까지 연결하는 가스관을 통해 중국으로 20bcm, 한국으로 10bcm 공급하는 방안을 제시하였다.

탄력을 받게 되었다. 2006년 3월 양국은 총 수송능력 연간 약 60~80Bcm의 2개 가스 파이프라인(서부노선, 동부노선)을 건설하는데 합의하였다. 그리고 가즈프롬은 주요 대 중국 가스공급원인 코빅타 가스전의 소유권을 러시아-영국 합작 민간기업인 TNK-BP로부터 매입하였고, 러시아 정부로부터 차얀다 가스전의 개발권을 획득하였다. 이후 러시아 정부는 2008년에 서부노선과 동부노선을 통해 연간 68Bcm을 공급하기로 중국 측에 약속하였다.[24] 2013년 3월 양측은 2018년부터 30년간 동부라인(Sila Sibiri 파이프라인)을 통해 연간 38Bcm(러시아의 대유럽 가스공급 물량의 약 1/4 정도)를 공급하는 양해각서를 체결하였다.

양국 간 가스협상에서 가장 커다란 문제점은 도입가격 수준에 있어서 양측의 차이었다.[25] 당시 러시아는 유가연동에 의해 결정되는 대유럽 가스공급 가격수준을 계속해서 요구하였다. 이에 반해, 중국은 중앙아 가스 도입조건과 같거나 이보다 유리하지 않은 한 러시아 가스를 무리하게 도입하지 않겠다는 입장을 고수하였다.[26] 그리고 양국은 서부노선과 동부노선의 우선 건설에 있어서도 이견을 나타냈다. 러시아는 서부노선을 중국은 동부노선을 우선적으로 건설하는 것을 각각 제안했었다. 러시아가 서부노선(일명 '알타이노선')을 통해 중국으로 가스를 공급하려면, 중국 서부지역에서 동부지역까지 연결되는 가스 파이프라인(중국의 '서기동수 가스관')의 잉여 수송용량을 확보해야 한다. 이것은 전적으로 중국 정부와 가스관 소유·운영사인 중국 국영기업 CNPC의 결정에 달려 있다. 현재 가동 중인 서기동수 가스관의 수송용량은 이미 중국 자국 가스와 중앙아시아 가스를 수송하는데 전부 사용되어지고 있다. 즉, 러

---

[23] 동부가스프로그램은 동시베리아 및 극동지역의 가스를 생산, 수송, 공급하기 위한 정부 주도의 통합 개발 프로그램으로 러시아 산업에너지부에 의해 2007년 9월 승인되었다.
[24] 그러나 당시 러시아의 가즈프롬은 68bcm이 러시아 내 어떤 가스전에서 공급되지는 지에 대해서는 구체적으로 밝히지 않았었다.
[25] 러시아는 중국에 약 350~400달러/1000㎥을 제안한 반면에 중국은 약 200~250달러/1000㎥를 요구하는 것으로 알려졌다. 2011년에 투르크메니스탄 가스의 대 중국 공급 가격은 200달러/1000㎥이었다.
[26] 중국은 2009년 말부터 중앙아시아-중국 가스관을 통해 연간 약 10bcm의 투르크메니스탄 가스를 수입하고 있다. Reuters, 2012년 5월 16일. 참조할 것.

시아 가스를 수송하기 위해서는 새로운 서기동수 가스관이 건설되어야 한다. 그러나 아직까지(2015년 10월 현재) CNPC에 의해 러시아 가스전용 가스관 건설 계획이 발표된 바 없는 상태이다.

양측 간 가스 계약 체결에 있어 결정적 역할을 했던 것은 2014년 2월~3월 동안 발발하였던 우크라이나 크림사태이었다. 유럽과 미국은 2014년 3월에 우크라이나 크림사태를 이유로 해서 러시아에 대한 강도 높은 경제 제재를 결정하였다. 이러한 상황에서 러시아와 중국은 대서방 공동 대응 차원 측면에서 양국 간 가스 계약 타결이 이루어졌을 가능성이 높다. 앞장에서 언급하였듯이, 정치·외교적으로 양국은 국제사회에서 공동의 목적과 이익을 연대하여 추구하고 있다.

2) 2014년 5월 가스 계약 체결 및 이후

2014년 5월말 양국정상과 CNPC와 Gazprom은 유가연동 가격결정 방식을 전제로 극적으로 가스공급계약을 체결하였다.[27] 가격조건 등 구체적인 계약 내역은 공개되지 않았지만, 가격, 의무인수 조건, 가스 공급원, 파이프라인 경로 등에 대해 합의가 이루어진 것으로 알려진다. 공급개시 연도는 2020년 이후이며 공급 개시 5년 이후부터 최대 38Bcm이 공급되며, 공급 기간은 최초 공급개시 후 30년 간 이다. 공급가격은 석유제품가격에 연동하여 결정되며, 유럽 수출가격 수준에 근접하는 약 350달러~380달러/천㎥(국경 인도가격 기준)로 추정된다.[28] 러시아측이 주장한 석유제품가격 연동 가격결정방식 채택에도 불

---

[27] 2014년 5월 정상회담에서 가스공급협상 타결 이외에 양국은 교역규모 확대, LNG사업 협력, 원자력분야 협력, 원유공급 확대, 러시아 석탄 공동개발, 극동지역 전력사업 공동투자 등 46개 협정서에도 서명하였다.

[28] 중국은 30년간 매년 38Bcm를 구매하는 대가로 4,000억 달러를 러시아에 지불하게 되는데, 이를 기초로 해서 공급가격을 추산하면 350달러/1000㎥ 이다. 공급개시 이후 5년의 Build-up 기간을 고려하면 구매가격은 약 380달러/천 ㎥로 추산될 수 있다.

구하고 중국은 양호한 가격조건을 확보한 것으로 평가되어지고 있다.

양국 간 국경에서 상하이 지역까지 수송비용을 포함한 러시아 동부노선 가스는 상하이 지역에서 중앙아 가스, 해외 LNG, 그리고 중국 서부지역에서 생산되는 가스 등과 비교해서 충분히 가격경쟁력을 갖는 것으로 평가되고 있다.[29] 가스 공급원은 사하지역에 위치한 Chayanda 가스전과 이르쿠츠크에 위치한 Kovykta 가스전이 공급원이 될 것으로 예상된다. Chayanda 가스전(연간 생산량 25Bcm)의 가스가 우선 공급되고, 이후 추가로 Kovykta 가스(연간 생산량 35Bcm)가 나머지 부족물량을 공급하게 될 것이다. 가스공급 노선은 동시베리아 가스전에서 블라디보스토크로 이어지는 총연장 약 4,000km의 Sila Sibiri 파이프라인과 중간지점인 Blagoveschensk(차얀다 가스전에 이곳까지 길이 2,500~3,000 km)에서 중국으로 인도될 것이다. 양국 국경지점에서 베이징까지 가스관 길이는 약 3,240km이다.

양측이 합의된 시점에 적정한 가격으로 가스공급이 이루어지기 위해서는 막대한 초기투자비 조달이 성공적으로 이루어져한다. 그러나, 양국은 2014년 5월 계약 체결 이후 그렇게 하고 있지 못한 상황이다. 다시 말해, 2014년 5월 양측 간 가스 계약 체결 이후에도 러시아는 중국과 차관협상을 계속 진행하며 중국에 가스대금 선지급 혹은 차관 제공을 요청하였다. 가즈프롬은 중국 차관으로 대중국 가스 수송을 위한 가스관(Power of Siberia, 또는 Sila Sibiri) 건설에 사용하려고 했었다. 이에 대해 중국은 약 250억 달러 차관제공 조건으로 가스가격 할인을 요구하였다. 그러나, 2014년 11월 가즈프롬은 가스대금 선지급 또는 차관 제공과 가스가격 할인을 연계시키지 않을 것이라고 공식적으로 발표하였다.[30] 그래서 현재 가즈프롬은 가스전 개발과 장거리 가스관 건설을 위한

---

[29] 2013년 평균 러시아 가스의 대유럽 공급가격은 약 377.5달러/1000m3, 투르크메니스탄 가스의 중국 국경도착 가격은 342달러/1000m3으로 추산된다. 가즈프롬과 Platts 자료, 그리고 Henderson, J. & Mitrova T., 2015, p.13.

[30] Interfax, "Gazprom not considering advance for Power of Siberia to further reduce price",

자금을 독자적으로 확보해야 하는 어려운 상황에 처해 있다.

2014년 하반기부터 국제유가가 크게 하락하고, 이후 현재까지 저유가 상황이 지속되면서 러시아의 대중국 가스공급 사업의 경제성은 크게 악화되었다. 자금난과 외국 장비 및 기술 도입이 거의 불가능한 상황에서 국제유가 및 가스가격마저 낮게 유지됨에 따라 가스공급 개시시점을 연기할 수밖에 없는 상황에 처해 있다. 더구나 미국은 러시아에 대한 제재를 더욱 지속·강화하며 심지어 지난 2015년 8월에는 사할린-3 가스전을 제재대상에 포함시켰다. 그로 인해 Gazprom이 야심차게 계획했던 블라디보스토크 LNG 사업과 사할린-2 LNG 확장 사업도 매우 어려운 상황에 처해있다. 특히 LNG 사업은 사실상 자금조달과 기술측면에서 Gazprom 독자적으로 추진할 수 없다. 이러한 상황에서 지난 2015년 9월 베이징 정상회담 기간 중 CNPC와 Gazprom은 러시아 극동지역(사할린) 가스의 대중국 PNG 공급 사업에 대한 양해각서를 체결하였다. 러시아 사할린 가스전은 하바롭스크와 블라디보스토크까지 파이프라인을 통해 연결되어 있어서 여기서 생산된 가스를 중국으로 공급하기 매우 용이하다.

그러나, 2015년 9월 초 양국 간 회담에서 서부노선을 통한 가스공급에 대하여 공식적으로 언급되어지지 않았다. 이것은 최근 중국의 경제성장세 둔화와 가스수요 증가율 하락으로 서부노선을 통한 가스도입 필요성이 크게 감소한 것에 기인한다.[31] 사실, 러시아의 Gazprom은 그동안 서부노선 사업을 동부노선보다 먼저 추진하려고 했었다. 서부노선 사업은 우선 추가적인 가스전 개발 없이 기존의 서시베리아지역 내 가스전을 사용할 수 있어 유리하고, 서시베리아 가스매장지들은 대유럽 가스공급의 주된 공급원이기 때문에 유럽고객들을

2014.11.10.

[31] Vedomosti는 서부노선 사업이 무기한 연기될 것으로 예상한다고 보도하였다. 이러한 보도 내용에 대해 가즈프롬은 공식적인 입장 표명을 하지 않은 것으로 나타났다(*Vedomosti*, 2015. 7.22).

위협할 수 있는 좋은 협상카드로 활용할 수 있다. 또한, 서부노선의 가스관 건설비는 동부노선 비용보다 낮다. 그러나 가즈프롬은 중국과의 오랜 협상 과정에서 중국측의 요구를 수용해서 동부노선 우선 추진을 최종적으로 결정하였다. 물론 이러한 러시아의 결정에는 우크라이나 사태 이후 유럽과 미국의 러시아에 대한 제재가 크게 작용하였다.

또한, 서부노선 사업은 중국의 서기동수 가스관 확충사업과 직접적으로 연결되어 있다. 서기동수 가스관을 통해 중국 서부지역에서 주된 소비처인 동부 연안까지 러시아 가스가 수송되어야 한다. 이를 위해서는 서기동수 가스관의 수송용량을 추가로 확보해야 하기 때문이다. 현재 자국 가스수송용 서기동수-1과 중앙아시아(투르크메니스탄) 가스수송용인 서기동수-2가 가동 중이다. 서기동수-3도 중앙아 가스수송용인데 2015~17년 완공 예정으로 있다. CNPC는 서부지역 가스 수송용인 서기동수-4, 중앙아시아(우즈베키스탄, 카자흐스탄, 투르크메니스탄) 가스 수송용인 서기동수-5를 추가로 건설할 예정이다. 아마도 러시아 가스수송용은 서기동수-6이 될 것으로 예상된다. 이러한 계획대로라면 2020년 초반에는 건설될 가능성이 희박하다.[32] 결과적으로 러시아가 중국에 대해 커다란 혜택을 제공하지 않는 한, 서부노선은 조기에 실현되기 어려울 것이다.

---

[32] 물론 우즈베키스탄 및 카자흐스탄 가스의 대중국 공급이 순조롭게 진행되지 않는다면, 서기동수-5를 통해 러시아 가스가 수송될 수도 있다.

4. 푸틴 – 시진핑 체제에서 양국 간 가스 협력의 의미와 한계

1) 정치・외교적인 측면

(1) 의미

　푸틴 – 시진핑 체제에서 가스부문에서의 협력은 양국의 전략적 동반자관계 발전의 지속에 있어 중요한 요소 중의 하나로서 작용하고 있다. 첫째, 앞장에서도 언급하였듯이, 양국 간 가스 협력은 '서방의 대러시아 제재와 중국견제에 대한 공동의 대응 수단' 역할의 의미를 가지고 있다. 1990년 대 러시아 – 중국 동반자관계 발전의 배경은 일차적으로 탈냉전시대 국제사회에서 미국의 '일극체제(또는 일방주의: unilateralism)'에 대한 공동 견제를 목적으로 시작되었다. 이와 동시에 양국은 다자적(multi-lateral) 국제관계 모델형성과 국제문제 현안 해결에 있어서 유엔UN 등의 국제기구의 주도적 역할강화 등을 지지하였다. 최근 급속히 진전되고 있는 군사 분야에서의 양국협력도 아시아에서 미국의 영향력 확대에 대한 양국의 공동 견제의 성격이 강하다. 이러한 맥락에서, 2014년 3월 우크라이나 사태와 관련하여 중국 정부는 미국과 유럽연합 등이 러시아에 대한 제재 움직임을 보이고 있는데 대해 사실상 반대 입장을 밝혔다. 결과적으로 2014년 5월 양국 간 가스 계약 체결은 국제사회에서 양국이 추구하는 것이 공동으로 일치하는 것을 천명하는 효과가 있었다.[33]

　둘째, 양국 간 가스 협력은 '에너지 안보'[34] 차원에서 추구하는 것을 의미한

---

[33] 중국정부는 2014년 하반기 서방의 대 러시아 제재와 유가 하락으로 인한 루블화 가치 폭락 사태와 관련하여 상하이협력기구를 통한 러시아와의 협력을 강조하며 우회지원을 시사하기도 하였다. 즉, 중국은 필요하면 러시아에 대한 경제적 지원도 할 것이라며 양국 간 정치・외교적인 측면에서의 돈독한 관계를 과시하였다.

[34] 2001년 미국 부시정권의 에너지 안보 독트린 발표 이후 러시아와 중국 등 주요 강대국들은 '에너지 안보(energy Security)'를 위한 에너지전략을 국가이익 실현과 자국의 안보를 위한 가장 중요한 국가전략으로 채택하여 왔다. 에너지 안보에 대한 논의는 다음을 참조할 것. 윤익중・이용권, 「동북아시아 에너지안보 패러다임의 형성 가능성: 러시아의 역할과 영향을 중심으로」, 『신아세아』 제12권 제1호,

다. 양국은 세계 최대의 에너지 공급국과 수요국으로서 2000년 대 이후 '에너지 안보' 차원에서 동반자관계를 발전시켜 나가고 있다. 양국의 에너지부문에 있어서의 협력은 가히 '에너지동맹'으로 표현될 정도이다. 2003년 러시아의 동시베리아 원유파이프라인(East Siberia Pacific Ocean : ESPO)이 중국과 일본의 경쟁 끝에 중국의 다칭Daching으로 결정되었으며, 2014년 5월 마침내 양국은 약 400억 달러 규모의 막대한 양의 동부 시베리아 가스 공급계약을 체결하였다. 즉, 지난 2014년 5월의 가스 계약 체결도 에너지 안보적인 측면에서의 결과라고 볼 수 있다.

셋째, 2장에서 이미 언급하였듯이, 푸틴 집권3기의 신동방정책과 시진핑의 일대일로 전략추진에 있어 양국 간 가스 협력이 가지는 의미이다. 중국 시진핑 주석의 일대일로 전략에서 러시아는 핵심 협력 파트너이다. 그리고 일대일로 전략의 핵심인 중국 서부지역(신장지역) 경제개발에 있어서 러시아 에너지자원이 중요한 역할을 담당하게 될 것이다. 중국정부는 신장지역을 에너지자원 공급지 및 에너지 가공 산업단지로 개발하려고 한다. 한편, 러시아의 신동방정책에서도 중국은 러시아의 핵심 협력 파트너이다. 신동방정책의 핵심인 극동지역 경제개발에 있어서 중국의 기술과 자본 등이 중요한 역할을 할 것이다. 러시아정부는 연해주지역을 선도경제개발지역으로 지정하고 현대화를 모색하고 있으며 한국과 중국 등 인근 국가들과의 협력을 가속화하고 있다.

(2) 한계

천연가스 협력 프로젝트가 러시아와 중국 양국의 중요한 실속 있는 협력분야임에는 분명하지만, 푸틴-시진핑 체제에서 양국 간 사상 최고의 신 밀월관계가 반드시 양국 간 가스 협력 프로젝트의 구체적인 결과를 단기간 내에 예

2005년 봄호 통권 42호, 60~88쪽; 신범식, 「동북아시아 에너지안보와 다각 지역협력 : 러-북-남 가스관 사업과 동북아 세력망구도의 변화 가능성」, 『한국정치학회보』 제46권 제4호(2012), 247~278쪽.

정대로 도출할 수 있는 것을 의미하는 것은 아니다. 이러한 상황은 2015년 9월 초 베이징 중국 전승절 기념행사 직후 열렸던 양국 간 정상회담에서 나타났다. 러시아측이 기대하였던 시베리아 서부노선에 대한 계약 등이 전혀 언급되어지지 않았다.[35] 한편, 시베리아 서부노선의 계약타결의 부진은 2014년 5월 행하여졌던 시베리아 동부노선의 진척상황 부진과 기타 외부 요인 등에 기인하는 것이다. 특히, 2015년 5월 초 모스크바 전승절 기념행사 후 열린 정상회담에서 양국은 각각 추진하던 경제공동체 간 '유라시아경제연합(EEU)'[36]과 '실크로드경제권'과의 협력을 약속하였음에도 불구하고 동년 9월 초에 기대되었던 서부노선 가스 계약체결은 성사되지 않았다.

러시아는 인근 중앙아시아 국가들과 '유라시아경제연합(Eurasian Economic Union)'을 2015년 1월 여러 가지 어려움에도 불구하고 예정대로 출범시켰다. 러시아는 동지역에서의 정치적인 영향력 확대·유지를 푸틴 외교정책에서 최우선시 하고 있다. 한편, 중국은 동지역에서 '신실크로드 경제권(New Silk road Economic Cooperation)'을 계획하며, 동지역 국가들과 정치·경제적인 측면에서의 협력을 강화하고 있다. 향후 러시아는 경제적 측면에서 중국과 중앙아시아 지역 국가들과의 협력이 강화되며, 동시에 정치적인 협력도 증대되어지는 것을 용인하기 쉽지 않을 것이다.

2) 경제적인 측면

(1) 의미

양국 간 가스 협력은 접경지역인 러시아의 극동지역과 중국의 동북3성의

---

[35] 가스 공습을 위한 인프라 구축 시간이 약 5년 정도 소요된다. 현재 악화된 자금사정으로 인해 가스 공급 인프라 구축은 연기되고 있다.
[36] 다음을 참조할 것. 이상준, 「유라시아 경제연합의 원심력과 구심력: 에너지, 교역 및 투자를 중심으로」, 『러시아연구』 제24권 제2호(2014), 247~269쪽.

지속가능한 경제성장 기반구축에 기여하는 의미이다.

첫째, 양국 간 가스 협력은 중국 '동북3성의 경제발전'과 깊은 연관이 있다. 즉, 동북3성 지방정부는 시진핑 주석의 '일대일로 전략'에 동 지역을 포함시키려 하며, 중앙정부도 이러한 상황을 긍정적으로 수용하는 것으로 보인다. 지방정부는 이를 통해 지역경제발전을 위한 중앙정부 차원의 재정적·정책적 지원을 확실하게 받으려고 한다. 사실, 중국 중앙정부는 2002년부터 동북3성 지역 경제개발을 위한 여러 지원정책을 발표했지만,[37] 가시적인 성과는 아직까지 미미하다. 이러한 상황은 2014년까지 동 지역의 경제성장률이 중국 전체 경제 성장률보다 낮은 것을 보면 알 수 있다. 최근 2015년 7월 중국 국가발전개혁위원회는 '동북지역 노후 공업기지 혁신창업 촉진을 위한 새로운 경쟁우위 형성에 관한 의견'을 발표하여 동 지역의 실질적인 사회·경제 발전을 실현시키려 하였다.[38] 동북3성은 중·장기적으로 몽골, 러시아 극동지역, 남·북한 등을 포함하는 동북아 경제권 형성에 중추적 역할을 담당하고, 이를 통해 경제적 자립 기반을 마련하려고 한다. 한편, 시진핑 주석은 2015년 7월 지린성 창춘시를 방문하여 향후 '국민경제 사회발전 제13차 5개년 계획 (2016~2020)' 기간에 동북지역의 발전을 위해 중앙정부 차원의 지원을 아끼지 않겠다고 발표하였다.[39] 이렇게 중앙정부 차원에서 동북지역 경제발전을 강조하는 것은 '일대일로 전략'과 동 지역의 경제를 연계하겠다는 의미이다. 지린성 정부는 창지시범지역 건설을 통해 지린성을 '일대일로' 전략에 포함될 수 있도록 노력하고 있다. 지린성의 창춘시는 중국 동북3성·몽골·러시아 동부 지역 경제회랑의 중심도시이다.[40] 동북3성의 경제발전은 동 지역의 에너지 수

---

[37] 2002년 11월 개최된 중국 공산당 제16차 전국대표대회에서 중앙 정부는 동북3성의 '공업기지 진흥 전략', 2003년에 '동북3성 내 노후 공업기지 진흥 전략 실시에 관한 의견', 2009년 8월 국무원은 "창지투 개발개방선도구를 중심으로 한 두만강지역의 협력개발 계획강요', 그리고 2014년 8월에 국무원은 '동북 진흥 지원 중대정책 조치에 관한 의견'을 각각 발표하였다.
[38] 中證網(2015.07.03).
[39] 김정인(2015.7.24), 29쪽.

요를 빠르게 증대시킬 것이고, 에너지 수급 안정을 위해 러시아 동부지역의 석유, 가스, 전력에 대한 수입 수요를 크게 증대시킬 것이다.

둘째, 양국 간 가스 협력은 '러시아 극동지역의 경제개발'을 촉진하는 의미가 있다. 그 동안 러시아 연방정부는 극동 자바이칼 계획 등 극동지역 경제사회발전 계획에 대한 여러 가지 계획을 수차례 발표하여 왔다. 그럼에도 불구하고 동지역의 개발 프로그램의 실행에 별다른 가시적인 성과가 미미하였던 주요 원인 중의 하나는 기술과 자본 그리고 노동력을 가지고 있는 인근국가의 적극적인 참여가 없었기 때문이다. 따라서, 양국 접경지역을 통한 가스노선의 개발과 계약체결은 동지역 발전에 있어 결정적인 계기가 될 수 있다. 이러한 맥락에서, 최근 푸틴 정부는 블라디보스토크 시를 중심으로 연해주 지역에 '선도경제개발구역'[41] 등을 선포하고 인근 국가들과의 협력을 추진하고 있다.

셋째, 양국 간 가스 협력은 중·장기적인 측면에서 '동북아지역 가스 공급안보의 증대'를 기대할 수 있다. 이것은 동북아 에너지 그리드 구축 및 역내 교역량 증대와 가스허브 구축 기반 마련과도 깊은 연관이 있다. 양국 간 가스 공급 계약체결은 러시아 입장에서 가스 수출국 다변화, 동시베리아 가스전 개발 촉진, 동북아 가스시장 진출 기반 확보, 북미 LNG를 포함한 경쟁국 가스의 사전 견제 등의 의미가 있다. 중국은 저렴한 가스공급원 확보, LNG 구매 협상력 강화, 동북3성 및 징진지 지역의 가스수요 충족, 중국 내 가스관 건설에 따른 지역경제 활성화 등의 경제·에너지 측면에서의 긍정적 효과의 의미가 있다. 특히, 가즈프롬은 유럽시장과 아·태 시장에서 자사의 시장지배력을 유지하며, 다른 가스 공급 국가들과의 경쟁에서 이기기 위해 가격할인과 기존 계약조건 개선 등을 추진할 가능성이 높다. 아·태 시장에서도 특히 중국 시

---

[40] 吉林日報(2015.3.11), 『세계에너지시장 인사이트』 제15-10(2015.3.20), 32頁.
[41] 연해주 '선도경제개발구역'에 대하여는 다음을 참조할 것. 변현섭, 「러시아 극동지역개발 전략으로서 선도경제구역 설립의 의미와 전망」, 『슬라브연구』 제30권 4호(2014), 59~79쪽.

장에서 계속 시장점유율을 높이기 위해 이와 비슷한 혜택을 아·태시장 수요 국가들에게도 제공할 가능성이 크다. 이것은 러시아의 대아·태 지역 수출비중 증대 전략과 연관이 있다.

(2) 한계

무엇보다도, 경제적인 측면에서 양국 간 가스 협력의 한계는 중·단기적인 측면에서 동북3성지역의 '가스시장 성장의 한계'와 연관이 있다. 즉, 최근 중국 가스수요 증가세 둔화 및 동북3성 가스수요가 저조하다. 더불어, 동북3성의 안정적 경제성장 기반 마련과 석탄 중심의 에너지 소비구조 개선 작업이 실질적으로 최근 2~3년 사이에 중앙정부 차원의 지원을 바탕으로 추진되고 있다. 이러한 조치 및 정책의 구체적이며 가시적인 성과는 단기간에 나타나기 어렵다. 이로 인해 2019~2020년 사이에 대규모 러시아 가스가 동북3성 지역에서 소비되지 못하고, 징진지루(베이징, 텐진, 허베이, 산둥)지역에 더 많이 공급되어져야 할 것이다.[42]

둘째, 대 러시아 서방 제재 장기화에 따른 '가스전 개발 및 수송 사업 연기 가능성'이다. 2014년 하반기부터 국제유가가 크게 하락하고, 이후 현재까지 저유가 상황이 지속되면서 러시아의 대중국 가스공급 사업의 경제성은 크게 악화되었다. 자금난과 외국 장비 및 기술 도입이 거의 불가능한 상황에서 국제유가 및 가스가격마저 낮게 유지됨에 따라 가스공급 개시시점을 연기할 수밖에 없는 상황에 처해 있다.[43] 2014년 5월 정식 계약한 4천억 달러 규모의 동시베리아 지역 천연가스 수출 프로젝트도 예정대로라면 2019년에 첫 공급에 들어가야 하지만 아직 수출가격 조차 정해지지 않은 채로 남아있다. 지난

---

[42] 중국 국가발전개혁위원회와 국가통계국 자료에 의하면, 베이징市 가스소비량은 2014년에 11.32Bcm, 중국 전체 가스소비량은 182Bcm임. 新京報(2015.9.18), 『세계에너지시장 인사이트』 제15-36호(2015. 9.25), 35쪽.

[43] Vedomosti(2015.07.22)에서 서부노선 사업이 무기한 연기될 것으로 예상한다고 보도하였다.

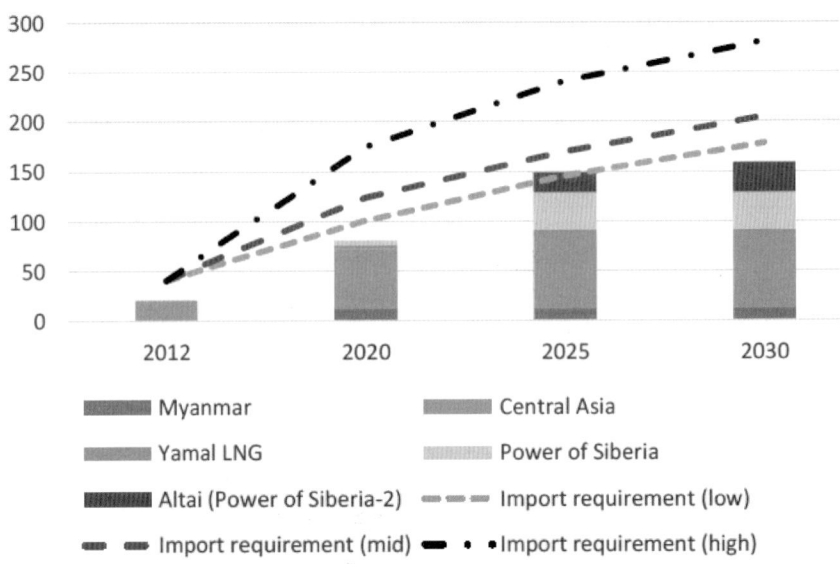

〈그림 1〉 중국의 2030년까지 가스 수요 및 공급 전망
* 동부노선은 2019년(현실적으로 2021년으로 예상), 서부노선은 2020년대 초반에 공급 개시, 야말 LNG의 CNPC 계약물량은 약 300만톤 임. 나머지 부족분은 기타 LNG를 통해 채워짐. 중앙아 가스는 양측 간 협정내용에 따라 투르크메니스탄 가스 65Bcm, 우즈베키스탄 가스 10Bcm, 카자흐스탄 가스 10Bcm임. 자료: IEA(2014), EIA(2013) 자료를 이용해서 가스수입 전망치를 도출함; Henderson, J. & Mitrova T., 2015, p.15.

    2015년 8월에 가즈프롬 밀러 회장은 동부노선의 완공·개시 시점을 당초 2019년에서 최대 2021년으로 연기하겠다고 공식 발표하였다.[44] 따라서, 러시아 가스의 대중국 공급 효과가 아시아 시장으로의 수출 확대로 나타나는 것은 2025년 이전에 실현되기 어려울 것으로 보인다. 또한, 동부노선으로 통한 최대 38Bcm의 중국공급도 가스관 완공·개시 이후 최대 5년 정도 소요될 것으로 예상된다.

    셋째, 중국 입장에서 적정수준의 '러시아 가스의존도'에 대한 사항이다. Henderson & Mitrova(2015)는 중국 가스 수입량에 러시아 가스 비중을 2012년 0%에서 2020년에 5~10%, 2025년에 25~43%, 2030년에 25~40%로 추산하였

[44] 가즈프롬은 사업추진 연기 이유에 대해서는 공식적으로 밝히지 않았다(RIA, 2015.8.26).

다. 여기에는 동부노선에 의한 38Bcm과 서부노선에 의한 30Bcm를 포함해서 중국 CNPC가 지분 참여하고 있는 야말-LNG사업과 중국 상하이 이남의 동부 연안지역을 겨냥한 사할린 LNG사업에서 LNG물량 등이 포함되어 있다. 중국 정부는 자국 가스소비의 50%는 자국에서 생산된 가스로, 나머지 50%는 해외 LNG와 중앙아시아, 미얀마, 그리고 러시아 가스로 충족시키는 전략을 갖고 있다.[45] 그러나 중국 정부 입장에서 한 나라에 대한 가스수입 의존도를 35% 수준으로 유지하는 것을 에너지 안보 측면에서 원하지 않을 것이기 때문에 양국 간 가스 협력의 규모와 기간이 더 이상 증대되어지지 않을 것이다.

5. 결론

본문에서 고찰하였듯이, 러시아와 중국은 기본적인 국가전략(국내개발전략 포함)과 대외정책 틀에서 양국 간 에너지(가스)협력을 지속·발전시켜왔으나, 그 협력의 구체적인 성과는 향후 좀 더 지켜보아야 할 것이다. 무엇보다도, 에너지(가스)협력에 영향을 끼치는 대내외적인 변수가 너무 많기 때문이다. 더불어, 빠르게 변화하는 새로운 국제정치학적 역학 구도와 질서 변화 등도 향후 양국 간 가스 협력에 커다란 영향을 끼칠 것이다. 따라서, 양국 간 가스 협력의 긍정적인 요인보다는 부정적인 요인에 좀 더 초점을 맞추어 러시아-중국 간 에너지 협력을 분석하고 이해하는 것이 현실적으로 한국의 대외 가스정책 수립에도 유용할 것으로 판단된다.

본 논문에서는 천연가스 협력 프로젝트가 러시아와 중국 양국의 중요한 실속 있는 협력분야임에는 분명하지만, 푸틴-시진핑 체제에서 양국 간 사상 최고의 밀월관계가 반드시 양국 간 가스 협력 프로젝트의 가시적이고 구체적인

---

[45] Henderson, J. & Mitrova T., 2015, p.14.

결과를 단기간 내에 예정대로 도출할 수 있는 것이 아니라는 점을 강조하고자 한다. 이러한 상황은 2015년 9월 초 베이징 중국 전승절 기념행사 직후 열렸던 양국 간 정상회담에서 나타났다. 양측은 기대되어졌던 시베리아 서부노선에 대한 계약이 전혀 언급되어지지 않았다. 이러한 시베리아 서부노선에 대한 계약체결 실패는 2014년 5월 행하여졌던 시베리아 동부노선의 진척상황 부진과 기타 외부 요인 등에 기인하는 것이다. 특히, 2015년 5월 초 모스크바 전승절 기념행사 후 열린 정상회담에서 양국은 각각 추진하던 경제공동체 간 '유라시아경제연합(EEU)'과 '실크로드경제권'과의 협력을 약속하였음에도 불구하고 동년 9월 초에 기대되었던 서부노선 가스 계약이 끝내 성사되지 않았음에 주목하여야 한다. 더불어, 2015년 9월 초 러시아가 중국 베이징 열병식 기간 중 중국과 금융·통신 등 분야에서 약 300억 달러 규모의 협력협정을 맺었지만 어디까지나 '잠재적 투자'라는 설이 상당히 설득력이 있다. 중국 베이징과 러시아 모스크바를 잇는 고속철도 사업도 2018년 러시아 월드컵 축구대회 이전에 1단계인 모스크바-카잔 구간을 개통하기로 되어 있으나 제대로 진척되어지지 않고 있다.[46] 푸틴-시진핑 체제에서 양국 간 경제 협력은 전방위적으로 진행되고 있지만 몇몇 주요 대규모 경제협력 프로젝트가 예정대로 진행되어지지 않고 있다.

    러시아 정부와 가즈프롬은 가스 협상에서 자신들에게 상대적으로 어려운 상황을 이용해서 중국이 가격할인과 같은 무리한 요구를 하는 것과 대중국 가스 수출 의존의 비중이 지나치게 증가하는 것에 대해 크게 경계하고 있다. 러시아는 기본적으로 유럽과의 협상에서도 아무리 어려운 상황에서도 단기간 이익을 위해 유가연동에 의한 장기계약 등과 같은 기존의 협상원칙들을 쉽게 포기하지 않았었다. 중국도 장기적으로 국가이익을 획득할 수 있는 에너지전략을 구사하여 왔다. 그래서 양국 간 가스 협력이 양국의 장기 이익을 중시하

---

[46] 『조선일보』, 2015년 9월 6일.

는 전략의 바탕에서 이루어지고 있다는 것을 인식할 필요가 있다.

그러나, 양국 간 가스 협력은 동북아 지역 에너지 협력차원에서는 긍정적인 결과의 역할을 할 가능성이 크다. 양국 간 가스 협력은 무엇보다도 유라시아 지역 전체의 에너지 협력을 증대시킬 수 있는 양자 간 협력의 핵심적인 요소이기 때문이다. 유라시아 및 동북아 지역의 다자간 에너지 협력체의 설립은 현재 역내 상황을 볼 때 러시아와 중국을 중심으로 형성되어질 가능성이 크며 한국의 유라시아 이니셔티브 정책도 이러한 역내 구도 상황을 정확히 인식하여야 한다.

러시아는 중국과의 가스 계약 체결 이후 동북아 국가들과 PNG(남·북·러 3각) 및 LNG(러·일 간) 계약 협상을 활발히 전개할 가능성이 많다. 예를 들면, 현재 최종 투자결정만 남겨 놓고 있는 블라디보스토크 액화설비 건설사업 등이 탄력을 받을 것이다. 즉, 중국과의 가스 계약 체결은 Gazprom이 동북아 지역 국가들을 포함한 아시아 가스 소비국들과 LNG 공급 협상을 적극적으로 추진할 수 있게 되는 것이다. 한편, 러시아와 중국은 1990년대 후반에 추진된 바 있었던 이르쿠츠크 PNG사업(러시아 코빅타-중국-서해해저-남한)을 한국과 다시 논의하려고 할 것이다. 2014년 5월 러·중 간 동부노선 결정에서는 남·북·러 3각 가스관이 중요한 변수로 작용하였다. 물론 중국의 입장에서는 남·북·러 3각 가스관 사업과 러·중간 동부노선이 상호 경쟁노선은 아니지만, 한국 입장에서는 일부분 경쟁노선으로도 간주할 수 있다. 그리고 러시아는 중국과의 가스체결 협상에 있어서 남·북·러 3각 가스관 사업을 중국에게 자극하는 수단으로 사용하였을 가능성이 많다. 시베리아 가스 동부노선과 남·북·러 3각 가스관 간의 쟁점은 어떤 것(노선)을 먼저 건설하는 가에 있었는데, 결국 동부노선이 먼저 건설되는 것으로 결정되었다. 러·중 간 가스 협력이 양국의 지역개발전략과 정책에 깊은 연관이 있는 것처럼, 남·북·러 3각 가스 협력과 러·일 가스 협력 사업도 비슷한 양상을 나타내고 있다. 남·북·러 3각 가스 협력은 단순히 경제적인 측면에서의 에너지 공급과 수요측면에서 뿐만이 아니라 러시아 극동지역개발과 북한의 지역경제개발전략, 그리고 한국의 유라시아 이니셔티브 구상과 깊은 연관이 있다. 러·일 간 가스사업도 극동지역개발과 북방 4개 도서 개발과 연관이 있음은 물론이다.

한편, 러시아와 중국 간 동부노선이 본격적으로 건설·완공되면, 현재 정체상태에 있는 남·북·러 3각 PNG 사업에 대한 전반적인 재검토 작업이 가즈프롬과 한국정부 및 사업주체인 Kogas 등을 중심으로 이루어질 것이다. 러시아는 동부노선이 완공된 이후에 가능한 한 빨리 한국으로 가스공급을 추진하려고 할 것이다. 만약 남북관계가 계속 악화상태로 유지되어 사실상 남·북·러 PNG 사업이 추진되기 어렵다고 판단하면, 가즈프롬은 한국에 동부노선을 서해를 통해 남한까지 연결하는 사업을 제안할 가능성이 높다. 따라서 저유가 상황과 러·중 가스 계약 체결, 그리고 향후 남북관계 개선 여부를 충분히 고려해서 남·북·러 PNG 사업과 동부노선을 연장하는 중국·서해 경유 노선을 놓고 어떤 노선을 선택할 것인지 자세히 검토하는 작업이 필요하다. 물론 2개 노선 모두 러시아 가스의 도입시점은 국제 LNG시장과 국내 가스수급 상황 등을 충분히 고려해서 결정되어야 한다. 그리고 미국의 러시아에 대한 제재가 오래 지속된다면, 러시아는 한국에게도 가스전 개발을 위한 투자비 제공 및 사업 참여를 요청할 것이다. 이러한 경우를 사전에 예상해서 한국의 가스정책 입장을 다각적으로 마련하여야 한다.

향후 동북아 가스시장에서 가스가격 결정주체로서 중국의 위상 강화가 예상된다. 현재 상하이 거래소에서 에너지 현물 및 선물거래가 이루어지고 있는데, 중국정부는 에너지 거래소를 역내 트레이딩 허브로 발전시키려 하고 있다. 상하이 지역으로 러시아 가스를 비롯해 중앙아 및 미얀마 가스, 그리고 해외 LNG가 대규모로 공급될 것이기 때문에 여기서 결정되는 가격이 동북아지역 천연가스 교역가격의 기준이 될 가능성이 높다. 즉, 점차적으로 거래소에서 거래되는 물량이 증대되고, 가스들도 다양하게 되면, 상하이 거래소는 동북아 역내 시장에 기준가격(Benchmark Price)을 설정해 주는 허브 역할을 하게 될 것이다. 한국도 가스 트레이딩 허브 구축 사업을 중국, 일본 등과 경쟁하면서 추진하고 있기 때문에 중국의 이러한 상황을 예의주시할 필요가 있다. 다른 한편으로 중국은 러시아와의 에너지 협상에서 항상 우위를 점해 왔다. 중국이 소비국에게 유리한 조건의 계약을 맺게 되면 – 물론 통상적으로 계약 내용이 공개되지 않지만 – 이러한 상황이 한국에게도 적용될 가능성이 있다.

참고문헌

BP, "BP Statistical Review of World Energy", June 2015.

EIA(U.S. Energy Information Administration), *International Energy Outlook 2013*, Washington, USA, 2013.

Erik Jones and Andrew Whitworth, "The Unintended Consequences of European Sanctions on Russia", *Survival* vol.56, no.5, 2014, pp.21~29.

Gilbert Rozman, "Why Chinese-Russian Friendship Is Here To Stay", *Foreign Affairs*, 2014.

Henderson, J. & Mitrova T., "The Political and Commercial Dynamics of Russia's Gas Export Strategy", Oxford : Oxford Institute for Energy Studies, 2015.

IEA(International Energy Agency), *World Energy Outlook 2013*, OECD, Paris, 2013.

___, *World Energy Outlook 2014*, OECD, Paris, 2014.

___, *Medium Term Gas Report 2015*, OECD, Paris, 2015.

Keun-Wook Paik, *Sino-Russian Oil and Gas Co-operation : Entering into a New Era of Strategic Partnership?*, Working Paper WPM-59, Oxford : Oxford Institute for Energy Studies, 2015.

Matteo Dian, "The Pivot to Asia, Air-Sea Battle and contested commons in the Asia Pacific region", *The Pacific review* vol.28, no.2, 2015, pp.237~257.

Lee Ji-yong, "Political and economic implications of China's new silk road strategy", *IFANS brief* 2014 winter, pp.13~21.

S. Pirani, *Central Asian and Caspian Gas Production and the Constraints on Export*, Working Paper NG-69, Oxford Institute for Energy Studies, Oxford, 2012.

김상원, 「러시아의 에너지전략 변화와 러·중 에너지 협력」, 『한국동북아논총』 제16권 제4호, 2011, 55~78쪽.
김연규, 「글로벌 셰일혁명과 동아시아 에너지 시장 : 지정학 변화」, 『세계정치』 21권, 2014, 85~132쪽.
김정인, 「중국 동북3성 경제·에너지 현황 및 정책 과제 참조」, 『세계에너지시장 인사이트』 제15-28, 에너지경제연구원, 2015. 7.24.
박병인, 「중·러에너지협력의 조건과 전망 : 동북아국가간 에너지협력의 맥락에서」, 『중국학연구』 제35집, 2006, 363~388쪽.
_____, 「협력의 신단계로 진입하는 러중관계 : 파장과 대응」, 『한반도포커스』 제28호, 2014, 9~15쪽.
박용덕·석주헌·이성규, 『중국 가스산업의 발전현황과 대중국 가스산업 진출 전략』, 『경제·인문사회연구회 중국종합연구 협동연구총서』 14-69-10, 연구보고서 14-43, 2014.
변현섭, 「러시아 극동지역개발 전략으로서 선도경제구역 설립의 의미와 전망」, 『슬라브연구』 제30권 4호, 2014, 59~79쪽.
성원용, 「푸틴시대 러시아의 대 중국 경제관계 : 에너지와 교통물류 협력을 중심으로」, 『비교경제연구』 제16권 제1호, 2009, 2432~289쪽.
송기돈, 「미국의 아시아 중시(Pivot-to-Asia) 외교정책의 정책기조와 분석적 쟁점 고찰」, 『한국동북아논총』 제18권 제3호, 2013, 137~161쪽.
신범식, 「동북아시아 에너지안보와 다각 지역협력 : 러-북-남 가스관 사업과 동북아 세력망구도의 변화 가능성」, 『한국정치학회보』 제46권 제4호, 2012, 247~278쪽.
안세현, 「한국·러시아·중국 에너지 동맹 : 잠재력과 문제점」, 『국제관계연구』 제15권 제1호, 2010, 105~135쪽.
윤익중, 「러시아-중국의 동반자관계 발전과 에너지 협력 : 메드베데프 시대를 중심으로」, 『시베리아 극동연구』 제5호, 2009, 35~76쪽.
윤익중·이용권, 「동북아시아 에너지안보 패러다임의 형성 가능성 : 러시아의 역할과 영향을 중심으로」, 『신아세아』 제12권 제1호, 2005년 봄호 통권 42호, 60~88쪽.
이달석·오세신, 『2015년도 하반기 국제 원유시황 및 유가 전망』, 에너지경제연구원, 2015.
이상준, 「유라시아 경제연합의 원심력과 구심력 : 에너지, 교역 및 투자를 중심으로」, 『러시아연구』 제24권 제2호, 2014, 247~269쪽.

이성규·윤익중, 「유라시아 이니셔티브와 푸틴의 신동방정책 : 권역별 에너지협력을 중심으로」, 『동서연구』 제26권 3호, 2014, 160쪽.

이성규·최영림·박준관, 「중-러 가스협상 타결과 향후 전망」, 『세계에너지시장 인사이트』 제14-18호, 에너지경제연구원, 2014.5.23.

이용권·이성규, 「러시아와 중국의 관계발전 심화요인 분석 : 에너지 자원협력을 중심으로」, 『국제정치논총』 제46집 2호, 2006, 215~237쪽. 이란 핵협상 타결에 관한 것은 다음을 참조할 것.

인남식, 「이란 핵협상 타결의 함의와 전망」, 『주요국제문제분석』 2015-19, 2015-07-24, 1~22쪽.

정성삼, 「중국의 일대일로 추진 계획 및 시사점」, 『세계에너지시장 인사이트』 제15-16호, 에너지경제연구원, 2015.5.1.

조정원, 「러중 에너지 관계 변화의 정치경제 : 천연가스를 중심으로」, 『슬라브학보』 제27권 3호, 2012, 279~312쪽.

_____, 「러중 에너지 관계의 변화 : 협력과 갈등, 경쟁」, 『슬라브학보』 제26권 3호, 2011, 123~153쪽.

에너지경제연구원, 『세계에너지시장 인사이트』 제15-10호, 2015.3.20, 32쪽.

_____, 『세계에너지시장 인사이트』 제15-36호, 2015.9.25, 35쪽.

Interfax, "Gazprom not considering advance for Power of Siberia to further reduce price", 2014.11.10.

중국 국가통계국, www.stats.gov.cn/tjsj/ (검색일 : 2015년 10월 16일).

중국 국가발전개혁위원회, www.ndrc.org (검색일 : 2015년 10월 16일).

国家发展改革委(NDRC), ≪天然气发展十二五规划≫, 2012.12.

『조선일보』, 2015.3.10.
『조선일보』, 2015.9.6.
Reuters, 2012.5.1.
RIA, 2015.8.26.
Vedomosti, 2015.7.22.
『吉林日報』, 2015.3.11.
中證網, 2015.7.03.
新京報, 2015.9.18.
中國經濟網, 2014.5.28.

제8장 러시아 극동지역개발 전략으로서 선도개발구역 설립의 의미와 전망*

변현섭

1. 서론

러시아 푸틴 대통령은 2012년 블라디보스토크 APEC(아시아-태평양 경제협력체) 정상회담을 준비하는 과정에서 여러 차례 극동지역 개발의 중요성에 대해 언급하였다. 이후 2012년 5월에 정부 조직을 개편하면서 극동지역개발을 전담하는 부처를 신설하고 극동개발부 장관이 극동연방관구 대통령 전권대표를 겸임하도록 하였다. 또한 페름 주지사, 천연자원부 장관을 역임하고 2012년 5월부터 대통령 보좌관으로 일하던 유리 트루트네프를 2013년 8월 31일부로 극동연방관구의 대통령 전권대표 겸 부총리로 격상하여 임명하였고 이와 함께 비즈니스 환경 개선을 목표로 활동하는 사회단체인 '비즈니스 러시아'(Деловая Россия)의 공동대표인 알렉산드르 갈루시카를 극동개발부 장관으로 임명하는 등 극동지역개발에 대한 강한 의지를 보여 왔다.

2014년 9월 1일 사하(야쿠티야) 공화국 수도 야쿠츠크를 방문한 푸틴 대통령은 극동지역의 사회-경제 발전 문제를 논의하는 자리에서 극동지역의 시스

---

* 이 논문은 『슬라브연구』 제30권 4호(2014)에 게재된 것임.

템적인 문제로 미약한 지역개발, 인프라 및 교통의 불균형 발전, 전문적인 노동인력 양성 부족 등을 지적하였다. 특히, 인구 문제를 언급하면서 출생률 증가 및 사망률 감소로 자연인구는 증가하고 있으나 더 나은 일자리와 높은 월급, 양질의 교육과 의료 서비스를 받을 수 있는 다른 지역으로 노동이주자가 많아서 전체적으로는 극동지역의 인구가 감소하고 있다는 점을 우려하였다.

따라서 푸틴 대통령은 극동지역 개발은 러시아의 최우선 과제 중의 하나이며, 많은 경제적, 사회적, 인구적, 지정학적 문제들을 해결하는 열쇠임을 강조하였다. 그러면서 극동지역의 발전은 주민들의 생활 및 노동, 투자 환경, 전망 있는 프로젝트의 지속, 국제협력의 확대 등을 위한 여건을 얼마나 양호하게 조성하느냐에 달려 있다고 언급하였다. 또한 극동지역의 사회-경제적 문제를 해결하기 위해서는 모든 관계 부처가 참여하는 포괄적인 접근이 필요하며 극동 및 시베리아 지역을 어떻게 개발하는가가 러시아 전체의 발전과도 밀접히 관련되어 있다는 점을 강조하였다.

푸틴 대통령은 극동지역 발전을 위한 3가지 우선 방향성을 제시하였다. 첫째, 국내 시장 뿐만 아니라 수출을 위한 인프라 측면의 제약을 제거하고 지역 간의 교통 접근성을 높여야 한다. 이를 위해 BAM(바이칼-아무르 철도)와 TransSib(시베리아 횡단 철도)의 현대화가 필수적이다. 철도의 현대화 없이는 극동지역의 대규모 투자 프로젝트를 실현하고 경제적 투자 매력도를 높이기 어렵기 때문이다. 둘째, 국내뿐만 아니라 해외로부터 투자를 유치하기 위한 여건을 조성하는 것이다. 극동지역의 투자 매력도를 높이기 위해서는 아태지역국가들의 성공적인 모델들을 적극적으로 적용하여야 한다. 그리하여 지하자원개발, 인프라 구축, 건설, 교통 및 농업 개발, 원료-에너지 복합체에서 수출을 목적으로 한 원료 가공 및 현대적 생산 시설 구축 등 전통적인 분야 및 새로운 분야에서 투자 프로젝트들을 실현하여야 한다. 셋째, 선도개발구역의 설립이다. 투자 및 비즈니스 수행을 위한 여건이 아태지역국가들의 핵심 업무 중심지와 비교해서도 경쟁력을 가질 수 있고 역동적으로 신장하고 있는 아시아 시장을 겨냥한 제품을 생산하는 업체 유치 등 대규모 투자를 유인할 수 있도록 제도가 만들어져야 한다.

또한 러시아는 2025년까지 극동 및 바이칼 지역 사회-경제발전 프로그램을 통해 총 3조 5,670억 루블(연방예산 5,366억 루블 포함)을 투입하여 지역총생산을 2011년 대비 139.7% 신장시키고, 투자 규모도 214% 증가시키며, 42.7만개의 일자리를 창출하고, 인구는 85.4만 명을 유입시켜 1,075만 명까지 늘리겠다는 청사진을 내놓았다.[2] 여기에서도 선도개발구역에 기반하여 지역간 불균형 발전을 해소하겠다는 것이 중요한 목표 중의 하나이다.

본 논문에서는 푸틴 대통령이 밝힌 극동지역발전을 위한 중요한 정책 과제 중의 하나로 추진 중인 선도개발구역 법안의 논의 과정과 법안의 주요내용을 살펴보고, 기존의 경제특구와 비교 평가를 통해 제도의 성공적인 추진을 위한 제언을 하고 우리 기업에 주는 시사점을 도출하는데 목적이 있다.

2. 선도개발구역의 논의 경과

선도개발구역 설립에 대한 검토는 2013년 12월 12일 푸틴 대통령이 의회에서 발표한 연두 교서의 내용을 실현하기 위한 계획서인 2013년 12월 27일자 대통령령에 의거한다. 이 대통령령의 5조 8항에서 10항에 걸쳐 러시아 극동 및 시베리아 지역(하카시야 공화국, 크라스노야르스크 변강 포함)에 위치한 연방주체들에 선도개발구역 설립을 위한 선정 기준을 2014년 7월 1일까지 마련하고 선도

---

[1] 내용을 요약한 것이며 전문은 다음 사이트를 참조하라. "Совещание о господдержке инвестпроектов и территорий опережающего развития на Дальнем Востоке", http://www.kremlin.ru/news/46522 (검색일 : 2014.10.1)

[2] "Федеральная целевая программа ≪Социально-экономическое развитие Дальнего Востока и Байкальского региона на период до 2025 года≫", http://minvostokrazvitia.ru/upload/iblock/b0e/gp_mvr_visual.pdf(검색일 : 2014. 10.1)

개발구역에서 기업 활동을 영위하기 위한 특별한 여건 조성에 필요한 법률 개정을 2014년 11월 1일까지 완료하며 이에 필요한 인프라 구축방안을 2014년 11월 1일까지 보고하라고 명시되어 있다.[3]

한편, 2013년 12월 푸틴 대통령은 의회 연두 교서에서 극동 및 시베리아의 개발과 같은 전략적 목적 달성이 21세기 러시아의 가장 우선순위이며 이러한 과제를 해결하기 위해서는 규모 면에서 전례 없는, 그리고 그 진행이 보통과는 다르게 이루어져야 한다는 점을 강조하였다. 그러면서 극동 및 시베리아 지역에 수출지향적인 비원료산업의 기업을 위한 특별한 조건을 갖춘 선도경제발전 특별구역을 설립할 것을 제안하였다.[4] 그리고 푸틴 대통령은 이와 관련된 업무 추진의 중요성과 규모를 고려하여 국무총리가 직접 통제하여 진행하라고 주문하였다.

드미트리 메드베데프 국무총리는 2014년 2월 5일, 3월 20일, 7월 2일 등[5] 몇 차례의 국무회의를 통해 극동지역에서 선도개발구역 설립에 관한 법안의 내용을 검토하였다. 2014년 7월 30일 푸틴 대통령이 주재하는 각료회의에서 갈루시카 극동개발부 장관은 극동지역 선도개발구역 설립에 대한 진행 상황을 보고하였다. 또한 2014년 9월 1일 푸틴 대통령은 야쿠츠크에서 극동지역 선도개발구역과 최우선적인 투자프로젝트에 대한 국가 지원 문제에 대해 논의하였으며 이 자리에서 2014년 10월 15일까지 극동지역 선도경제개발구역 및 국가지원 조치에 관한 법을 국가두마(하원)에 제출하도록 지시하였으며 또한 10월 15일까지 2015~2017년간 예산재원 확보 방안을 보고하라고 지시하

---

[3] "Перечень поручений по реализации Послания Федеральному Собранию", http://www.kremlin.ru/assignments/20004 (검색일: 2014. 10.1)

[4] "Послание Президента Федеральному Собранию", http://www.kremlin.ru/news/19825 (검색일: 2014. 10.1)

[5] Анна Бондаренко, "Правительство РФ обсудит создание ТОРов на Дальнем Востоке", Россий ская газета,02 июля 2014. http://www.rg.ru/2014/07/02/reg-dfo/pravitelstvo-anons.html (검색일: 2014. 10.1)

였다.[6]

 이러한 푸틴 대통령의 지시에 따라, 2014년 10월 9일 러시아 정부 각료회의에서 극동지역에 선도개발구역의 설립에 관한 법안[7] 심의를 완료하고 하원인 국가두마에 제출하는 것을 승인하였다. 이 자리에서 드미트리 메드베데프 국무총리는 선도개발구역의 메커니즘 이용은 가능한 빠른 시일 내 대규모 투자 프로젝트를 개시하게 하고 새로운 생산력과 노동력 창출을 최대한 간소화하는 것이다라고 의미를 밝혔다. 또한 그는 선도개발구역은 극동지역에 원칙적으로 전혀 다른 경제적 역동성을 추구하고 이 지역에서 일하는 모든 사람들의 생활 및 노동 여건을 개선시키는 메커니즘이 되어야 한다[8]는 것을 강조하였다. 현재 선도개발구역 법은 2014년 12월 23일 국가두마(하원), 12월 25일 연방소비에트(상원)의 승인을 거쳐 12월 29일 푸틴 대통령이 서명함으로써 90일이 경과한 2015년 3월 30일부터 발효 중이다.

3. 선도개발구역 설립 법안의 주요 내용[9]

 러시아의 선도적인 사회 – 경제발전 구역에 관한 연방법은 러시아에서 선도개발구역의 법적 체계, 이 구역에서의 국가 지원책 및 활동 실행 절차를 규정

---

[6] "Перечень поручений по итогам совещания по вопросам государственной поддержки приоритетных инвестпроектов и территорий опережающего развития на Дальнем Востоке", http://www.kremlin.ru/assignments/46603 (검색일 : 2014. 10.1)

[7] 선도개발구역 설립 법안의 러시아어 공식 명칭은 다음과 같다 : Федеральный закон о территориях опережающего социально-экономического развития в Российской Федерации

[8] "Правительство Российской Федерации приняло решение о внесении в Госдуму РФ законопроекта о ТОР", http://minvostokrazvitia.ru/press-center/news_minvostok/?ELEMENT_ID=2304 (검색일 : 2014. 10.10)

[9] 특별한 주석이 없는 한 선도개발구역 법의 내용을 정리한 것임.
(Федеральный закон от 29.12.2014. №473-ФЗ ≪О территориях опережающего социально-экономического развития в Российской Федерации≫)

하는데 목적이 있다(1장 1조). 이 법에서는 선도적인 사회 - 경제발전 구역(이하 선도개발구역)을 투자유치를 위한 양호한 여건 조성, 가속화된 사회경제발전 보장 및 국민의 생활환경보장을 위한 편리한 여건 조성을 목적으로 러시아 연방 정부의 결정에 따라 기업 및 기타 활동의 실행을 위한 특별한 법적 체계가 설정된 러시아 연방 주체의 영토 일부(1장 2조 3항)라고 정의되어 있다. 선도개발구역은 70년 예정으로 설립되며 연방 정부의 결정으로 연장이 가능하다(2장 3조). 하지만 국민의 생명 및 건강 보호, 문화유산 보호, 자연환경 보호, 국방 및 국가안보 등의 이유로 필요할 경우, 또는 선도개발구역 설립 결정 후 3년 이내 활동 실행에 관한 협정이 한건도 체결되지 않을 경우 기간 전에 중단될 수도 있다(2장 5조). 선도개발구역의 인프라 구축에 필요한 금융 지원은 연방정부, 각 연방주체 및 해당 지자체의 예산과 예산외 재원으로 이루어진다(2장 4조). 선도개발구역 설립에 관한 협정 이행에 대한 감독과 활동 조정, 기능의 효율성 평가, 계획 검토 및 승인, 계획 추진을 감독하기 위해 10명 미만의 연방정부, 각 연방주체 및 해당 지자체의 고위급 인사로 구성된 감독위원회를 설치하고(3장 6조), 선도개발구역의 인프라 건설 및 행정 서비스 기관으로 100% 정부 지분의 관리회사 및 그 자회사(지분 51% 이상)를 만들 수 있다(3장 8조).

선도개발구역에 입주를 원하는 업체는 경제활동 업종, 경제활동에 필요한 부지, 전기, 상하수도, 가스 등 필요 용량 등의 내용이 포함된 협정서 체결 신청서와 법인 설립 문서(정관 등) 사본, 사업 계획서, 법인 또는 개인사업자 등기부 등본 및 사업자 등록증 사본을 첨부하여 관리회사에 제출하면 된다. 관리회사는 문서 수령 후 15 업무일(working day)내 입주업체로 선정 여부를 결정해야 하며, 결정 후 10일내 해당 업체에 통보해야 한다(4장 13조 1항, 2항, 5항, 9항). 한 가지 주의할 사항은 선도개발구역의 입주업체는 선도개발구역 이외 지역에 지사 및 대표사무소를 설립할 수 없으며(4장 12조), 이를 위반할 경우 선도개발구역 입주자 지위를 상실할 수 있다(4장 15조 3항). 또한 선도개발구역 활동 협정서 서명 후 24개월 이내 활동이 없거나, 협정서에 적시한 금액 및 기한대로 투자하지 않을 경우에도 규정 위반에 따른 협정서 파기 사유가 된다(5장 15조).

선도개발구역은 러시아의 특별경제구역이 아태지역국가들과 비교하여 경쟁력이 떨어지기 때문에 극동지역 발전을 위한 특별한 제도가 적용되어야 한다는 인식에서 출발한다. 따라서 과감한 규제완화와 파격적인 조세특혜 제공이 이 법안의 핵심 원칙이다. 이 선도개발구역법에 규정된 주요한 특혜를 살펴보면 다음과 같다:

1) 외국인 숙련 인력 유치 절차 단순화(5장 18조, 노동법 351조)

선도개발구역에서는 외국인 전문인력 유치 및 노동력 부족 문제를 해결하기 위하여 '러시아에서 외국인 법적 지위에 관한' 법(2002년 7월 25일자 연방법)에서 규정된 조건보다 단순화된 조건이 적용될 예정이다. 고용주는 외국인 노동자의 유치 및 사용에 대한 허가를 받을 필요가 없다. 또한 노동활동 목적의 입국에 대한 초청장과 노동허가서는 외국인 노동자 쿼터제의 적용을 받지 않는다.

2) 중앙 및 지방정부의 특별한 감독(검열) 제도(6장 24조)

과도한 감독 및 행정적 중복을 방지하기 위하여 입주업체 대한 국가기관의 정기검열이 있을 경우 관련 기관이 합동으로 진행하되 연방전권기관, 즉 극동개발부의 동의를 얻어야 한다. 정기검열 기간은 15업무일을 초과해서는 안 되며 현장방문 검열의 경우 근로자 100인 이하 소규모 기업인 경우 연간 40시간, 근로자 15인 미만의 초소기업의 경우 연간 10시간을 초과할 수 없다. 검열의 연장이 필요한 경우에도 소규모 기업의 경우 10일, 초소기업의 경우 10시간을 초과할 수 없다. 검열 과정에서 발견한 위반 사항과 시정 요구에 대해서는 검열 결과서를 작성하여 3일내 입주업체에게 직접 전달하여야 하고 수령 확인 서명을 받아야 하며, 직접 전달이 불가능할 경우 등기 우편으로 발송하되 발송 후 6일이 경과한 시점을 수령일로 간주한다. 검열 결과서의 시정 요구를 확인하기 위하여 비정기 검열을 결과서 발행 후 2달 이내에 할 수 있으며 시정 요구가 2달 이상 소요될 경우 연장이 가능하지만 6개월을 초과할 수 없다. 비정기 검열의 경우 5일을 초과할 수 없으며 시정 요구 불이행시 입주업체의 기업 활동에 관한 협정서가 파기될 수 있으며 법원의 결정에 따라 선도개발구역의 지위가 중지될 수 있다.

3) 관세자유지역의 관세절차 적용(6장 25조)

선도개발구역에서는 관세동맹의 자유경제구역 협정에 규정된 관세자유지역의 관세 제도가 적용된다.[10] 관세자유지역의 관세제도에서는 선도개발구역의 입주자에 의해 해외(또는 국내의 역외 지역)로부터 외국 물품(및 그 가공품)이 선도개발구역으로 반입되어 이용될 때 관세 및 부가가치세(VAT)가 면제되고, 비관세 규제 조치의 적용을 받지 않는다.

4) 세제 특혜 제공(4장 17조, 조세법 284조, 사회보장세법 58조)

선도개발구역법 도입과 함께 그에 따른 세법 개정안[11]에 따르면, 법인세는

---

[10] 2010년 6월 18일 상트페테르부르크에서 체결된 관세동맹 국가들(러시아, 카자흐스탄, 벨로루시)간 국제협약을 말하며 공식 명칭은 다음과 같다: "Соглашение по вопросам свободных (специальных, особых) экономических зон на таможенной территории таможенного союза и таможенной процедуры свободной таможенной зоны от 18 июня 2010 года", http://www.zakonprost.ru/content/base/158032 (검색일: 2015.11.18).

[11] 국가두마에 제출된 세법 개정안 전문은 다음 사이트에서 확인할 수 있다: "Федеральный закон о внесении изменений в Налоговый кодекс Российской Федерации в связи с принятием Федерального закона ≪О территориях опережающего социально-экономического развития в Российской Федерации≫", http://asozd2c.duma.gov.ru/addwork/scans.nsf/ID/D18C6DB7BBD81EEE43257D720054840D/$FILE/623885-6.PDF?OpenElement (검색일:

일반 기업의 경우 20%가 적용되며 이중 2%는 연방정부에 귀속되고 18%는 지방 정부로 납부되는데, 선도개발구역의 입주업체는 흑자 전환 이후 첫 5년간 중앙정부의 국세 2%가 면제되고(5년 이후는 2%가 과세됨), 지방세는 첫 5년간(3년 내 흑자전환 못할 경우 4년차부터 5년간) 5%를 넘지 않으며 이후 5년간 10% 이상의 세율을 정하도록 규정하고 있다. 즉, 흑자 전환 이후 최초 5년간은 법인세가 5% 이하로 적용되고 이후부터 12% 이상이 적용된다(실제로 법인세는 규정에 제시된 최저 세율인 첫 5년간 0%, 이후 5년간 12% 적용 예정임, 〈표 1〉 참고). 선도개발구역 설립 3년 내 입주하는 업체에게는 고용주가 근로자에게 지불하는 임금에서 부담하는 사회보장세를 일반 기업체의 30%에 비해 훨씬 낮은 7.6%가 적용된다. 석유와 가스를 제외하고 광물채굴세[12]는 법인세 발생 전까지 영세율이 적용되고 이익이 난 후에도(손실기업의 경우 4년차부터) 첫 2년간 면제되며 그 이후 8년간 단계적으로 0.2~0.8의 할인계수가 세율에 적용될 예정이다(3~4년은 0.2, 5~6년은 0.4, 7~8년은 0.6, 9~10년은 0.8). 이러한 세제 특혜는 선도개발구역 협정서상 활동으로부터 수입(매출)의 90% 이상 발생하는 업체에게 제공되며 다른 특별경제구역에 입주한 업체, 연결재무제표로 세금을 납부하는 지주회사, 비영리 기관, 은행, 보험사, 민간 연기금, 증권투자회사 등에는 적용되지 않는다.

이 외에도 선도개발구역 입주업체는 이 구역의 관리회사가 소유하고 있는 부동산을 사용할 때 저렴한 임대료가 적용되고 지방세인 재산세(2.2%)와 토지세(0.3~1.5%)가 5년간 면제된다. 입주업체가 선도개발구역의 유틸리티 시설을 최단기간에 연결할 수 있도록 하고 사용료도 저렴하게 적용하는 등 지원을 강화할 예정이다. 또한 VAT(부가가치세) 환급을 위한 특별한 절차가 마련되어 보통 일반 기업의 VAT 환급 결정은 3~4개월 소요되었으나 선도개발구역에 입

2015.11.18).

[12] 2002년 1월 1일부터 발효된 조세법 26장에 기초하여 부과되고 있으며 광물의 종류에 따라 세율이 최소 3.6%(칼륨염)에서 최고 16.5%(석유)까지 다양하다.

주한 기업에 대해서 15일내 이루어지도록 할 예정이다.

선도개발구역법 발효 이후 3년간 극동연방관구와 단일산업도시(monocity)에서만 선도개발구역을 설립할 수 있으며, 극동지역에서 선도개발구역이 성공적으로 운영될 경우 3년경과 이후 러시아 전역에 이러한 모델을 확대할 예정이다(10장 35조).

4. 선도개발구역의 평가 및 전망

러시아가 추진하는 선도개발구역은 새로운 제도가 아니다. 전세계에 다양한 경제특구가 1,500개 이상 존재하며 이중 200여개가 중국에 있다. 러시아에서의 첫 번째 경제특구 설립은 1991년 '러시아 소비에트 연방 사회주의 공화국에서 외국인 투자에 관한' 법이 채택되면서 '자유경제구역'이라는 이름으로 탄생하였다. 자유경제구역에서 외국인 투자자들은 등록절차 간소화, 조세부담 경감, 저렴한 임대료와 장기임대, 낮은 관세 및 무비자 등의 혜택을 받을 수 있었다. 하지만 90년대 초반 체제 전환에 따른 러시아의 혼란기로 이 법은 거의 실현되지 못했다.

1996년 4월부터는 러시아에 '특별경제구역'(Особая Экономическая Зона)이라는 명칭으로 칼리닌그라드에 처음 제도가 도입되었고 1999년 6월에는 마가단주에도 설립되었다. 칼리닌그라드와 마가단주의 특별경제구역의 시효는 각각 2016년 4월 1일[13]과 2014년 12월 31일 만료되지만 성공에 대한 평가는 거

---

[13] 2011년 12월 법 개정을 통해 2031년 4월 1일까지 경제특구 기능의 유효 기간을 연장하여 법인세 및 재산세의 첫 6년간 비과세 및 7~12년까지는 50% 면제 등의 조세특혜는 존재하지만 가장 큰 특혜였던 관세화 유예기간은 2016년 4월 1일부로 종료됨. 칼리닌그라드 특별경제구역에 관한 법 전문은 다음 웹사이트 참조하라: Федеральный закон Российской Федерации от 10 января 2006 г. N 16-ФЗ ≪Об Особой экономической зоне в Калининградской области и о внесении изменений в некоторые законодательные акты Российской Федерации≫,

의 없다.[14] 또한 1999년말 '바이칼-아무르 철도간선 지역에서의 특별경제구역에 관한' 법이 채택되었지만 거의 유명무실했다.

또한 2005년 7월 '러시아 연방에서 특별경제구역에 관한 법'에 따라 유효기간 20년 예정으로 산업생산 경제특구와 기술혁신 경제특구가 설립되었으며 2006년 및 2008년에는 특별경제구역법의 개정을 통해 각각 관광레저 경제특구와 항구공항 경제특구를 신설하였다.[15] 현재 17개 특별경제구역 중 성공적인 곳으로 평가 받는 곳은 기존의 산업 및 기술 기반으로 설립된 산업생산 및 기술혁신 경제특구이며 관광레저 경제특구 및 항구공항 경제특구는 투자자의 의견이 반영되지 않거나 지역 자체의 추진 의지 부족으로 제대로 작동하지 않고 있다.[16]

드미트리 메드베데프 대통령 시절인 2011년 말에는 지역발전의 메커니즘으로 '러시아 연방에서 지역개발구역 관한' 법이 채택되었다. 이 법에서 사용한 지역개발구역(Зона Территориального Развития)은 사회경제발전의 가속화를 위해 지역의 일부가 국가의 지원을 받아 투자자에게 양호한 여건을 조성하는 것을 말한다. 현재 20개 지역에 설립되어 있지만 이 지역개발구역의 입주업체에 대한 국가지원은 지금까지의 경제특구 중 가장 미약한 것으로 평가된다.

이러한 상황에서 러시아는 기존의 경제특구를 유지하면서 새로운 형태의 선도개발구역 설립을 추진하고 있다. 선도개발구역의 설립 및 운영 절차가 정부 주도로 이루어지고, 별도의 국영기업을 만들어 구역의 운영을 담당하게 하

---

http://www.rg.ru/2006/01/19/kaliningrad-dok.html(검색일 : 2014.10.11)

[14] 2012년 7월 기준 칼리닌그라드 특별경제구역에 입주업체는 총 92개이며 이들의 총 투자액은 755억 루블에 불과하다. 한편, 2014년 12월 23일 푸틴 대통령은 마가단 경제특구를 2025년 12월말까지 연장하는 법안에 서명하였다. "Особые экономические зоны в Калининградской области", http://www.investinrus.com/?page_id=83(검색일 : 2014.10.11)

[15] 러시아의 경제특구에 대한 자세한 내용은 다음을 참고하라 : 변현섭, 「러시아의 신경제특구 설립의 의미와 전망」, 『중소연구』 통권 110호, 2006 여름, 147~163쪽.

[16] Иван Жуков, "Территории опережающего развития : четвертая попытка русского Гонконга", Клуб Регионов, 21 февраля 2014, http://club-rf.ru/theme/327 (검색일 : 2014.10.20)

고, 연방예산으로 인프라가 건설되고, 입주업체에는 조세 특혜가 제공되는 등 기존의 특별경제구역과 크게 다르지 않다. 그럼에도 불구하고 새로운 제도를 도입하는 것은 기존 특별경제구역 효과에 만족하지 못하고 제도에 대한 신뢰를 상실하였기 때문이다. 선도개발구역이 특별경제구역보다 더 잘 운영되고 효과적일 것이다라는 명확한 근거는 없다. 다만 몇 가지 유리한 차이점은 첫째, 선도개발구역은 특별경제구역과는 달리 유형별로 세분화되어 있지 않아 기업체의 활동 영역이 보다 광범위하다. 석유 및 가스 채굴 산업을 제외하고 어떤 분야의 기업체도 특혜를 제공 받을 수 있다.

둘째, 선도개발구역이 특별경제구역보다 조금 더 파격적인 세제 특혜를 제공하고 있다. 러시아 특정지역의 경제발전을 위해 최고의 양호한 조세 제도가 적용되는 것이다. 극동개발부는 선도개발구역에 대한 특혜 법안이 발효되면 아태지역에 기능하고 있는 유사한 특별경제구역과 비교하여도 기업 및 투자 활동을 영위하는데 보다 뛰어나고 경쟁력 있는 조건을 제공할 것이라고 평가하고 있다. 실제로 현재 법안에 나타난 특혜의 내용은 아태지역국가 중에서 최고로 좋은 조건이다⟨표 1⟩ 참조).

셋째, 선도개발구역 법은 기능하는 기간을 지역개발구역법은 12년, 특별경제구역법은 20년처럼 정해두지 않았다. 중국의 경제특구에 입주한 업체에게 최대 40~70년간 토지를 임대해 주는 것처럼 보다 장기적인 관점에서 운영하겠다는 전략이다.

그러한 장점과 특혜에도 불구하고 선도개발구역 설립 및 운영과 관련하여 몇 가지 우려스러운 부분이 있다. 처음에는 '극동지역 발전을 위한 선도개발구역법' 제정을 추진하였으나 '러시아에서의 선도개발구역법'으로 바뀌면서 극동지역에서 3년간 먼저 실시한 이후에 러시아 다른 지역으로 확대될 예정이다. 그렇게 되면 극동지역보다 더 양호한 지리적 여건이나 개발 프로젝트가 있는 곳으로 선호도가 이동 또는 분산될 수 있기 때문에 극동지역만의 발전 전략으로서 의미가 퇴색할 수 있다.

러시아 전역으로의 확대 추진을 염두 하면서 기존의 세제 특혜가 법안 준비 과정에서 축소되었다. 법인세의 경우 연방정부 귀속분 2% 면제 기간을 기존 10년에서 5년으로, 지방정부 귀속분을 5%로 인하하는 기간도 10년에서 5년으로 줄어들었고 그 후에는 10%을 넘지 않도록 한다는 규정도 기존의 무기한에서 5년간으로 단축되었다. 그래서 본래 아태지역국가의 경제특구 중 가장 경쟁력 있는 혜택을 제공하겠다는 입법 취지가 조금 약화되었다.

〈표 1〉 아태지역 국가들의 특별경제구역 특징 비교[17]

	한국	중국	싱가포르	미국	캐나다	일본	러시아 현재	선도개발 구역	단위
법인세	10	15	17	33	23.5	26.4	13.5	10	영업이익 대비 %
운송비	700	550	440	1,320	1,660	970	1,800	440	$/20ft 컨테이너
전기료	7.3	7.4	13.6	6.9	7.4	17.9	11.7	6.9	센트/1kWh
사회보장세 (Payroll Tax)	8.8	26.7	16.0	7.7	8.7	25.6	14.0	7.6	임금 대비%
건설허가 취득기간	29	67	26	27	163	193	244	26	일수
에너지공급 시스템 연결	28	41	36	68	142	105	254	28	일수
수출 지원책	5	4	4	4	5	3	2	5	점수
지적재산권 보호	2	3	4	5	4	5	3	5	IPRI 등급 순위에 따른 점수*
전문인력 가용성	높음	높음	높음	높음	중간	높음	낮음	높음	
공급업체 가용성	높음	높음	높음	높음	중간	높음	낮음	높음	

* 재산권지수(International Property Rights Index, IPRI)는 미국 워싱턴DC에 있는 '재산권연대'(PRA)의 주도로 이루어지며, 법·정치적 환경, 물적 재산권, 지적 재산권 등 3가지 항목을 조사해 각 국가별로 재산권보호 수준을 비교 분석해 재산권보호가 잘 이루어지고 있는 지를 알려주는 지표이다. 원래 IPRI의 절대점수는 10점이 만점이지만 각국의 등급 순위에 따라 5점 척도로 재분류했다. 점수가 높을수록 보호 수준이 높음을 의미한다.

[17] 러시아극동개발부, 일간지 Vedomosti 재인용. Сергей Титов, "Территории опережающего развития появятся по всей России", Ведомости, 17 июля 2014. http://www.vedomosti. ru/finance/news/29087781/territorii-vmesto-zon(검색일 : 2014. 10.8)

또한 선도개발구역의 입주업체에 일하는 일반 노동자에게는 러시아 노동법에 규정된 북극지역 및 그와 대등한 지역에 근무하는 노동자에 대한 보장 및 보상제도, 즉 이들 지역 근무 기간에 따른 월급의 일정 비율 추가 지불 및 년간 유료 휴가 추가 제공 등의 규정을 적용받지 않는다는 것으로 추진했다가 결국 취소되었다. 따라서 기업체 입장에서는 인건비 및 노무관리에 부담으로 작용할 수 밖에 없다. 극동지역의 선도개발구역에 일하는 외국인 노동이주자가 연방이민청의 노동허가나 쿼터제의 적용을 받지 않을 경우 중국인의 대규모 유입을 우려하는 목소리가 높다.

선도개발구역이 성공하기 위해서는 몇 가지 고려되어야 한다. 극동개발부는 14개 선도개발구역에 인프라를 조성하는데 약 690억 루블의 연방 예산으로 투자가 필요하다고 지적한다.[18] 연방 예산이 부족한 상황에서 재무부와 협의를 통해 어떻게 예산을 확보할 것인가가 중요하다. 푸틴 대통령은 갈루시카 극동개발부 장관의 선도경제개발구역에 대한 보고에서 필요한 재원의 확보 없이는 이 계획이 실현될 수 없으며 우선순위와 예산의 가용성을 면밀히 살펴서 계획 작성만으로 끝나서는 안 된다는 점을 강조한 바 있다.[19] 지역 개발의 예산 확보를 위해 경제전문가들은 극동 및 시베리아지역에서 생산한 자원 수출금액의 20~25%를 극동 및 시베리아 발전기금으로 적립해야 한다는 주장을 하고 있다.

러시아 극동지역은 각종 국가 프로그램을 통한 금융지원 규모에서 다른 지역에 비해 보건 분야의 경우 1인당 평균 14배 뒤떨어지며, 관광 및 문화 분야는 11.6배, 스포츠 분야 4배, 교육 분야 4배, 주택 및 공공서비스 분야 14.2배

---

[18] Сергей Титов, "Территории опережающего развития появятся по всей России", Ведомости, 17 июля 2014. http://www.vedomosti.ru/finance/news/29087781/territorii-vmesto-zon (검색일 : 2014. 10.8)

[19] Кира Латухина, "Минвостокразвития предложило экономический ответ на санкции против РФ", Россий ская газета, 30 июля 2014. http://www.rg.ru/2014/07/30/razvitie-site.html (검색일 : 2014. 10.13)

등으로 지원이 부족한 상황이다.[20] 따라서 선도개발구역이 성공적으로 운영되기 위해서는 특정산업의 육성보다는 보건, 교육, 관광, 문화 등 전분야에 걸친 발전을 모색해 주민의 삶의 질을 높여야 고급인력의 유출을 방지 또는 유인할 수 있고 그러기 위해서는 보다 포괄적인 접근법이 필요하다. 극동지역 주민 또는 극동으로 이주한 주민의 병역 면제 혜택과 극동지역 기업들에 취업 지원 등 보다 과감한 조치도 필요하다.

해외 대기업 위주의 투자 유치보다는 80~90%가 중소기업이 차지하고 있는 해외의 성공적인 클러스터에서 보듯이 중소기업을 유치하고 지원하기 위해 세제 특혜 제공의 차등, 최소 투자금액 제약 철폐 등 특별한 조치도 필요하다. 중국 및 러시아의 경제 및 투자 협력 센터의 유리 데모치킨 소장은 선도개발구역의 설립에 앞서 입주하려는 업체들이 생산하는 제품에 대한 수요가 존재하는지 확신이 있어야만 특별경제구역과 같은 운명을 되풀이하지 않을 것이라고 조언하고 있다.[21] 그리고 이미 극동지역에서 활동하고 있는 국내외 중소기업이 경쟁에서 역차별을 받지 않도록 세심한 정책적 배려도 필요하다.

5. 결론 : 정책적 시사점

러시아 극동지역은 러시아의 8개 연방관구[22] 중 영토면적은 1위이지만 인구는 8위, 실업률 6위 등 하위권에 머물러 있다. 극동연방관구에 포함되는 9

---

[20] "Александр Галушка : ≪Важно не только опережающее, но и комплексное развитие Дальнего Востока≫", http://minvostokrazvitia.ru/press-center/news_minvostok/?ELEMENT_ID=2352 (검색일 : 2014. 10.16)

[21] Сергей Титов, "Территории опережающего развития появятся по всей России", Ведомости, 17 июля 2014. http://www.vedomosti.ru/finance/news/29087781/territorii-vmesto-zon (검색일 : 2014. 10.8)

[22] 2014년 3월 21일부로 크림 연방관구가 새로 추가되어 현재 총 9개 연방관구로 구성되어 있음.

개 연방주체의 2012년 기준 수출액은 CIS 국가로는 2.7억 달러인데 비해 아태지역국가로는 256.9억 달러에 이른다. 이는 러시아 전체 수출 규모에서 차지하는 비중이 각각 0.35%와 5.7%에 해당한다. 또한 극동연방관구의 수입액은 2012년에 CIS 국가로부터 6.1천만 달러에 불과하며 아태지역국가로부터는 104.9억 달러로 러시아 전체 수입액의 3.8%를 차지한다. 러시아 극동지역의 외국인투자 규모는 2011년 기준 4위이지만 러시아 전체에서 차지하는 비중이 2009년 9.73%에서 2011년에는 5.2%로 떨어졌다.[23]

이렇게 러시아 극동지역에서 아태지역국가들과의 교역 및 투자는 중요한 의미를 가진다. 아태지역국가로의 수출 증대에 기반한 극동지역의 새로운 사회-경제발전 모델의 추진은 자연스런 현상이며 이를 통해서 2025년까지 극동지역의 지역총생산을 2011년 대비 2배 증가, 즉 5.5조 루블을 달성하고자 한다. 러시아경제개발부가 전망하고 있는 2025년까지의 연평균 성장률 2.5%을 적용할 경우 극동지역의 지역총생산은 3.5조 루블에 그칠 것이며 추가적인 2조 루블은 새로운 발전 모델 또는 성장 동력이 없이는 불가능하다. 따라서 새로운 발전 모델로서 선도개발구역을 설립하여 수출 지향적 비원료 생산업체를 유치하고 극동지역의 사회-경제발전을 촉진하겠다는 전략을 내세웠다. 선도개발구역은 투자환경을 개선하고, 기업 활동의 경쟁력을 제고하기 위한 조세, 관세 및 행정적 특혜를 제공하고 특히, 투자대상물에 대한 인프라 연결, 부지 임대 및 개발, 외국인 노동 고용 등 비즈니스 활동과 관련하여 허가 절차를 간소화하고 지원을 극대화하는 방향으로 추진되고 있다.

선도개발구역법이 입법화되기도 전인 2014년 6월 23일 선도개발구역을 위한 400여개 곳의 입지를 검토하여 38개를 선정하였으며 이중 투자가들에게

---

[23] "Финансово-экономическое обоснование к проекту федерального закона ≪О территориях опережающего социально-экономического развития в Россий ской Федерации≫", http://asozd2.duma.gov.ru/main.nsf/%28Spravka%29?OpenAgent&RN=623874-6&02 (검색일 : 2014. 10.18)

제안하기에 가장 적합한 지역으로 현재 14 곳이 지정되었다(표2 참조). 아태 지역 국가들로 10조 달러 규모의 제품을 수출하는 4,400개의 제조업 대기업 명단을 작성하여 이중 300개 기업들과 투자관련 협상을 진행하고 있으며, 한국의 삼성, LG, 대우, 일본의 Hitachi, Mitsubishi, Mitsui, Kawasaki 등이 투자에 관심을 보이고 있다. 또한 선도개발구역에 입주할 업체에 대출을 지원하기 위해 일본 국제협력은행, 한국 수출입은행, 중국 국영개발은행과 금융제공 메커니즘을 수립하고 있다.[24]

2014년 8월에 갈루시카 극동개발부 장관은 푸틴 대통령과 면담 자리에서 14개 선도개발구역에 1조 루블의 투자를 유치할 수 있을 것이라고 밝혔다. 그리고 최근 1년 6개월 동안 340여 개의 투자 프로젝트를 검토하여 이중 18개를 최종 선정하였으며 이 프로젝트들에 2.5조 루블의 민간 투자를 유치할 수 있을 것으로 보고했다. 이러한 선도개발구역 및 투자프로젝트 실현을 통해 10년 내 극동지역의 지역총생산을 2배로 증가시킬 수 있다고 확신하였다.[25] 또한 2014년 10월 15일 선도개발구역 법안을 국가두마(하원)에 제출하면서 행한 의회 연설에서 극동개발부 장관은 10년간 지역총생산은 2.8조 루블 증대, 7.6만 개의 새로운 일자리 창출, 3조 루블 이상의 민간 투자를 유치하는 효과가 있을 것이라고 예측하였다.[26]

---

[24] "Закон о территориях опережающего развития внесен в Госдуму", http://www.kommersant.ru/doc/2590750?isSearch=True(검색일 : 2014. 10.18)

[25] "Путин в Якутске проведет совещание по развитию Дальнего Востока", http://ria.ru/politics/20140901/1022208993.html(검색일 : 2014. 10.17) 한편, 극동개발부 장관은 아태 지역에서 수출 시장의 0.2%만 확보하더라도 극동지역의 지역총생산이 2배로 증가할 수 있다고 주장한다. "Одобрены основные принципы создания и управления территориями опережающего социально-экономического развития", http://minvostokrazvitia.ru/press-center/news_minvostok/?ELEMENT_ID=1831(검색일 : 2014. 10.17)

[26] "Александр Галушка : ≪Важно не только опережающее, но и комплексное развитие Дальнего Востока≫", http://minvostokrazvitia.ru/press-center/news_minvostok/?ELEMENT_ID=2352(검색일 : 2014. 10.16)

〈표 2〉 극동지역 14개 선도개발구역 선정 목록[27]

연방주체명	선도개발구역 명칭	소재지	면적 (ha)	특성화 사업
사하(야쿠티아) 공화국	바잘트 - 신기술	- 야쿠츠크시 빌류이스키 트락트 - 포크로프스키시 한갈라스키동 - 톰모트시 알단스키동	614.3	현무암섬유 (basalt fiber) 및 복합재료 제조
	세베르니 미르	야쿠츠크시	5,910	공업생산 및 관광-레저
하바로프스크 변강	라키트노예	하바로프스키동 라키트노예 마을	263	공업
	바니노 - 소베츠코 - 가반스키	- 니콜라이 곶 - 오코차 만 - 무로비예바 곶 - 베솔리 곶 - 액게 만 - 소베츠코-가반스키동	1,103	공업-항구, 물류
	콤소몰스크	콤소몰스크-나-아무레시	298	기계건설: 항공기 및 선박 제조
연해주	나제즈진스키	나제즈진스키동 노비 마을 및 아무르만	782	공업-물류
	자루비노	하산스키동 자루비노 항구	453	공업-물류
	루스키 섬	루스키 섬, 사페르니 반도	252.5	과학-기술, 교육, 레저
	미하일로프스키	미하일로프스키동 미하일로프카 마을	207.7	농공업
	동부석유화학	파르티잔스키동 엘리자로바 계곡	2,933.5	공업
캄차카 변강	캄차카	페트로파블로프스크-캄차츠키시	2,100	항구-공업
아무르주	벨로고르스크	벨로고르스크시	678.6	제조업
	예카테리노슬라프카	옥타브리스키동 예카테리노슬라프카 마을	887	농공업
유대인 자치주	스미도비치스키	다닐로프카 마을, 볼로차예프카 마을-1	4,261	농공업

[27] 극동개발부, "Заседание итоговой коллегии ≪Об итогах деятельности Министерства Российской Федерации по развитию Дальнего Востока в 2013 году и первой половине 2014 года≫" http://minvostokrazvitia.ru/upload/iblock/319/Презентация%20итогов%20деятельности%20Мин....pdf(검색일: 2014.10.21)

선도개발구역의 선정 기준을 마련한 전문가 위원회에서 극동지역의 발전에 적합한 우선적인 산업으로 지목한 분야를 주목할 필요가 있다. 전문가 위원회는 러시아 극동지역에 풍부한 원재료 및 기술적 특화에 기반한 전기 및 탄화수소 에너지 개발, 광산 채굴 및 제련, 석유화학산업, IT, 조선업, 복합재료 (composite material) 산업, 물류, 관광, 수산물 가공단지, 목재가공, 농업, 항공 및 우주산업의 발전 가능성을 언급하면서 이들 산업에 투자 유치를 기대하고 있다. 특히, 에너지집약 산업 중에서 데이터센터 구축 사업이 가장 부가가치가 높은 산업이 될 것으로 전망하고 있다.[28] 따라서 러시아 극동지역 진출에 관심이 있는 기업들은 열거된 다양한 산업 분야에 대한 관심과 함께 한국의 앞선 IT 기술과 러시아의 풍부한 전력 및 자연재해로부터 안전한 지대라는 장점을 결합한 데이터센터 설립을 적극적으로 추진해 볼 필요가 있다. 또한 현재 선도개발구역으로 선정된 14개 지역에 대한 각각의 지리적 입지와 산업적 특징을 분석하는 등 빠른 대처가 필요하다. 2015년 1월부터 출범하는 러시아, 카자흐스탄, 벨로루시의 유라시아경제연합 아르메니아가 가입을 결정한 상태이며 키르기즈스탄과 타지키스탄도 연합 가입에 적극적인 관심을 표명하고 있는 등 유라시아의 시장이 확대되고 있다. 러시아 극동지역 진출은 다른 중앙아시아 국가로 무관세로 수출을 확대할 수 있는 전진기지 역할을 할 수 있을 것이다.

한 국가가 새로운 제도를 실시하는데 있어 성공 여부는 외부적인 경제 환경도 중요하지만 통치자의 의지가 더 중요하다. 특히, 러시아와 같이 대통령의 권한 및 권위가 지배적인 국가에서 권력자의 힘이 크게 작용한다. 이번 선도개발구역은 푸틴 대통령이 직접 의회 연설에서 제안하였고 메드베데프 총리와 트루트네프 극동연방관구 대통령 전권대표이자 부총리, 갈루시카 극동개발

---

[28] "Территории опережающего развития : ≪пилоты≫ для всей страны", http://open.gov.ru/events/5510941 (검색일 : 2014.10.21)

부 장관의 주도로 1년여 만에 입법 과정이 끝나고 실행까지 이어지고 있는 제도라는 측면에서 주목하지 않을 수 없다. 우리 기업에게도 좋은 비즈니스 기회이며 국가적으로도 한 - 러 경제협력의 활성화를 위한 좋은 계기가 될 수 있다.

참고문헌

변현섭, 「러시아의 신경제특구 설립의 의미와 전망」, 『중소연구』 통권 110호, 2006년 여름.

"Александр Галушка : ≪Важно не только опережающее, но и комплексное развитие Дальнего Востока≫", http://minvostokrazvitia.ru/press-center/news_minvostok/?ELEMENT_ID=2352(검색일 : 2014.10.16)

Анна Бондаренко, "Правительство РФ обсудит создание ТОРов на Дальнем Востоке", *Российская газета*,02 июля 2014. http://www.rg.ru/2014/07/02/reg-dfo/pravitelstvo-anons.html (검색일 : 2014.10.1)

"Закон о территориях опережающего развития внесен в Госдуму", http://www.kommersant.ru/doc/2590750?isSearch=True (검색일 : 2014.10.18)

"Заседание итоговой коллегии ≪Об итогах деятельности Министерства Российской Федерации по развитию Дальнего Востока в 2013 году и первой половине 2014 года≫", http://minvostokrazvitia.ru/upload/iblock/319/Презентация%20итогов%20деятельности%20Мин....pdf (검색일 : 2014.10.15)

Иван Жуков, "Территории опережающего развития : четвертая попытка русского Гонконга", *Клуб Регионов*, 21 февраля 2014. http://club-rf.ru/theme/327 (검색일 : 2014.10.20)

Кира Латухина, "Минвостокразвития предложило экономический ответ на санкции против РФ", *Российская газета*, 30 июля 2014. http://www.rg.ru/2014/07/30/razvitie-site.html(검색일 : 2014.10.13)

"Налог на добычу полезных ископаемых", http://wiki.klerk.ru/index.php/%CD%E0%EB%EE%E3_%ED%E0_%E4%EE%E1%FB%F7%F3_%EF%EE%EB%E5%E7%ED%FB%F5_%

E8%F1%EA%EE%EF%E0%E5%EC%FB%F5(검색일 : 2014.10.18)

"Одобрены основные принципы создания и управления территориями опережающего социально-экономического развития", http://minvostokrazvitia.ru/press-center/news_minvostok/?ELEMENT_ID=183 1 (검색일 : 2014.10.17)

"Особые экономические зоны в Калининградской области", http://www.investinrus.com/?page_id=83 (검색일 : 2014.10.11)

"Перечень поручений по реализации Послания Федеральному Собранию", http://www.kremlin.ru/assignments/20004 (검색일 : 2014.10.1)

"Перечень поручений по итогам совещания по вопросам государственной поддержки приоритетных инвестпроектов и территорий опережающего развития на Дальнем Востоке", http://www.kremlin.ru/assignments/46603 (검색일 : 2014.10.1)

"Послание Президента Федеральному Собранию", http://www.kremlin.ru/news/19825 (검색일 : 2014.10.1)

"Правительство Россий ской Федерации приняло решение о внесении в Госдуму РФ законопроекта о ТОР", http://minvostokrazvitia.ru/press-center/news_minvostok/?ELEMENT_ID=2304(검색일 : 2014.10.10)

"Путин в Якутске проведет совещание по развитию Дальнего Востока", http://ria.ru/politics/20140901/1022208993.html(검색일 : 2014.10.17)

"Совещание о господдержке инвестпроектов и территорий опережающего развития на Дальнем Востоке", http://www.kremlin.ru/news/46522 (검색일 : 2014.10.1)

Сергей Титов, "Территории опережающего развития появятся по всей России", Ведомости, 17 июля 2014. http://www.vedomosti.ru/finance/news/29087781/territorii-vmesto-zon (검색일 : 2014.10.8)

"Соглашение по вопросам свободных (специальных, особых) экономических зон на таможенной территории таможенного союза и таможенной процедуры свободной таможенной зоны от 18 июня 2010 года", http://www.zakonprost.ru/content/base/158032(검색일 : 2014.10.18)

"Территории опережающего развития : ≪пилоты≫ для всей страны", http://open.gov.ru/events/5510941 (검색일 : 2014.10.21)

"Федеральный закон о территориях опережающего социально-экономического "развития в Российской Федерации", http://asozd2.duma.gov.ru/main.nsf/%28Spravka%29?OpenAgent&RN=623874-6&02 (검색일 : 2014.10.18)

"Федеральный закон о внесении изменений в Налоговый кодекс Российской Федерации в связи с принятием Федерального закона ≪О территориях опережающего социально-экономического развития в Российской Федерации≫", http://asozd2c.duma.gov.ru/addwork/scans.nsf/ID/D18C6DB7BBD81EEE43257D720054840D/$FILE/623885-6.PDF?OpenElement (검색일 : 2014.10.18)

"Федеральный закон Российской Федерации от 10 января 2006 г. N 16-ФЗ ≪Об Особой экономической зоне в Калининградской области и о внесении изменений в некоторые законодательные акты Российской Федерации≫", http://www.rg.ru/2006/01/19/kaliningrad-dok.html (검색일 : 2014.10.11)

"Федеральная целевая программа ≪Социально-экономическое развитие Дальнего Востока и Байкальского региона на период до 2025 года≫", http://minvostokrazvitia.ru/upload/iblock/b0e/gp_mvr_visual.pdf (검색일 : 2014.10.1)

"Финансово-экономическое обоснование к проекту федерального закона ≪О территориях опережающего социально-экономического развития в Российской Федерации≫",
http://asozd2.duma.gov.ru/main.nsf/%28Spravka%29?OpenAgent&RN=623874-6&02(검색일 : 2014.10.18)

제9장 러시아 블라디보스토크 자유항 제도 도입의 전략적 의미와 협력 방안*

변현섭

1. 서론

우크라이나 사태에 따른 서방의 경제제재와 러시아의 맞대응, 국제유가 하락 등으로 러시아 GDP 성장률은 2014년 0.6%로 겨우 플러스 성장을 기록하였고 2015년에는 -3.7% 하락하였으며 2016년에도 -0.7%(세계은행)~ -1.0%(IMF)으로 마이너스 성장이 전망되고 있다. 유가가 낮은 수준으로 유지되고 지정학적 위기가 빠른 시일 내 해결되기 힘들며 구조 개혁도 느리게 진행되고 있기 때문이다. 현재의 대내외 경제상황에서 개혁 없는 러시아 경제가 향후 3~5년간 1~2%의 저성장 수준을 유지할 것이라고 보는 전문가들이 많다.

이러한 상황은 러시아 경제구조가 자원의존형이라는 근본적인 문제점에서 비롯된 것이다. 러시아 정부는 에너지수출 의존 경제를 탈피하고 혁신주도형 경제로 구조 전환을 추진하고 새로운 성장 동력을 확보하기 위한 산업 현대화 정책을 추진하고 있다. 이는 수입대체를 통한 제조업을 육성하겠다는 전략으로 외국인 투자 유치가 필수적이다. 또한 러시아는 균형적인 지역발전 전략을

---

* 이 논문은 『슬라브연구』 제32권 1호(2016)에 게재된 것임.

주요 정책 방향으로 제시하고 있는데 특히 극동지역 개발은 우크라이나 사태 이후 러시아의 동진정책과 맞물려 중국을 비롯한 아태지역 국가들과의 협력을 강화하기 위한 교두보이며 동북아 교역의 중심지로서 러시아의 최우선 과제 중의 하나가 되었다.

현재 러시아 극동지역은 미약한 지역개발, 인프라 및 교통의 불균형 발전, 전문적인 노동인력 양성 부족 등 시스템적인 문제를 안고 있다. 특히, 인구문제가 심각하여 출생률 증가 및 사망률 감소로 자연 인구는 증가하고 있으나 더 나은 일자리와 높은 월급, 양질의 교육과 의료 서비스를 받을 수 있는 다른 지역으로 노동이주자가 많아서 전체적으로는 극동지역의 인구가 지속적으로 감소하고 있다.

이러한 인식하에 2013년 12월 12일 푸틴 대통령은 의회 연례 연두 교서에서 극동 및 시베리아의 개발과 같은 전략적 목적 달성이 21세기 러시아의 가장 우선순위이며 이러한 과제를 해결하기 위해서는 규모 면에서 전례 없는, 그리고 그 진행이 보통과는 다르게 이루어져야 한다는 점을 강조하였다. 그러면서 극동 및 시베리아 지역에 수출지향적인 비원료산업의 기업을 위한 특별한 조건을 갖춘 선도경제발전 특별구역을 설립할 것을 제안하였다.[1] 또한 2014년 12월 4일 의회 연두 교서에서 푸틴 대통령은 블라디보스토크에 투자를 유치하기 위한 완화된 관세제도의 자유항 지위를 부여하는 법안을 만들도록 제안하였다. 즉, 푸틴 대통령은 신동방정책의 일환으로서 극동지역 개발을 위해 선도개발구역 설립[2]과 블라디보스토크 자유항 제도 도입이라는 2가지 구체적인 정책을 제안하고 추진한 것이다. 이 중 자유항 지정은 연해주의 지리적 강점을 활용하여 물류인프라를 현대화하고 아태지역의 중계무역 중심지

---

[1] "Послание Президента Федеральному Собранию", http://www.kremlin.ru/news/19825 (검색일 : 2015.11.1).
[2] 선도개발구역과 관련된 보다 자세한 내용은 변현섭, 「극동지역개발 전략으로서 선도개발구역 설립의 의미와 전망」, 『슬라브연구』 제30권 4호(2014)을 참조하라.

로 기능을 재편하겠다는 의미이다. 이는 극동지역의 제조업 기반 조성을 통해 아태지역 시장을 겨냥한 제품을 생산하고 수출할 수 있는 경쟁력 있는 업체를 육성하여 지역의 성장 동력으로 삼겠다는 선도개발구역과 연계하여 시너지를 극대화하겠다는 전략이다.

최근 항만 발전의 두드러진 변화는 경제적 측면에서 항만지역이 글로벌 공급사슬관리의 거점으로 부각, 배후단지 활용의 증대, 그리고 항만도시의 형성을 들 수 있다. 먼저 국제물류의 거점에서 제조, 유통 기능까지 갖추며 항만이 글로벌 경제활동의 거점으로 변모하고 있다. 둘째, 세계 주요 교역국들은 항만 배후단지에 제도적으로 자유무역지역, 경제무역지역 등을 마련하는 등 각종 규제완화를 통해 항만 지역에 기업의 물류, 유통, 제조 활동을 활성화시키며 항만 배후단지 발달을 촉진시키고 있다. 이들 항만 지역이 국가경쟁력의 핵심거점인 항만도시로 성장하면서 주목받고 있다.[3] 따라서 최근 러시아가 추진 중인 블라디보스토크 자유항 제도의 구체적인 내용을 분석하고 그에 따른 한국의 전략적 협력 방안을 모색해 보는 것이 필요하다.

이러한 맥락에서 본 논문은 먼저 이론적 관점에서 러시아 정부가 새롭게 추진하고 있는 블라디보스토크 자유항의 개념과 기능, 경제적 효과 및 설립 요건 등 자유항에 대한 고찰해 본다(2장). 그 다음으로 극동지역 항만의 현황과 문제점 등을 통해 블라디보스토크 자유항을 설립하게 된 배경과 의미를 살펴본다. 그리고 블라디보스토크 자유항 법 전문의 주요 내용을 분석하여(4장), 블라디보스토크 자유항에 대한 평가와 우리 정부 및 기업에 주는 시사점은 어떤 것이 있는지 제시하고자 한다(5장).

자유항에 관한 이론적 고찰은 이미 기존 연구들에서 충분히 분석되어 있기 때문에 개념적 수준에서 인용하였다. 현재까지 러시아의 블라디보스토크 자유항에 대한 글은 주요 세제 및 관세 특혜를 소개하는 수준에 그치며 분석적

---

[3] 진형인, 「글로벌 시대의 물류와 항만」, 『해양수산』 3(2011), 14~15쪽.

인 논문은 국내에 존재하지 않는다. 또한 러시아 극동의 항만과 관련해서는 주로 물류분야 협력 및 교통 인프라와 관련된 내용이 주를 이루고 있다.[4] 따라서 본 논문은 블라디보스토크 항만의 현황과 문제점에 대한 분석뿐만 아니라 블라디보스토크 자유항 법 전문에 대한 세밀한 분석을 통해 우리 정부와 기업에 필요한 정책적, 사업적 시사점을 제공한다는 점에서 차별화된다.

2. 자유항 제도의 이론적 고찰: 자유항의 개념과 기능, 경제적 효과 및 설립 요건

항만은 바다와 육지의 경계에 위치하면서 육지에서의 운송과 바다에서의 운송을 연결하는 거점의 역할을 한다. 이러한 운송에서의 거점기능과 다양한 운송수단이 쉽게 접근할 수 있는 용이성으로 인해 항만은 생산활동 및 무역거래의 중심축이 되고 있다.[5] 세계 주요 항만에서 물류거점화 경향과 항만간 경쟁심화는 항만관리자로 하여금 수요 변화에 따른 다양한 서비스를 제공하도록 유도하고 있으며, 동일 지역 내에서 다양한 부가가치 서비스를 요구하고 있다. 즉 항만이 종합물류거점이 되려면 항만구역 혹은 항만인근지역에서 하역, 환적, 보관, 단순가공, 가공 및 조립과 전시, 제조 등이 가능한 자유항 혹은 자유무역지대의 기능이 필요하게 되었다.

자유항의 정의는 저자와 기관에 따라 약간씩 상이하지만 Alan E. Branch(1986년)의 정의가 일반적으로 받아들여지고 있다: "자유항은 관세자유지역(customs free zones) 혹은 관세상으로는 외국영토이면서 해안에 면해 있는 특정지역이

---

[4] 박종삼, 「한국기업의 러시아 물류시장 진출 방안」, 『물류학회지』 제24권, 제3호(2014); 나희승, 「동북아 극동지역의 물류동향과 유라시아철도 협력」, 『국토연구』 통권391호(2014) 등
[5] 박용안, 「주요국의 자유항제도와 우리나라의 추진방향」, 『해양수산동향』 통권 제 158호(1997), 8쪽.

며, 관세는 상품이 그 국가로 반입될 때 부과되는 것이다. 외국으로부터 수입되는 재화는 그 재화가 실질적으로 자유항을 떠나지 않는 한 어떠한 국내관세, 의무, 규제도 받지 않고, 만약 그 상품의 최종 목적지가 외국이라면 관세부과 절차 없이 자유항에서 수출될 수 있도록 허가 받을 수 있는 곳이다. 만약 그 상품이 자유항이 속한 국가로 이동하면, 그 상품은 해외에서 수입되는 것 같이 세금이 부과된다."[6]

따라서 자유항에서는 통관시 징수되는 관세 및 내국소비세 등의 간접세의 지불을 유보한 채, 화물의 보관, 전시, 가공 등을 할 수 있으며, 가공용의 원재료라면 국내의 생산 상황에 맞춰, 최종소비재라면 국내의 수용 상황에 맞춰 통관하고 출하하게 된다. 일반적으로 입항시점에 지불해야 하는 관세 및 소비세의 지불을 자유항을 이용함에 따라 국내출하 시점까지 연장하는 것이 가능하다. 또한 자유항 내에서 가공을 하여 다시 국외로 화물을 반출하는 경우에는 국내에서 조달한 부품 및 원재료를 섞어서 사용하는 것도 가능하다. 이 경우에도 내국 소비세는 부과되지 않는다.[7]

자유항의 대표적인 기능인 물류서비스는 일차적으로 국내경기를 촉진하는 투자를 유인하는데 그 초점이 있으며, 검사(inspection), 포장(packing), 분류(sorting), 상표부착(labelling) 그리고 환적(transhipment)을 통해 자유항에 있는 물류센터로 외국화물을 집중시키는 기능을 보유한다. 또한 각국의 무역장벽, 쿼터제 등을 회피하거나 우회하기 위한 완충지대로서 혹은 각국의 수입품에 대한 품질조건을 충족하기 위한 보완지대로서 자유항이 이용되고 있다. 자유항은 이러한 기능들로 인해 중계무역의 거점이 되는 것이다. 한편, 자유항의 기능에 제조 기능까지 허용하고 있는 항만으로는 함부르크항, 코펜하겐항, 홍콩

---

[6] 위의 논문, 9~10쪽.
[7] 고우방, 「자유항모델 도입을 통한 효율적인 항만개발 및 운영에 관한 연구」(광주대학교 경상대학원 석사학위 논문, 1999), 22쪽.

항 등이 있으며 이들 항만에서는 관세부과 절차 없이 외국원료로 제조를 할 수 있으며, 이들 항만은 대개 넓은 자유항지역을 보유하고 있다.[8]

항만과 지역의 경제 활성화를 위한 유인제도의 하나로 거론되는 자유항, 자유무역지대, 자유수출지역, 자유투자지역 등은 그 용어의 상이함에도 불구하고 다음과 같은 공통점이 있다. 즉 원자재의 무관세수입과 법인세, 소득세, 등록세 등 조세가 일정기간 면제, 공장등록 및 건축 등에 관한 원스톱행정서비스의 제공 그리고 정비된 사회간접자본시설의 제공이다. 항만에서 자유항의 개념은 이러한 공통점 외에 비교적 자유스러운 선박입출항 절차, 화물하역과 환적과정 상의 자유보장 그리고 항만시설사용료 등의 감면, 저렴한 연료유공급, 정기 입항선사 등에 대한 다양한 인센티브 등이 경우에 따라 추가되고 있다.[9]

자유항의 설치는 중계무역, 위탁무역의 진흥을 직접적인 목적으로 하는 것이며 이것이 원활하게 이루어지면 해운항만, 창고, 보험, 금융, 제조업, 가공공업 등에도 영향을 미치게 되어 국가 경제적으로 막대한 이익을 가져오게 된다. 즉 화물이 자유항을 통과함으로서 운임, 창고료, 보험료, 이자, 수수료 등의 형식으로 자유항 국내의 경제에 기여하게 된다. 아울러 자유항을 설치, 운영하는 국가는 고용 창출 효과와 함께 그에 따른 임금 그리고 원자재 수출대금, 중개수수료, 토지 및 건물 임대료, 용수 및 동력 등 사회간접자본 사용료 및 제세공과금을 거두어들임으로써 무역수지 개선효과도 얻을 수 있다. 이외에도 관광시설의 규모에 따라서는 쇼핑과 오락시설의 이용 등으로 관광수입을 증대시켜 외화 가득효과를 가져올 수 있다. 원료의 비관세반입, 토지 및 건물의 임대와 공장운영에 대한 제세 감면 등 각종 인센티브, 통관면제로 인한 상품수출입의 자유로움 등 편익을 이용하기 위한 외국자본의 유입은 국내자본 부족을 메울 수 있으며 자본투자에 수반되는 외국의 신관리기법 또는 신기술의 유입은

---

8 박용안, 앞의 논문, 10쪽.
9 위의 논문, 17쪽.

국내경제발전을 자극하게 되며 해당국가의 신용도를 창출하기도 한다.[10]

또한 자유항을 이용하는 기업입장에서는 국제무역의 장애물이 제거된 상태이므로 거래를 보다 용이하고 비용을 절감하면서 수행할 수 있고, 상품거래가 성립되거나 국내외 시장의 판매조건이 좋아질 때까지 자유항에 보관하는 동안에도 자본을 회전할 수 있다. 또한 중소무역업자가 직접 원산지까지 가지 않아도 자유항 내 견본전시장에서 상품에 대한 조사를 할 수 있고 국내 판매조건이 개선되었을 때 수량에 관계없이 원산지보다 저렴한 가격으로 구입하여 배후소비지에 공급할 수 있다. 일반적으로 특정물품이 수입될 때 운송 중에 손상되거나 완제품생산에 사용되지 않고 남는 원재료에 대해서도 불필요하게 관세가 부과된다. 그러나 자유항에서는 손상되거나 폐기된 물품에 대해서 관세를 부과하지 않는다. 그리고 수입국의 규정에 일치하지 않는 포장이나 상표를 부착한 상품은 자유항에서 재포장 또는 재가공하여 재수출할 수 있으며, 시황에 따라서는 물품을 무관세로 보관할 수 있다. 함부르크항의 경우 무제한 보관이 가능하며, 다른 자유항들은 통상 최장 5년까지 무관세로 보관할 수 있다.[11]

〈표 1〉 자유항 모델의 일반적 요건

요건 내용	세부사항
1. 지역적인 면	• Hub Port 혹은 Mega Hub Port로의 성장 가능성이 있는 항만 • 원거리 수송을 위한 공항시설 • 지리적으로 시장개척의 유리
2. 시설의 완비	• 화물처리에 용이한 시설 • 화물처리에 충분한 노동력 • 기후변화에 따른 환적장비의 기능 • 다용도로 사용될 수 있는 창고시설 • 여러 가지 용구 취급시설의 완비

---

[10] F. E. Ian Hamilton and G. J. R. Linge, *Spatial Analysis Industry and the Industrial Environment* Vol. 3, 1983, p.445; Alan E. Branch, *Element of Port Operation and Management*, 1986, p.114; 김범중, 「외국의 자유항제도와 우리나라 자유항 설치가능성 검토」, 『월간 해양수산』 70(1990), 67~69쪽 재인용.

[11] 고우방, 앞의 논문, 19~20쪽.

3. 행정적인 면	· 공평한 과세절차 · 행정적 제도 및 통제의 최소화 · 출입시 행정절차와 신속성 · 도난이나 기타의 피해방지를 위한 경비 · 지역 당국이나 당해 정부의 보조 · 현실적 임금수준 보장
4. 배후지원시설	· 충분한 전력의 공급 · 금융지원시설(은행, 보험 등) · 노동자를 위한 복지, 후생시설 · 배후 교통망 완비 · 위생시설

출처: 방희석, 「항만물류 환경변화와 자유항 도입에 관한 연구」, 『한국항만 경제 학회지』 제12집(1996), 26쪽.

자유항은 단순한 해상운송, 복합운송 또는 물류센터로서의 역할을 수행할 뿐만 아니라 화물과 관련된 정보의 집산지이며 지역경제와도 관계가 깊다. 특히 자유항이 설치될 경우 지역국가(또는 경제)의 성장과 협력에 중추적인 역할을 수행할 뿐만 아니라 화물의 취급과 기항에 따른 막대한 수입으로 자국내 지역경제 및 국가경제의 활성화에 큰 도움이 된다. 일반적으로 자유항에서는 화물에 대한 관세 면제, 외국물품의 처리가공, 지역 내에서의 제조공업, 창고 운영 및 상품전시 허용, 선박 입출항에 대한 특혜, 지역 내 거주 허용 등 법적, 제도적 특혜를 통하여 경제적 편익을 얻을 수 있다.[12]

자유항은 여러 가지 다양한 형태로 세계 각처에서 중요한 경제적 역할을 담당하고 있다. 그러나 막대한 투자와 장비를 설치하고도 큰 역할을 하지 못하거나 시설을 제대로 활용하지 못하는 경우도 있다. 따라서 자유항의 성공여부는 그 자유항이 적정한 비용이나 가격으로 적정한 곳에 적정한 서비스와 시설을 제공하느냐에 달려 있다. 즉 자유항의 성공은 모든 필요한 투입요소와 가격 그리고 서비스 질과 여타의 경쟁력에 달려 있다고 볼 수 있다. 여기에서 투입요소는 수송과 배후시설 그리고 수송비용과 커뮤니케이션,

[12] 위의 논문, 19쪽.

노동 등으로 구성된다. 또한 자유항의 개발을 위해서 여러 가지 관련법과 제도 그리고 행정정책 등이 얼마나 구체적으로 준비되었는지에 좌우될 수도 있다.[13] 즉, 자유항은 장소, 시설, 배후지원시설 등 물리적인 요건과 행정, 법률, 무역여건 등 운영적인 요건을 갖추어야 그 기능 및 이점을 충분히 발휘할 수 있다.

3. 블라디보스토크 자유항 설립의 배경과 의미

운송-물류 분야는 러시아 극동지역의 중요한 산업이며 극동지역의 지역총생산에서도 선두적인 자리를 차지한다. 러시아 관세청 극동지부의 자료에 따르면, 2014년 러시아 극동지역의 대외교역 규모는 390억 1,190만 달러로 2013년 대비 2.6%(10억 5,090만 달러) 감소하였다. 수출은 1.7%(4억 8,460만 달러) 상승하였고 수입은 12.8%(15억 3,550만 달러) 하락하였다. 대외교역 대상국은 일본 26.3%(102.4억 달러), 한국 26.2%(102.3억 달러), 중국 26.1%(101.6억 달러)을 차지해 동북아 3국의 비중이 78.6%로 절대적이었다. 극동지역의 수출은 한국(32%, 91.2억 달러)으로 가장 많이 했고 중국(45.1%, 47.3억 달러)으로부터의 수입이 가장 많았다. 이처럼 러시아 극동지역은 한·중·일 3국을 제외하고는 이야기할 수 없을 정도로 밀접한 경제관계를 맺고 있다. 이는 극동지역 항만의 역할과도 직결되어 있다는 것을 의미한다.

러시아는 총 64개의 항만을 가지고 있으며, 그 중 28개가 극동 연안에 있다. 현재까지 러시아 극동 해운항만은 화물 처리실적에서 발트해 항만과 아조프-흑해 항만 다음의 순위에 있다. 2014년에 물동량 처리는 극동항만에서 가장 높은 12.2% 증가한 1억 6,350만 톤을 처리하였으며 그 다음으로 아조프-

---

[13] 부산상공회의소, 부산경제연구원, 『부산자유무역항 구축방안』(1995), 72~73쪽.

흑해 항만이 11.2% 증가한 1억 9,450만 톤이었다. 주로 석유 환적을 담당하는 북극해 항만의 처리물동량은 3,500만 톤으로 24.2% 감소하였다. 그 결과 러시아 전체 항만의 물동량 처리 규모에서 극동과 아조프-흑해는 각각 2%와 1%씩 비중이 증가하였고 북극해의 비중은 2% 감소하였다.[14]

극동지역의 항만은 러시아 대외교역 물동량의 약 20%, 러시아 항만을 통과하는 물동량의 약 26%를 처리하며, 아태지역의 진출을 위한 거점으로서 중요성은 점차 커지고 있다. 러시아의 항구들 가운데 극동항구의 물동량은 매년 꾸준히 증가하고 있다. 이것은 항구의 인프라 발전에 대한 투자와 아시아와 아메리카 국가들, 특히 중국, 한국, 일본, 몽골, 호주, 미국 등과의 교역 증대 때문이다. 또한 극동지역의 몇몇 항구들은 연해주-1 및 연해주-2와 같은 국제교통회랑의 출입구의 역할을 하고 있기 때문이다.

특히, 2014년에는 중국으로의 수출 물량이 크게 증가하였는데 건화물(dry cargo)[15]이 9,700만 톤으로 16.3%, 벌크 화물인 석유제품이 6,550만 톤으로 6.7% 증가하였다. 극동지역의 대부분 항구들에서 물동량의 증가가 이루어졌으며, 특히 보스토치니는 5,780만 톤으로 19.7% 증가하였다. 두 번째로 높은 증가율을 보인 항구는 포시예트로 18.8%(670만 톤) 증가하였다. 이것은 새로운 환적 단지 건설 등 인프라의 현대화 덕분에 가능하였다. 블라디보스토크 항구는 1,530만 톤을 처리하여 5.3% 증가하는데 그쳤으나 블라디보스토크 자유항에 관한 법이 통과되었기 때문에 향후 투자가 활성화되면 국제무역의 새로운 중심지 역할을 할 수 있을 것으로 기대된다. 극동지역 항만이 처리하는 물량의 교역 형태별로는 수출 물량이 82.6%로 대부분을 차지하며 수입 4.9%, 통

---

[14] "Анализ грузооборота портов России в 2014 году : основные итоги", http://провэд.рф/analytics/research/22970-analiz-gpuzoobopota-poptov-possii-v-2014-godu-osnovnye-itogi.html (검색일 : 2015.12.27).

[15] 액체화물이나 냉동화물을 제외한 건설화물을 말하며 건화물에는 기계류, 잡화 등이 있다(무역협회 무역용어 참조).

과화물 0.4%, 연안무역 12.1%을 차지하고 있다.[16]

서방의 제재와 글로벌 석유 시장의 비우호적인 환경에도 불구하고 극동지역 항구들의 화물처리량은 안정적인 성장세를 보여주었다. 이것은 무엇보다 석유, 석탄 등 원료 상품의 환적에 따른 결과이다. 하지만, 향후에도 지속적인 성장을 위해서는 부가가치가 높은 컨테이너 화물 처리를 위한 터미널 확대 등 추가적인 투자가 필요하다.

〈표 2〉 극동의 지역별 항만 화물 운송 추이 (단위 : 백만 톤)

지역	2011	2012	2013	2014
연해주	72.3	80.0	88.2	101.9
하바로프스크	28.1	28.7	31.8	35.4
사할린	21.7	21.6	21.6	22.4
마가단	1.2	1.4	1.5	1.3
캄차트카	2.1	2.0	1.6	1.4
추코트카	0.8	0.9	0.9	1.0
극동 전체	126.1	134.7	145.7	163.5
전년비 증가율		6.8%	8.2%	12.2%

출처 : Far-Eastern Marine Research Institute

〈표 3〉 극동항구의 화물별 물동량 추이 (단위 : 백만 톤)

항목	2010	2011	2012	2013	2014	2013년 대비 2014년 증가율(%)	2014년 항목별 비중(%)
석탄, 코크스	35.3	42.3	48.7	54.9	67.7	23.3	41.4
벌크 화물 및 LNG	54.1	55.1	55.7	62.1	65.7	5.8	40.2
일반화물 (컨테이너 제외)	9.3	7.8	8.7	10.0	12.8	28.5	7.8
컨테이너	8.5	9.9	10.0	12.3	12.6	2.3	7.7

[16] "Нелегкий груз", http://www.rg.ru/2015/02/26/reg-dfo/port.html (검색일 : 2015.12.27).

목재	3.7	3.6	3.2	2.6	2.7	3.8	1.7
기타	8.3	7.4	8.4	3.7	1.9	-49.1	1.1
전체	119.2	126.1	134.7	145.7	163.5	12.2	100.0

출처 : Far-Eastern Marine Research Institute

극동항만에는 282개의 부두가 있으며 1억 8,810만 톤의 처리 능력을 갖추고 있다. 2014년에만 극동항만에서 1억 6,350만 톤의 물동량을 처리하였기 때문에 블라디보스토크 자유항 법 실시에 따른 향후 수요 증가를 충족시키기 위해서는 항만 인프라 현대화와 확충이 시급한 상황이다. 현재 항만 발전 프로그램에 따르면, 2020년까지 극동지역 항만의 물동량 처리 능력을 2억 톤까지 확대할 계획이다.[17]

극동 항만의 컨테이너 및 일반화물, 벌크 화물의 수송 확대를 위한 시설 현대화가 필요하다. 시베리아횡단철도 및 바이칼-아무르 철도에 대한 투자 부족으로 이들 철도의 수송능력은 극동지역 항만들이 처리하는 물동량의 증가를 따라가지 못하는 불균형이 발생하고 있다. 전문가 평가에 따르면, 2015년 극동항구의 물동량 처리에 비해 철도 수송능력이 약 4,000톤 부족하다. 또한 보스토치니 항구의 경우 2020년까지 5,020만 톤의 물동량 처리 능력을 추가로 확대할 계획이지만 보스토치니 항구와 연계된 철도 수송능력 증가는 1,600만 톤을 넘지 않을 것으로 보인다. 시베리아횡단철도의 높은 운임도 극동항구의 경쟁력을 떨어뜨리는 요인으로 지적되고 있다. 또한 1,500km 이내의 근거리의 경우 자동차 운송이 필요하지만 극동지역의 도로 포장 상태가 양호하지 못해 배송에 한계가 있다.[18] 따라서 극동항만 발전을 위해서는 항구의 물동량의 유치 전략과 함께 그와 연계된 내륙 운송수단인 철도 및 도로 인프라 개발을

---

[17] "Порты Дальнего Востока : Железнодорожная удавка-на взлете инвестиций" http://primamedia.ru/news/419899/ (검색일 : 2016.1.6).

[18] "Порты Дальнего Востока : Железнодорожная удавка-на взлете инвестиций" http://primamedia.ru/news/419899/ (검색일 : 2016.1.6).

위한 투자가 시급하다.

세계의 주요 선두적인 항만의 경우 처리 물동량의 대부분이 컨테이너 화물이다. 예를 들어, 로스테르담은 80%, 홍콩 87%, 싱가포르 92%, 함부르크 96%, 캘리포니아 롱비치 99% 등이다. 동남아시아 및 서유럽이 세계 해운 컨테이너 물동량의 70% 이상을 처리하고 있다. 러시아 항만들은 세계 해운 컨테이너 물동량(619.4백만 TEU)의 1%에도 미치지 못하는 실적을 갖고 있다.[19] 러시아 극동항만도 충분하지 않은 컨테이너 화물 처리 능력을 갖고 있으며 전문적인 자격을 갖춘 직원도 부족한 실정이다. 2014년 극동항만의 화물 처리 중 컨테이너 비중은 7.7%에 불과하다(표 3) 참조). 향후 몇 년 내 최근까지 대규모 선박이라고 여겼던 9천TEU급 선박을 대신할 더 큰 규모의 선박 운항을 시작하게 될 것이다. 이러한 선박의 대형화 추세는 현실화되고 더 확대될 것이다. 따라서 극동항만에서도 수심이 깊은 대규모의 새로운 터미널 건설이 필요하다.

〈표 4〉 러시아 극동지역의 주요 항만 정보

항만명	운행기간	상업 부두수 (컨테이너 전용 부두수)	수심 (m)	주요 화물
블라디보스토크	연중	29 (2)	4.3~15	철강, 목재, 원당, 곡물, 컨테이너, 코크스, 광석
나호트카	연중	28 (2)	6.9~11.5	목재, 철강, 화학제품, 셀룰로오스, 카톤, 식료품, 석유
보스토치니	연중	25 (4)	5.1~16.5	석탄, 시멘트, 목재, 비료, 컨테이너, 석유, 벌크화물
자루비노	연중	4 (0)	7.5~9.5	철강, 자동차, 일반화물, 컨테이너
포시예트	연중	4 (0)	9.5~9.7	석탄

---

[19] "Порты Дальнего Востока : Железнодорожная удавка – на взлете инвестиций" http://primamedia.ru/news/419899/ (검색일 : 2016.1.6).

바니노	연중	26 (0)	5.7~20.5	석탄, 철강, 컨테이너, 목재, 석유
소베트카야 가반	연중	23 (1)	4.3~10.2	목재, 일반화물, 철강, 석탄, 석유, 컨테이너

출처 : 세계항만 정보 포털 사이트(http://www.russianports.ru) 데이터베이스 활용 저자 작성

    러시아 극동항만은 통관행정 및 물류경쟁력 측면에서도 개선해야 할 문제점들이 많다. 푸틴 대통령은 2012년 취임하면서 러시아의 투자환경개선을 중요한 정책 목표 중의 하나로 제시하였으며 세계은행이 발표하는 기업환경평가 "Doing Business" 순위를 2018년까지 20위까지 끌어올리도록 지시한 바 있다. 실제로 세계은행의 기업환경평가에서 러시아가 종합 순위에서 큰 폭의 상승세를 보였으나 통관행정 부문은 여전히 개선되지 않고 있으며 최하위 수준을 유지하고 있다.[20] 또한 세계은행이 2007년부터 2년 주기로 전 세계 160개국의 물류경쟁력을 지수화한 물류성과지수(Logistics Performance Index)에서도 동북아의 경쟁국가인 일본, 한국, 중국에 비해 물류경쟁력이 현저히 떨어져 있음을 확인할 수 있다. 물류성과지수는 전 세계에서 활동하고 있는 800여 개의 포워더와 특송업체를 대상으로 한 조사 결과로 물류 현실을 제대로 반영하고 있다는 점에서 의미가 있는 결과이다. 블라디보스토크 자유항에 도입되는 관세자유제도와 전자통관시스템 및 통관단일창구 등 통관절차 간소화는 러시아의 통관행정과 물류의 효율성 증대에 크게 기여할 것으로 기대된다.

---

[20] 세계은행이 국가별 기업환경을 창업에서 퇴출에 이르는 기업 생애주기(Life Cycle)에서 필수적으로 거쳐야 하는 행정절차 관련 10개 부문으로 구분하고 각 부문별 기업이 직면하는 규제를 절차, 시간, 비용 위주의 지표로 측정한다. 또한 표준화된 시나리오를 부여하고 객관적인 법령분석, 설문조사 방식으로 관련 제도를 비교, 평가한다. 통관행정(Trading Across Borders)의 경우 20피트 크기의 컨테이너를 해상 운송을 통해 수출 및 수입할 때 필요한 문서(수), 통관시간(일), 컨테이너당 비용($) 등을 평가한다.

〈표 5〉 러시아의 Doing Business 순위

년도	2011	2012	2013	2014	2015	2016
종합 순위	123	120	112	92	54	51
통관행정 부문 순위	162	160	162	157	169	170
수출시 필요한 문서수(개)	8	8	8	9	9	9
수출 통관시간(일)	36	36	21	22	21	19*
컨테이너당 수출비용($)	1,850	1,850	2,820	2,615	2,401	2,369
수입시 필요한 문서수(개)	13	10	11	10	10	10
수입 통관시간(일)	36	36	36	21	19	19*
컨테이너당 수입비용($)	1,850	1,800	2,920	2,810	2,595	2,369

출처: http://www.doingbusiness.org/
* Doing Business 2016년에 측정 단위가 시간(hours)으로 변경되어 수출과 수입 통관시간이 153.8시간으로 되어 있으나 전년과 비교를 위해 1일 8시간 기준으로 단위를 1일로 변경

〈표 6〉 2014년 주요국 물류성과지수

국가명	물류성과지수		분야별 지표 순위					
	순위	점수 (5점)	통관	물류 인프라	국제 운송	물류기업의 경쟁력	화물 추적	운송 적시성
일본	10	3.91	14	7	19	11	9	10
한국	21	3.67	24	18	28	21	21	28
중국	28	3.53	38	23	22	35	29	36
남아프리카	34	3.43	42	38	25	24	41	33
인도	54	3.08	65	58	44	52	57	51
브라질	65	2.94	94	54	81	50	62	61
카자흐스탄	88	2.7	121	106	100	83	81	69
러시아	90	2.69	133	77	102	80	79	85

러시아 극동항만은 다양한 현실적인 문제에도 불구하고 동북아의 국제물류 중심지로 성장할 수 있는 충분한 발전 잠재력 보유하고 있다. 먼저, 중국 및 북한과 가장 가까운 접경에 위치해 TSR과 TCR, TKR로 연결되는 육로운송 및 동해의 해상운송이 가능한 국제통과 물류의 중심지 역할 수행이 가능하다.

둘째, 부동항으로서 연중 쇄빙선 없이 운행 가능하며 Panamax(파나마 운하를 운행할 수 있게 설계된 벌크선으로 6만~7만 5,000톤급) 및 Post-Panamax급 선박이 입출항 가능한 수심(20m)과 지형을 갖고 있다. 셋째, 광역두만강개발계획(GTI), 훈춘~자루비노 자유무역지대 창설 등 동북아 다자간 협력 프로젝트 실행시 물류허브의 핵심지역으로 부상이 가능하다. 넷째, 국제운송회랑 '연해주-1', '연해주-2'[21] 개시는 아태지역 국가들에게 블라디보스토크 자유항의 중요성이 더욱 증가하는 요인이 될 것이다. 연해주는 국제운송회랑 '연해주-1', '연해주-2'의 현대화를 추진하고 있는데 물류 환경 개선을 위한 새로운 도로 건설은 매우 빠른 속도로 진행되고 있다. 국제운송회랑 '연해주-1', '연해주-2'는 가장 전망 있는 국제적 프로젝트로 극동지역의 항구들이 주요 관문으로서 역할을 하고 있다. 국제운송회랑 '연해주-1'에는 블라디보스토크, 보스토치니, 나호트카 항구가 포함되며 '연해주-2'에는 자루비노 항구가 포함된다. 새로운 교통 인프라의 건설은 현행 연해주 항구들의 물동량을 증대시킬 것이다. 아태지역 국가, 특히 중국과 중요한 협력 프로젝트가 될 것이며, 바다로 출구가 없는 중국 동북지역에게는 운송-물류 측면에서 매우 중요한 의미를 가진다.

따라서 제도적인 측면에서 블라디보스토크 자유항 법의 제정과 추진은 러시아 극동지역의 항만 개발을 통한 물류잠재력을 극대화하고 이미 실행 중인 선도개발구역과 연계한 극동지역의 개발전략으로서 중요한 의미를 가진다.[22]

---

[21] 국제운송회랑 '연해주-1'는 하얼빈-무단장-쑤이펀허-포그라니치니-우수리스크-블라디보스토크, 보스토치니, 나호트카 항구에 이르는 350km의 노선으로 쑤이펀허 교통로의 일부이다. '연해주-2'는 장춘-길림-훈춘-자루비노, 포시예트, 슬라뱐카 항구의 79km 노선으로 두만강 회랑에 포함된다. "Транспортные коридоры "Приморье-1" и "Приморье-2" повысят востребованность края в АТР", http://primamedia.ru/news/primorye/17.12.2014/410558/transportnie-koridori-primore-1-i-primore-2-povisya.html (검색일: 2015.12.28).

[22] 현재 선도개발구역 법은 2014년 12월 23일 국가두마(하원), 12월 25일 연방소비에트(상원)의 승인을 거쳐 12월 29일 푸틴 대통령이 서명함으로써 90일 후인 2015년 3월 30일부터 발효 중이다. 블라디보스토크 자유항 법은 2015년 7월 3일 국가두마(하원), 7월 8일 연방소비에트(상원)를 통과하고 7월 13일 푸틴 대통령이 법안에 서명함으로써 10월 12일부로 발효되었다.

블라디보스토크 자유항 법은 상술한 러시아 극동지역 항만의 다양한 하드웨어적이며 소프트웨어 측면의 문제점들을 해결하는 법적 기반을 마련한 것이다. 또한 현대적인 물류 인프라와 효율적인 통관 시스템을 구축하고 시설관리 및 운영의 선진화를 통해 항만의 경쟁력을 제고하고 외국인 투자유치를 위한 투자환경의 획기적인 개선을 통해 동북아의 새로운 물류 중심지로 부상하기 위한 기본적인 체계를 마련하는데 기초가 될 것이다.

4. 블라디보스토크 자유항 법[23]의 주요 내용

블라디보스토크 자유항에 관한 연방법은 아태지역 국가들과 경제적 통합을 위해 러시아 연방의 동해의 관문으로서 연해주의 지리적 및 경제적 장점을 이용하고, 아태지역 국가들과 국제적 무역을 발전시키고, 현대적 기술 적용에 기반한 그리고 아태지역 국가들에서 경쟁력 있는 제품 생산을 지향하는 기업을 설립 및 발전시키며, 블라디보스토크 자유항 구역의 사회 - 경제적 발전 가속화 및 극동지역에 거주하는 주민의 삶의 수준 향상을 목적으로 한다(1장 1조 2항). 이 법에서는 블라디보스토크 자유항을 동 법 및 기타 연방법에 따라 국가가 기업 활동을 지원하는 조치가 설정된 연해주의 영토 일부(1장 2조)라고 정의되어 있다. 블라디보스토크 자유항은 70년 예정으로 설립되며 연장이 가능하며 또한 국민 생명 및 건강 보호, 자연환경 보호, 국방 및 안보 보장 등의 이유로 필요할 경우 기간 전에 중단될 수도 있다(1장 3조). 블라디보스토크 자유항은 연해주의 15개 행정구역을 포함하되, 특별경제구역 및 선도개발구역이 설립된 지역은 제외한다(1장 4조). 블라디보스토크 자유항의 교통, 전력 등

---

[23] 특별한 주석이 없는 한 블라디보스토크 자유항 법(Федеральный закон от 13.07.2015 № 212-ФЗ «О свободном порте Владивосток»)의 내용을 정리한 것임.

인프라 건설 및 현대화에 대한 금융지원은 연방정부 및 연해주 지자체 예산뿐만 아니라 민관협력(Public-Private Partnership) 메커니즘을 적용한 예산외 재원으로 실현될 것이다(1장 5조).

블라디보스토크 자유항 관리의 종합기관으로는 감독위원회(Наблюдательный совет)[24]가 있다. 감독위원회는 블라디보스토크 자유항 구역에서 경제적 과정 모니터링, 연해주 발전을 위한 조치의 검토 및 결정, 투자 및 기업환경 개선, 주민과 기업가들의 이해관계 균형 유지, 블라디보스토크 자유항 입주자들의 활동을 통제(감독)하는 기관의 과도한 또는 불합리한 간섭을 제거하기 위한 조치의 검토 및 결정, 블라디보스토크 자유항의 기능 및 발전과 관련된 문제에 대한 정부 기관 및 지자체의 활동 조정, 외국인 노동자의 비율 결정[25] 등의 역할을 한다(2장 7조 2항).

블라디보스토크 자유항에 입주를 원하는 업체는 경제활동 업종, 경제활동을 계획하고 있는 부지 또는 부동산 주소, 기업 활동을 영위하고자 하는 기간(70년 이내에서 연장 가능) 등의 정보를 신청서에 기입하여야 하며, 법인 설립 문서 사본, 사업 계획서, 법인 또는 개인사업자 등기부 등본 및 사업자 등록증 사본을 첨부하여 관리회사에 제출하면 된다. 관리회사는 문서 수령 후 15 업무일(working day)내 입주업체로 선정 여부를 결정해야 하며, 결정 후 10 업무일내 해당 업체에 통보해야 한다(3장 11조 1항, 2항, 5항, 8항).

블라디보스토크 자유항은 운송-물류 인프라 및 관광 잠재력의 개발을 통

---

[24] 2015년 9월 2일자 메드베데프 총리령에 따르면, 블라디보스토크 자유항의 핵심적인 관리 기관인 감독위원회는 유리 트루트네프 부총리가 지휘하며 주요 위원으로 갈루쉬카 극동개발부 장관, 연해주 주지사, 15개 행정구 자치단체장, 연해주 의회 의장, 자유항 담당 연방 행정기관 대표자(재무부 차관, 건설부 차관, 산업통상부 차관, 관세청 부청장, 세무청 부청장, 이민청 부청장, 검역청 부청장 등)이 포함된다. 2015년 10월 21일 감독위원회 첫 회의가 블라디보스토크에서 열렸으며 입주 예정자들의 투자 프로젝트 검토 및 위원회 활동과 관련된 다양한 문제가 논의되었다.

[25] 이 규정에 따라 '러시아에서 외국인 법적 지위에 관한' 법(2002년 7월 25자 연방법 #115-FZ)을 개정하여 블라디보스토크 자유항 입주업체는 고용주로서 외국인 노동자의 유치 및 사용에 대한 허가를 받을 필요가 없으며, 노동활동 목적의 입국에 대한 초청장과 노동허가서는 외국인 노동자 쿼터제의 적용을 받지 않는다. 다만 다른 조건이 동일하다면 러시아인을 우선 고용해야 한다(13조 6항 추가).

해 화물, 자본, 사람 등의 국제적 교류를 활성화시켜 연해주 남부 지역을 홍콩, 싱가포르 등과 같은 대형 항구 도시로 육성하고 극동지역의 투자유인을 제고하기 위한 국가적 프로젝트이다. 전문가 평가에 따르면, 교통 인프라 발전 및 현대화만으로도 극동지역의 운송비용을 40% 낮출 수 있다. 따라서 블라디보스토크 자유항의 성공적인 추진과 기업 활동을 지원하기 위해서 선도개발구역과 같은 과감한 규제완화와 파격적인 조세특혜를 제공한다. 이 블라디보스토크 자유항 법에 규정된 주요한 특혜를 살펴보면 다음과 같다:

1) 중앙 및 지방정부의 특별한 감독(검열) 완화(4장 15조)

중앙 및 지방정부 검열기관의 개별적 정기검열은 합동으로 진행하되 연방전권기관, 즉 극동개발부의 동의를 얻어야 한다. 정기검열 기간은 15업무일을 초과해서는 안 되며 현장방문 검열의 경우 근로자 100인 이하 소규모 기업인 경우 연간 40시간, 근로자 15인 미만의 초소기업의 경우 연간 10시간을 초과할 수 없다. 검열의 연장이 필요한 경우에도 소규모 기업의 경우 10일, 초소기업의 경우 10시간을 초과할 수 없다. 검열 과정에서 발견한 위반 사항과 시정 요구에 대해서는 검열 결과서를 작성하여 3일내 입주업체에게 직접 전달하여야 하고 수령 확인 서명을 받아야 하며, 직접 전달이 불가능할 경우 등기 우편으로 발송하되 발송 후 6일이 경과한 시점을 수령일로 간주한다. 검열 결과서의 시정 요구를 확인하기 위하여 비정기 검열을 결과서 발행 후 2달 이내에 할 수 있으며 시정 요구가 2달 이상 소요될 경우 연장이 가능하지만 6개월을 초과할 수 없다. 비정기 검열의 경우 5일을 초과할 수 없으며 시정 요구 불이행시 입주업체의 기업 활동에 관한 협정서가 파기될 수 있으며 법원의 결정에 따라 블라디보스토크 자유항의 지위가 중지될 수 있다.

2) 외국인의 8일간 무비자 체류 허용(4장 16조)

블라디보스토크 자유항이 위치한 러시아연방 국경을 통해 러시아로 입국하는 외국인은 러시아연방 출입국에 관한 연방법(1996년 8월 15일자 #114-FZ) 규정에 따른다. 2015년 7월 13일자 이 법의 개정안(25조 17항)에 따르면, 블라디보스토크 자유항을 통해 입국하는 외국인은 단순화된 비자 제도를 적용하며 8일간 비자 없이 체류가 가능하다.

3) 세제 특혜 제공(4장 19조, 20조, 조세법 284조, 사회보장세법 58조)

블라디보스토크 자유항 입주업체에게는 연방 조세법에 따라 특혜가 제공된다. 세법 개정안[26]에 따르면, 법인세는 일반 기업의 경우 20%가 적용되며 이중 2%는 연방정부에 귀속되고 18%는 지방 정부로 납부되는데, 블라디보스토크 자유항의 입주업체는 흑자 전환 이후 첫 5년간(3년 내 흑자전환 못할 경우 4년차부터 5년간) 중앙정부의 국세 2%가 면제되고(5년 이후는 2%가 과세됨), 지방세는 첫 5년간 5%를 넘지 않으며 이후 5년간 10% 이상으로 세율을 정하도록 규정하고 있다. 즉, 흑자 전환 이후 최초 5년간은 법인세가 5% 이하로 적용되고 이후부터 12% 이상이 적용된다.[27] 블라디보스토크 자유항 설립 3년내 입주하는 업체에게는 고용주가 근로자에게 지불하는 임금에서 부담하는 사회보장세를 최초 10년간 일반 기업체의 30%(연금기금 22%,[28] 사회보험기금 2.9%, 의료보험기금 5.1%)에 비해 훨

---

[26] 국가두마에 제출된 세법 개정안 전문은 다음 사이트에서 확인할 수 있다: "Федеральный закон о внесении изменений в Налоговый кодекс Российской Федерации в связи с принятием Федерального закона 《О территориях опережающего социально-экономического развития в Российской Федерации》", http://asozd2c.duma.gov.ru/addwork/scans.nsf/ID/D18C6DB7BBD81EEE43257D720054840D/$FILE/623885-6.PDF?OpenElement(검색일: 2015.11.18).

[27] 실제 블라디보스토크 자유항에서 법인세는 최저 세율인 첫 5년간 0%, 이후 5년간 12%가 적용됨.

[28] 연금기금의 기본 세율은 26%이나 2012~2017년 동안 한시적으로 22%로 감면하여 적용하고 있음(사회

씬 낮은 7.6%(연금기금 6%, 사회보험기금 1.5%, 의료보험기금 0.1%)가 적용된다. 석유와 가스를 제외하고 광물채굴세[29]는 법인세 발생 전까지 영세율이 적용되고 이익이 난 후에도(손실기업의 경우 4년차부터) 첫 2년간 면제되며 그 이후 8년간 단계적으로 0.2~0.8의 할인계수가 세율에 적용될 예정이다(3~4년은 0.2, 5~6년은 0.4, 7~8년은 0.6, 9~10년은 0.8). 이러한 세제 특혜는 블라디보스토크 자유항 협정서상 활동으로부터 수입(매출)의 90% 이상 발생하는 업체에게 제공되며 다른 특별경제구역에 입주한 업체, 연결재무제표로 세금을 납부하는 지주회사, 비영리 기관, 은행, 보험사, 민간 연기금, 증권투자회사 등에는 적용되지 않는다.

이 외에도 블라디보스토크 자유항 입주업체는 지방세인 재산세(2.2%)와 토지세(0.3~1.5%)가 5년간 면제된다. 또한 VAT(부가가치세) 환급을 위한 특별한 절차가 마련되어 보통 일반 기업의 VAT 환급 결정은 3~4개월 소요되었으나 블라디보스토크 자유항에 입주한 기업에 대해서 15일내 이루어지도록 할 예정이다.

4) 통관업무의 간소화 및 관세자유지역의 관세절차 적용(4장 22조, 23조)

블라디보스토크 자유항에서 사람, 운송수단, 화물 및 동물의 지체 없는 통관을 위해 24시간 무휴로 통관 및 검역 업무를 진행하도록 규정하고 있다(22조 3항). 또한 포워드forwarder, 관세사 등이 세관에 통관, 운송, 위생 및 동식물 검역과 관련된 서류를 전자문서 형태로 정보시스템을 통하여 상품 도착 2시간 전에 제출하고 통관 업무를 단일창구(one-window)에서 처리하는 제도가 실행된

보장세법 58.2조). Федеральный закон от 24.07.2009 №212-ФЗ(ред. от 13.07.2015) "О страховых взносах в Песионный Фонд Российской Федерации, Фонд социального страхования Российской Федерации, Федеральный Фонд обязательного медицинского страхования"

[29] 2002년 1월 1일부터 발효된 조세법 26장에 기초하여 부과되고 있으며 광물의 종류에 따라 세율이 최소 3.6%(칼륨염)에서 최고 16.5%(석유)까지 다양하다. "Налог на добычу полезных ископаемых", http://wiki.klerk.ru/index.php/%CD%E0%EB%EE%E3_%ED%E0_%E4%EE%E1%FB%F7%F3_%EF%EE%EB%E5%E7%ED%FB%F5_%E8%F1%EA%EE%EF%E0%E5%EC%FB%F5(검색일 : 2015.11.18).

다(22조 4항, 5항, 6항).

　블라디보스토크 자유항 구역 내에 위치하거나 인접한 항만 및 공항에서는 관세동맹의 자유경제구역 협정에 규정된 관세자유지역의 관세 제도가 적용된다(23조).[30] 관세자유지역의 관세제도에서는 블라디보스토크 자유항의 입주자에 의해 해외(또는 국내의 역외 지역)로부터 외국 물품(및 그 가공품)이 블라디보스토크 자유항 구역으로 반입되어 이용될 때 관세 및 부가가치세(VAT)가 면제되고, 비관세 규제 조치의 적용을 받지 않는다.

　이 외에도 블라디보스토크 자유항 입주업체의 이익을 대변하고 보호하기 위하여 관리회사는 행정 및 기타 공적인 법률관계에서 발생한 문제에 대해 법원에 소송을 제기할 수 있는 권한을 가진다(29조). 즉, 이것은 블라디보스토크 자유항의 관리회사가 행정적 업무와 관련된 민원을 담당하면서 단순히 서비스 조직으로서 기능하는 것이 아니라 잘못된 행정에 대한 문제해결까지 책임지는 옴부즈맨의 역할을 수행한다는 것을 의미한다. 또한 관세자유지역이 적용되는 항만 구역에서 50만 루블을 초과하는 사치품, 예술품, 골동품 등 상품의 보관과 잠재적 구매자를 위한 상품 전시를 포함한 판매전 준비 행위 등과 관련된 서비스를 제공하는 특별한 활동이 가능하다(30조). 이것은 블라디보스토크 자유항에 룩셈부르크, 스위스, 싱가포르 등에서 실시하고 있으며 매우 인기 있는 제도인 이른바 Freeport(면세 보관창고) 구역을 설립할 수 있는 근거를 마련하였다는데 의의가 있다.

　블라디보스토크 자유항 법 1장 6조 4항에 따르며, 입주자 선정 기준은 러시아 정부에서 정하도록 규정하고 있는데 2015년 10월 22일 메드베데프 국무총

---

[30] 2010년 6월 18일 상트-페테르부르크에서 체결된 관세동맹 국가들(러시아, 카자흐스탄, 벨로루스)간 국제협약을 말하며 공식 명칭은 다음과 같다: "Соглашение по вопросам свободных (специальных, особых) экономических зон на таможенной территории таможенного союза и таможенной процедуры свободной таможенной зоны от 18 июня 2010 года", http://www.zakonprost.ru/content/base/158032(검색일: 2015.11.18).

리는 "블라디보스토크 자유항 입주자 선정 기준 확정에 관한" 명령에 서명하였다. 이 정부령에 따르면, 개인 기업 또는 법인이 블라디보스토크 자유항 지역에 새로운 투자 프로젝트를 실현하거나 또는 그들이 제출한 기업 활동의 내용이 새로운 것이면, 즉 신청서 제출 전에 수행하지 않았던 신설 사업이면 입주자가 될 수 있다. 자본투자 규모는 개인 기업 또는 법인이 블라디보스토크 자유항 입주자 명부에 등록된 날로부터 3년 이내에 5백만 루블 이상이어야 한다.[31] 이상의 선도개발구역과 블라디보스토크 자유항에서 규정된 조세 특혜를 정리하면 다음의 표와 같다.

〈표 7〉 경제특구의 특혜 세율과 일반세율 비교

	블라디보스토크 자유항	선도개발구역	일반세율
법인세	연방세 : 첫 5년간 0% 지방세 첫 5년간 0%, 이후 5년간 10%	연방세 : 첫 5년간 0% 지방세 첫 5년간 0%, 이후 5년간 10%	20%(연방세 2%+ 지방세 18%)
재산세*	첫 5년간 0%, 이후 5년간 0.5%	첫 5년간 0%, 이후 5년간 0.5%	2.2%
토지세*	첫 5년간 0%	첫 5년간 0%	1.5%
사회보장세 (연금기금+ 사회보험기금+ 의료보험기금)	7.6% (6%+1.5%+0.1%)	7.6% (6%+1.5%+0.1%)	34%(2017년까지 한시적 30%) (26%(한시적 22%)+ 2.9%+5.1%)
관세	자유관세구역(면세)	자유관세구역(면세)	부과
광물채굴세	할인계수 : 첫 2년간 : 0 3~4년 : 0.2 5~6년 : 0.4 7~8년 : 0.6 8~10년 : 0.8	할인계수 : 첫 2년간 : 0 3~4년 : 0.2 5~6년 : 0.4 7~8년 : 0.6 8~10년 : 0.8	조세법 26조 : 최소 3.6%(칼륨염)에서 최고 16.5%(석유)까지 다양

* 재산세와 토지세는 지방세로서 지방자치단체에 따라 차이남. 연해주의 재산세는 첫 5년간 면제, 이후 5년간 1.1%, 토지세는 첫 5년간 0%임. 하바로프스크 변강의 재산세는 첫 5년간 0.5%, 이후 5년간 1.1%, 토지세는 첫 5년간 0%임.
출처 : 블라디보스토크 자유항 법, 선도개발구역 법, 러시아연방 조세법 등 활용 저자 정리

[31] "Правительство России утвердило критерии отбора резидентов Свободного порта Владивосток", http://minvostokrazvitia.ru/press-center/news_minvostok/?ELEMENT_ID=3756(검색일 : 2015.11.7).

5. 결론 : 평가와 정책적 시사점

러시아 정부가 극동지역개발과 수출지향형 제조업 육성이라는 두 마리 토끼를 잡기 위해 의욕적으로 추진하고 있는 선도개발구역과 함께 시너지 효과를 극대화하기 위한 또 하나의 조치로서 블라디보스토크 자유항 제도를 도입하였다. 연해주는 태평양의 해양 운송로와 시베리아 횡단철도의 내륙 운송로를 연결하는 러시아의 중요한 관문이다. 러시아의 풍부한 천연자원과 중국의 동북3성이라는 배후지를 두고 있는 연해주 항만은 동북아 신흥 물류시장으로 성장할 가능성이 높은 잠재력을 갖고 있다. 러시아의 대표적인 글로벌 전문가 그룹의 토론회인 발다이클럽[32]에서 2012년 7월에 이미 블라디보스토크를 대아시아 전략을 가속화하기 위해 모스크바(안보 수도), 상트-페테르부르그(문화 수도)와 함께 3대 축을 구성하는 경제 수도로서의 기능을 제안한 바 있다. 현재 연해주는 선도개발구역, 블라디보스토크 자유항 등 러시아의 신동방정책 실현의 핵심 지역으로 떠오르고 있다. 선도개발구역에서의 제조업 육성과 이에 따른 제품 및 상품의 수출입 증대 효과를 위해서는 물류 운송의 관문인 블라디보스토크 항만의 개발과 통관의 간소화 및 효율성 증대 등은 필수적인 과제이다. 따라서 러시아의 극동지역에 자유항 설립은 다양한 항만, 통관 관련 문제를 해결하면서 동북아지역의 물류 거점으로 성장하려는 발판을 마련하였다는 의미가 있다.

블라디보스토크 자유항 법은 2015년 7월초 의회의 승인을 거쳐 푸틴 대통령이 법안에 서명함으로써 2015년 10월 12일부로 발효되었다. 블라디보스토크 자유항 법은 선진국의 유사한, 성공적인 정책들을 벤치마킹하여 제정함으로써 제도상으로는 매우 우수하다는 평가를 받고 있다. 하지만 현재 블라디보

---

[32] 공식명칭은 국제토론클럽 '발다이'(Междунаро́дный дискуссио́нный клуб «Валда́й», 영어. Valdai International Discussion Club)이다. 2004년에 조직되었으며 첫 번째 회의가 개최된 장소인 노브고로드의 발다이 호수에서 그 명칭이 유래되었다. 러시아 및 국제적인 전문가들간의 의사소통을 촉진하기 위한 토론회로 세계 60개국 이상의 900여명의 전문가들이 참여하여 국내외 주요 이슈들에 대해 논의하는 자리이며 그 권위를 인정받고 있다.

스토크 자유항 법에 명시된 일부 조항들은 구체적인 시행령이 제정되지 않거나 준비 미비로 실제 실행에 있어 혼선을 빚고 있다. 예를 들어, 블라디보스토크 국제공항 및 여객항만 등 자유항 법이 적용되는 구역을 통해 입국하는 관광객에게 8일간의 무비자 제도는 관련 기관간 정보를 교환하는 IT 인프라 시스템의 미비로 2016년 7월 1일부로 시행될 예정이며, 자유관세지역의 관세절차 조항(22조)은 2016년 10월 1일부로 적용될 예정이다. 또한 자유항 법의 제정에서 시행까지 단기간에 이루어졌고 관련 업무 경험이 부족하기 때문에 자유항을 운영함에 있어 행정적으로 처리해야 할 다양한 경우와 사례가 발생하고 있고 그에 따른 혼선이 초기에는 불가피할 것으로 보인다. 따라서 단순히 제도뿐만 아니라 자유항 운영에 관한 오랜 역사와 풍부한 경험, 현대적 시설과 훌륭한 소프트웨어, 그리고 탁월한 IT 기술 환경을 갖추고 있는 홍콩, 함부르크 등 선진국의 자유항 운영 방식을 벤치마킹하고 운영 인력의 연수를 실시하는 등 보다 내실화되고 보완될 필요가 있다.

블라디보스토크 자유항 제도의 도입과 성공적인 운영은 연해주를 포함한 극동지역의 투자매력도를 상승시키고 투자 프로젝트를 실행하는데 최대 40%까지 비용을 절감할 수 있을 것으로 평가된다. 그 결과 2025년까지 연해주의 지역총생산은 2.7배, 고정자본투자는 2.5배, 연평균 고용 인원은 1.3배, 노동생산성은 2배 증가할 것으로 전망하고 있다.[33] 자유항국가에 대한 편익은 자유항의 형태에 따라 다양하나 약 50~80%의 부가가치를 창출시키며 이것의 약 70%을 자유항국가가 향유하게 된다는 연구 결과도 있다. 즉, 1,000만 달러를 수입한 자유항은 대체로 350만~560만 달러를 자유항국가의 경제에 기여하게 된다.[34]

---

[33] "Обзор грузооборота морских портов России. Итоги 2015 года", http://ati.su/Media/Article.aspx?ID=4901&HeadingID=13 (검색일 : 2016.1.15).

[34] Ernest G. Frankel, *The Concept of Free ports and Their Contribution*, IAPH, 1985, p.117; 고우방, 앞의 논문, 16쪽 재인용.

2014년 10월말 한러 물류협력 포럼에서 안드레이 투마노프 러시아연방 의회 하원의 대외무역물류분과 의원은 "러시아는 에너지 자원 부국이자 시베리아횡단철도 및 극동항만의 인프라 현대화를 추진 중이며 한국은 세계 최고의 조선, 선박 건조 기술과 선진적인 항만관리 경험, 인프라 건설 노하우, IT기반 물류시스템을 갖추고 있다. 한러간 IT기반 운송, 물류구조 분야 순환 시스템 구축을 통한 유라시아 운송, 물류맵을 개발해 시너지 효과를 창출해야 한다"[35] 면서 극동항만 개발에 한국의 참여와 협조를 요청하였다.

한국은 블라디보스토크 자유항이 제공하는 다양한 혜택을 활용한 비즈니스 모델을 발굴하여 적극적인 통상 및 투자 협력방안을 모색할 필요가 있다.

첫째, 보관, 분배, 포장서비스 등 새로운 비즈니스 모델 개발이 가능하다. 왜냐하면, 본문에서 상술한 바와 같이 블라디보스토크 자유항 법 30조에 따르면, 블라디보스토크 자유항에 룩셈부르크, 스위스, 싱가포르 등에서 실시하고 있으며 매우 인기 있는 제도인 이른바 Freeport(면세 보관창고) 구역을 설립할 수 있는 근거가 마련되어 있기 때문이다. 따라서 자유무역항이라는 이점을 활용하여 자유항 내에 물류창고를 건설하여 세계 각국의 다양한 공급자들로부터 주요 부품과 재료 또는 완성품을 수령하여 보관하고 통관 준비를 지원하고 딜러들의 주문에 따라 직접 포장 및 분배, 배송 서비스를 제공할 수 있다.

둘째, 단기간에 가시적인 성과를 낼 수 있는 의료분야 협력이 가능하다. 러시아 특히 극동지역의 의료 시설 및 서비스 수준 저하로 한국행 의료관광이 활발한 상황에서 보건 분야의 협력 가능성은 매우 높다. 블라디보스토크 자유항 법(17조)에 따르면, 러시아 연방정부가 승인시 해외의료교육을 받은 자가 입주기업으로서 자유항 구역 내에서 의료 활동을 할 수 있다. 즉, 국제적인 대형 병원을 유치하여 극동지역 주민들에게 수준 높은 의료 서비스 혜택을 제공하고 새로운 일자리 창출, 조세 수입 증가 등의 부수적인 목적도 달성할 계획이

---

[35] 강미주, 「러, 극동선도개발구역 지정, 우리 물류기업에 러브콜」, 『해양한국』 2014년 11호, 93쪽.

다. 한편, 2015년 10월 23일 블라디보스토크에서 개최된 제4차 한-러 경제과학기술공동위원회에서 최경환 경제부총리 겸 기획재정부 장관과 유리 트루트네프 부총리가 헬스케어 산업 육성을 위해 양국 정부간 실무그룹을 만드는데 합의했기 때문에 사업 추진에 탄력이 붙을 것으로 전망된다. 따라서 우선 현지에서 종합 건강 검진센터 및 예방 차원의 진료를 우선적으로 실시하는 전문 클리닉으로 진출한 후 점차 확대해 나가거나 현지 의료 인력 연수를 통해 현지화해 나가하는 방법이 가능하다. 이를 통해 의료 소모품 현지 제조 및 의료기기 생산 등 연관 산업으로 투자 및 수출을 확대할 수 있다.

셋째, 블라디보스토크 자유항 조성과 인프라 사업에 민관 협력(PPP : Public-Private Partnership) 메커니즘을 적극 활용하여 참여할 필요가 있다. 블라디보스토크 자유항 법(1장 5조)에 따르면, 블라디보스토크 자유항의 교통, 전력 등 인프라 건설 및 현대화에 대한 금융지원은 연방정부 및 연해주 지자체 예산뿐만 아니라 민관협력 메커니즘을 적용한 예산외 재원으로 실현될 것이라고 규정하고 있다. 이를 위해 러시아는 '중앙 정부 및 지방 자치체와 민간 기업의 협력'에 관한 연방법을 제정하였으며 2016년 1월 1일부터 발효될 예정이다. 이 법은 정부 및 지방 자치 단체가 수행하는 프로젝트에 외국인을 포함한 민간 투자를 유치하기 위한 법적 기반을 마련한 것으로 지자체법과 연방법간 법적 불일치성을 최소화하고 민간기업과 금융기관에 대한 보장이 연방법 차원에서 가능해짐에 따라 민관협력사업의 투자매력도가 증진되는 효과가 있다. 민관 협력 사업법(제7조)에 따르면, 도로, 철도 등 대중교통시설, 파이프라인 운송시설, 항구, 공항, 전력시설, 의료, 교육, 문화 및 스포츠 시설 등에 민관협력 사업이 가능하다. 따라서 항만 시설 현대화와 철도 연결 사업, 도로, 전력시설, 하수도 시설, 의료시설 등 블라디보스토크 자유항에 건설될 다양한 인프라 건설 사업에 PPP 메커니즘을 활용하여 진출할 수 있다.

넷째, 기존의 많은 국내외 논문에서 지적하였듯이 항만의 경쟁력에 영향을 미치는 중요한 요인으로 화물을 대량으로 적재하여 육상운송과 원활하게 연계할 수 있는 운송수단인 철도, 선박이 접안할 수 있는 계선시설인 선석, 컨테이너 하역용으로 특별히 설계된 갠트리 크레인, 컨테이너를 보관하고 인도, 인수하는 장소인 컨테이너 장치장, 두 가지 이상의 운송수단을 연계할 수 있는 시설과 규모를 갖춘 복합화물터미널, 온라인을 통해 24시간 업무가 가능한 항만종합서비스 등이 있다. 따라서 러시아 극동 항만들의 경쟁력을 높이기 위해서는 항만과 내륙을 연결하는 철도의 확충이 필요하다. 선석 수, 갠트리 크레인 수 확충 등 시설의 현대화가 필요하다. 복합화물터미널 및 컨테이너 장치장의 공간을 지속적으로 확충해 나가야 한다. 향후 온라인을 통해 각종 서비스를 제공할 수 있는 기반을 구축하고 다양한 서비스를 제공하는 것이 필요하다.[36] 따라서 블라디보스토크의 인프라 구축 사업의 참여뿐만 아니라 세계적 수준의 항만 운영 경험과 기술을 가진 부산항만공사 등과 업무 제휴, 한국 관세청의 전자통관시스템 수출 등을 통해 한국적 소프트웨어를 전수할 필요가 있다. 나아가 한국의 항만공사들이 단독 또는 컨소시엄을 구성하여 블라디보스토크 항구의 지분투자를 통해 운영권을 획득할 수도 있다. 2016년 1월 중순 두바이에 본사를 둔 세계적인 항만 운영사인 DP World는 러시아의 직접투자펀드(RDIF)와 80%(16억 달러)대 20%(4억 달러)의 지분구조로 총 20억 달러의 합작회사를 설립하기로 합의하였다. 이 합작회사는 연해주의 자루비노항을 포함하여 총 4개의 항만 터미널의 지분을 인수하기로 하였다.[37] 이러한 방식으로 한국의 항만공사가 블라디보스토크 자유항의 운영에 참여한다면 블라디보스토크 항만을 이용하는 한국 기업들에게도 엄청난 이점으로 작용할 수 있다.

다섯째, 블라디보스토크 자유항 제도를 북극항로 개발 분야 등에 전략적으로 활용할 필요가 있다. 예를 들어, 푸틴 대통령은 2015년 11월 18~19일 필리

---

[36] 구종순, 황경연, 동무성, 「중국 항만의 경쟁력 결정요인에 관한 연구」, 『무역학회지』 제35권, 제5호 (2010), 413~414쪽.
[37] "DP World и РФПИ вложат в их развитие до $2 млрд", http://www.kommersant.ru/doc/2897519 (검색일 : 2016.1.25).

편 마닐라에서 개최된 APEC(아시아태평양경제협력체) 회원국 정상회담을 앞두고 러시아 일간지(로시스카야 가제타)에 기고한 글[38]에서 극동항구, 북극항로, 철도현대화가 아태지역에서 상호협력을 증가시키는 요인이 되고 아태지역과 유럽의 중요한 인프라 가교가 되어야 한다고 언급하였다. 최근 북극항로의 상용화 움직임이 가시화되고 있는 상황에서 블라디보스토크 자유항의 일부를 북극항로의 거점 항구로 육성하려는 의도를 갖고 있기 때문에 극동지역의 투자 진출을 장기적인 관점에서 러시아와 협력의 도구로 활용해야 한다. 예를 들어, 북극항로 거점 항구에 극지 항해용 선박수리 및 검사장 건설, 극지용 어로장비 및 선용품 개발 등 공동 비즈니스 모델 개발과 북극해 항해 및 선박관리 전문 인력, 자원수송 전문 인력 양성 등 인적 교류가 가능하다.

여섯째, 한국 기업의 진출을 지원하기 위해서 러시아 극동항만 개발에 필요한 투자자금 마련과 리스크 헤지를 위한 정부 차원의 투융자 지원 또는 펀드 조성에 협력할 필요가 있다. 러시아 블라디보스토크 자유항 개발의 핵심적인 문제와 성공 요인은 인프라 구축과 재원 확보이다. 2011년 11월 극동지역의 인프라 투자를 위한 극동개발펀드가 조성되어 있지만 자본금 규모가 155억 루블에 불과하다. 향후 2025년까지 780억 루블까지 확대 예정이나 러시아 금융 위기로 주춤한 상황이다. 따라서 한국은 극동개발펀드의 자본금 확충에 참여하여 지분을 확보하거나 국책 및 민간금융기관과 대기업들이 출자하는 방식의 가칭 '유라시아개발펀드'를 조성하여 극동 및 유라시아 지역 주요 프로젝트에 자금 지원하는 방안을 모색하여야 한다. 중국의 경우 중국개발은행(CDB)을 통해 극동지역 개발에 투자하는 자국 기업의 진출을 지원하고 있다. 러시아 정부는 이미 중국투자공사(China Investment Corporation)와 합작으로 2012년 6월 러-중투자펀드(Russia-China Investment Fund)를 창설하고 전개하고 있다. 양국은 초기

---

[38] 전문은 다음의 사이트에서 확인할 수 있음 : "АТЭС : к открытому, равноправному сотрудничеству в интересах развития", http://kremlin.ru/events/president/news/50706 (검색일 : 2015. 11. 18).

자본금으로 각각 10억 달러씩 총 20억 달러를 투자하였고 장기적으로 75억 달러까지 자본금을 확대할 계획을 갖고 있으며 자본금의 약 70%는 러시아 및 CIS 지역에, 30%는 중국 내에 투자한다는 원칙을 세웠다. 또한 러시아는 서방의 금융제재로 인해 최근 투자재원의 약 90%가 아시아, 특히 중국에서 이루어지고 있다. 러시아는 각각 1,000억 달러의 자본금으로 출범하는 BRICS 개발은행 및 AIIB(아시아인프라투자은행)과 같은 국제투자메커니즘을 적극 활용할 계획이다. 러시아는 경제실물 분야로 외국투자를 유치하기 위하여 중국, 인도, 한국 등과 공동의 펀드 조성과 투자 플랫폼을 조성할 용의가 있음을 푸틴 대통령이 직접 밝히고 있다. 따라서 한국도 우리 기업의 투자자금 지원뿐만 아니라 러시아와의 경제협력 차원에서 개발펀드 조성에 적극 참여하여야 한다.

한 국가가 새로운 제도를 실시하는데 있어 성공 여부는 외부적인 경제 환경도 중요하지만 통치자의 의지가 더 중요하다. 특히, 러시아와 같이 대통령의 권한 및 권위가 지배적인 국가에서 권력자의 힘이 크게 작용한다. 이번 블라디보스토크 자유항은 선도개발구역과 마찬가지로 푸틴 대통령이 직접 의회 연설에서 제안하여 시작되었고 메드베데프 총리와 트루트네프 극동연방관구 대통령 전권대표이자 부총리, 갈루쉬카 극동개발부 장관의 주도로 1년여 만에 입법 과정이 끝나고 실행까지 이어지고 있는 제도라는 측면에서 주목하지 않을 수 없다. 우리 기업에게도 좋은 비즈니스 기회이며 국가적으로도 한-러 경제협력의 활성화를 위한 좋은 계기가 될 수 있다.

참고문헌

강미주, 「러, 극동선도개발구역 지정, 우리 물류기업에 러브콜」, 『해양한국』 2014년 11호, 2014.
구종순・황경연・동무성, 「중국 항만의 경쟁력 결정요인에 관한 연구」, 『무역학회지』 제35권, 제

5호, 2010.

김범중, 「외국의 자유항제도와 우리나라 자유항 설치가능성 검토」, 『월간 해양수산』 70, 1990.

나희승, 「동북아 극동지역의 물류동향과 유라시아철도 협력」, 『국토연구』 통권391호, 2014.

고우방, 「자유항모델 도입을 통한 효율적인 항만개발 및 운영에 관한 연구」, 광주대학교 경상대학원 석사학위 논문, 1999.

박용안, 「주요국의 자유항제도와 우리나라의 추진방향」, 『해양수산동향』 통권 제 158호, 1997.

박종삼, 「한국기업의 러시아 물류시장 진출 방안」, 『물류학회지』 제24권, 제3호, 2014.

방희석, 「항만물류 환경변화와 자유항 도입에 관한 연구」, 『한국항만 경제 학회지』 제12집, 1996.

변현섭, 「극동지역개발 전략으로서 선도개발구역 설립의 의미와 전망」, 『슬라브연구』 제30권, 4호, 2014.

부산상공회의소, 부산경제연구원, 『부산자유무역항 구축방안』, 1995.

진형인, 「글로벌 시대의 물류와 항만」, 『해양수산』 3, 2011.

Branch, Alan E., *Element of Port Operation and Management*, 1986.

Ian Hamilton, F. E. and Linge, G. J. R., *Spatial Analysis Industry and the Industrial Environment* Vol. 3, 1983.

Frankel, Ernest G., *The Concept of Free ports and Their Contribution*, IAPH, 1985.

"Анализ грузооборота портов России в 2014 году : основные итоги", http://провэд.рф/analytics/research/22970-analiz-gpuzoobopota-poptov-possii-v-2014-godu-osnovnye-itogi.html (검색일 : 2015.12.27).

"АТЭС : к открытому, равноправному сотрудничеству в интересах развития", http://kremlin.ru/events/president/news/50706 (검색일 : 2015.11.18).

"DP World и РФПИ вложат в их развитие до $2 млрд", http://www.kommersant.ru/doc/2897519 (검색일 : 2016.1.25).

"Налог на добычу полезных ископаемых", http://wiki.klerk.ru/index.php/%CD%E0%EB%EE%E3_%ED%E0_%E4%EE%E1%FB%F7%F3_%EF%EE%EB%E5%E7%ED%FB%F5_%E8%F1%EA%EE%EF%E0%E5%EC%FB%F5(검색일 : 2015.11.18).

"Нелегкий груз", http://www.rg.ru/2015/02/26/reg-dfo/port.html (검색일 : 2015. 12.27).

"Обзор грузооборота морских портов России. Итоги 2015 года", http://ati.su/Media/Article.aspx?ID=4901&HeadingID=13 (검색일 : 2016. 1.15).

"Порты Дальнего Востока : Железнодорожная удавка - на взлете инвестиций" http://primamedia.ru/news/419899/ (검색일 : 2016. 1. 6).

"Послание Президента Федеральному Собранию", http://www.kremlin.ru/news/19825 (검색일 : 2015. 11. 1).

"Правительство России утвердило критерии отбора резидентов Свободного порта Владивосток", http://minvostokrazvitia.ru/press-center/news_minvostok/?ELEMENT_ID=3756(검색일 : 2015. 11. 7).

"Соглашение по вопросам свободных (специальных, особых) экономических зон на таможенной территории таможенного союза и таможенной процедуры свободной таможенной зоны от 18 июня 2010 года", http://www.zakonprost.ru/content/base/158032(검색일 : 2015. 11. 18).

Транспортные коридоры "Приморье-1" и "Приморье-2" повысят востребованность края в АТР", http://primamedia.ru/news/primorye/17.12.2014/410558/transportnie-koridori-primore-1-i-primore-2-povisya.html (검색일 : 2015. 12. 28).

"Федеральный закон о внесении изменений в Налоговый кодекс Российской Федерации в связи с принятием Федерального закона «О территориях опережающего социально-экономического развития в Российской Федерации»", http://asozd2c.duma.gov.ru/addwork/scans.nsf/ID/D18C6DB7BBD81EEE43257D720054840D/$FILE/623885-6.PDF?OpenElement(검색일 : 2015. 11. 18).

"Федеральный закон от 24.07.2009 №212-ФЗ(ред. от 13.07.2015) "О страховых взносах в Песионный Фонд Российской Федерации, Фонд социального страхования Российской Федерации, Федеральный Фонд обязательного медицинского страхования", http://www.consultant.ru/document/cons_doc_LAW_89925/ (검색일 : 2015. 11. 10).

"Федеральный закон от 13.07.2015 № 212-ФЗ «О свободном порте Владивосток»", http://www.consultant.ru/document/cons_doc_LAW_182596/ (검색일 : 2015. 11. 5).

극동해양연구소(Far-Eastern Marine Research Institute) http://www.dniimf.ru/
무역협회 무역용어 http://www.kita.net/bluecap/search/search.jsp
세계항만 정보 포털 사이트 http://www.russianports.ru
세계은행 비즈니스 환경 평가 사이트 http://www.doingbusiness.org/
세계은행 물류성과지수 사이트 http://lpi.worldbank.org/

찾아보기

【 가 】

가스 계약 216~218, 225, 229, 231, 233, 234, 237~239, 245~247

가스 분쟁 217

가스 협력 215~217, 219, 220, 226, 228~230, 237~242, 244~246

가즈프롬Gazpromm 59, 200, 232, 234, 236, 241, 243, 245, 247

경제구조 153, 154, 163, 183, 188, 273

고립화 72, 224

고전적 유라시아주의 131, 132

공격적 자유주의(offensive liberalism) 31

공격현실주의(offensive realism) 38

공동경제구역(CES) 139, 140

관리민주주의(managed democracy) 18, 19

관세동맹(CU) 97, 99, 108, 124, 128, 130, 138~143, 146, 152, 169, 182, 204, 208, 258, 294

구암GUAM 134, 138

구유고연방 22, 23

구조적 유사성(Structural similarity) 154, 163, 164, 173

구 지역주의 127, 128

국가사회주의 121, 129

국제보수주의(conservative international) 18

극동 187, 193, 197~199, 202, 218, 220, 225, 226, 228, 229, 231, 238~241, 251~255, 257, 260, 262, 264~267, 269, 274~276, 281~284, 288, 289, 291, 296~299, 301

글로벌성(globality) 132

글로벌 지역화 123, 124, 133~135, 143~146

글로벌화 124~127, 129, 130, 135, 144, 145, 193

기대 벨트 95

【 나 】

나고르노-카라바흐 25

나자르바예프 26, 90~93, 96, 102, 103, 106, 107, 110, 113, 122, 128, 133, 141, 143, 151, 169, 171, 186

남오세티아 13, 21, 25, 30, 33, 38

내재적 자결(the internal self-determination) 25

냉각된 갈등(frozen conflict) 80, 81

노동이동 165, 166, 167

노보러시아Novorossiya 55

누르술탄 나자르바예프 26, 103

뉴노멀New Normal 44

【 다 】

다자주의 101, 113, 127

단일가스공급시스템(Единая система

찾아보기 305

газоснабжения) 198
단일경제공간 130, 138, 139
대러 제재 34, 37, 38, 54, 57, 59~61, 63, 71, 72, 76, 78, 80, 81, 83, 84
대리전쟁(a proxy war) 80, 84
대외정책 17, 20, 32, 33, 38, 90~97, 99, 100, 102, 103, 107, 109, 111, 112, 114, 122, 129, 132, 133, 140, 184, 186, 244
도널드 투스크Donald Franciszek Tusk 193
도네츠크인민공화국(DPR) 29
돈바스 내전 13, 15, 21, 29, 47
동결된 분쟁(the frozen conflicts) 25
동기화 165
동방동반자관계프로그램(EPP) 14
동방파트너십(Eastern Partnership) 74, 207
동부노선 42, 215, 217, 225, 226, 229, 232, 234~236, 239, 243~247
동북3성 226, 230, 239~242, 296
동북아 215~218, 220, 222~224, 228, 240, 241, 246, 247, 274, 281, 286, 287, 289, 296
드루쥐바(Дружба) 194

[라]
러시아 에너지전략 2035 184, 195, 196, 199, 207
러시안 아이디어Russian idea 36, 46
로스네프찌Роснефть 201
루블 172, 173, 176, 188~190, 253, 264, 266, 267, 294, 295, 301
루한스크인민공화국(LPR) 29
리스본조약 14
리커창李克强 201

[마]
마스트리히트 조약(Maastricht Treaty) 160, 162, 173
먼델Mundell 153~155, 158, 162, 163, 165
모스크바 14, 15, 20~33, 35, 36, 38, 40, 43, 46, 47, 143, 186, 201, 239, 245, 296
무기·전략물자 수출통제 58
문명화된 결별 136
뮌헨 안보회의 30, 32
민스크 협정(합의) 61~63, 72, 75, 78, 83, 84
민족자결권 23, 28
밀월관계 215, 216, 220, 238, 244

[바]
바딘터원칙(Badinter principle) 21~25, 40, 46, 47
바딘터위원회(the Badinter Commission) 22
벨라루스 122, 128, 132, 133, 137, 139~141, 143, 145, 146, 151, 152, 157, 163, 165, 166, 168~171
보호의 책임(responsibility to protect) 23, 40
부다페스트 메모렌덤Budapest memorandum 21
부카레스트 14, 33, 38
비대칭적 보복(asymmetrical retaliation) 66
비민주적 가치 투사(non-democratic value projection) 19
비서방적 대외정체성 14~16, 20, 36, 38, 39, 41, 43, 47
비용 68, 71, 136, 154, 155, 157, 162, 197, 221, 279, 280, 297

[사]
상대적 안보(relative security) 38, 45

상트 뻬쩨르부르크 196
상하이 협력기구 개발은행(Банк развития Шанхайской организации сотрудничества) 205
상하이협력기구(SCO) 90, 97, 102, 105, 113, 201, 203~205, 208
색깔혁명 17, 18, 31, 35, 46
서기동수 222, 232, 236
세계석유회의(World Petroleum Council) 196
세력균형(balance of power) 54, 55, 71
셰일가스 191, 195
소비에트 90, 92, 103, 113, 129, 130, 168, 172, 181
수렴조건 160
쉡쪼바Shevtsova 20
시베리아 193, 198, 202, 215, 217, 219, 225, 228, 229, 239, 245, 246, 252~254, 264, 274
시베리아 힘(Сила Сибири) 198
시장의 유연성(Market flexibility) 154, 163, 165, 167, 173
시진핑 103, 201, 203, 204, 215, 216, 218, 219, 223, 224, 226, 228, 229, 237, 238, 240, 244, 245
신군사독트린(New Military Doctrine) 99
신동방정책 218, 227, 238, 274, 296
신실크로드 경제벨트 44
신유고연방 23
신유라시아주의(neo-Eurasianism) 93, 94, 132
신지역주의 124~129, 135
실리외교 90
실크로드 경제벨트 184, 202~205
심장지대(Heartland) 134, 145

【아】
아르메니아 74, 97, 128, 137~140, 142, 145, 152, 163, 165~168, 203, 207, 269
아브하지아 21, 30, 33, 38
아스타나 92, 93, 96, 104, 151, 152, 170, 171, 185
아시아 중시정책(Pivot to Asia) 223
아시아교류 및 신뢰구축회의(CICA) 103
아시아상호협력신뢰구축회의(CICA : Conference on Interaction and Confidence Building Measures in Asia) 201
아시아인프라투자은행(AIIB) 195, 205, 302
아시아태평양경제협력체(APEC) 200, 301
아이켄베리Ikenberry 43, 44
안보 딜레마(security dilemma) 71
알틴Altyn 169
야글란드T. Jagland 21
야누코비치 대통령 14, 74
에너지 안보 194, 196, 197, 219, 237, 238, 244
에너지 품목 수출통제 58
에너지 협력 71, 201, 216, 218~226, 230, 244, 246
연방화(federalization) 67
영토성과 민족자결(territoriality and self-determination) 22
예방적 반혁명(preventive counter-revolution) 17, 31, 46
예외주의 40, 48
오렌지혁명 31, 35
외재적 자결(the external self-determination) 25
우즈베키스탄 105, 106, 202, 236
우크라이나 사태 13, 15, 17, 30, 34~37, 40,

45, 46, 53~59, 64~66, 68~70, 72~74, 76~
84, 90, 106, 109, 110, 114, 142, 171, 183~
185, 187, 188, 190, 193~195, 198~202, 207,
215, 217~219, 222, 230, 236, 237, 274
우크라이나 위기분석 보고서 70
우호, 협력 및 동반자관계 조약 27
유간스크네프티 32
유고화(Yugoslavization) 82
유라시아 국가(Eurasian state) 89, 90, 94, 95,
104, 107, 112, 114, 123, 129, 162
유라시아 40, 44, 65, 90, 93, 95, 97, 102,
103, 105~109, 111~114, 122~125, 129~133,
135, 137, 139~146, 169, 173, 181, 182, 184,
185, 198, 203~205, 216, 220, 246, 269, 301
유라시아경제공동체(EurAsEC) 134, 137
유라시아경제연합(Eurasian Economic Union) 99,
107, 108, 110, 111, 114, 122~125, 128, 130
~134, 136, 137, 139~146, 151~153, 155,
156, 158, 161~164, 166~170, 172~177, 181
~187, 190, 198, 199, 202~208, 239, 245,
269
유라시아의 심장 91, 95, 96, 113
유라시아주의(Eurasianism) 89~99, 101~105, 107,
109, 111~114, 122, 124, 131~133, 135
유라시아집행위원회 128
유럽공동통화(ECU) 158
유럽안보협력기구(OSCE) 63, 90, 96, 102, 104,
113
유럽연합(EU) 57, 107, 121, 134, 137, 156,
158, 159, 170, 171, 182, 186, 188, 193~195,
199, 207, 208, 237
유럽재래식무기감축조약(Treaty on Conventional
Armed Forces in Europe) 76

유럽중앙은행(ECB) 159, 161, 176
유럽통합 29, 130, 153
유럽통화제도(EMS) 158, 159
유럽화폐동맹(EMU) 156, 159
유로Euro 74, 75, 159, 161, 170, 175, 176
유로존Eurozone 130, 152, 161, 167, 175~177
유코스 17, 31, 32, 37, 46
이라크전 34
『이즈베스찌야Известия』 181
인도주의적 개입(humanitarian intervention) 23,
24, 40
일대일로一帶一路 44, 184, 195, 218, 227, 229,
238, 240

〖 자 〗

장미혁명 31
재정의 중앙집권화(Fiscal centralism) 154, 163,
167, 173
재정적자 160, 173, 221
전방위주의(multi-vectorism) 90
정교회 동맹(Orthodox Christian Alliance) 73
정부부채 160
제국 이후의 증후군(post imperial syndrome) 55
제휴협정(Association Agreement) 14, 42, 74, 75,
142
조지아 13, 14, 17, 21, 25, 28, 31, 33, 35, 38,
42, 55, 74, 97
주권민주주의(sovereign democracy) 14~16, 18~
20, 40, 46
중견국 97, 109, 111
중국석유천연가스집단공사(CNPC) 200, 201
중앙은행 152, 159, 162, 169, 172, 182, 190,
201

중핵국가　137
지리적 매개자　95
지역주의　123~128, 130, 135~137, 140
지역통합　45, 123, 124, 128~130, 137, 139, 199, 206, 208
지역화　123, 124, 126, 127, 130, 131, 133
집단안보조약기구(CSTO)　28, 111, 134, 137, 186, 206

〖 ㅊ 〗
최적통화지역(OCA)　153~158, 163, 174
치유적 분리독립　24
친서방 대외정체성　16

〖 ㅋ 〗
카자흐스탄 2014~2020　96
카자흐스탄　89~107, 109~114, 122, 128, 132, 134, 137, 139~143, 145, 146, 151, 152, 157, 163, 165, 167~171, 185, 202, 203, 205, 207, 236, 269
코소보 독립　20, 24, 25, 47
크림병합　13, 15, 20~24, 26, 28, 29, 40, 46, 47, 142
크림사태　21, 28, 55, 217, 225, 233
키르기스스탄　105, 106, 128, 137~142, 145, 152, 163, 166~168, 175
키르기즈 공화국　203

〖 ㅍ 〗
8월 전쟁　13, 35, 38
편익　155, 278, 280, 297

포위된 성채　20
푸틴　14, 15, 17, 18, 20, 32~35, 39, 45, 54~56, 59, 63, 65~68, 70~72, 76, 78, 79, 81~83, 93, 110, 122, 128, 132, 143, 151, 170~173, 181~185, 191, 192, 199~201, 203, 204, 208, 215~219, 223, 227, 228, 230, 237~239, 244, 245, 251~255, 264, 267, 269, 274, 286, 296, 301, 302
푸틴주의　15, 34~39, 41, 42, 46~48
프라하　14
프리마코프 독트린　33, 38

〖 ㅎ 〗
하이브리드 전쟁(hybrid war)　55, 56, 80
해상 실크로드　44, 224
해석투쟁(battle for interpretation)　19
헬싱키최종협약　21, 24
호도르코프스키　31, 32
화폐동맹　151~156, 159~165, 167~173, 175, 177
화폐통일　156
화폐통합　111, 151, 153~164, 167~177
환율　160, 165, 192

〖 A 〗
CNPC　200, 215, 217, 230~233, 235, 236, 244
LNG　198, 221~235, 241, 244, 246, 247
WTO　128, 182

지은이 소개

강봉구

러시아학술원 IMEMO(세계경제/국제관계연구원) 정치학 박사
현 한양대학교 아태지역연구센터 HK교수
주요 논저 : 『현대러시아 대외정책의 이해』(1999), 「우크라이나 위기와 미국-러시아 관계: 대외정체성 대립의 장기화」(2015), 「유라시아경제연합(EEU)과 EU: 정체성 대립의 새로운 전선」(2014), 「러시아의 크림병합: 신냉전인가, 포스트소비에트 시기의 종언인가?」(2014), 「'강대국'으로의 복귀? : 푸틴 시대의 대외정책(2000~2014)」(2014), 「대립인가 협력인가? : 우즈베키스탄과 타지키스탄 간의 로군댐 분쟁」(2013), 「중앙아시아 페르가나 지역의 국경분쟁」(2013) 등.

우평균

고려대학교 정치학박사
현 한국학중앙연구원 선임연구원
주요 논저 : 「글로벌 거버넌스 관점에서 본 고르바초프의 정상회담」(2015), 「The Russian Hybrid War in Ukraine Crisis : Some Characteristics and Implications」(2015), 「2011년 정상회담 이후 러·북 관계: 러시아의 대북 인식 분석」(2015), 『통일외교 콘텐츠 개발』(2015), 『2015 동아시아 전략 평가』(2015), 『유라시아 지역 민족주의 정치』(2015)

이지은

우즈베키스탄 타슈켄트동방학대학 정치학 박사

현 한국외국어대학교 중앙아시아학과 교수

주요 논저 : 「중앙아시아 시민사회 발전 가능성 연구」(2010), 「투르크메니스탄 권위주의체제 연구」(2011), 「중앙아시아 권위주의 정권의 미래 : 변화 vs 현상유지」(2011), 「탈냉전기 인도의 "중앙아시아 연결정책"」(2012), 「한국과 일본의 대 중앙아시아 자원외교정책 비교연구」(2013), 「인도의 대 중앙아시아 에너지정책과 국제관계 : 복합안보로서의 에너지 문제를 중심으로」(2013), 「투르크메니스탄 권위주의 정권과 민족주의」(2014), 「카자흐스탄의 유라시아주의와 대외정책」(2014), 「터키의 다자주의를 통한 중견국 전략」(2015), 「카자흐스탄 녹색성장정책 연구 : '카자흐스탄 2050전략'과 신재생에너지 정책을 중심으로」(2015) 외 다수.

김영진

고려대학교 경제학 박사

현 한양대학교 아태지역연구센터 HK교수

주요 논저 : 「체제전환국에 있어 민주개혁 및 경제개혁이 경제성장에 미친 영향에 관한 분석」(2015), 「키르기스스탄의 노동이주와 그 사회경제적 영향 : 관세동맹 및 단일경제공간 가입을 중심으로」(2015), 「유라시아의 지역통합 : 유라시아연합 구상의 조건과 과제」(2014), 「러시아의 현대화, 지역정책, 그리고 극동지역 개발」(2014), 「러시아 자본주의의 형성과 발전 : 석유·가스에 대한 의존과 국가-기업 관계를 중심으로」(2014), 「타지키스탄의 노동이주와 송금 : 글로벌 금융위기의 영향」(2013) 등

변현섭

러시아 국립경영대학교 경제학박사

현 한양대학교 아태지역연구센터 HK연구교수

주요 논저 : 「한-유라시아 주요국 산업협력을 위한 전략적 제휴방안 연구」(2015), 「러시아 내 이주노동자 문제와 정책적 과제 : CIS 국가 간의 노동이주를 중심으로」(2015), 「러시아 조직문화의 특성과 인사노무관리 방안 : 홉스테드의 문화이론 적용」(2015) 등.

김상원
러시아 모스크바국립대학교 경제학부 경제학 박사
현 국민대학교 유라시아학과 부교수
주요 논저 : 「유라시아경제연합과 중앙아시아 경제통합 실현을 중심으로」, 『슬라브학보』 (2014.12); 『푸틴시대의 러시아』 (공저, 신아사, 2014.8); 「푸틴시기 러시아 경제 성장 요인: 소비시장 확대를 중심으로」, 『동유럽발칸연구』 (2014.2); 「러시아 사유화와 기업 시스템의 변화」, 『중소연구』 (2013.8); 『소련제국의 민족과 경제관계』 (공저, 민속원, 2013.5); 「러시아 노동시장 변화와 고용정책」, 『동유럽발칸연구』 (2013.1)

윤익중
영국 글래스고우대학교 정치학박사
현 한림국제대학원대학교 정치외교학과 정교수
주요 논저 : 「유라시아 이니셔티브와 푸틴의 신동방정책 : 권역별 에너지 협력을 중심으로」 (2014); 「러시아-중국 간 신 밀월관계의 발전과 한계 : 푸틴과 시진핑 체제를 중심으로」 (2015); 「키르기스스탄의 외교정책과 대중국 관계발전 : 새로운 도전과 기회」 (2015) 등

이성균
러시아 모스크바대학교경제학 박사
현 에너지경제연구원 연구위원
주요 논저 : 「러시아-EU 에너지 갈등 연구 : 공급국과 수요국의 입장에서」 (2009); 「러시아-우크라이나 가스수송 분쟁과 수송 안정성에 관한 연구 : 쌍방독점이론을 중심으로」 (2010); 「러시아의 새로운 가스공급 여건과 푸틴 집권 3기의 에너지 수출전략: 동북아시아 지역을 중심으로(2012)」; 「유라시아 이니셔티브와 푸틴의 신동방 정책 : 권역별 에너지 협력을 중심으로」 (2014) 등